Bavarica

Georg Lohmeier

Die Ahnen des Hauses Bayern

Die Geschichte der Wittelsbacher

Originalausgabe

Wilhelm Goldmann Verlag

Made in Germany · 5/80 · 1. Auflage · 118

Umschlagentwurf: Atelier Adolf & Angelika Bachmann, München
Satz: IBV Lichtsatz KG, Berlin
Druck: Presse-Druck, Augsburg
Verlagsnummer: 26527
Lektorat: Cornelia Schmidt-Braul
Herstellung: Gisela Ernst
ISBN 3-442-26527-4

Inhalt

Die vorwittelsbachische Zeit

Herzöge von Bayern

Kurfürsten von Bayern

Könige von Bayern

Anhang

Die vorwittelsbachische Zeit

Schöner war es, und schöner wär es

Ein königstreues Vorwort

Der Livius der bayerischen Kirchengeschichte, der Benediktinerpater Romuald Bauerreiß von München St. Bonifaz und Andechs, hat einmal den lichten Ausspruch getan: »Wir haben mit unseren Wittelsbachern ein Glück gehabt!«

Wir, das sind einmal die Königlich Bayerischen Untertanen, denn unsere Regenten haben zuvörderst immer einen ausgeprägten Gerechtigkeitssinn gehabt. *Iustitia fundamentum regnorum*, gerecht und beharrlich, das war nicht nur der Wahlspruch König Ludwigs I. gewesen. Und auch die Benediktiner haben Glück gehabt mit den Wittelsbachern. Ja, alle Kleriker, die hohen und die niedern, die Kirche insgemein, Katholiken und Lutheraner. Und ist den Ahnen unseres geliebten Hauses Bayern wirklich einmal etwas Unchristliches passiert, wie zum Beispiel Maximilian I. die Klösteraufhebung in der Säkularisation, so hat den angerichteten Schaden der Sohn wiedergutgemacht.

Und wie wohl haben sich unter dem wittelsbachischen Zepter erst die Musen gefühlt! All die Jahrhunderte hindurch wollten die Wittelsbacher die Herzen ihrer Bayern mehr durch Schönheit bilden, mit prächtigen Bauten, harmonischer Musik, farbenreicher Malerei, mit erbaulicher Dichtkunst und Theaterspiel, mit großen Volksfesten auch, als durch Gesetze und Wissenschaft. Und die Frauenschönheit dürfe nicht ausgeschlossen sein, hat Ludwig I. gesagt. Er hat die Ludwigstraße bauen lassen in seiner bayerischen Haupt- und Residenzstadt. In klassizistischem Stil. Und diese Ludwigstraße allein ist so klassisch geworden, daß, wer sie dreimal andächtig durchwandert, so gebildet wird, daß er schon fast die mittlere Reife erwirbt.

Schöner war es, und schöner wär es! Der angestammte König, der Vater des Vaterlandes, der geweihte und gesalbte Fürst, heiligt den Staat, hebt die Menschenwürde, läßt den Unterschied der Stände schwinden, läßt uns wieder vaterländischer empfinden, macht uns um eine Kleinigkeit vielleicht auch humoriger. Der Glanz, der von der Krone ausgeht, beseligt das menschliche Gemüt, und die Völker werden wieder gemütlicher.

Freilich sind die Könige auch Menschen. Wäre einer von ihnen ein genialer Menschenfreund und Heiliger, dann wäre die ideale Staatsform die absolute Monarchie. Da dies nicht der Fall ist – oder nur selten –, hat sich im Lauf der Jahrhunderte eine gesunde Mischform von Demokratie und Monarchie entwickelt: die konstitutionelle Monarchie. Der König herrscht, auch wenn er nicht regiert. Und außerdem ist der König nicht nur – wie ein republikanischer Staatspräsident – für die Politiker da. Er ist der Souverän des Volkes, vertritt jeden Bürger. In ihm ehren wir uns alle und in der Königin die Frauen des Landes, in den Prinzessinnen die Töchter, in den Prinzen die Söhne.

Vom Königtum geht ein heilbringender Gnadenstrahl aus, auch heute noch spürbar, so daß in den noch vorhandenen europäischen Monarchien die Leute doch noch eine Kleinigkeit wohlerzogener zu sein scheinen und gewiß um eine Winzigkeit exemplarischer. Könige regieren über Völker, Notarpräsidenten über Massen. Traditionsarme Gesellschaften sind immer auch ein bißchen trostlos.

Die Heimat seufzt nach einem schönen König, der Bayerns Ruhm, der Bayerns Liebe mehrt. So unpopulär und weltfremd im Augenblick das Königtum auch empfunden werden mag, seine geistige Restaurierung steht vor der Tür. In Bayern gleich gar. Wir lieben unser angestammtes Königshaus. Und wir sind stolz auf unsere kunstsinnigen Wittelsbacher. Sie haben weniger Kriege geführt als Schlösser gebaut, und ehe sie eine Kaserne aufführen ließen, haben sie lieber Bibliotheken und Pinakotheken, Glyptotheken und Ruhmeshallen, Propyläen und Siegestore errichten lassen. Darum studiert man die bayerische Geschichte auch eher wie eine Kunst- oder Musikgeschichte. Wir sehnen uns nach der Erneuerung der Monarchie.

Derzeit gibt es in den verschiedensten bayerischen Regierungsbezirken bereits über fünfzig königstreue Vereine. Natürlich ist es uns ernst mit dieser Königssehnsucht. Aber auch wenn uns etwas heilig ist, verlieren wir deshalb nicht den Humor. Es gibt keinen Glauben ohne Zweifel, keine Frömmigkeit ohne Humor, keine Sehnsucht ohne Verzicht.

Es ist in einer fernen Zeit durchaus denkbar, daß der bayerische König in einem erneuerten Königtum und in einer künftigen sozialen und gerechten Gesellschaft Sitz und Stimme im Politbüro haben wird. Natürlich einen angestammten und erblichen Sitz, so daß der Kronprinz jeweils bereits zum Kandidaten der Machtzentrale aufrücken müßte.

Die Republiken sind altmodisch geworden, soweit sie nicht stadtrepublikanische Traditionen haben oder verschworene Bauerngemeinden vorstellen. Aber die modernen großen Republiken sind Erfindungen der bürgerlichen Großunternehmer des 18. und 19. Jahrhunderts und ihrer aufgeklärten Philosophen, die das Prinzip der merkantilen Nützlichkeit vertraten. Der künftige Mensch einer sozialen, vollautomatisierten und egalisierten Massengesellschaft hingegen braucht einen tröstenden familiären Mittelpunkt, braucht ein väterliches Überich. In der Kontinuität der *stirps regiae*, der angestammten Königsfamilie.

Außerdem ist das Regieren und Verwalten längst keine menschliche Tätigkeit mehr. Es regieren die Verhältnisse; der technische und gesellschaftliche Fortschritt regiert. Die Parlamente produzieren jährlich Tausende von Gesetzen und Vorschriften. Ein Heer von Beamten wendet diese Bestimmungen mit Hilfe von Dateien maschinenmäßig an. Computer schreiben und verschicken die Mahnungen an die säumigen Steuerzahler. Automatisch werden die Gehälter auf Millionen von Konten überwiesen. Auch die christliche Nächstenliebe beweist sich heute am besten und wirksamsten in Form von bargeldlosen Überweisungen öffentlicher Gelder auf die Bankkonten der Armen, schrieb in den sechziger Jahren ein bekannter Theologe. – Der Mensch ist bei dem ganzen Geschäft des Regierens nicht mehr gefragt. Gott sei Dank! Denn der Mensch, der Wohltäter, ist nicht so gerecht wie ein mit weisen Daten programmierter Computer. Aber gerade das tut dem Menschen weh, daß er so überflüssig geworden ist. Er braucht den Trost, der von einem starken Symbol ausgeht. Es gibt viele solche Symbole. Und es werden auch viele gebraucht. Heilige Symbole, die ins Herz treffen.

So braucht vor allem unser vollautomatischer Staatsapparat die tröstende Illusion einer heiligen und geheiligten Repräsentation. Die Seele des Menschen bedarf dieses Heiligtums, um in der staatlichen Welt den Halt nicht zu verlieren. Denn die perfekte Sicherheit unserer modernen, sozialen und gerechten Massengesellschaft macht den Menschen stupide und schwermütig, tötet seine Seele. Die funktionierende Unmenschlichkeit macht ihn aggressiv, und das Zusammenleben der Massen wird trotz der materiellen Sicherheit zu einer Qual. – »Weil wir keinen König nicht mehr haben...«

Es mag verschiedene aggressionshemmende Mittel geben. Alle

sind illusionär, aber doch wirksam: das Gebet, die schöpferische Arbeit, der Genuß der Schönheit, sei es in der Stille der Natur oder der Harmonie der Künste, die Liebe, das familiäre Glück. Aber auch diese, das Gemüt tröstenden Genüsse müssen erschlossen werden. Und dazu bedarf es wieder eines Schlüssels: Es braucht den Glauben an das Glück.

Sie können es glauben oder nicht: Das Symbol der Krone, das geheiligte Königtum ist so eine *repraesentatio corporis et animae*, ein in Glück und Unglück großartiges Gemälde des menschlichen Daseins. Hammer und Sichel repräsentieren den Unterbau, die Krone schmückt das Haupt des Mächtigen. – Nach C. G. Jung und Sigmund Freud korrespondieren Hammer und Sichel mit Männlichem und Weiblichem, während die Krone in den Träumen aller Völker den Glanz der Macht bedeutet, den Sieg über das Elend, den Triumph auch des Geistig-Geistlichen, den Zauber des Schönen. Und jede Krone ist auch eine Dornenkrone!

Wir brauchen keinen König, aber schöner wär's! Und am glücklichsten wäre dieses Bayern halt doch wieder als Königreich. Wenn wir die Ahnen unseres angestammten Hauses in der Ahnengalerie der Münchner Residenz betrachten – von Herzog Garibald um 530 bis zum König Ludwig III. 1918 –, dann geht einem das bayerische Herz auf, man fühlt sich in der Gemeinschaft seiner eigenen Vorfahren, deren Könige, deren Repräsentanten von den Wänden grüßen. Und man spürt die Königstreue für Augenblicke im eigenen Blut.

Ähnliches empfinden die Besucher der Königsschlösser Ludwigs II. Die scheue, große Erwartung des Königlichen Prunkes, die uns beim Einlaß in das Treppenhaus von Herrenchiemsee für Augenblicke anspringt, ist ein Gnadenstrahl des Königtums, der das Gemüt des verwalteten und versorgten Werktätigen trifft. Es ist gewiß nicht nur kunsthistorische Neugierde, die die Millionen zu Ludwigs Schlössern zieht. Die Seelen der entmythologisierten Zeitgenossen wollen getröstet werden. Die Religion allein kann diesen sozialen Seelentrost nicht spenden. Auch nicht die Wissenschaften, die sich um ein glücklicheres Zusammenleben der Menschen mühen. Aber die Impulse und Anregungen, die von den Zeremonien eines väterlichen Königtums ausgehen, vermögen die tröstende Illusion wie ein Kunstwerk auszustrahlen. »Genossen, ihr sollt die beste staatliche Repräsentation haben, die es gibt, einen König!« könnte es einmal heißen.

Natürlich muß der Mensch zuerst versorgt werden, er braucht sein Ein- und Auskommen, und er muß – oder soll – zu einem nützlichen Mitglied der Gesellschaft erzogen werden. Trotzdem will sein Herz noch mehr, begnügt sich kaum mit dem selbsterfahrenen Glück. Auch unsere Könige waren zeitweise nicht versorgt, saßen im Einlager, mußten ihre Städte verpfänden, verloren auf den Schlachtfeldern Krone und Leben. Aber sie waren exemplarische Vatergestalten auch im Unglück. Wie oft waren sie auf der Flucht. Der König darf nicht gefangen werden, das lehrt schon das Schachspiel. Gerät er in Gefangenschaft, ist es aus. Weshalb die Münchner zum Beispiel immer herzlich weinten, wenn die Kutschen gepackt wurden und der Hof vor dem anrückenden Feind die Stadt verlassen mußte. In solchen Augenblicken waren alle tieftraurig. Wirklich traurig, auch wenn es sich nur um die persönliche Existenz des Königs gehandelt hatte, nicht um die eigene Flucht. Es litt die Seele mit dem König. Repräsentation ist immer auch Indentifikation.

Aber auch umgekehrt litt der Monarch Seelenqualen für sein Volk. Die Schwermut König Ludwigs II., seine Nachtwachen, sein unstetes Herumreisen, sein übermäßiger Appetit bedeuteten nichts anderes als das Mitleiden mit seinem Volk, das in den militärisch eisernen Bismarckstaat eingegliedert wurde und großen Vernichtungskriegen entgegenging. Das gemütliche, kunstbeflissene bayerische Regiment war verspielt. Das Ende Bayerns war gekommen. Er fühlte es, wußte es, er hat es wiederholt ausgesprochen.

Was war dieses Königreich Bayern für ein glücklicher Staat gewesen! König Ludwig I. hat etwa jedes Jahr aus allen Provinzen seines Königreiches je sieben arme Leute, Handwerkergesellen, Bauernmägde und Knechte, auf Kosten seiner Privatschatulle nach München reisen lassen, hat sie gut untergebracht und dann also »in allerhöchsteigener Person« durch die Pinakothek geführt, hat ihnen die alten deutschen Meister gezeigt, hat sie für die großen Gemälde P. P. Rubens' zu begeistern versucht, hat ihnen, in seiner temperamentvollen Art, mit seiner lauten und raschen Sprechweise die Niederländer erklärt. Diese königliche Geste allein ist es wert, daß wir Ludwig I. niemals vergessen.

Königliche Anekdoten gibt es viele. Denn das Volk braucht persönliche Geschichten über seinen Monarchen. Es will sich ein Bild machen vom Vater des Vaterlandes. Jener erste Ludwig wollte die Herzen seiner Bayern durch Schönheit bilden. Alle seine Nachfolger haben ihm nachgeeifert. Wenn auch sein Sohn, König Maximilian II., es zusätzlich mehr mit der Wissenschaft gehalten hat und lieber Professor geworden wäre als König. Aber wäre die Opernwelt ohne die Musikdramen Richard Wagners nicht doch etwas ärmer? Und die Millionen, die sich die Traumschlösser des Märchenkönigs ansehen, wären sie nicht um bezaubernde Erlebnisse betrogen worden?

Die Heimat seufzt nach einem schönen König, der Bayerns Ruhm, der Bayerns Liebe mehrt. Ansonsten braucht ein Bayer wenig, wenn er das Wahre, Gute, Schöne ehrt.

Freilich, was braucht schon der Mensch? »Wenig und einen König«, spotten die Republikaner. Aber, meine lieben Leser, ob Republik oder Monarchie, das ist nicht die entscheidende demokratische Frage. Heute glauben wir es zu wissen, daß die Demokratie unter einer Monarchie halt doch vielleicht um eine Nuance korruptionsloser funktionieren könnte.

Als Fernziel – oder vielleicht auch schon als noch etwas fernes Nahziel – sollte man die Wiedererrichtung eines bayerischen Königreiches ernsthaft im Auge behalten. Auf solche Gedanken mögen die Leser dieser Ahnengalerie des Hauses Bayern kommen; dann wird es auf der Welt bald wieder lustiger werden. Bayerischer Monarchist kann jeder sein: Sozialdemokrat oder Christlich-Sozialer Unionist, Liberaler oder Kommunist. Jawohl, ich hoffe es sehr, daß es eines Tages auch Kgl. Bayerische Kommunisten geben möge! Denn die Zeremonien der Monarchie haben in einer künftigen sozialen und gerechten Massengesellschaft eine wichtige, aggressionshemmende, die seelische Verarmung verhindernde Funktion.

Mit bloßer »Realpolitik« ist unter selbstbewußten Bayern, unter Königstreuen keine Politik mehr zu machen. Wie weit hat es denn diese »Realpolitik« gebracht? Wohin ist die weißblaue Gemütlichkeit entschwunden, unsere Sehnsucht nach Schönheit, unsere Naturlandschaft? So viel Industrie und so viel Reichtum wollten wir gar nicht.

»D'Welt soll bayerisch bleibn«, hat einmal ein Leibjäger des Prinzregenten gesagt. Unsere kleine Welt muß bayerisch-gemütlich bleiben, hat er natürlich gemeint. Und dazu bedarf es eines wohlproportionierten bayerischen Augenmaßes. Kaum einer ist unter den Ahnen des Hauses Bayern, der dieses Augenmaß verloren hätte. Sie kannten immer die Verhältnismäßigkeit ihrer Mittel und litten darunter nicht. Daß sie sich hier und da einmal im Bauen übernommen haben, das sei ihnen verziehen, schon der dann stets gut verdienenden Maurer und Handlanger wegen. An Machthunger und unstillbarem Größenwahn hat kaum einer von ihnen gelitten, auch nicht Kaiser Ludwig der Bayer und schon gar nicht Kaiser Karl VII.

Trotz ihrer menschlichen Gebrechen, trotz ihres Jähzorns und ihrer Baulust und auch trotz ihres rechten, biederen Denkens in politischen und völkerrechtlichen Dingen, das sie oft nicht einfach zupacken ließ, weshalb sie von manchen Historikern sogar »das Haus der verpaßten Gelegenheiten« genannt werden – trotz ihrer bayerisch-bäuerlichen Wesensart und auch wieder jagerischen Freud und Naturverbundenheit bleiben sie liebe und vornehme Herren, die Ahnen des Hauses Bayern. A bißerl vornehm und a bißerl leger, Königlich-Bayerisch halt – bis auf den heutigen Tag.

Und kommt der Tag, der ersehnte und schöne, an dem wir in Bayern wieder das Königreich ausrufen dürfen, dann wird darüber die ganze Welt Tränen der Freude vergießen.

Von der Herkunft der Bayern

Was geschehen ist, ist geschehen, laßt die Toten ruhen, ändern kann man doch nichts mehr! Wenn jeder so dächte, gäb's keine Geschichtsschreiber. In Bayern haben wir aber immer gute Historiker gehabt, überaus fleißige und unermüdliche Forscher, die jeden Winkel durchsuchten, jedes alte Papier lasen und jeden ausgetretenen Grabstein entzifferten. Schon vor tausend Jahren hat es bei uns solche vergangenheitsbesessenen Mannsbilder gegeben.

Je nun, manche Leute interessiert das, wie es früher gewesen ist, zu Vaters und Großvaters Zeiten. Die sind auch nicht dumm gewesen, die Alten! Und wo der Mensch herstammt, das kann einem durchaus nicht gleichgültig sein. Wenn zum Beispiel der Urgroßvater schon König gewesen ist und die dreißig Ahnen zurück alle nur Kurfürsten und Herzöge! Wenn sie alle Herrscher Bayerns gewesen sind und in der Ahnengalerie unseres angestammten Königshauses hängen, in der Münchner Residenz, dann sind sie uns zum Schicksal geworden, und jeder einzelne interessiert uns.

Da ist einmal die erste Frage: Von wem stammen wir Bayern ab? Wir Altbayern kommen von Böhmen her, die Franken sind mit den Franzosen verwandt, und unsere Schwaben sind Alemannen.

Das stimmt und stimmt nicht. Von Haus aus lebten im heutigen Bayern, wie überall in Westeuropa, die Kelten. Wahrscheinlich hat es sogar einmal ein keltisches Großreich gegeben.

Nachdem Cäsar Gallien erobert hatte, stießen im Sommer des Jahres 15 vor Christus die Stiefsöhne des Kaisers Augustus, Tiberius und Drusus, über die Alpen und von Westen her ins heutige Süddeutschland vor bis zur Donau und zerstörten die damaligen keltischen Königreiche Rätien, Vindelikien und Noricum. Die keltische Kultur, die von den Archäologen Latène genannt wird, dürfen wir uns als ziemlich hochstehend vorstellen. Die Kelten wohnten in großen Städten und besaßen auch militärische

Anlagen. Auch brauten sie schon eine Art Bier. Daß Rom mit den Rätiern, den Noricern und Vindelikern ein leichtes Spiel hatte – am 1. August schon waren die Römer die Herren der keltischen Königreiche –, lag an den vielen vorausgegangenen Kämpfen mit den wilden germanischen Stämmen, die den keltischen Widerstand bereits zermürbt hatten. Auch das benachbarte germanische Markomannenreich war auf den Trümmern eines ehemaligen Keltenreiches in Böhmen entstanden.

Fast zwei Jahrhunderte hindurch konnte die römische Ordnung in Frieden Wurzeln schlagen. Jenseits der Donau-Limes-Grenze aber begann es immer mehr zu gären. Die Germanen wollten ins römische Reich eindringen, ohne dabei den eigenen Stammesverband aufgeben zu müssen, ohne sich der römischen Verwaltung unterzuordnen. Die Kelten hatten sich romanisieren lassen, die germanischen Stämme nicht. Es kam zu fortwährenden Reibereien, zu den Markomannenkriegen, wenngleich die Grenze noch einmal fast zweihundert Jahre weiterbestand.

Die Markomannen saßen im heutigen Böhmen. Ihnen vorgelagert im südlichen Bayerischen Wald, im Mühl- und Waldviertel, waren die Rugier und die Heruler zu Hause, zwei kleinere Germanenstämme, die wahrscheinlich lose mit dem Vielvölkerstaat der Markomannen verbunden waren. Im Norden grenzten die Thüringer oder Hermunduren an. Und im Westen schließlich siedelten die Burgunder und Alemannen. Das war die Situation im Zeitalter der Völkerwanderung. Die fränkischen Stämme lebten damals am unteren Rhein, im heutigen Belgien und Holland und im Elsaß.

Das Markomannenreich in Böhmen drüben, das gut fünfhundert Jahre lang bestanden hat, war ein Vielvölkerstaat gewesen. Wie es zur Gründung dieses Reiches gekommen ist, läßt sich heute nicht eindeutig sagen. Überwiegend stammen die Markomannen wahrscheinlich von den suebischen Alemannen her, die bereits vor Christi Geburt in der Maingegend saßen und unter Ariovist gegen den in Gallien Krieg führenden Cäsar kämpften. Ob dieser Ariovist schon als eine Art Vorfahr der bayerischen Herrscher angesehen werden kann, ist ungewiß. Aber vielleicht ist er bereits ein Stammvater unseres königlichen Hauses gewesen.

Um der römischen Macht zu entgehen, hatte König Marbod, der in Rom erzogen worden war, seinen Stamm in den böhmischen Kessel geführt und dort ein Reich gegründet, ein ziemlich mächtiges Reich, dem nicht nur Markomannen, also Alemannen, angehörten, sondern auch viele andere germanische Splittergruppen, wie die Rugier und Quaden, die Naristen und Goten und natürlich auch viele keltische Bojer, welche ja die ursprünglichen Herren in Böhmen gewesen sind. Dieses Reich Marbods, das sogar Kaiser Tiberius vertraglich anerkannt hat, zerfiel später aber doch mit Rom und war ein ständiger Unruheherd an der Donaugrenze. Auch gab es unaufhörliche innere Machtkämpfe. Es war bereits ein kleines Deutschland in sich. Die einzelnen Völkergruppen strebten nach größerer Unabhängigkeit. Schon Marbod selbst wurde durch einen von dem Goten Catwalda geleiteten Aufstand verjagt und mußte in Ravenna in der Verbannung sterben. Die größeren Gruppen erstrebten die Macht, die kleineren wanderten in die Grenzländer ab oder zogen Bundesgenossen heran, sogenannte *foederati.* Dieses Markomannenreich, aus dem unser altbayerischer Volksstamm hervorgegangen ist, war eine Art germanischer, keltischer und vielleicht auch schon slawischer Schmelztiegel, in dem bald gotische, bald langobardische, bald markomannische, dann wieder rugische und keltische Elemente die Oberhand hatten.

Na ja, ein bißchen etwas spürt man ja heute noch von dem Mischmasch! Und das ist gar nicht dumm, denn die reinrassigen Hund' sind nicht die gescheiteren.

Und in der Zeit der Völkerwanderung sind dann die Bajuwaren nach Österreich und nach Bayern gekommen und haben sich hier angesiedelt. Viele Römer und Kelten sind damals mit den Markomannen nicht abgewandert und haben sich schnell mit den Bajuwaren vertragen und sie viel gelehrt. Im heutigen Oberfranken sind auch viele Hermunduren sitzen geblieben! Und im Bistum Würzburg nicht wenige Burgunder und Alemannen und Chatten, als die Franken eingerückt sind. Wer weiß das heute noch alles? – Ein Durcheinander ist immer gewesen. Bald darauf sind auch noch die Slawen nachgerückt. Die Verwandtschaft ist groß. Und sie wird von Jahrhundert zu Jahrhundert größer! Besonders wir Bayern sind lauter Vettern und Basen!

Ober- und Niederbayern, Oberpfälzer, Tiroler, Salzburger, Österreicher, Egerländer, Waitler und Böhmerwaitler haben wenigstens ziemlich die gleiche Sprache. Eine Sprache, wie manche Philologen sagen, die durch und durch germanisch sei und die vielleicht die Goten und Langobarden auch sprächen, wenn es noch welche gäbe aus dieser Verwandtschaft! Aber diese rauflustigen Vettern sind wir losgeworden. Sie haben sich mit dem ewigen Kriegführen und Umeinandergehen selber aufgearbeitet.

Daß unsere Vorfahren von den markomannischen Resten in diesem losen Reichsverband herstammen, soll auch wieder nicht mit Sicherheit zu beweisen sein, wird neuerdings vertreten. Ich bezweifle es überhaupt nicht. Die Bayern kommen aus Böhmen. Eine glückliche Mischung von eigenwilligen Stämmen muß es gewesen sein, die sich im 5. Jahrhundert im östlichen Teil des alten Markomannenlandes, das inzwischen von den Langobarden besetzt war, neu sammelte und sich nun den zukunftsträchtigen Namen Bajovarii gegeben hat. Da taucht schon wieder die Frage auf: Was bedeutet der Name? – Die einen sagen, »Bajuvarii« heiße »bei den Avaren«, denn die nachrückenden Avaren mögen damals bereits ziemlich gefürchtet gewesen sein. Andere sagen, der Sammelplatz der Restmarkomannen im alten Reich sei das Flüßchen Bogovarius gewesen, das damals March oder Waag geheißen haben soll; und daher rühre der Name. »Bei den Avaren« gefällt mir am besten. Und diese Deutung hat auch historisch etwas Einleuchtendes. Denn noch Tassilo III. wurde von seinem Vetter Karl – zweihundertfünfzig Jahre später – bezichtigt, ein »Avare« zu sein, das heißt, »mit den Avaren« heimlich im Bunde gestanden zu haben. Du bist ein Avar, du bist ein Bajuvar! Es kann uns heute gleich sein. Der Name aber wurde uns zum Schicksal. Theoderich der Große, in Ostrom erzogen und selber mehr römischer Fürst als Ostgotenkönig, hat die ersten Bayern dann um 510 – wie die ältesten Salzburger Annalen berichten – nach Noricum gerufen, damit sie am Südufer der Donau das Land besiedelten, das vor ihnen die Heruler innehatten. Denn die Heruler waren kurz vorher von den Langobarden beinahe restlos vernichtet worden. So mögen auch noch Reste der Heruler in den Bayern aufgegangen sein, wenn nicht schon von Haus aus genug herulische und rugische Elemente in diesen Bayern vorhanden gewesen sind.

Und von Noricum, vom Wienerwald, vom Weinviertel und von Niederösterreich her sind die Bajuvaren dann donauaufwärts schön langsam ins gelobte Land gezogen. Wo wir heute noch sind und mit unseren Vettern, den Schwaben und Franken, im Königreich Bayern, jetzt Freistaat genannt, leben wie vor gut 1500 Jahren im Markomannenreich. Und die österreichischen Nachbarn sind unsere lieben Brüder. Wir haben alles doppelt: zwei Hauptstädte, Wien und München, zwei Parlamente, den

Bundesrat in Wien und den Landtag in München, zwei Herrscherhäuser, Habsburg und Wittelsbach. So hat jeder seine Sach'. So ist es in der Weltgeschichte: Hin und her geht es, und zum Schluß springt die Katz' immer wieder auf die alten Füß'.

Wie die Bayern nach Bayern gekommen sind
(um 530)

Die bayerische Geschichte ist ein einziges Ruhmesblatt, auf dem sich gerade die Niederlagen, die hundertmal verpaßten Gelegenheiten und nicht zuletzt auch die wenigen und meist ganz und gar verfehlten Aktionen als allgemein menschliche Schwächen ansehnlich genug ausnehmen. Dem lammfrommen bayerischen Löwen, der sich fortwährend selbst besiegt, genügt sein guter Mut, und er bedarf nicht des großen Ränkespiels der Diplomatie, um sein Land, seinen Staat nun bald schon über eineinhalb Jahrtausende durch ein verworrenes Schicksal zu lenken. »Gott mit dir, du Land der Bayern«, heißt es in unserer Hymne. Und tatsächlich scheinen Gottvertrauen und Geduld die granitenen Hauptpfeiler der bayerischen Politik von jeher gewesen zu sein.

Schon wie die Bayern nach Bayern gekommen sind, zeigt das recht deutlich. Das Unternehmen war eher eine Passion als eine Aktion. Kurz nach 500 rief Theoderich der Große, der sich eher als römischer Caesar fühlte denn als Germanenhäuptling, die Bayern ins heutige Niederösterreich. Um 530 ziehen diese Bajuvaren dann plötzlich westwärts, die Donau herauf, überschreiten den Inn, erobern Regensburg und besiedeln das östliche Rätien, das heutige Altbayern.

Dieser Eroberungsfeldzug entsprang nicht so sehr einer eigenen Initiative, sondern war mehr ein Teil des großen politischen Planes des aufstrebenden fränkischen Großreiches, welches mit dem Reiche Theoderichs rivalisierte. Dieser Ostgotenkönig Theoderich war mit den Thüringern gegen die Franken verbündet gewesen. Das Reich der Thüringer erstreckte sich damals bis an die Donau, bis nach Regensburg. Und Rätien selbst war noch eine teilweise intakte römische Provinz, die allerdings fortwährend von verschiedenen germanischen Heeren durchzogen wurde, um 450 auch von den Hunnen. – Nach dem Tode des arianischen Ostgotenkönigs Theoderich gingen die katholischen Franken zum Angriff auf die Thüringer über, und fränkische Bundesgenossen in diesem Krieg waren die Bayern. Bundesgenossen waren sie also den Franken gegenüber, *confoederati*, keine Vasallen. Im Gegenteil, die ersten Herzöge der Bayern, die Agilolfinger, versuchten in der merowingischen Zeit – und später auch noch unter den fränkischen Hausmeiern – immer wieder, dem fränkischen Druck auszuweichen.

Aber da weich einer aus, wenn sich ein Kleiner mit einem so Großmächtigen einläßt, gehört er der Katz! Wir Bayern haben gewiß immer gern gerauft, aber lieber im Wirtshaus beim Bier und wegen der Dirndln. Niemals sind wir gern in den Krieg gezogen. Und die Franken – nicht unsere heutigen Franken – die Franken damals, haben nur Kriege geführt, große und kleine, und sind immer größer und größer geworden, bis ihnen die ganze damalige Welt gehört hat. Mit so einem Bundesgenossen ist es ein hartes Leben!

Wir, die Langobarden und die Alemannen, die Thüringer, die Sachsen und noch andere Völkerschaften werden in die fränkische Reichsfrage verwickelt, 300 Jahre lang ist keine Ruhe mehr in Mitteleuropa. Und man kann getrost behaupten: Die Franken damals waren ärger als später die Preußen.

Wie aber kam es zu dieser folgenschweren fränkisch-bayerischen Koalition? Darüber können wir nur eine Vermutung anstellen. Es wird behauptet, daß der christlich–arianische Theoderich der Große, als er die Bayern nach Ufernoricum dirigierte, etliche von ihnen nach Burgund schickte, um die Alemannen in ihrem Existenzkampf gegen die Franken zu unterstützen. Auch Bayern waren also in jener berühmten Alemannenschlacht beteiligt gewesen, nach derem siegreichen Ausgang für die Franken der fränkische König Chlodwig sich christkatholisch taufen ließ. Das war bereits 496 gewesen. Es war die erste Schlacht, in der bayerische Einheiten gegen die Franken kämpften und besiegt wurden.

Was heißt da besiegt? Der Frankenkönig Chlodwig ist ja ein fürchterlicher Mensch gewesen, ein grausamer Diktator und ein gerissener Politiker. Die Geschichtsschreiber erzählen von ihm, daß er damals – noch vor der Schlacht – etliche Hilfstruppen, die Theoderich den Alemannen geschickt hatte, auf seine Seite herübergezogen hatte. Andere sollen wieder zu spät gekommen sein. Ganz gewiß weiß man es heute nicht mehr. Aber möglich ist es schon, daß die Bayern damals zu spät gekommen sind. Oder aber gar zugeschaut haben! Und heimgekehrt sind die nicht mehr. Damals haben ja die bayerischen Soldaten ihre Weiber und Kinder dabei gehabt!

Etliche Bayern sind nach der Alemannenschlacht im Frankenreich geblieben und sind womöglich in Burgund seßhaft geworden. Und gewiß sind die dann auch katholisch geworden, weil das arianische Christentum ja ohnehin keine feste Religion gewesen ist und man als Arianerchrist auch noch den heimischen Göttern opfern durfte.

Dreißig Jahre später, im fränkisch-thüringischen Krieg, werden die von Frankreich weit entfernten – im heutigen Ober- und Niederösterreich – Bayern auf einmal die Bundesgenossen der Franken. Bis dahin standen sie ja auf der Seite der Ostgoten und waren wie diese wahrscheinlich auch arianisch. Auf rein diplomatischem Wege wird dieser Umschwung kaum zustande gekommen sein. Da mögen jene burgundischen Bayern, die sich inzwischen im fränkischen Heere wohl ausgezeichnet haben können, so daß auch einige von ihnen zu größerem Einfluß gekommen sind, ihre Verwandten daheim überredet haben.

Aber so geht es mit der Verwandtschaft! Heiratet eine Schwester nach Norddeutschland, heiratet die andere vielleicht auch hinauf. Und umgekehrt noch eher! Da geht kein Ende mehr her. In der damaligen Zeit gleich gar, sie heißt ja die Völkerwanderung.

Warum wir diese Hypothese so weit ausspinnen, hat einen wichtigen Grund, es geht um die Herkunft des Geschlechtes der Agilolfinger. Wie die ältesten Geschichtsquellen durchblicken lassen, stammt dieses bayerische Urherzogshaus möglicherweise aus Franken. Aber, wie ich nun vermutend beweisen will, vielleicht dennoch aus urbayerischem Geblüt.

Kurz nach der Unterwerfung der Thüringer im Jahre 531, die die Bayern mit den Franken beinahe ausgerottet haben, – das heutige Altbayern samt Mittelfranken und der Oberpfalz rühren aus diesem Unternehmen her – kurz nach diesem Thüringerkrieg, überzog der Enkel Chlodwigs, König Theudebert, um 540 mit seinen Truppen ganz Bayern bis zum Wienerwald. Es war dies nur nebenbei ein Eroberungskrieg. Ziel Theudeberts war Italien und die Eroberung des römischen Reiches. Dieser fränkische Abenteurer konnte seine Pläne aber nur halb verwirklichen, er starb in Italien in jungen Jahren. Das Frankenreich war für so weit gesteckte Ziele damals noch nicht reif gewesen. Aber Bayern ist durch Theudeberts Zug in eine nun noch engere Bindung zum Merowingerreich gebracht worden. Und Theudebert, so heißt es, habe den Bayern einen vornehmen Franken, einen Amtsherzog aus der burgundischen Familie der Agilolfinger, zum Oberhaupte gesetzt. Den ersten bayerischen Herzog kennen wir unter dem Namen Garibald I. Er residierte bereits in Regensburg. Dieser Garibald muß mit dem Merowingerkönig gut befreundet gewesen sein, denn er vermählt sich mit der geschiedenen Gemahlin von König Theudeberts Sohn, mit Frau Walderada, einer Tochter des Langobardenkönigs Wacho. Die fränkischen Könige und später auch die fränkischen Hausmeier heiraten öfter langobardische Prinzessinnen, um auf diesem friedlichen Wege auf das nun aufkommende Langobardenreich in Oberitalien politischen Einfluß zu bekommen. Aber die fränkische Kriegspartei gewinnt dazwischen immer wieder die Oberhand, und die Merowinger verstoßen die Langobardenfrauen häufig.

Also wird auch Walderada verstoßen, die Gemahlin des Bayernherzogs Garibald I. – So wird gleich zu Beginn der Agiolfingerdynastie ein familiäres Band mit den Langobarden geknüpft, die nun in Oberitalien wieder – wie vordem im Osten des Markomannenreiches – die Nachbarn Bayerns sind.

Heiraten ist besser als Krieg führen. Geheiratet haben die Fürsten immer, und doch haben die Kriege kein Ende gefunden. Herzog Garibald hat mit seinem Weib Walderada eine Tochter gehabt, die brave Prinzessin Theutelinde. Eine gescheite Frau, eine missionarische Fürstin. Im Jahre 589 heiratet sie Authari, den König der Langobarden, und bringt es fertig, daß die arianischen Langobarden katholisch werden. Der weltberühmte Irenapostel Kolumban ist ihr Freund gewesen und hat sich oft an ihrem Hof in Pavia aufgehalten. Sie hat ihm ein Kloster gebaut in Bobbio. Und Papst Gregor der Große – und das ist gewiß eine Auszeichnung – nennt sie »escelentissima filia nostra«, unsere hochverdiente liebe Tochter. Er widmet ihr ein Buch, in dem er das Leben des Heiligen Benedikt beschreibt.

Im selben Jahr 589 demonstriert der Frankenkönig die fränkische Großmacht mit einem Heereszug nach Bayern. – Von den Karolingern weiß um diese Zeit die Geschichte noch nichts zu berichten. Knapp dreißig Jahre später, 613, tauchen die Namen Arnulf von Metz und Pippin der Ältere auf. Sie stehen an der Spitze einer westfränkischen Adelsopposition gegen ihren König Chlotar II. Der Enkel dieses Arnulf von Metz wird der erste Hausmeier des Frankenreiches. Die Karolinger heißen also von Haus aus nach ihrem Stammvater »Arnulfinger«.

Ich möchte nun der Phantasie nicht so weit die Zügel schießen lassen, daß ich behaupte, die Analogie der Namen Arnulfinger und Agilolfinger deutet auf ein und dieselbe Ursippe hin, von der Karl der Große und Tassilo von Bayern möglicherweise herstammen. Echte Vettern ersten Grades waren die beiden ja ohnehin. Aber vielleicht war Garibald I. von Bayern gar kein richtiger Franke, sondern stammte von jenem unbekannten Bayernhäuptling ab, der 496 jene Markomannenbayern zur Alemannenschlacht geführt hatte und sich dann in dem damals schon ziemlich in Chlodwigs Frankenreich aufgegangenen Burgund niedergelassen hatte? Über die Herkunft der Agilolfinger können die bayerischen Historiker noch manche Version in Umlauf bringen. Und wahrscheinlich gehört das Geschlecht, »bei dem die Herzogswürde immer bleiben soll«, wie es in der *Lex Baiuvariorum* heißt, doch zu den fünf bayerischen Ur-Dynastien. Der Spottname »Gloiffi« soll von Agilolf abgeleitet sein.

Es ist ja grad gleich, wer uns damals regiert hat! Denn vielen Bayern ist das heute noch gleichgültig, wer gerade regiert. Wenn es die Regenten nur nicht zu arg treiben und das Leben zu ungemütlich machen! Wie schon ein altes politisches Schnaderhüpfl meint:

Herzog, Kini, Prinzregent
Oder wia ma's sünst no nennt:
Mir bleibn boarisch ganz und gar
Nomal leicht guat tausad Jahr.

Früher hat da Fürscht regiert
Und da hat se aa was grührt:
's Volk hat garbet Tag und Nacht
Und da Fürscht hats durchebracht.

Prinzen, Grafen und Prälaten
Teuer warn s', die Potentaten:
Aber boarisch warn sie guat,
Hat d'Maitresse a boarischs Bluat.

Spota nachad kimmt da Kini
In den weiß und blauen Himmi:
Baut mit unserne Monetn
Mehrere Pinakothekn.

Na werds Landl deutsch und stramm,
Boarisch geht bald nix mehr zsamm.
Und die Gschicht werd no vui schlimmer:
Machas net aa ’s Bier no dünner?!

Und heit ham ma die Minister,
Christli sans und koa Philister.
Doch kostens noch vui mehrer Geld.
Dieses ist der Lauf der Welt.

Tassilo III.
(748–788)

Der bayerische Gleichmut entbehrt nicht der Größe, und er verfügt über eine unerschöpfliche Potenz von vager Daseinsfreude und schmerzlicher Trunkenheit. Unsere Marschmusik, ob sie nun im Bierzelt eines Herbstfestes oder im Kirchenzug einer dörflichen Fahnenweihe erklingt, läßt den tiefen Frieden des bayerischen Militarismus ahnen. Unser König hatte den Oberbefehl über seine tapfere Armee ja auch nur im Frieden gehabt, in den Jahren zwischen 1871 und 1914. Die Alleinherrlichkeit der Bayern währte nie länger als eine Generation, manchmal waren es nur Jahre und Monate. Immer hat es gegolten, einem wenn auch unnütz empfundenen höheren Verbande anzugehören, einem großen, einem mächtigen Reiche. Man ist abhängig von Bonn oder Berlin, von Wien oder Paris, von Rom oder Aachen, ja von Pavia und Ravenna, Aquitanien und Benevent. Aber der Sinn für Eigenstaatlichkeit geht trotzdem niemals verloren, wird immer wieder greifbare Wirklichkeit, schwankt zwischen mäßigem Freiheitsdurst und eigenbrötlerischem Grant. Außergewöhnlich aber ist es, und paradox kommt es einem vor, daß diese Bayern justament in den Augenblicken, wo die Chancen zu eigennützigem Handeln vorhanden sind, wo die ersehnte Freistaatlichkeit schon beinahe verwirklicht zu sein scheint, daß gerade dann dieses Land eine Regierung besitzt, die zögert und zaudert, daß ihm einflußreiche und begabte Führer erstehen, die jetzt an die Reichstreue appellieren. Und sie tun das nicht immer, weil sie bestochen sind, nicht aus wirklicher Reichstreue, auch nicht aus Angst vor der eigenen Courage, sie tun es aus Besonnenheit und Friedfertigkeit.

Der Gescheitere gibt nach, heißt es da, und der Ramasuri ist es nicht wert. Mit einem Wort: Bayern war immer zu klein und unbedeutend, um ein Großstaat werden zu können, und es war immer zu groß und zu bedeutend, um ein selbständiger Kleinstaat bleiben zu können. Als tragisch werden diese Tatsachen indessen nur selten empfunden. Es gibt keinen bayerischen Unabhängigkeitskrieg, kein die gesamte bayerische Nation verzehrendes revolutionäres Feuer. Wir sind weder Sachsen noch Iren, weder Niederländer noch Eidgenossen. Wir hatten keinen Egmont und Oranien, sondern einen Plinganser und Schmied von Kochel, keinen Wilhelm Tell, sondern einen Ludwig von Bayern, keinen de Valera, sondern einen König Ludwig III., keinen Widukind, sondern den Herzog Tassilo.

Gerade dieser Herzog Tassilo, der letzte Agilolfinger, den Karl der Große in offener Versammlung zu Ingelheim im Jahre 788 verhaften und in ein Kloster stecken ließ, ist der typische Vertreter eines bayerischen Herrschers, eines sogar über die Maßen erfolgreichen bayerischen Politikers. Im Katastrophenjahr 788 aber unternimmt kein einziger bayerischer Getreuer, kein Bischof und kein Abt, kein Graf und kein Bauer auch nur den Versuch, Tassilo zu retten. Im Gegenteil, die Annalen berichten davon, daß in dem Gerichtsverfahren, das Karl gegen Tassilo in Ingelheim durchführen ließ, »dem König Karl getreue Bayern« gegen ihren eigenen Herzog aussagten und ihn des Hochverrats beschuldigten. Wie konnte es zu dieser verwerflich anmutenden Tat kommen, wie konnte sich der bayerische Löwe schon im 8. Jahrhundert auf solche Weise gleichsam selbst zerfleischen?

Den Prozeß Tassilos, seinen Fall und die Vorgeschichte, die mannigfach verworrenen Ursachen, die zu dieser Katastrophe führten, kann man als eine Ouvertüre der bayerischen Geschichte bezeichnen. Da sind bereits alle die gängigen Melodien enthalten, die im Laufe der Jahrhunderte immer wieder erklingen, wenn es um die zweifelhafte Eigenstaatlichkeit Bayerns geht.

Die beiden Dynastien, die bayerische und die langobardische, sind miteinander verwandt und befreundet; auch der letzte Agilolfinger, Tassilo (748–788), heiratet eine langobardische Prinzessin, Luitpirga, die Tochter des letzten Langobardenkönigs Desiderius. Dazu kommt die politische Freundschaft mit dem Hof in Pavia, was die Selbständigkeitsbestrebungen in Bayern ungemein stärkte, um so mehr, als ja zwischen Franken und Langobarden ohnedies eine Feindschaft bestand. Das konnte auf die Dauer nicht gutgehen, angesichts eines immer mächtiger werdenden fränkischen Imperiums.

Durch diese gutnachbarlichen Beziehungen über die Alpen hinweg wuchs Bayern mit der Lombardei in einen Kulturkreis hinein, der ein eigenartiges und sehr originelles germanisch-ro-

Tassilokelch
(Bundesdenkmalamt Wien)

manisches Gesicht bekam. Dieses Gesicht war nicht nur germanisch-romanisch, sondern durch die Kirchenprovinz Aquileja, zu der Bayern noch seit der römischen Zeit gehörte, auch oströmisch; denn auch der Exarch, zu Ravenna residierend, zählte zum bayerisch-langobardischen Bündnis. Die Paläographen, welche die kunstvollen Malereien der damals in den tassilonischen Klosterschreibschulen entstandenen Evangeliare bewundern, sprechen gar von einem eigenen bayerisch-langobardischen Schreib- und Malstil, der sich deutlich von den fränkischen Reichsbibeln unterscheide. Im bayerisch-langobardischen Raum setzte sich dann auch die erste oberdeutsche Lautverschiebung durch, die sich über Schwaben hinzog und auch noch über den Main hinaufreichte – vor allem durch das Kloster Fulda, welchem als erster Abt der Bayer Sturmi vorstand, so daß also der Satz jenes Tegernseer Mönches schon seine Richtigkeit hat, daß die übrigen deutschen Stämme erst von den Bayern ihre Sprache bekommen hätten. Der erste bayerische Geschichtsschreiber, Bischof Arbeo von Freising, ein Zeitgenosse Tassilos, stammt aus der Gegend von Meran, und er hat wahrscheinlich im Kloster Bobbio oder in Pavia oder in Ravenna seine Ausbildung erhalten.

Wie gesagt, das alles konnte auf die Dauer nicht gutgehen, denn im kommenden Imperium Romanum Karls des Großen wird alles gleichgeschaltet werden – sogar die Evangeliare; die Vulgata wird zur Reichsbibel, wie einige überkommene Blätter bayerischer Evangeliare erkennen lassen; sie sind nach Tassilos Sturz korrigiert worden. Nur der »Codex Millenarius«, den das Stift Kremsmünster zusammen mit den übrigen Cimelien des bayerischen Stammes aufbewahrt, ist unberührt geblieben. Man hat ihn dem Zugriff Karls entziehen können. Auch der Tassilokelch von 763, in dessen feinen Ornamenten und Gravuren der spätere bayerische Barockstuck schon im Keim vorhanden ist, blieb unversehrt.

Der steigende fränkische Einfluß in Bayern wurde vor allem durch die Kirchenpolitik der Karolinger vorangetrieben. Von Haus aus waren die Bayern keine Katholiken, sondern Arianer, wie die Goten und die Langobarden. Aber das Herzoghaus war von Anfang an katholisch gewesen und förderte die Missionstätigkeit der irischen Glaubensboten ungemein.

Zu einem Politikum wurde die Missionstätigkeit erst, als Pippin und Karl Martell anfingen, fränkische Bischöfe nach Bayern zu schicken. Diese Bischöfe Rupert, Korbinian und Emmeram, ganz gleich, ob sie nun alle drei gebürtige Franken waren oder nicht, erschienen als mächtige Freunde Pippins und mit dem Auftrage, die fränkische Reichskirche in Bayern zu installieren. In Franken waren die Bischöfe damals auf dem Wege – und gerade schon unter den Vorgängern Karls des Großen –, auch Vasallen, Fürsten des Königs, zu werden. »Die Verbindung von Vasallität und Benefizium oder Feudum wurde zu einer wirksamen Ergänzung des Königlichen Amtsrechtes.« Diese Kirche war bereits »weltlicher« und auch politischer, als noch ein gutes Jahrhundert vordem es die irischen Glaubensboten gewesen sind.

Daß der bayerische Hof sich mit diesen fränkischen Großen, die als Bischöfe auftraten, schlecht vertragen hat, das sehen wir aus der Korbinians- und Emmeramsbiographie des Bischofs Arbeo von Freising, obwohl er uns die wahren Hintergründe verschweigt. Kilian in Würzburg wurde ermordet, Korbinian von Freising mußte fliehen. Emmeram in Regensburg wird der Verführung der jungen Prinzessin Uta bezichtigt, flüchtet und wird um das Jahr 715 auf der Flucht bei Helfendorf ermordet. Die politischen Hintergründe für diese Bischofsmorde liegen auf der Hand.

Im Jahre 716 reist Herzog Theodo nach Rom. Er will vom Papst eine eigene bayerische Kirchenprovinz errichtet bekommen. Der Zeitpunkt ist günstig. Pippin war gestorben und Karl Martell, seiner illegitimen Geburt wegen, von der Erbfolge im Hausmeieramt ausgeschlossen. Als er dennoch die Regierung an sich reißen kann, gärt es im Frankenreich. Die Beziehungen, die Herzog Theodo jetzt mit dem Papst anknüpfte, um die bayerische Kirche von der aufgezwungenen fränkischen zu lösen, hatten alle Aussicht, erfolgreich zu sein. Und doch ist es nicht dazu gekommen. Papst Gregor II. verhielt sich bei allem gezeigten Wohlwollen zunächst abwartend. Es gab langwierige Verhandlungen. Herzog Theodo starb kurz nach der Rückkehr von Rom. Seine Söhne Grimoald und Theodebert stritten um das Erbe. In Bayern brach ein Bürgerkrieg aus, während Karl Martell das Frankenreich wieder einigte und stärker dastand als sein Vater Pippin. Als ihn Hugibert, der Sohn Theodeberts, ein »reichstreuer«, fränkischer Parteigänger, rief, hatte er die Möglichkeit, noch nachdrücklicher als bisher in die bayerischen Verhältnisse einzugreifen. Eine typisch bayerische Situation das Ganze, wie sie sich noch oft wiederholen wird!

Karl Martell erscheint 725 mit Heeresmacht in Bayern. Grimoald wird ermordet. Sein Neffe Hugibert erhält Bayern als fränkisches Reichslehen. Der fränkische Einfluß nimmt nun ständig zu. 728, auf einem zweiten Heereszug nach Bayern, errichtet Martell feste fränkische Garnisonen im Land, besonders im Nordgau und in den Gebieten des späteren Bistums Eichstätt. 737 kommt der junge Herzog Oatilo in Bayern an die Regierung. Er ist der Vater Tassilos. Vorsichtig und geschickt baut er die Gegenstellung aus, gründet Klöster, deren Mönche ihm ergeben sind, und vermag so unter Umgehung der frankenfreundlichen Bischöfe doch einen gewissen Einfluß auf die kirchlichen Belange auszuüben.

Und dann ergibt sich eine neue großartige Gelegenheit, das fränkische Oberjoch abzuschütteln. Als Karl Martell 741 stirbt, machen die beiden Söhne Karlmann und Pippin ihrem Stiefbruder Grifo das Erbe streitig. Diese neuerliche fränkische Palastrevolution benützte nun Oatilo, brachte tatsächlich eine Koalition zustande und ein ansehnliches Heer auf die Beine. Gleichzeitig wandte er sich an den neuen Papst Zacharias mit der Bitte um einen bayerischen Metropoliten. Der Papst schickte Vivilo, der später Bischof von Passau wurde.

Aber die bayerische Koalition ist der fränkischen Macht nicht gewachsen. Grifo wird von seinen älteren Brüdern gefangengesetzt, seine Mutter ins Kloster gesteckt. Zu einer Vereinigung des bayerischen und schwäbischen Heerbannes kommt es gar nicht erst. Pippin und Karlmann schlagen 742 die Alemannen und 743 die Bayern am Lech. Oatilo wird nicht abgesetzt, muß aber den Lehenseid leisten. Bayern ist nun auch offiziell ein fränkisches Lehen, aber immer noch mit eigener Verwaltung. 743 ist das Jahr des Verlustes der bayerischen Souveränität.

Nach der Unterwerfung Oatilos macht Pippin seinen Freund Virgil zum Bischof von Salzburg. So ist der Einfluß der fränkischen Reichskirche in Bayern wieder stark. Um dem iro-schottischen Kirchenwesen allen Einfluß abzuschneiden, wurden überall neue Bischöfe eingesetzt; nur Vivilo in Passau durfte bleiben.

Gleichwohl herrschte wieder Friede, trotz der fränkischen Oberhoheit – ein Zustand, der vermuten läßt, daß es den Leuten ganz gleich war, wer regierte, Hauptsache, daß man seine Ruhe hatte. Es wurden Klöster gegründet, der Wohlstand mehrte sich, und aus der rührigen Kulturarbeit wurde das gesegnete Bayern des 8. Jahrhunderts.

Da brechen neue Unruhen herein. Oatilo stirbt im Jahre 748. Seine Frau Hiltrud ist eine fränkische Prinzessin, die Tochter Karl Martells, die Schwester Pippins und Karlmanns, Stiefschwester Grifos und die Tante Karls. Sein einziger Sohn Tassilo, der erst sieben Jahre alt ist, war also ein Vetter Karls des Großen. – Jener Grifo nun, der Sohn der bayerischen Prinzessin Swanahild, eilt nach Bayern und versucht noch einmal, das bayerische Erbe an sich zu reißen, Aber Pippin läßt das nicht zu. Es kommt zu einem neuen Feldzug. Grifo wird gestürzt und die Regentschaft für ihren noch minderjährigen Sohn Tassilo der bayerischen Herzogswitwe und fränkischen Prinzessin Hiltrud übertragen. Bayern ist somit praktisch eine fränkische Provinz, und Tassilo mag zu diesem Zeitpunkt mehr als fränkischer Prinz denn als bayerischer Herzog angesehen worden sein. Aber schon mit 14 Jahren wird er wehrhaft gemacht und tritt als Herzog Tassilo III. die Regierung an. 757 muß er seinem Onkel Pippin bei der Reichsversammlung von Compiègne den Treueid leisten. Er hat mit seinem Heerbann den Franken auf vielen Feldzügen zu folgen, besonders gegen Aquitanien und gegen die Sachsen, während zu Hause Avaren und Slaven die Ostgrenze Bayerns bedrohen. Da er mit seinen Bayern von Pippin nur ausgenützt wurde, kommt es 763 zum offenen Bruch. Auf dem vierten aquitanischen Feldzug verläßt Tassilo III. kurzerhand das fränkische Heer und marschiert eigenmächtig in die Heimat. Es ist genug, wird er gesagt haben, jetzt ist Schluß.

Und wieder war der Zeitpunkt äußerst günstig gewählt. Die Langobarden benützten angesichts der Unruhen im fernen Aquitanien, die Pippin bis an sein Lebensende beschäftigten, die Gelegenheit, sich der Pippinschen Schenkung zu bemächtigen. Das waren jene Länder, die Pippin auf seinem Italienzug, nach Besiegung der Langobarden, dem Papst als *Patrimonium Petri* zu einem eigenen Staat, zum Kirchenstaat, geschenkt hatte. Außerdem drohten die rivalisierenden Söhne Pippins, Karl und Karlmann, in ihrem neuerdings ausbrechenden Familienstreit das fränkische Reich aufzusplittern. Tassilo suchte Rückhalt beim Langobardenkönig Desiderius und vermählte sich mit dessen Tochter Luitbirga.

Zwei Jahre später – 768 – starb Pippin. Tassilo schwor seinen Treueid, und zwar Karl, nicht Karlmann, was die Brüder noch mehr entzweite. Zunächst scheint die langobardisch-bayerische Koalition am fränkischen Hof einige Erfolge erzielt zu haben.

Jedenfalls heiratete Karl nun ebenfalls eine langobardische Prinzessin. Damit waren die beiden gleichaltrigen Vettern, Karl und Tassilo, auch Schwäger. Die leidliche Freundschaft, die ihm der junge König erwies, bedeutete für Tassilo soviel wie die stillschweigende Anerkennung der bayerischen Unabhängigkeit.

Unter diesen freundlichen Auspizien gingen die Langobarden gegen den Papst vor. Karl verhielt sich still, er vernachlässigte die Reichspolitik und machte damit seinem Bruder Karlmann die Entscheidungen schwer, wenn nicht überhaupt unmöglich. Dieses Spiel währte zwei Jahre, schon drohte ein fränkischer Bürgerkrieg, da starb Karlmann im Jahre 771 mit 29 Jahren. Die näheren Umstände seines Todes liegen in einem auffälligen Dunkel. Wurde er ermordet? Und von wem?

Wenn wir auch keine Quellen besitzen über den Tod Karlmanns, so kann man sich doch aus den nun blitzartig folgenden Geschehnissen einen Reim auf diesen Tod machen. Als erstes verstieß Karl seine langobardische Gemahlin. Sie eilte zusammen mit der Witwe Karlmanns an den langobardischen Königshof. Natürlich über Regensburg, wo sich der ahnungslose Tassilo noch auf die Freundschaft Karls verließ.

Es wäre wichtig gewesen für die Bayern, jetzt etwas zu unternehmen, wenn man das fränkische Joch schon abschütteln wollte. Man tat es nicht. Aus den Beschlüssen der bayerischen Landessynoden geht hervor, daß damals vor allem die Bischöfe in Bayern zur Mäßigung rieten. Vergeblich hat sich Tassilo gegen den Ungehorsam seines Episkopates beim Papst beschwert.

Das Verhältnis Tassilos zu seinen Bischöfen war auch in materiellen Dingen gespannt. Aus Freising hört man aus einer Urkunde: »Tassilo und Luitpirg hätten dem Bischof Arbeo viele Gotteshäuser entzogen und ihn beschuldigt, daß er König Karl und den Franken getreuer sei als ihnen.« Auch Bischof Arn von Salzburg, obschon wie Arbeo ein gebürtiger Altbayer, sogar ein Isengäuer, war selbstredend dem Frankenkönig »getreuer«, da er ja Karls persönlicher Freund war. Dazu kam, daß die bayerischen Bischöfe – und darin wurden sie von Rom gefördert – damals auch anfingen, eine gewisse Eigenkirchlichkeit zu entwikkeln, eine eigene Souveränität, der es in erster Linie um den Frieden ging.

Karl der Große zieht nun – seines Bruders Karlmann entledigt – als erstes gegen die Langobarden, belagert Pavia fast ein Jahr lang, nimmt es endlich ein, setzt die Dynastie ab und macht sich selbst zum König der Langobarden. In Rom erneuert er die Pippinsche Schenkung. Die gesamte Familie des Desiderius – auch der König selbst – wird geschoren und in ein Kloster gesteckt. Nur dem Thronfolger Arichis gelingt es, nach Byzanz zu entkommen. Seine Bemühungen, in Byzanz und beim Herzog von Benevent ernsthafte Hilfe gegen Karl zu erhalten, bleiben aber erfolglos.

Hier erhebt sich nun die Frage, warum Tassilo 773 seinem Schwiegervater nicht zu Hilfe gekommen ist? Nun, Tassilo blieb friedlich, weil er in seinem Lande selbst friedliche Werke zu vollbringen gedachte und vollendet hat. Er gründete Klöster, Kremsmünster, Innichen, Wessobrunn, um nur die wichtigsten zu nennen, und rief Mönche herbei. Man kann geradezu von einer Tassilonischen Renaissance sprechen. Auch seine Bischöfe fingen an, sich mit ihm besser zu verstehen. Als Karl in Italien die Langobardendynastie vernichtet, feiern ihn die bayerischen Bischöfe anläßlich der Eröffnungssynode von Aschheim als einen neuen Konstantin. – Er mochte seinem Vetter Karl vertrauen. Aber es blieb ihm jetzt auch keine andere Wahl mehr, wenn er sich und seinem Lande den Frieden bewahren wollte.

Er tut sogar ein übriges und stellt Karl im Jahre 778 ein bayerisches Aufgebot für dessen Spanienfeldzug zur Verfügung. Damals erfährt Karl die einzige größere Niederlage seines Lebens. Die tapferen Bayern werden kaum mehr ihre Heimat wiedergesehen haben. Aber auch dieses Opfer ist umsonst. 781 wird Tassilo vom Papst auf Betreiben Karls mit dem Bann bedroht, falls er nicht augenblicklich den Lehenseid schwöre. Tassilo schwört den Eid. Endlich – im Jahre 787 – rückt Karl mit drei Heeren in Bayern ein. Tassilo ruft vergeblich die Vermittlung des Papstes an. Unter dem Druck seiner eigenen Ratgeber – sagt man – findet er sich, der überhaupt nicht zum Krieg gerüstet hat, in Karls Hoflager ein, unterwirft sich und empfängt sein Land als fränkisches Lehen. Von jetzt ab muß er fränkische Amtsgrafen im Land dulden. Er ist fast nur noch dem Namen nach Herzog.

Aber die Katastrophe kommt im darauffolgenden Jahr 788 auf dem Reichstag zu Ingelheim. Auch Tassilo ist dazu eingeladen. Kaum angekommen, wird er verhaftet, und es wird ihm der Prozeß gemacht. Die Anklage lautet auch noch auf Fahnenflucht, auf jene »harislitz«, wie man damals sagte, die Tassilo schon 25 Jahre zuvor begangen hatte, als er das Heer König Pippins in Aquitanien eigenmächtig verlassen hatte. Tassilo wird nach bayerischem Recht gerichtet. Zu diesem Zweck hat Karl dieses Rechtsbuch vorher noch um einige Paragraphen bereichert. Als Zeugen treten bayerische Bischöfe auf und andere Größen des bayerischen Stammes. Diese machen recht belastende Aussagen. So habe, hieß es da zum Beispiel, Tassilo gesagt, nachdem er 781 seinen Sohn als Geisel hatte stellen müssen: »Und wenn ich zehn Söhne hätte und sie alle zehn dem Karl als Geisel überlassen müßte, das würde mich nicht davon abhalten, das verhaßte fränkische Joch nicht dennoch eines Tages abzuschütteln.«

Das Urteil, das Karl selbst sprach, lautete auf Tod. Wie wir aus den Lorscher Annalen erfahren, die unmittelbar darauf niedergeschrieben worden sind, hat Karl auf heftiges Bitten Tassilos Gnade vor Recht ergehen lassen und die Todesstrafe in Verbannung in ein Kloster umgewandelt. Er sollte – heißt es in den Annalen – auf der Stelle die Haare geschoren bekommen. Aber da fing Tassilo wieder zu betteln an: »Ach Karl, nicht hier auf der Pfalz zu Ingelheim laß mich scheren, ich müßte mich zu Tode schämen, hab ich doch auch fränkisches Blut in mir!« Karl aber – heißt es weiter – schwieg zu diesen Bitten und ließ ihn nach Sankt Goar bringen, wo Tassilo denn auch zu einem Kleriker gemacht wurde. Später brachte man ihn in ein Kloster, welches Gemedium genannt wird. Auch die beiden Söhne Tassilos, Theodo und Theodebert, wurden als Prinzen abgesetzt und zu Mönchen geschoren. Auch wurde es für gut befunden, die Frau des Tassilo, Luitbirga, in ein Kloster zu verbannen.

Man denke an Karls Bruder Karlmann und an so viele Karolinger und Merowinger, die vielleicht froh gewesen wären, wenn sie in einem stillen Kloster als Mönche hätten weiterleben können. Tassilo konnte also von Glück reden. Von zwanzig Enthronten der damaligen Zeit wurden fünfzehn getötet, und höchstens fünf kamen mit der Tonsur davon. Diese Methode der Unschädlichmachung – heute würde man sagen, der Liquidierung des Gegners und »Verräters« – bürgerte sich im Laufe des 7. und 8. Jahrhunderts, von Byzanz und Rom herkommend, allmählich auch im Frankenreich ein. Das war das Ende des ersten bayerischen »Königtums«. Ob sich Tassilo nach seiner Verehelichung mit der langobardischen Prinzessin, nach dem Tod König Pippins und nach einer über zwanzig Jahre währenden segensreichen Friedensarbeit, die im heutigen Altbayern, in Tirol, Salzburg und Oberösterreich Bleibendes geleistet hat, ob er sich nicht mit Recht den Titel eines Königs zugelegt haben könnte?

Die ältesten Überlieferungen reden davon, daß er regiert habe wie ein König. Das Zepter Tassilos, mit dem er sich 787 – wie ausdrücklich überliefert wird – im Feldlager auf dem Lechfelde Karl unterworfen hat und das nach der Katastrophe von 788 zusammen mit dem berühmten Tassilokelch ins Kloster Kremsmünster gerettet werden konnte, ist heute noch in der Form von zwei umgearbeiteten Leuchtern erhalten. Der übrige herzogliche Schatz und der gesamte Hofstaat einschließlich des Gesindes wurde von dem königlichen Vetter Karl beschlagnahmt. In Kremsmünster wird auch die Grabinschrift Tassilos überliefert. Sie ist kurz und bündig und heißt: »Tassilo, einst Herzog, dann König, zuletzt aber Mönch.« Das Grab und das Todesjahr kennen wir nicht, nur den Sterbetag, es ist der 11. Dezember. Romuald Bauerreiß vermutet Tassilos Grab in Niedernburg bei Passau.

Wäre noch nachzutragen, daß Tassilo sechs Jahre nach seinem ersten Prozeß noch einmal aus dem Kloster hervorgeholt wurde und sich auf der Reichsversammlung zu Frankfurt im Jahre 794 verantworten mußte. Ob dieser zweite Prozeß Tassilos politische Hintergründe hatte, darüber können wir gleichfalls nur Vermutungen anstellen. Tassilo mußte zu Frankfurt den König Karl erneut um Verzeihung bitten für all das, was er gegen Karl und Pippin verbrochen hatte, und er mußte erklären, daß er allen Groll wegen des Geschehenen aufgebe und daß er für sich und seine Nachkommen allen Ansprüchen auf das Herzogtum endgültig entsage. Seine Kinder empfahl er der Gnade des Siegers. Drei Exemplare dieser »Abdankungsurkunde« wurden ausgefertigt und zu Aachen, im Kloster des Herzogs und beim Frankenkönig hinterlegt. Tassilo war der letzte der Stammesfürsten, die Karl unterworfen hat. Es ist ohne Blutvergießen geschehen: Die bloße Demonstration der Macht hatte genügt. Und dennoch blieb der bajuwarische Stamm weiter bestehen mit seinen Eigenheiten, Bräuchen und Sitten, mit seiner Mundart und seinem politischen Gleichmut.

Auch Tassilo lebt weiter in der glorreichen Geschichte des Bayernvolkes. Etliche Klöster halten sein Andenken in besonders hohen Ehren. Allen voran das Stift Kremsmünster in Oberösterreich. Hier wird alljährlich am Todestag des herzöglichen Bayernkönigs ein feierliches Requiem gesungen und hernach zu seinen Ehren im Refektorium die Stifterurkunde verlesen. In dieser Urkunde heißt es: »Ich Herzog Tassilo und mein vielgeliebter Sohn Theodo übergeben diesem unserem eben gegründeten Kloster an Land und Gütern und Wäldern, was wir nur können...« Während des Tassilo-Requiems wird das Evangelium aus dem »Codex Millenarius« gesungen, und der berühmte Tassilokelch mit der Umschrift »Tassilo dux fortis Luitpirg virga regalis« dient als Meßkelch.

Die Karolinger in Bayern bis zu Arnulf dem Bösen
(907–937)

»Ein gutes Land und lieblich anzusehen, reich an Hainen, wohlversehen mit Wein. Seine Männer sind hochgewachsen und stark, auf Nächstenliebe und Sitte gegründet. Das Erdreich ist fruchtbar und bringt üppige Saaten hervor und der Erdboden scheint von Vieh und Herden aller Art fast bedeckt zu sein. Honig und Bienen sind wahrlich in reicher Menge vorhanden. In Seen und Flüssen gibt es Fische in großer Zahl. Klare Quellen und Bäche bewässern das Land und Salz hat es, soviel es bedarf.«

Mit einer solch schwärmerischen Liebe beschreibt der erste bayerische Schriftsteller, der Freisinger Bischof Arbeo, sein Vaterland. Das Werk, das diesen berühmten Passus enthält, ist die Lebensgeschichte des Hl. Emmeram von Regensburg. Niedergeschrieben wurde sie um 770/80, noch in der agilolfingischen Zeit, also vor fast 1200 Jahren. Kein Wunder, daß dieses Paradies in das Reich Karls des Großen einverleibt werden mußte. Auch von strategischer Bedeutung war der Besitz Bayerns: In Bayern lagen die wichtigsten Alpenpässe, die nach Italien führten. Es heißt – und die deutschen Historiker sagen es alle –, daß Bayern nun »Anteil hatte an den Segnungen des karolingischen Reiches«.

Als ob so ein großes Reich viel Segen bringen könnte! Wie Arbeo schreibt, waren wir ja genug gesegnet! Soll einmal ein Geschichtsschreiber die Segnungen, die das karolingische Reich für Bayern gebracht hat, alle aufzählen! Reichskirche, Reichsbibel und Reichschoral! Und viele Kriege und die Ausrottung ganzer Völkerschaften! Bis dahin hatte sich Tassilo mit seinen Nachbarn gut vertragen! An kulturellen Leistungen war die Agilolfingerzeit auch nicht arm, wie die vielen Klostergründungen beweisen. Man kann sogar von einer Agilolfingischen Renaissance sprechen! Und die fränkischen Grafen, die jetzt gekommen sind und regiert haben, konnten Bayern nur strenger verwalten und für die Eroberungskriege Karls stärker besteuern.

Das Land wird nun in Grafschaften eingeteilt und in Marken.

Die Karolingischen Markgrafen sind mit umfassenderer Gewalt ausgestattet als die gewöhnlichen Grafen. Es gibt drei bayerische Marken: Kärnten oder Karantanien im Südosten, die Ostmark zwischen Enns und Raab – das ist das Gebiet, in dem die Avaren saßen, die von Karl gänzlich vernichtet und ausgerottet wurden – und schließlich die böhmische Mark auf dem Nordgau, ungefähr die heutige Oberpfalz. Selbst die bayerischen Klöster müssen Aufgebote stellen oder solche ausrüsten – oder wenigstens für den Sieg des Kaisers beten.

Karls Enkel, Ludwig der Deutsche, macht 826 Regensburg zur Hauptstadt des Reiches. Er nennt sich selber nicht »Ludwig der Deutsche«, sondern »König der Bayern und der angrenzenden Gebiete«. Auch die folgenden Karolinger residieren gern in der alten bayerischen Hauptstadt, Karlmann und Ludwig der Jüngere und besonders dann König Arnulf, Karlmanns Sohn, der von Bayern aus seinen Oheim, Karl den Dicken, der noch einmal das gesamte karolingische Reich vereinigt zu regieren hatte, im Jahre 887 zur Abdankung zwang. Am Ende des 9. Jahrhunderts aber war die karolingische Macht erloschen. Arnulfs Sohn, Ludwig das Kind, der letzte Karolinger, stirbt 911 in Regensburg. Und das bayerische Land steht am Ende dieser glorreichen Epoche arm und ausgesogen da und hatte die einst friedlichen Nachbarn, die Slaven und Ungarn, nun zu mächtigen Feinden. Die Ungarn hatten mittlerweile die Gebiete der ehemaligen Avaren besiedelt und drangen fortwährend in Bayern ein.

Damals haben es die Bayern zum erstenmal erfahren: Großsein und Kriegführen bringt nichts als Kummer und Verdruß! Ein kleines Land muß man sein wollen und mit den Nachbarn gut auskommen, das ist bayerisch. Welch eine Tragödie! Allerweil wieder steht einer au und allerweil wieder ist der Teufel los. Und daran schuld ist nur der Größenwahn! Das bayerische Nationallaster, die politische Wurstigkeit, hat möglicherweise damals seinen Anfang genommen. Es bleibt aber nichts anderes übrig, als fleißig zu sein und immer wieder von vorn anzufangen.

So hat in den härtesten Drangsalen um das Jahr 900 der bayerische Stamm sich selber wieder zu helfen versucht. Ein einheimischer tüchtiger Mann, Luitpold der Schire, hat sich 895 selber zum Markgrafen gemacht, und sein Sohn Arnulf war wieder ein bayerischer Herzog.

In der mörderischen Ungarnschlacht vom Jahre 907 an der Enns fällt Luitpold aber und mit ihm beinahe der gesamte

Die Allerheiligenkapelle des Doms zu Regensburg
(roebild, Frankfurt)

bayerische Heerbann. Das war eine der größten Katastrophen in der bayerischen Geschichte.

Sein Sohn, Herzog Arnulf, ist genötigt, alles zu versilbern, was an Schätzen noch im Lande zu finden ist, um ein neues Heer aufstellen zu können. So kommt es im Jahre 907 zur ersten bayerischen Säkularisation. Arnulf hebt mehrere Dutzend Klöster auf. Die Tegernseer Annalen berichten, daß damals der Mönchsstand in Bayern so gut wie aufgehört habe zu bestehen. Arnulf geht deshalb auch unter dem Beinamen »der Böse« in die Geschichte ein. Aber es ist ihm 909 und 913 bei Ötting und an der Rott geglückt, die Ungarneinfälle zu bremsen.

Kaum war das Land wieder etwas hergestellt, erwuchs dem jungen, luitpoldingischen, bayerischen Herzogshaus ein neuer machtlüsterner Lehensherr, der im Norden neu gewählte deutsche König Heinrich von Sachsen und besonders dessen Nachfolger Otto der Große. Und mit der luitpoldingischen bayerischen Selbständigkeit war es wieder vorbei. Der Sohn Arnulf des Bösen, Eberhard, wurde aus dem Land vertrieben.

Wenn einer schon der Große heißt! Unsere Herrscher haben andere Beinamen. Man nennt sie die »Bösen«, die »Braven« oder die »Vielgeliebten«, niemals aber die »Großen«. Darum ist unser Nationallaster, die politische Wurstigkeit, eher eine Tugend, und es ist uns »grad wurscht«, wer uns regiert! Uns bleibt die Arbeit und das Bravsein und das Zufriedensein. Arnulfs Biograph berichtet von seinem fürchterlichen Todeskampf. Der Teufel soll ihm drei Wochen lang auf dem Sterbebett die Seele kleinweis aus dem Leibe herausgequält haben.

Heinrich und Kunigund
(995-1024)

Unter den sächsischen Kaisern werden die Grenzen Bayerns weit nach Süden ausgedehnt. Herzog Heinrich I., der Bruder Ottos des Großen, erhält zum Dank für treue Kriegsdienste gegen Berengar von Italien vor Ivrea die Marken Trient, Aquileja, Verona und Istrien. Bayern grenzt ans Meer. Und doch ist man mit dem fremden Königtum nicht glücklich. Es gibt noch Luitpoldinger im Lande, und hier und da kommt es immer wieder zu Verschwörungen. Was sollen die Bayern mit dem großen Land? Auf die einwendige Gemütlichkeit kommt es an! Die Domkapitel wollen keine sächsischen Bischöfe. Pfalzgraf Arnulf, ein Luitpoldinger, ein Bruder des »verschollenen« Eberhard, zettelt in Regensburg einen Aufstand an. Er verbündet sich mit dem ebenfalls aufständischen Schwabenherzog. Die Bischöfe von Salzburg und Aquileja stehen auf der Seite Arnulfs. Regensburg kann sich lange halten. Aber der kaiserlichen Übermacht muß die Stadt schließlich unterliegen. Pfalzgraf Arnulf fällt. Die Bischöfe werden vom Sachsenkaiser entmannt und geblendet. Der luitpoldingische Aufstand ist niedergeworfen. Die Sachsenherzöge regieren das Land.

Aber die Familien sind verwandt und verschwägert. Während in Augsburg Bischof Ulrich im Sommer 955 die Ungarn besiegt, stirbt in Regensburg Herzog Heinrich. Seine Gemahlin Judith ist eine geborene Luitpoldingerin, eine Schwester des aufständischen Arnulf. Sie wird nun für ihren minderjährigen Sohn Heinrich II. die Regentin Bayerns. Dieser Herzog Heinrich II. ist schon mehr ein Bayer als ein Sachse; er erhält deshalb auch den Beinamen »der Zänker«. Seine Mutter hat sich ins Regensburger Kloster Niedermünster zurückgezogen. Aber sie erlebt noch die wiederholte Gefangennahme ihres Sohnes und die Vergabe der Ostmark an den Babenberger Leopold. Erst in seinen letzten Jahren wird der Zänker ein kaiserlicher Bayernfürst.

Die Politik der Sachsenkaiser war eher bayernfeindlich als bayernfreundlich. Ausgenommen ist natürlich der letzte Sachse in Bayern, Herzog Heinrich IV., als Kaiser dann Heinrich II., der Heilige genannt. Er war ein Sohn des Zänkers und der burgundischen Königstochter Gisela. Eine lichte Gestalt, ein Schüler des Heiligen Wolfgang von Regensburg. Sagen Sie nun nicht, dieser Heinrich II. habe keinen Tropfen wittelsbachischen Blutes in den Adern gehabt! Seine Großmutter war immerhin eine Luitpoldingerin gewesen, und auch die Grafen von Scheyern waren Luitpoldinger, wie ein »Zeitgenosse der Enkelgeneration«, der berühmte Geschichtsschreiber Bischof Otto von Freising, mit Entrüstung berichtet. Er nennt die Wittelsbacher und die Grafen von Scheyern verkommene Nachfahren der Luitpoldinger, »die entweder als Tyrannen wüten oder sich auf Diebstahl und Straßenraub verlegen«. Der Bischof empfindet sie drückend lästig, denn sie sind ja die Vögte seines Bistums, dessen Rechte und Einkünfte sie zu schmälern suchen.

Heinrich der Heilige befreit die Bischöfe von den unrechtmäßigen Lasten ihrer Vögte. Er reformiert die Klöster, verbreitet im ganzen Reich die ideale Ordnung und strenge Reformlehre seines väterlichen Erziehers, des Heiligen Wolfgang von Regensburg. Die Renaissance der Sachsenkaiserzeit erfährt mit ihm noch einmal einen von Bayern ausgehenden Aufschwung. Auf die Bischofsstühle setzt er hervorragende Persönlichkeiten seiner Wahl, Jugendfreunde, Schüler des Heiligen Wolfgang. Gotthart, der Abt von Niederaltaich, wurde Bischof von Hildesheim, Wigbert Bischof von Merseburg, Tagino Erzbischof von Magdeburg. Er gab den Bischöfen ihre Macht zurück und kümmerte sich um eine freie Abtwahl in den Mönchskonventen. Fehlte es an Zucht, brachte er den neuen Abt gleich mit. Seine größte Tat aber war die Gründung des Bistums Bamberg.

Aber auch dieser gottesfürchtige Kaiser Heinrich der Heilige mußte »für die Ehre Gottes und um das Wohl seines Volkes« Kriege führen. Vor allem gegen Polen. Und gegen den Babenberger Heinrich von Schweinfurt. Aber auch in Italien wurde er in verschiedene Händel verstrickt, als er sich dort im Jahre 1014 die Kaiserkrone holte. Auch seine fromme Gemahlin, die Heilige Kunigunde, wurde gekrönt. Sie führten eine keusche, »geschwisterlich-reine Josefs-Ehe«, die natürlich kinderlos geblieben ist.

Und doch hat dieser brave Kaiser seine Gemahlin einmal des Ehebruches bezichtigt. Er sei dazu von hinterhältigen Eiferern aufgestachelt worden, heißt es in den Berichten. Kunigunde war erschüttert und begehrte ein Gottesurteil. Über acht glühendheiße Pflugscharen schritt sie hinweg, ohne sich dabei die Fußsohlen zu verbrennen. Da verzieh ihr der Kaiser. – Noch an seinem Sterbebett, da er sich in Schmerzen wand und die Großen des Reiches um sein Bett standen, bekannte er, daß sein früherer Verdacht gegen die Kaiserin ganz und gar falsch gewesen sei. Und er erklärte auch feierlich, daß er sie zeitlebens als gottgeweihte Jungfrau gehalten und verehrt habe und sie nun Jesu Christo, ihrem Bräutigam, unversehrt zurückgebe. Kunigunde trat in das Nonnenstift Kaufungen ein, das sie selber gegründet hatte. Sie überlebte ihren Gemahl um sieben Jahre.

Ein Höhepunkt des Lebens Heinrichs des Heiligen war der Besuch Papst Benedikts VIII. Er traf in der Osterwoche des Jahres 1020 in Bamberg ein und weihte Sankt Stephan auf dem Michelsberg, das Lieblingskloster des Kaisers, die Pflanzstätte der Gelehrsamkeit. Dort waren nicht nur fromme und hochgelehrte Männer zusammengekommen, dorthin hat Heinrich die wertvollsten Bücher bringen lassen, auch Werke der Komputisten, der Errechner des Endes der Welt. Und dort wurden neue Bücher mit Fleiß und Akribie in großer Zahl geschrieben. – Vielleicht würden eines Tages nur noch weise Männer aus Bamberg als Fürstbischöfe und treue Vasallen des Kaisers das so schwierige Reich regieren? – Heinrich starb schon mit 52 Jahren, am 13. Juli 1024, nachdem er sein Heiliges Römisches Reich doch 23 Jahre über mit großem Ernst regiert hatte.

Sein Grab im Dom zu Bamberg ist eine Wallfahrt wert. An diesem Kaisergrab hat Tilman Riemenschneider den Tod Heinrichs des Heiligen dargestellt. Die Teufel strengen sich mächtig an, um die Schale der Sünden Heinrichs in die Tiefe zu zerren. Ein Engel hält die Waage im Augenblick des Gerichtes unparteiisch und mit strenger Richtermiene. Die Teufel können die Sündenschale nicht in die Tiefe ziehen, denn auf die andere Waagschale, wo die guten Taten Heinrichs gewogen werden, legt ein Engel einfach einen Meßkelch hinauf. Und gegen das Sühneopfer wären hundert Teufel zu leicht. Gegen einen Tropfen nur, heißt es.

Heinrich der Heilige hinterließ keine Erben, und so kam Bayern unter die Herrschaft der Salier. Die Herzogtümer wurden von den Kaisern ziemlich zentralistisch regiert, aber diese Zeit dauerte nur dreißig Jahre. Nach dem Tode Kaiser Heinrichs III. verwaltete die Kaiserinwitwe Agnes das Herzogtum Bayern in eigener Regie. Erst im Jahre 1061 übergab sie dem sächsischen

Grabmal Heinrich II. im Dom zu Bamberg
(Bildarchiv Foto Marburg)

Grafen Otto von Nordheim das bayerische Herzogtum – jenem undankbaren Otto, der ihr, zusammen mit Erzbischof Anno von Köln, im sogenannten Kaiserswerther Attentat 1062 den jungen Kaiser, den erst zwölfjährigen Heinrich IV., entführt hat, um dadurch zugleich die Reichsregierung an sich zu reißen. 1070 wurde er aber von dem jungen König geächtet und Bayern kam nun an die Welfen. Die fremden Herzoge sind bei den Bayern ziemlich unbeliebt gewesen, zunächst natürlich auch die Welfen.

Die Welfen
(1070–1180)

Ist politische Wurstigkeit überhaupt ein Laster? Ist sie nicht eher verwandt jener geistigen Großzügigkeit und geduldigen Toleranz, die einem alten Kulturvolk im Lauf der Jahrhunderte zur zweiten Natur wird? Man wurstelt dahin von Generation zu Generation und absolviert dennoch ein schwieriges Pensum Geschichte und geistige Revolution. »Mach ma halt so weiter, daß d' Zeit vergeht!«

So standen wir Bayern im 11. und 12. Jahrhundert im Brennpunkt der europäischen Auseinandersetzungen zwischen Kaisertum und Papsttum, mitten im Investiturstreit. Es ging um die Frage, wer die Bischöfe einsetzen – investieren – darf, der Papst oder der König. Und es ging um die Frage des Zölibats – der Ehelosigkeit – der Priester. In Bayern stand man auf der Seite des vom Papst Gregor VII. gebannten Kaisers Heinrich IV., der überwiegend in der alten bayerischen Hauptstadt Regensburg residierte. Und nicht nur der niedere Weltklerus, also unsere damaligen Pfarrherren, waren kaiserlich und damit antipäpstlich gesinnt, da sie sich ja gegen die Einführung des vom Papst verlangten Zölibats sträubten, auch die bayerischen Bischöfe, besonders die von Regensburg und Freising, hielten zu Heinrich IV. Die Mutter des Kaisers, die Kaiserinwitwe Agnes, die jahrelang das Herzogtum Bayern verwaltet hatte, hielt aber zu Bischof Altmann von Passau, und der stand auf seiten des Papstes.

Zur päpstlichen Partei bekannte sich auch der eben vom Kaiser mit dem bayerischen Herzogtum belehnte Schwabe Welf I. Dieser Herzog Welf war eigentlich ein Italiener, ein Sprößling aus dem Hause Este. Nur seine Mutter Kunigund, die letzte Welfin, stammte aus dem altschwäbischen Grafengeschlecht, und durch sie fiel ihrem Sohne das welfische Erbe zu. Die Freundin des Papstes, Mathilde von Tuscien, die reiche Fürstin der Toskana – auf ihrer Burg Canossa spielte 1077 die berühmte Episode des bußfertigen Kaisers – wurde, und diese Verbindung hat Papst Urban II. 1089 eingefädelt, als 40jährige mit dem kaum 19jährigen Welfenprinz, Welf II., vermählt. Trotz dieser päpstlichen Koalition war die kaiserliche Partei in Bayern siegreich. Der Passauer Bischof Altmann lebte die meiste Zeit als Flüchtling vor dem Kaiser in der Verbannung, und auch Herzog Welf I. ging des bayerischen Herzogtums verlustig. Erst als der junge Welf II. erfuhr, daß seine alternde Gemahlin ihre Güter dem befreundeten päpstlichen Stuhle vermacht habe, lösten die getäuschten Welfen ihren Bund mit Urban II. und suchten ihren Frieden mit Heinrich IV.

Eine fürchterliche Zeit, in der man leicht den Glauben hätte verlieren können, wenn man keine Festigkeit gehabt hätte! Eine Zeit auch, die einem nachträglich noch Glaubenszweifel bereiten kann! Die Kaiserlichen haben ja das Verhältnis der Mathilde von Tuscien zum Papst Gregor VII., der das Zölibat eingeführt hatte, recht spöttisch durch den zölibatären Dreck gezogen. Einstweilen war das nur eine harmlose Seelenfreundschaft gewesen, eine politische! Obschon der körperlich sehr kleine große Papst Gregor VII. etwas verdächtig häufig mit der Mathilde von Tuscien auf deren Burgen zusammengewohnt hat. Wenigstens für ein zölibatäres Leben viel zu verdächtig oft, meinen auch bayerische Autoren der Zeit! Freilich ist es damals um die Frage gegangen: Wer ist mehr, der Papst oder der Kaiser?

Und Sie werden es nicht für möglich halten: Alle diese Fragen sind damals überwiegend in Bayern ausgerauft und ausgelitten worden. Auch geistig. Gerhoch von Reichersberg, der größte Theologe der damaligen Zeit, sagte: »Nur in einer strengen klösterlichen Gemeinschaft kann ein Priester ehelos leben, niemals als Weltpriester.« Eine wilde Demonstration gegen das Zölibat ereignete sich am Stephanitag anno 1074 im Passauer Dom.

Man muß sich die Situation an jenem 26. Dezember 1074 in der Kathedrale zu Passau vorstellen, um sich ein Bild von der Turbulenz der Tage machen zu können: Bischof Altmann verlas vor versammeltem Klerus und Volk die päpstlichen Verbote und Gebote, die die Ehelosigkeit der Priester verlangten und das Ideal eines reinen katholischen Lebens priesen. Das Murren der Klerikerfrauen und auch der Kleriker selber steigerte sich zur Empörung, und schließlich stürzten sich die Geistlichen, angeführt von ihren Gemahlinnen, auf ihren eigenen Bischof. Nur das rechtzeitige Eingreifen der Dienstmannen der auf seiten Altmanns stehenden Kaiserinwitwe Agnes verhinderte einen Mord im Dom.

»Eine »narrische Zeit«! Und für unsere bayerische Heimat

nicht nur eine schöne Zeit. Aber wir haben auch das überstanden. Die Welfen haben Bayern fast hundert Jahre lang regiert.

Und sie haben jetzt einen Ausgleich gesucht zwischen Kaiser und Papst. Unsere Herzöge Heinrich der Schwarze und Heinrich der Stolze haben viel getan für das Zustandekommen des Konkordats, jenen Kompromiß des Jahres 1122. Der Kaiser hat nachgeben müssen und auch der Papst. Aber das Zölibat ist Gesetz geblieben. Leider!

Neue Kämpfe lebten auf, es ging um die Reichskrone. Die mächtigen Welfen versagten ihrem Verwandten Friedrich von Staufen die Kaiserwürde und unterstützten den Erben Sachsens, Lothar von Supplinburg. Zum Lohne bekamen sie dafür das reiche Erbe Lothars, und Heinrich der Stolze wurde der Gemahl der Kaisertochter Gertrud. Dazu kam noch der italienische Besitz der Welfen, die estischen Güter in Norditalien, ferner das Herzogtum Sachsen samt den supplinburgischen Allodien. Die Hausmacht der bayerischen Herzoge hatte einen ungeheueren Höhepunkt erreicht. Sie herrschten von der Nordsee bis vor die Tore Roms! Das mußte den Neid aller anderen Fürsten des Reiches herausfordern. Die Welfen wurden ihrer Herzogtümer für verlustig erklärt. Es kam zu großen kriegerischen Auseinandersetzungen. Am Ende behielt Heinrich der Löwe, der letzte Welfe auf dem bayerischen Herzogstuhl, die beiden Herzogtümer Sachsen und Bayern. Sein Bayern war allerdings wesentlich, um halb Österreich, verkleinert!

1156, auf dem Reichstag von Regensburg, passierte das für die Bajuwaren größte Unglück in ihrer langen Geschichte. Bayern wurde aufgeteilt. Der Babenberger Heinrich Jasomirgott (weil er immer gesagt hat »Ja, so mir Gott dies und das antun möge, es ist wahr.« – »Ja, so mir Gott, es ist so.«) bekam die bayerische Ostmark, das Land zwischen Enns und Leitha, samt der Mark ab der Enns, als selbständiges Herzogtum.

Bayern verlor damals auf ewige Zeiten ungefähr das heutige Niederösterreich. (Angefangen hatte diese Aufteilung Bayerns in eine selbständige babenbergisch regierte Ostmark ja schon unter den Sachsenkaisern Ende des 10. Jahrhunderts. Damals endgültig unter Kaiser Heinrich II.) Bei Bayern verblieben noch die Steiermark und Kärnten, Tirol und Oberösterreich. Aber nachdem Heinrich der Löwe bei Chiavenna dem Kaiser Friedrich die Heeresfolge verweigerte, wurde er später endgültig des Herzogtums Bayern für verlustig erklärt.

Otto von Wittelsbach wurde am 16. September 1180 zu Altenburg mit Bayern belehnt. Er erhielt aber nicht einmal das ganze Restbayern, die Steiermark und Oberösterreich wurden noch vom Vaterlande abgetrennt. Jetzt verblieb nur noch Tirol bei Bayern.

Die größenwahnsinnige Politik der Welfen hat das Herzogtum beinah um die Hälfte verkleinert und zwei bayerische Staaten geschaffen: Bayern und Österreich. Woraus man wieder lernen soll, wie wichtig es ist, das bayerische Augenmaß niemals zu verlieren!

Aber seien wir nicht zu traurig darüber! Die Österreicher haben ihren bajuwarischen Schlag erhalten können. Und außerdem ist das heute eine liebe Grenze zwischen dem Freistaat Bayern und der Republik Österreich. Es ist eine weißblau-rotweißrote Feriengrenze. Und die Formalitäten sind so übel nicht. Man hat ein anderes Geld und um Nuancen anders formulierte Vorschriften. Wenn man ins Ausland will und doch daheim bleiben möchte, dann ist Österreich grad die rechte Ferienheimat. Es ist ein kommodes Ausland. Und auf die Kommodität kommt es an im bayerischen Leben. Leben und leben lassen, verwandt und verschwägert sein und doch sein eigenes Sach besitzen.

Otto von Nordheim und Edigna von Puch

Zur geschichtlichen Erlustierung und auch frommen Betrachtung sei diese, ein bißchen romantisch-spekulierende Exkursion über die gottselige Edigna von Puch hier angeführt. Auch Legenden haben einen historischen Kern, und auch Frauen spielen ihre Rollen.

Die gottselige Edigna von Puch bei Fürstenfeldbruck starb in der hohlen Linde gleich neben dem Pucher Kirchlein auf dem Berg über dem Kaiseranger. – In derselben Linde, in der sie gelebt, ist sie als fromme Einsiedlerin gestorben, in derselben Linde, die heute noch – nach 870 Jahren – im Pucher Friedhof zu bewundern ist.

Wer war diese heilige Edigna, von der die *Acta sanctorum* des Bollandus von 1643 berichten? Und zwar recht wenig berichten, was halt im 17. Jahrhundert von den umlaufenden Legenden und vom Leutsagen bekannt gewesen ist. – Da soll plötzlich um das Jahr 1072 oder 1073 ein Ochsenkarren den Pucher Berg heraufgezogen sein. Die einen sagen, er sei von zwei Ochsen gezogen worden, die anderen, von zwei Stieren. Und auf dem Wagen saß eine schöne Jungfrau, die hatte nichts dabei als einen Gockelhahn und eine kleine Glocke, die Edigna-Glocke, die heute noch in Puch zu sehen ist. Und während sie gerade an der Pucher Linde vorbeifährt, die damals auch schon dreihundert Jahre alt gewesen sein mag, hätte ihr Gockel gekräht und ihr Glöcklein geläutet. Das nahm sie als Zeichen, daß sie hier an der Stätte ihres Bleibens angekommen sei. Und sie ist geblieben. Über 35 Jahre lang im hohlen Stamm der Linde. Sie hat gebetet und gebüßt und den armen Bauersleuten geholfen mit Gebet und himmlisch mächtigem Rat. Hat gar Wunder gewirkt, wie es heißt, Krankheiten geheilt und verlorene oder gar gestohlene Sachen wieder beigebracht. – Eine heiligmäßige Einsiedlerin oder Reclusin, eine wie die selige Aurelia von Regensburg, die auch um die Zeit gelebt hat. Eine Regensburger Stadtbettlerin, die der Heilige Abt Romuald von St. Emmeram sofort als französische Königstochter erkannt und ihr eine Einsiedlerzelle angeboten hat, nächst der Kirche von St. Andreas. – Eine andere Zeitgenossin war die gottselige Jungfrau Herluka gewesen, die 1142 in Bernried verstorben ist. Sie hat sich besonders armer, verlassener Waisenkinder angenommen, hat ihnen eigenhändig die Köpfe gewaschen und sie mit Unterwäsche versorgt. Von dieser Herluka sagt ihr Biograph Paulus von Bernried, daß ihr einmal die Heilige Felicitas erschienen sei, als sie gerade der Pfalzgräfin Adelheid gegenüber eine Notlüge gebraucht habe, um einer ungeschickten Magd zu helfen. Da wäre ihr also die Heilige Felicitas erschienen und hätte zu ihr gesagt: »Meine liebe Jungfrau Herluka, Nichtlügen ist für eine Jungfrau fast noch wichtiger als nur den Umgang mit Männern meiden!« – Auch das Leben der Heiligen Stilla ist ähnlich: Die Abensberg-Vohburger Comtesse wollte es ihren in Heilsbronn klostergründenden Brüdern nachtun und auch ein gottgefälliges Leben führen. Bischof Otto von Bamberg empfahl ihr, das jungfräuliche Leben einer adeligen Einsiedlerin zu führen, in den Zimmern ihres Schlosses freilich. Aber dennoch voll des Fastens und Betens. – Was waren das für edle Damen der allerersten Gesellschaft, die in der zweiten Hälfte des 11. Jahrhunderts und noch in der ersten Hälfte des 12. Jahrhunderts als Reclusinnen ein gottesfürchtiges Leben geführt haben? Wer war die heilige Edigna von Puch wirklich gewesen? Eine vom Reformgedanken der Zeit des hohen Mittelalters begeisterte Frau? Eine Cluniaszenserin? – Obschon der Abt von Tegernsee damals gesagt haben soll: »Mir in Bayern san so brave und guate Leut, daß mir koa cluniaszensische Reform durchaus net notwendig hättn!«

Eine schwere Zeit, diese Jahre der gottseligen Edigna zwischen 1070 und 1109! Daß sie eine französische Königstochter gewesen ist, scheint mir unwahrscheinlich. Vielleicht sollte mit dieser Legende ein Alibi ihrer Herkunft geschaffen werden? Zahlreiche Fürsten und Grafen haben damals ihre Gemahlinnen verstoßen, je nachdem, ob sie von der päpstlichen zur kaiserlichen Partei übergewechselt sind oder umgekehrt.

Zum Beispiel der damalige Bayernherzog Welf I. Nachdem sein Schwiegervater, Otto von Nordheim, wegen versuchten Königsmords anno 1070 entmachtet wurde, hat Welf sofort seine zweite Gemahlin, Edelinde, die Tochter eben dieses vom Kaiser gebannten Otto von Nordheim, verstoßen. Und er hat Judith, die Tochter Balduins von Flandern, geheiratet, die vordem mit dem Herzog von Northumberland vermählt gewesen war. – Ähnliche Beispiele wären noch einige aufzuzählen. Wäre es eine müßige Spekulation, in der gottseligen Edigna von Puch die verstoßene Bayernherzogin Edelinde zu sehen? Hat die heilige Edigna in einer Linde gehaust, weil sie vielleicht vorher »Edelinde« geheißen hat?

Herzöge von Bayern

1180–1183 Otto I.

1183–1231 Ludwig I. der Kelheimer

1231–1253 Otto der Erlauchte. Ab 1240 gehört München fest zum Wittelsbacher Herzogtum

1253–1294 Ludwig II. der Strenge 1255 (bis 1340) Landesteilung in: Oberbayern/Pfalz und Niederbayern

1294–1347 Ludwig IV. der Bayer und Rudolf I. 1294–1317. Ludwig IV. ab 1314 deutscher König. Ludwig IV. ab 1328 römischer Kaiser. 1329 Landesteilung in Oberbayern und Pfalz (Rudolf II.) 1340 (bis 1349) Vereinigung von: Oberbayern und Niederbayern

1347–1349 Ludwig V. der Brandenburger und Stephan II. m. d. Hafte. Nicht an der Regierung beteiligt sind: Ludwig VI. der Römer, Wilhelm I., Albrecht I. und Otto V. der Faule

1349–1353 Ludwig V., Ludwig VI. und Otto V. (gemeinsam) 1353 (bis 1505) Landesteilung in: Oberbayern/Tirol – Niederbayern/Landshut–Niederbayern/Straubing, Niederlande und Brandenburg

1353–1361 Ludwig V.

1361–1363 Meinhard

1363–1375 Stephan II. 1363 (bis 1392) Vereinigung von: Oberbayern/Tirol und Niederbayern/Landshut

1375–1392 Stephan III. der Kneißl. Friedrich der Weise, Johann II. (gemeinsam)

1392–1397 Johann II. 1392 (bis 1505) Landesteilung in: Bayern/Landshut, Bayern/Ingolstadt, Bayern/München

1397–1435 Ernst und Wilhelm III.

1435–1438 Ernst

1438–1460 Albrecht III. der Fromme

1460–1463 Johann IV. und Sigismund

1463–1465 Sigismund

1465–1467 Albrecht IV. der Weise und Sigismund

1467–1508 Albrecht IV. der Weise. 1505 Endgültige Wiedervereinigung Bayerns

1508–1516 Wilhelm IV.

1516–1545 Wilhelm IV. und Ludwig X.

1545–1550 Wilhelm IV.

1550–1579 Albrecht der Großmütige

1579–1597 Wilhelm V. der Fromme. Ab 1594 gemeinsam mit Maximilian I.

Der Anfang der Wittelsbacher
(1180–1183)

Ein eineinhalbtausendjähriges Stammesbewußtsein leidet weder an Überheblichkeit noch an Untertänigkeit, sondern eher an politischer Gleichgültigkeit und souveräner Dekadenz. »Wir sind wir, und wer uns regiert, das ist uns wurscht.« Wobei nicht verschwiegen werden soll, daß in dem »das ist uns wurscht« schon rein etymologisch etwas Wegwerfendes mitschwingt.

Es gibt in der bayerischen Geschichte dennoch – wie wir gesehen haben – ein paar erwähnenswerte Ausnahmen. Vielleicht das agilolfingische Haus mit den Herzögen Theodo um 700, Oatilo um 740 und Tassilo bis 788. Oder die Zeit der späten Ottonen, da der Bayernherzog zugleich als Kaiser Heinrich II., der Heilige, das Reich regiert hat. Auch an Kaiser Heinrich IV. erinnern wir uns gern, der die papsthörigen Welfen aus dem Hause Este vertrieben hat und in Regensburg residierte. Diese Herrscher gelten bei uns Bayern als beliebte Repräsentanten der Macht. Damals war es uns für Augenblicke möglicherweise nicht ganz wurscht, daß sie über uns herrschten. Damals wurde die Reichsidee von Bayern aus getragen!

Und dann natürlich die große Ausnahme, die 800 Jahre währte, die glorreiche, vielgeliebte, segensreiche, »vertane und verspielte« Zeit des Hauses Wittelsbach! Auf dem Reichstag zu Würzburg im Jahre 1180 war Heinrich der Löwe des Herzogtums Bayern für verlustig erklärt worden, und am 16. September desselben Jahres belehnte Kaiser Friedrich I. Barbarossa den Pfalzgrafen Otto von Wittelsbach auf der Pfalz zu Altenburg in Thüringen mit der herzoglichen Gewalt in Bayern. Es war ein Akt der Dankbarkeit für besonders treue Dienste.

Bischof Otto von Freising, der nahe Verwandte des Kaisers, schildert uns die berühmte Tat des Wittelsbachers recht ausführlich in seinem Büchlein »De gestis Friderici« (Die Taten des Kaisers Friedrich). Das war im Herbst des Jahres 1155 gewesen, als das heimziehende Heer Barbarossas in der Etschklause bei Rivoli, genau zwischen den beiden Engpässen von Volargne und

Ceraino, von einem Heerhaufen der Veroneser eingekeilt worden war und beinahe vernichtet worden wäre. In dieser katastrophalen Lage bestieg der Wittelsbacher Otto mit seinen Bayern die steilen Felswände und fiel den Angreifern in den Rücken. Das war aber nicht die einzige kaisertreue Heldentat Ottos gewesen. Er unterstützte die staufische Politik in Italien, wo er nur konnte. So hat er 1157 auf dem Reichstag zu Besançon den päpstlichen Legaten mit dem Schwerte bedroht, als dieser das Kaisertum als ein »päpstliches Beneficium« bezeichnet hatte.

Otto von Wittelsbach war also ein über die Maßen treuer Pfalzgraf. Der Sinn des Pfalzgrafenamtes war ja, ein Aufpasser des Kaisers über den Herzog zu sein. Dazu kam bei Otto das Eigeninteresse an den wittelsbachischen Besitzungen und das natürliche Streben gegen die herzogliche Gewalt des welfischen Hauses. Und dazu bot ihm sein Pfalzgrafenamt mehr Handhabe als die übrigen großmächtigen bayerischen Grafenhäuser hatten, wie die Aribonen, die Grafen von Bogen, die Leuchtenberger, die Steflinger u. a.

Die Welt war damals groß. Von Freising nach Regensburg war man zwei Tage unterwegs. Was heute ein Bezirksamt ist, ein Landkreis, mag damals so viel gegolten haben wie ein kleines Königreich. Die alten Grafen waren mächtige Herren und haben untereinander gerauft, geheiratet, Erbschaften gemacht und sind mächtiger und größer geworden.

Unsere Wittelsbacher waren damals, als Pfalzgrafen, ein besonders aufstrebendes Geschlecht gewesen. Sie haben gewußt, wie man die eigene Macht vergrößert. Um elfhundert haben sie die erste Geige gespielt unter all den bayerischen Grafen. Seit 1120 war nämlich das Pfalzgrafenamt für ihr Haus erblich geworden. Es war bei ihnen »auf dem Haus« drauf.

Über die Abstammung der Wittelsbacher, vormals der Grafen von Scheyern, gibt es verschiedene Theorien. Die alte königliche bayerische Version läßt sie von Luitpold dem Schiren abstammen, demnach hätten sie schon um das Jahr 895 auf dem bayerischen Herzogstuhl gesessen. Andere lassen den ersten greifbaren Otto von Scheyern von den Vögten des Freisinger Bischofs abstammen. Die Vogteirechte über das Hochstift Freising waren eine begehrte Einnahmequelle, um die sich die Adeligen ohnehin zankten, so daß ein Stift oft mehrere Vögte – das heißt weltliche Schutzherren – aushalten mußte. Wieder andere führen den Ursprung des Hauses Bayern auf die Housier zurück, auf das urbajuwarische Geschlecht der Grafen vom Housigau. Alle diese Theorien widersprechen sich nicht, denn im Housigau waren sie reich begütert und mit vielen anderen Geschlechtern verwandt. Ganz gleich, welche Theorie nun stimmt, die Wittelsbacher zählen zu den ältesten Herrengeschlechtern Europas. Eine uralte Wurzel des bayerischen Volkes verkörpern sie, eine echte *stirps regiae*. Bischof Otto von Freising, der große Geschichtsschreiber, sagt es bestimmt und mit der Zuverlässigkeit fast eines Zeitgenossen der Großvatergeneration, daß jener Urgroßvater Herzog Ottos II. von Wittelsbach, der erste urkundlich unanfechtbare Otto von Scheyern-Wittelsbach, ein direkter Sohn jenes letzten luitpoldingischen Pfalzgrafen Bertold gewesen ist, dessen Onkel, Herzog Eberhard, ein Sohn Arnulfs des Bösen, von Kaiser Otto wahrscheinlich enthauptet worden ist. Wenngleich Bischof Otto von Freising nur schreibt, er sei vom Kaiser abgesetzt worden und in der Gefangenschaft dann verschollen.

Unser bayerisches Königshaus regiert also nicht erst seit 1180 über Bayern, sondern seit 895! Das heißt, wir können in fünfzehn Jahren, nachdem wir 1980 das 800-Jahr-Jubiläum gefeiert haben, das 1100-Jahr-Jubiläum festlichst begehen! – Erst im vorigen Jahrhundert, im Zeitalter der Deutschen Einigung unter Bismarck und den Hohenzollern, haben die deutschnationalen Historiker, auch die bayerischen – ja sogar ein Sigismund von Rietzler – die Herrscher des Hauses Bayern jünger und traditionsärmer zu machen getrachtet. Und sie haben die Formulierung »von den Vögten des Hochstiftes Freising herstammend« integrierend deutschnational unter den allzeit beflissenen deutschen Historikern verbreitet. Fälschlich und im Widerspruch zu der Wahrheit der Quellen und damit bereits die Willkür späterer, nationalsozialistischer Geschichtsschreiber vorwegnehmend. Oder dann, nach dem letzten Krieg, wieder betont »republikanischer, ja bundesrepublikanischer Autoren«! Eines muß man den Wittelsbachern lassen: Einheimisch-bayerisch waren sie immer. Tapfer im Krieg und schonend im Siege. Wenn sie überhaupt Krieg geführt haben. Nur untereinander haben sie sich schwer vertragen.

Otto I. von Wittelsbach hat sich nur drei Jahre lang – von 1180 bis 1183 – der herzoglichen Würde erfreuen können. Er hat aber noch mehrere Land- und Gerichtstage abgehalten und für die Ordnung in Bayern gesorgt. Er liegt im Kloster Scheyern begraben. »Zu seiner Zeit genoß das Land den Frieden und den Wohlstand«, schreibt sein Zeitgenosse, der Mönch Konrad von Scheyern.

Wenn wir das doch über die ganze 1100jährige Epoche des Hauses Bayern-Wittelsbach sagen könnten! Und dennoch sind wir mit den Wittelsbachern gut dran gewesen. Auf ganz große politische Abenteuer haben sie sich selten eingelassen. Drei-, viermal vielleicht. Und da ist kein Glück dabei gewesen. Dadurch hat es auch oft geheißen: Das Haus Bayern, das ist das Haus der »verpaßten Gelegenheiten«. Aber wir pfeifen auf die Gelegenheiten zu bayerischen Unternehmungen, unsere Ruh ist uns lieber, unsere königlich-bayerische Ruh, die deswegen keine bayerische Bierruhe zu sein braucht, sondern eine gedeihliche Friedenszeit, in der die Künste blühen und das Leben gemütlich ist.

Ludwig und Ludmilla
(1183-1231)

Wer über unser schönes Bayernland herrschen darf, der muß allzeit wendig und vielseitig sein, sonst bringt er es zu nichts. Das hat sich an vielen Persönlichkeiten gezeigt. Denn unser Landl hat allezeit viele Feinde gehabt, einheimische und auswärtige, päpstliche und kaiserliche. Man möchte schier verzagen über die vielen Greuel, die geschehen sind im Laufe der Jahrhunderte, und man muß sich wundern, daß es dieses Bayern heute noch gibt, nach fast 1500 Jahren!

Besonders die Ludwige haben es immer schwer gehabt. Nicht nur Ludwig II. mit dem Dr. Gudden und seinen schönen Schlössern. Und auch nicht nur sein Großvater Ludwig I. mit der Lola Montez. Wir haben mehrere Ludwige mit einem harten Schicksal gehabt, ein Dutzend ungefähr. Der erste dieses Namens war Ludwig der Kelheimer gewesen. Wie sein Vater Otto I. gestorben ist, war er noch ein Bub von zehn Jahren gewesen. Für ihn haben darum seine beiden Onkel die Regierung geführt, Erzbischof Konrad von Salzburg und Pfalzgraf Otto. Damals ist Friedrich Barbarossa noch Kaiser gewesen. Aber nicht mehr lange. Als nämlich Ludwig der Kelheimer den bayerischen Thron bestieg, hat es gleich zwei Kaiser gegeben, den Staufer Philipp und den Welfen Otto. Jetzt war für den jungen Bayernherzog Ludwig das Leben gefährlich! Aber, begabt wie alle Ludwige, hat Ludwig der Kelheimer sich geschickt hin- und herwenden können.

Zunächst hielt Ludwig treu zum staufischen Haus. Als aber sein Vetter Otto den König Philipp von Schwaben im Jähzorn in Bamberg anno 1208 erstochen hatte – auf der Hochzeit der Andechser Grafen – mußte Ludwig die Partei wechseln. Er erhielt dafür die Erblichkeit des Herzogtums nochmals verbrieft, und es fielen ihm auch die Güter des Königsmörders zu. Etliche Jahre später aber ergriff Ludwig wieder die Partei des Stauferkönigs Friedrich II. Das war im September 1211. Im Frühjahr 1212 gelobte er schon wieder dem Welfen die Treue. Diesmal wegen einer aussichtsreichen Heirat seines Sohnes Otto. Im Sommer desselben Jahres – die Hochzeit zwischen Otto und der Welfin Agnes war gerade gefeiert – zog der glänzende Stauferkaiser Friedrich II. von seinem geliebten Sizilien her mit Pracht und Freigebigkeit durch die deutschen Lande. Da fiel Ludwig der Kelheimer abermals um und dem Staufer in die Arme. Dieser blieb ihm dafür den Lohn nicht schuldig. 1214 erhielt der Bayernherzog für seine »Treue« als ein erbliches Reichslehen die Pfalzgrafschaft bei Rhein, die ja bis in die Mitte unseres Säkulums mit Bayern verbunden war.

Bayern und Pfalz, Gott erhalt's! Wir dürfen dem ersten bayerischen Ludwig keinen Vorwurf machen wegen seiner Schaukelpolitik. Er war halt ein Vollblutpolitiker gewesen! Er war wendig und hat der Reihe nach einmal den und einmal den anerkannt. Und herausgeschaut hat bei jeder Anerkennung eine Kleinigkeit. So verlief überhaupt die deutsche Geschichte: *In favorem principum*, zugunsten der Fürsten. Es gibt ja einen alten bayerischen Spruch, der damals aufgekommen ist: »Allerweil auf eine Seitn hängts net.«

Innenpolitisch hat Ludwig der Kelheimer in Bayern viele Städte gegründet oder mit dem Stadtrecht ausgezeichnet: München, Moosburg, Kelheim, Landshut, Straubing, Landau, Weilheim, Dingolfing und noch andere.

Besonders aber hat er es verstanden, mehrere bayerische Grafengeschlechter, die justament zufällig ausstarben, zu beerben und seinem Herzogtum einzuverleiben, so daß Bayern bald ein ziemlich geschlossenes Territorium darstellte. Er verlieh die Grafschaften nicht mehr weiter, sondern ließ sie von Pflegern verwalten und wurde so auch zum Begründer einer neuen Art der Landesverwaltung und zum Schöpfer der Beamtenschaft. Ein großes Glück hat er sich sogar erheiratet, nämlich die großmächtige Grafschaft von Bogen. Die hübsche Gräfin Ludmilla von Bogen, eine gebürtige böhmische Prinzessin, war plötzlich verwitwet. Für den noch ledigen und erst 21jährigen Ludwig gab es keine bessere Partie. Zumal die Braut auch noch hübsch war, wie sich der junge Bayernfürst vorher schon – inkognito – überzeugt hatte. P. Wilhelm Fink von Metten hat oft überzeugend behauptet, daß diese Ludmilla auch von den Luitpoldingern hergestammt hätte und diese Vermählung also bereits eine Verwandtenheirat gewesen sei.

In Landshut, im Kloster Seligenthal, kann man die beiden sehen. In Holz geschnitzt, über der Empore. Wirklich eine Schönheit, die Ludmilla von Bogen! In der einen Hand hält sie das Zepter, in der anderen den Reichsapfel. Und Ludwig hält den bayerischen Rautenschild. Ein großer Mann mit einem sauber gestutzten Vollbart, fast elegant. Ein politischer Kopf!

Ludwig der Kelheimer hat auch große Taten vollbracht. Besonders für Friedrich II. Mit dem Kaiser zog er rheinabwärts gegen die Verbündeten des Braunschweigers, des Welfen Otto IV., und kämpfte mit seinen Bayern in Brabant. Dabei geriet er in Gefangenschaft und mußte mit 20000 Mark Silber ausgelöst werden. Eine enorme Summe, die Bayern danach in einer Sondersteuer aufgebracht hat! Mehrere Jahre lang war er dann Kaiserstellvertreter in Deutschland. Als solcher führte er auch einen Kreuzzug an, kam nach Afrika und wollte Kairo erobern. Da aber der Nil gerade fürchterliches Hochwasser hatte, geriet der Bayernherzog mit seinem ganzen Heer in die Gefangenschaft des Sultans Kamel. Mit dem Sultan muß er sich aber gut verstanden haben, denn der ließ ihn wieder abziehen.

Das war anno 1221 gewesen. Man möchte nicht glauben, wo die Bayern nicht überall schon gekämpft haben! Als Reichsverweser hat er natürlich auf sich selber auch ein bißchen geschaut. Damals ist das unter den deutschen Fürsten ausgemacht worden, daß die Kaiser im Reich nicht mehr die mächtigsten sein sollten.

Die deutsche Geschichte verlief also bereits – wie das einschlägige Dokument zwischen Fürsten und Kaiser lautete – *in favorem principum*, zur Begünstigung der Fürsten. – Aber die Tage Ludwig des Kelheimers waren gezählt. Er saß nun beinahe schon 40 Jahre lang auf dem Herzogsstuhl und wollte sich gerade wieder einmal vom Kaiser trennen und sich auf die Seite des Papstes stellen. Da geschah das Unglück, dessentwegen er den Beinamen »der Kelheimer« bekommen hat. Ludwig wurde auf der Donaubrücke zu Kelheim – wie es heißt – von einem »Narren« erstochen. War der Attentäter tatsächlich ein Narr gewesen? Nach 750 Jahren weiß man es immer noch nicht.

Kann sein, daß es ein Narr gewesen ist. Man wird es nie erfahren, weil das Gefolge des Herzogs den Attentäter sofort erschlagen hat. Gekannt hat den Kerl niemand. Ein unbekannter Narr. Hat ihn wer geschickt? Am Ende gar der Kaiser?

An der Stelle der Mordtat steht heute ein Kirchlein, und eine hölzerne Tafel auf dem Tympanon berichtet: »Anno 1231 hat regiert 47 Jahre Herzog Ludwig I. des Namens unter den Herrn von Bayern. Er hat gebaut Landshut, Straubing und Landau. Dieser Fürst ist hier zu Kelheim, vor dieser Kapelle, erstochen worden von einem Narren. Da haben die Herrn von Bayern die Kapelle gestiftet.«

Otto II., der Erlauchte, und die erste Landesteilung
(1231-1253)

Die große Zeit eines bayerischen Universalherzogtums – oder auch Königreiches –, das den ganzen Stamm der Bajuwaren vereinigt hätte, lag schon ein gutes Jahrhundert zurück, als Ludwig des Kelheimers Sohn, Otto II., den bayerischen Herzogsstuhl innehatte. Noch einmal bot sich jetzt eine Gelegenheit, die verlorenen bayerischen Grenzmarken Österreich und die Steiermark wieder mit dem Herzogtum zu vereinen. Denn der Babenberger Friedrich der Streitbare führte zeitlebens zahlreiche Fehden und Kriege, fiel auch öfter in Bayern ein und war noch obendrein kinderlos. Schließlich wurde über den Österreicher sogar die Reichsacht verhängt, und Otto II. sollte die Acht, zusammen mit dem Böhmenkönig, vollziehen.

Anscheinend war aber der Wittelsbacher zu langsam und zu gutmütig, denn Kaiser Friedrich II. zog die eroberte Steiermark für das Reich ein, und auch Österreich sollte kaiserlich werden. Für kurze Zeit stellte sich Otto gegen den Kaiser. Da vermählte Friedrich II. seinen Sohn Konrad mit Ottos Tochter Elisabeth, und aus der Feindschaft gegen den Stauferkaiser wurde eine bleibende Freundschaft.

So kann es gehen! Mit der Verwandtschaft ist man grad ausgeschmiert! Obwohl natürlich eine schöne Hochzeit gescheiter ist als ein furchtbarer Krieg. Der kaiserliche Schwiegersohn, Konrad IV. von Hohenstaufen, ist bald gestorben, und sein Sohn, der junge Prinz Konradin, ist später in Neapel hingerichtet worden.

Aus den bayerischen Hochzeiten ist nie allzuviel herausgekommen. Unsere Prinzessinnen haben nicht so viel Glück gehabt wie später die habsburgischen. Freilich haben wir auch etwas geerbt von der staufischen Verwandtschaft: unser heutiges Schwabenlandl zum Beispiel. Aber Österreich und die Steiermark hat sich der Böhmenkönig Ottokar genommen. Der hat sich getraut. – Nicht ärgern! Sind wir doch auch um das Schwabenlandl froh! Die Allgäuer haben die meiste Milch, und der Käse ist grad die rechte Brotzeit zum Bier!

Ottokar von Böhmen also hatte herzhaft zugegriffen und die ehemaligen bayerischen Marken Österreich und Steiermark einfach besetzt. Und was taten unsere bayerischen Herzöge? Sie hätten wieder die Großmächtigsten im ganzen Reiche werden können, hätten die bayerischen Marken wieder vereinen können. Aber nein, die Söhne Ottos II., Ludwig II. und Heinrich XIII. teilten 1255 ihr Restherzogtum in ein Oberbayern und in ein Niederbayern auf!

Ludwig behielt die Pfalz und die Rentämter München und Lengenfeld, Heinrich bekam die Ämter Straubing und Pfarrkirchen. Es gab drei Residenzen: die zu Heidelberg, jene neue zu München und die zu Straubing. Die bayerische Kraft war zersplittert und geschwächt.

Natürlich haben drei Haushaltungen viel Geld gekostet. Überall haben sie gebaut, unsere Herren, und lustige Feste haben sie gefeiert, und ans Kriegführen haben sie nicht gedacht! Grad einmal haben sie zusammengehalten.

Wie Ottokar von Böhmen auch noch ins Bayernland eingefallen war, anno 1257, da haben sie ihn bei Mühldorf wieder zurückgejagt. Aber hernach haben sie sich gleich wieder bekriegt, die wackeren Brüder. Wegen der staufischen Erbschaft! Und auch noch wegen der bayerischen Erbschaft. Und ganz besonders wegen der bayerischen Kurstimme.

Und als sie dann den kleinen Habsburger Grafen Rudolf zum deutschen König gewählt haben – aus gegenseitigem Argwohn – ist die Streiterei erst richtig losgegangen. Heinrich XIII., der Niederbayer, hat zu Ottokar von Böhmen gehalten. Und der oberbayerische Ludwig zum Habsburger. Hätten sie zusammengehalten, sie hätten damals mehr zurückbekommen von dem alten Bayern als nur das Innviertel!

Aber nun, Brüder sind halt Brüder! Und Ober- und Niederbayern, der Spruch ist damals aufgekommen, passen nicht zusammen!

Heinrich XIII. von Niederbayern teilte 1278 mit Ottokar von Böhmen die Niederlage auf dem Marchfelde. Und der Sieger, Reichsgraf Rudolf von Habsburg, belehnte als deutscher König sofort seine Söhne mit Österreich, der Steiermark und mit der Krain. Nun war die Teilung Bayerns erst endgültig! Die tüchtigen Habsburger erwiesen sich fortan als die bei weitem geschickteren Regenten. In Ober- und Niederbayern aber wurde unter den Söhnen Heinrichs und Ludwigs abermals weiter geteilt. Und

Otto I., Otto II. der Erlauchte, Otto III.
(Historia-Photo, Hamburg)

es gab bald sechs bayerische Residenzen, die alle glänzend hofhielten: Landshut, Straubing und Ingolstadt, Burghausen, München und Heidelberg. Das war ein lustiges Leben in Bayern damals. Bald ist in Straubing ein Turnier gewesen, bald in Ingolstadt, bald in Burghausen und bald in München. Überall hat es Hofmeister und Erbmarschälle gegeben, Dienstknechte und ritterliche Hofdamen, Kuchelmenscher und Stallknechte, Hofkapläne und Schreiber, Vaganten und Musikanten, herzogliche Jäger und Kellermeister. Und damit allerweil genug Geld dagewesen ist, haben die Brüder einen Bauernhof um den andern verpfändet, haben untereinander gerauft, und natürlich haben die vielen Prinzen brav das Wittelsbacher Blut unter die Leute gebracht. So kann unser angestammtes Haus Bayern tatsächlich eine »Wurzel des Volkes« genannt werden. Darum ist ihnen alles verziehen heute. Auch deswegen, weil wir Bayern ja heute noch gern lustig sind. Brüder sind Brüder! Da kann man nichts machen. Und gar so schlecht ist die Zeit nicht gewesen: Man hat im Landl damals wenigstens noch unter Landsleuten Krieg führen können!

Das staufische Erbe

Was man sich erheiratet, das braucht man sich nicht zu ersparen. – Der Spruch gilt auch in der großen Politik. Aber nicht eine jede Erbschaft ist etwas Schönes. Wenn einer einen großen Namen erbt und aber ein kleines Sach dazu, ist er schon aufgeschmissen. Gerade so ist es vor 700 Jahren dem letzten Schwabenherzog Konradin von Hohenstaufen, Enkel Otto II. und Friedrich II., gegangen, wie er in Neapel seinen Kopf hat hinhalten müssen. Schad um den schönen Buben! Er ist erst 16 Jahre alt gewesen.

Im Bayerischen Staatsarchiv in der Ludwigstraße, dem wiedererstandenen klassizistischen, schönen Gebäude des ehemaligen bayerischen Kriegsministeriums, liegen kostbare Urkunden und Handschriften verwahrt. Die Dokumente über Konradin von Hohenstaufen, den letzten Sproß des erlauchten kaiserlichen Stammes, der am 29. Oktober 1268 als Gefangener Karls von Anjou in Neapel das Schafott hat besteigen müssen. Und die in Bayern verwahrten Urkunden erinnern natürlich auch an das staufische Erbe, an dem Bayern angeblich so reichlich profitiert hat, denn Konradin war mütterlicherseits ein Bayer gewesen. Die

Schätze der bayerischen Archive sind ohnehin unermeßlich und überaus kostbar. Angesichts eines 1500jährigen, kontinuierlichen Staatswesens ist das nicht verwunderlich. Die hier ausgelegten Urkunden aber entfachen in einem historischen Gemüt eine melancholische Begeisterung. Das Ende der Staufer kann man da dokumentarisch belegt nachempfinden. Die Bannflüche der Päpste Alexander IV., Urban IV. und Clemens IV., Eheverträge und Testamente, Wittelsbachische Hausverträge und Chroniken, Reichsurkunden und Briefschaften, das staufische Erbe betreffend.

Nach 700 Jahren sich eines 16jährigen, erfolglosen Jünglings zu erinnern und diese historische Reminiszenz mit einer über einen Monat währenden Ausstellung hervorzuheben, überrascht doch. Da gäbe es noch eine Vielzahl anderer säkularer Gedenktage in unserer langen Geschichte, zum Beispiel bekamen wir 568 in Oberitalien neue Nachbarn, die Langobarden. Vor 1200 Jahren, anno 768, kam Karl der Große an die Regierung, der ja auch in Bayern geboren wurde, vor 400 Jahren wurden die Geistlichen gezwungen, ihr tägliches Brevier zu beten, vor 100 Jahren starb Ludwig I., von den Sterbetagen mehrerer Prälaten berühmter bayerischer Stifte ganz zu schweigen. Aber da kämen wir aus dem Gedenken nicht mehr heraus! – Es hat schon seine Richtigkeit: Konradin von Hohenstaufen verdient es in unvergleichlich höherem Maße, daß man sich an seinen außergewöhnlich tragischen Tod erinnert. Denn er nannte in seinem Testament, das er bereits vor seinem Italienfeldzug ausgestellt und kurz vor seiner Hinrichtung in Neapel noch mal erwähnt hat, als Erben seine beiden bayerischen Oheime, die Herzoge Ludwig den Strengen von Oberbayern und Heinrich XIII. von Niederbayern.

Dadurch kam unser Land in den Genuß des in der Geschichte so häufig zitierten staufischen Erbes. Aber an der Erbmasse, dem Herzogtum Schwaben, waren mehrere Erben lebhaft interessiert.

Das läßt sich denken. Und mehr haben wir nicht erwischt, weil wir zu langsam geschaut haben. Die Habsburger und die Hohenzollern, die damals noch kleine Grafen gewesen sind, haben sich schöne Trümmer herausgefischt. Und wir? Was haben wir gekriegt? Schongau und Mering, Lauingen und Gundelfingen, etliche Bauernhöfe noch im Allgäu und ein paar Burgen im Nordgau. Man hört auch von Landsberg, aber das ist ja schon, seit ich denken kann, bayerisch gewesen.

Das Erbe hatte auch seine Nachteile, denn während des Teilens erwachte die Eifersucht unter den Brüdern beträchtlich, und die unselige Teilung des Vaterlandes vertiefte sich zunehmend. Das wirkte sich besonders kraß aus in der sich nun noch mal – zum letztenmal – bietenden Gelegenheit, das bayerische Universalherzogtum oder Königreich, das den ganzen Stamm der Bajuwaren vereinigt hätte, wiederzugewinnen, nämlich die bayerischen Ostmarken samt Kärnten und Krain. Als die Babenberger ausgestorben waren, hatte Ottokar von Böhmen sofort zugegriffen, aber Konradins Großvater, Kaiser Friedrich II., zog Österreich für das Reich ein, und der Bayernherzog wurde vom Kaiser beauftragt, die Acht an Ottokar zu vollziehen. Die Auseinandersetzungen mit Ottokar von Böhmen zogen sich noch lange hin, und nicht zuletzt weil die bayerischen Brüder einander nichts vergönnten, weder Erbschaft noch Machtzuwachs noch Ehren, kam später dann der Habsburger Graf auf den deutschen Kaiserthron und besiegte mit Hilfe des einen Bayernfürsten Ottokar von Böhmen auf dem Marchfeld, während Heinrich XIII. auf böhmischer Seite die Niederlage teilen mußte. Das staufische Erbe hat nicht wenig zum Emporkommen der Habsburger beigetragen und hat den Bruderzwist im Hause Wittelsbach vertiefen helfen.

Ach ja! Wie schön wär das heute, wenn die Bayern alle unter einem Hut wären? Meran und Bozen, Graz und Wien, Krain und Triest? Und das seit über tausend Jahren? Na ja, uns ist das ja egal. Heute leben die Bayern in dreierlei Staaten: in Italien, in Österreich und in Deutschland. Und das schon seit über 700 Jahren!

Trotzdem, viel hatte man von dem staufischen Erbe nicht bekommen. Und im Vergleich zu Österreich waren die vordem ohnehin schon meist welfisch-bayerischen Flecken im Allgäu geradezu Kleinigkeiten. Aber um wieder auf den Konradin zurückzukommen: seine Mutter ist eine bayerische Prinzessin gewesen. Er ist bei uns aufgewachsen. Auf der Burg Wolfstein bei Landshut ist er auf die Welt gekommen und seine Mutter war Elisabeth, eine Tochter von unserem Herzog Otto II., eine Schwester von den zwei Brüdern Ludwig und Heinrich. Sie ist bald darauf Witwe geworden. Da ist das Elend schon losgegangen, als der Konradin noch keine drei Jahre alt war. Das war der Elisabeth ihre Not! – Auch ihr Porträt hängt in der Ahnengalerie der Münchner Residenz. Als ob sie eine Ahnfrau wär, eine der bayerischen Schwaben.

1254 stirbt in Italien Kaiser Konrad IV. im Alter von 26 Jahren. Ein Jahr später verliert Konradin auch noch seinen Großvater Otto II. von Bayern, den Erlauchten!

Und da im Jahre 1259 seine Mutter, die Kaiserinwitwe Elisabeth, eine Art Mesalliance eingeht und in zweiter Ehe den Grafen von Görz ehelicht, kommt der siebenjährige Stauferprinz ganz in die Obhut seines Onkels Ludwig des Strengen. Ludwig läßt seinem Neffen eine gute Erziehung angedeihen und kümmert sich aufrichtig um ihn und seine Rechte in Schwaben. Das zeichnet unsere Wittelsbacher aus: die Redlichkeit, die Legitimität. Recht muß Recht bleiben, und wenn es einem selber noch so weh tut. Gerechtigkeit ist die erste Tugend eines Fürsten. Es hat den Anschein, als habe der Bayernherzog den Staufersproß vor allem auf seine Hausmacht in Schwaben, auf sein ihm noch verbliebenes Herzogtum vorbereiten wollen. In Italien war nichts mehr zu gewinnen, das Papsttum war endgültig mächtiger als das kaiserliche Schwert. »Der römischen Kirche kann man mit allen Schätzen Salomons nicht widerstehen«, schrieb der Papst an den Bayernherzog. – Es hätte noch alles gutgehen können, wenn der erlauchte staufische Name auf den Schultern des Prinzen nicht gelastet hätte wie eine alles erdrückende Hypothek! Jener immer noch begeisternde Name, nach dem ein ganzes Jahrhundert genannt wird, die Stauferzeit, das hohe Mittelalter! Der Stolz, das Ideal, selbst jenes der Masse, treiben die Politiker nicht selten zu größeren Anstrengungen als notwendige Nützlichkeit, als Opportunität oder große Schuldenlast es vermögen. Mit elf Jahren – und auch das ist das Werk Ludwigs – hält Konradin seinen ersten Hoftag in Ulm ab. Meistens lebt er nun in seinem schwäbischen Herzogtum und wächst als kleiner Reichsfürst heran. Jedoch er führt den Titel eines Königs von Jerusalem und Sizilien! Der alte Glanz um ihn herum fängt neu zu strahlen an.

Er wird ein Repräsentant der Stauferzeit, und voll ritterlichen Gepränges sind die schönen Tage seines 14. und 15. Lebensjahres. Man denkt an den Großvater Friedrich II. An Sizilien, an Castelmonte und Palermo, an Falkenjagd und Minnesang und an den Urahn Barbarossa. Auch Konradin übt sich in Versen. Mit 14 Jahren dichtet der kaiserliche Prinz: »Ich weiß noch nicht, was Liebesfreuden sind. Mich läßt die Schöne sehr entgelten. Daß ich an Jahren bin ein Kind.«

Es wäre besser für ihn gewesen, er wäre seiner Lebtag der schwäbische Herzog geblieben und hätte das verlockende Erbe seiner Väter in Italien nicht angetreten. Dort regierte für ihn der Stiefbruder seines Vaters, Manfred, der Fürst von Tarent. Die Partei des Papstes aber wurde täglich gewaltiger. Die Guelfen siegten über die Ghibellinen. Und auch der tapfere Manfred wurde erschlagen. Papst Urban IV., ein Franzose wie seine Nachfolger, rief den Bruder des französischen Königs – den Karl von Anjou – und belehnte ihn mit dem Königreich von Sizilien. Der Papst hatte den Knaben Konradin bereits wissen lassen, daß er gegen ihn den Bannfluch würde schleudern, sobald er um die deutsche Königskrone sich auch nur bewerben würde und auch alle, die ihm dabei behilflich sein würden, sollten verflucht sein. Kaum einer der deutschen Fürsten würde den letzten Staufer gewählt haben, trotz der ritterlichen Ideale. Die verbliebene Hausmacht, die verstreuten Besitzungen in Schwaben, boten keine reelle Grundlage für ein kriegerisches Unternehmen gegen Papst und Karl von Anjou. Denn die staufischen Lande in Deutschland waren, während der langen Aufenthalte der letzten Staufer in Italien, verpfändet oder verkauft worden. Nur die Idee der staufischen Größe, die war noch lebendig! Die Erinnerung an die jüngst vergangene Kaiserpracht. »Wir, Konradin, König von Jerusalem und Sizilien, Herzog in Schwaben.« Auch gab es in Apulien noch etliche treue Sarazenen aus Großvaters Zeiten.

Nach Manfreds Niederlage erscheinen im Frühsommer 1267 die ersten Ghibellinen am Hofe Konradins, »um den jungen Löwen aus dem Schlaf zu rütteln, um den Erben staufischer Tradition zur Pflicht zu ermahnen«, wie es in den großdeutschen Geschichtsbüchern gerne heißt. Und der 14jährige zögert nicht. Er verpfändet seine Güter und sammelt ein stolzes Heer, »damit jenes herrliche Geschlecht, welchem wir angehören, in unserer Person nicht entarte«. Geschwind reitet er noch nach Hohenschwangau hinauf, um von seiner Mutter Abschied zu nehmen, die sich gerade dort aufhält. Dann geht es im August 1267 über die Alpen nach Bozen. In Verona zögert man, denn das Geld wird knapp, und einige Soldaten verlassen das Heer. Onkel Ludwig mahnt entschieden zur Umkehr. Vergebens. Oberitalienische Städte schicken Geld, und endlich kann sich die Heeresmacht entfalten. Man zieht durch Oberitalien, wird bestaunt und gefeiert. Immer mehr strömen dem Konradin von Hohenstaufen zu. Man erficht einen glänzenden Sieg und zieht triumphierend in die ewige Stadt – unter einem noch nie erlebten Jubel des Volkes. Aber der Hauptgegner, Karl von Anjou, wartet östlich von

Rom mit einem tüchtigen Heer und mit erprobter Kriegskunst. Am 18. August 1268 kommt es auf den palentinischen Feldern bei Tagliacozzo zur Entscheidungsschlacht, die Konradin schon gewonnen glaubt – seine Krieger beherrschen bereits das Schlachtfeld und machen sich über die Toten und Verwundeten her –, da bricht Karl von Anjou mit 800 Reitern aus einem Hinterhalt hervor und macht das Heer Konradins nieder. Wer kann, der flüchtet. Konradin selbst entkommt mit einer Schar getreuer Freunde nach Rom. Aber die Römer jubeln nicht mehr. Konradin versucht sich übers Meer nach Pisa zu retten. Es mißlingt, sein Schifflein wird von einem Schnellsegler eingeholt, und der letzte Staufer gerät in die Gefangenschaft des unversöhnlichen Feindes. In Ketten führt Karl von Anjou den hübschen, blonden Knaben von 16 Jahren nach Neapel. In den dicken Mauern des Castell dell Ovo wird Konradin das Todesurteil vorgelesen: Wegen Landfriedensbruchs und Räuberei sollen er und seine getreuen Freunde, darunter Friedrich von Österreich, geköpft werden. Papst Clemens versucht vergeblich, beim Anjou ein milderes Urteil zu erreichen. Am 29. Oktober 1267 frühmorgens erscheinen im Kerker Konradins und Friedrichs ein Notar und ein Franziskaner, der eine, bereit das Testament aufzuschreiben, der andere, die letzte Beichte abzuhören. Während dieser Handlungen läßt Karl von Anjou – in christlicher Nächstenliebe – im Nebenraum ein Requiem singen. Anschließend werden die Gefangenen auf die Piazza del Mercato geführt, und Konradin besteigt als erster das Blutgerüst, verzeiht dem Scharfrichter, küßt seinen Freund. Sein letzter Gedanke aber gehört seiner Mutter. Er sagt noch: »Mutter, welch schmerzliche Kunde wirst du von mir vernehmen!«, dann fällt das Beil.

»Davon noch allen deutschen Fürsten eiset«, schreibt fast hundert Jahre später ein deutscher Chronist. In der neapolitanischen Kirche Santa Maria del Carmine wurde Konradin beigesetzt. König Max II. von Bayern hat ihm in dieser Kirche ein respektables Denkmal setzen lassen, ein Standbild des Jünglings nach einem Modell von Thorwaldsen. Über der Hinrichtungsstätte wurde später eine Kreuzkirche erbaut, in deren Sakristei eine Säule die Stelle anzeigt, wo vor 700 Jahren das Schafott gestanden haben soll.

»Ein Opfer für die Macht und die Herrlichkeit des Reiches!« meinte ein preußischer Geschichtsschreiber im vorigen Jahrhundert. Was bedeutet das, wenn es den Kopf kostet? Die große

Macht ist immer gefährlich. Ist denn ein kleines Land nicht auch eine Aufgabe und Ehre? Als Herzog von Schwaben wäre dem Konradin gewiß nichts passiert.

Und wie denkt darüber ein historischer Bauernkopf? Er sagt sich: Nichts Gewisses weiß man nicht, aber es wird schon so gewesen sein, wie ich mir denke, daß nämlich...

Ludwig der Strenge
(1253–1294)

Die Geschichten anderer Völker sind aufregend und vielgestaltig, aber die bayerischen Geschichten sind dramatisch und von epischer Breite zugleich. Dazu treten in der Geschichte Bayerns Gestalten auf, die in einem unglaublichen Zwielicht schillern, die etwas Italienisches und Französisches an sich haben, etwas Böhmisches und Holländisches, Ungarisches und Russisches. Und dennoch sind die bayerischen Fürsten von einem jähen Temperament, unverwechselbar bayerisch-typisch! Sie sind Gerechtigkeitsfanatiker, und dann wieder sind sie launisch, manchmal auch treu und zielstrebig und dann wieder großzügig und wurstig. Echte Herren.

Da begegnet uns zum Beispiel im dreizehnten Jahrhundert, nach der ersten Teilung Bayerns im Jahre 1255 in Pfalz-Oberbayern und in Niederbayern, Ludwig der Strenge, Herzog von Oberbayern und Pfalzgraf bei Rhein, von den Historikern einfach »der Palatinus« genannt. 1228 in Heidelberg geboren, die Mutter aus staufisch-welfischem Geschlecht. Seine vier Urgroßväter sind: Otto von Wittelsbach und Heinrich der Löwe, Konrad von Hohenstaufen, ein Bruder Barbarossas, und der Przemyslide Friedrich von Böhmen. Woraus man sieht, wie unendlich weitverzweigt und ausgewählt aus den mächtigsten Herrschergeschlechtern Europas die Ahnentafeln des Hauses Bayern sich um den hohen Stammbaum emporranken.

Noch eine Generation weiter zurück gibt es eine Großfürstin von Kiew als Ahnfrau, desgleichen eine Herzogin von Aquitanien, eine Babenbergerin, einen ungarischen König und Heinrich II. von England aus dem Hause Plantagenet. So eine rare Verwandtschaft konnte damals ein bayerischer Herzog aufweisen! Als Pfalzgraf bei Rhein hatte er auch Beziehungen nach dem Westen und Norden des Reiches. Wir haben kein Bild von diesem Herzog Ludwig dem Strengen; sein Siegel zeigt uns einen galoppierenden Ritter mit eingelegter Lanze. Das Gesicht des Reiters aber ist nicht zu erkennen, er hat sein Visier heruntergelassen.

Er ist halt auch ein Wittelsbacher gewesen, dieser Ludwig. Jähzornig oder gachgiftig wie ein stehendes Messer! Mit acht Jahren hat ihn der Vater Otto schon verlobt mit der schönen Herzogstochter Maria von Brabant. Das war wieder eine stolze Heirat! Aber die junge Herzogin hat meistenteils getrennt von ihrem Herzog auf der Burg zu Donauwörth gelebt. Sie hat gewiß alles gehabt, was einer so hohen Frau zusteht. Einen eigenen Hofstaat mit Hofmeister, Hofdamen, einem Kaplan, einen Kuchel- und Kellermeister. Aber auf die Dauer ist das natürlich kein Eheleben gewesen für die junge Maria von Brabant. Der Mann immer unterwegs zwischen Heidelberg und München! Da mußte etwas passieren! Darum wollte Herzog Ludwig die Münchner Stadt zu seiner Hauptresidenz machen und hat mit dem Bauen des alten Hofes angefangen. Vielleicht schon aus Eifersucht? Aber die Handwerker sind damals schon nicht die schnellsten gewesen, denn es ist in München vor siebenhundert Jahren zugegangen wie heute. Eine Baugrube ist neben der anderen gewesen. München ist jeden Tag schöner geworden. Eine wittelsbachische Haupt- und Residenzstadt. Schon dieser Ludwig der Strenge war der Schönheit verpflichtet gewesen.

Da geschieht im Jahre 1256 eine fürchterliche Tat. Ludwig der Strenge besucht seine Frau Gemahlin in Donauwörth. Es war gerade in den Tagen nach Heilig Drei König. Da erfährt der Herzog, daß seine Maria von Brabant mit dem Hofmeister – und wahrscheinlich auch mit anderen Hofkavalieren – auf der Donauwörther Burg ein lustiges Verhältnis unterhalte. Ludwig wird fuchsteufelswild und läßt auf der Stelle den Scharfrichter kommen. Die Herzogin beteuert ihre Unschuld, der strenge Ludwig gibt ihr keine Antwort und heißt den Scharfrichter seines blutigen Amtes walten. Maria von Brabant, Herzogin von Oberbayern und Pfalzgräfin bei Rhein, wird am 18. Januar 1256 in Donauwörth auf der Burg enthauptet.

Die Geschichtsschreiber sagen alle, die Herzogin sei unschuldig gewesen. Und sie sei von einem Ritter, der bei ihr kein Glück gehabt haben soll, beim Herzog schlechtgemacht worden. Aber nichts Gewisses weiß man nicht. Der Spruch ist damals in Bayern heimisch geworden. Auffallend ist, daß die meisten Schreiber auch sagen: Ein junges Weib läßt man halt nicht so viel allein.

Herzog Ludwig hat die Tat bitter bereut und zeitlebens ein leinenes Büßerhemd getragen. (Eine ähnliche Bußfertigkeit ist von anderen deutschen Fürsten nicht bekannt.) Auf Geheiß des

Papstes sollte er – zur Sühne für seine blutige Tat – eine Heilig-Land-Fahrt unternehmen. Das aber schien dem Bayernfürsten denn doch ein wenig zu wenig der Buße, zu lustvoll und auch zu gefährlich.

Außerdem war das Zeitalter der Kreuzzüge schon zu Ende. Er erreichte in Rom, daß man die Buße in eine Klostergründung umwandelte. Und so entstand das berühmte Zisterzienserstift Fürstenfeld bei Bruck.

Herzog Ludwig stirbt, nachdem er über 40 Jahre lang regiert hat, im Jahre 1294 in Heidelberg. Aber begraben ließ er sich vor den Toren Münchens im Sühnekloster Fürstenfeld. Am Eingang zum Chor der prächtigen Stiftskirche sieht man seine Statue. Auf der Brust ein goldenes, von einem Dolch durchstoßenes kleines Herz! Ein Englein zu seinen Füßen macht eine vergeblich abwehrende Handbewegung, hält mit der anderen Hand aber die Stifterurkunde fest. Als wollte es sagen: Halt ein mit deinem teuflischen Zorn, grausiger Herzog! Aber so Gott es will, daß ein Sühnekloster gestiftet werden soll, erfülle dein fürchterliches Schicksal! »Gott ließ es geschehn«, heißt der Spruch dazu, »und Fürstenfeld erstehn!«

Wie der Mohr von Venedig, der seine Desdemona erstochen hat. Er aber war ein bayerischer Fürst! Über Nacht soll er damals schlohweiße Haare bekommen haben, der strenge Herzog, nachdem er hat erfahren müssen, daß seine Maria von Brabant doch unschuldig gewesen ist. – Weil man halt nie nichts Gewisses nicht weiß! – So hat er wieder geheiratet, eine junge Habsburgerin, und hat mit dieser zwei Söhne gezeugt, den Rudolf und den Ludwig, den späteren Kaiser Ludwig den Bayern.

Aber sonst war er kein so übler Mensch gewesen. Unwahrscheinlich treu dem Sohn seiner Schwester, dem letzten Hohenstaufer Konradin. Wie ein Vater seinen einzigen Sohn großzieht, so hat der Bayer Konradins Jugend behütet. Selbstlos und treu, staufisch und bayerisch, baufreudig und städtegründend, ein vielschichtiger Charakter! Und dennoch uns so fern gerückt, wie eben ein Ritter mit geschlossenem Visier.

Die ottonische Handfeste (1311) des Herzogs Otto III. von Niederbayern, König von Ungarn (1290–1312)

Norddeutsche Spötter rümpfen manchmal die Nase über die bayerischen Verhältnisse. Der immer noch berühmte und so »präzise funktionierende preußische Staatsmechanismus« dünkt sich erhaben über die süddeutsche, speziell bayerische Wurstigkeit. Diesem Vorurteil, das besonders im 19. Jahrhundert gepflegt wurde und noch heute gelegentlich zu spüren ist, daß gar manche Bayern jetzt »die letzten Preußen« sein wollen, fehlt jede historische Begründung. Im Gegenteil, der Verwaltungsapparat des modernen Staates hat in Bayern seinen Anfang genommen. Im dreizehnten Jahrhundert haben die Wittelsbacher ihren Staat neu organisiert, haben ihre Provinzen nicht mehr an erbberechtigte Lehensträger weitergegeben, sondern haben darüber Beamte eingesetzt, Pfleger und Landrichter, die jederzeit versetzt oder abgesetzt werden konnten. Daher rührt das moderne Beamtentum. In Bayern also hat es die ersten Beamten gegeben in deutschen Landen!

Über mehrere Landrichter waltete der Vizedom, und unter dem Landrichter standen die Kastner, Amtmänner und Schergen. Die größeren Klöster, die Städte und noch manche Adelige hatten eine eigene Verwaltung, eine eigene, »niedere Gerichtsbarkeit«. Die meisten Städte verfügten darüber hinaus auch über die »höhere Gerichtsbarkeit«, über den »Blutbann«. Kapitalverbrechen durften die Herren der niederen Gerichtsbarkeit nicht aburteilen.

So ein kleines Gericht, ein »Patrimonialgericht«, stellte das Hauptprivileg der vielen kleinen Adeligen auf ihren Landschlössern dar. Sie ließen es von einem juristisch gebildeten Hofmarksrichter und von einem Amtmann ausüben, der seinerseits wieder über einen kleinwinzigen Verwaltungsapparat verfügte, über einen Kastner für die Steuern und Naturalabgaben und einen Schergen, dem sogenannten Hofmarksschergen, dem Polizeidiener. Nicht selten war das der Amtmann alles in eigener Person. – »Hofmark«, das war der Name einer so kleinen privaten

Verwaltungshoheit. Die meisten Adeligen verfügten über mehrere Hofmarken – und konnten sich also einen eigenen Hofmarksrichter leisten. Kleinere Hofmarken ließen ihre niedere Gerichtsbarkeit von benachbarten Richtern versehen. Die Hofmark ist eine rein bayerische Erfindung, die allerdings in den folgenden Jahrhunderten unter anderem Namen auch im benachbarten Ausland kopiert worden ist. Sie hat sich bis 1848 erhalten und war das wirtschaftliche Rückgrat des hohen und niederen Adels und der herrschaftlichen Klöster gewesen. Jedes Hofmarksgericht unterstand natürlich einem landesherrlichen Landgericht, das aber die hofmarksherrlichen Privilegien nicht antasten durfte. Und die eigentlichen Erfinder der Hofmark, das waren die niederbayerischen Landstände, die Prälaten, die Herren des innern und äußern Rates der Städte, also die bürgerlichen Herren Stadträte und schließlich die Landadeligen.

Und bilde sich nur niemand ein, daß in so einer Hofmark nicht eine Ordnung gewesen wäre! Da hätte der Herr Amtmann schon durchgegriffen! Wer zum Beispiel während der Nachmittagsandacht Kegel geschoben hat, der hat gleich einen Gulden Strafe zahlen müssen. Und ist eine Bäuerin zu ihrem Manne recht grob gewesen, dann hat sie am Pranger stehen müssen!

Ist in der Taverne gerauft worden, hat der Scherg sich die Namen von den Burschen merken und sie dem Herrn Hofmarksrichter oder -pfleger angeben müssen. Überhaupt haben die Hofmarksuntertanen ihre Hochzeiten, Leichentrünk, Kindlmahler und Verlöbnisse nur in der Hofmarkstaverne abhalten dürfen! Und natürlich hat der Herr Hofmarksrichter im Namen seiner gräflichen oder freiherrlichen Herrschaft auch den Heiratskonsens erteilen müssen.

Es war immer etwas los gewesen in der Hofmark! Und die Hofmarksbürokratie war auch nicht schlecht. Da ist über jedes Potschamberl Buch geführt worden, wie man heute noch nachlesen kann. In dem Faszikel von den »Gerichts- und Kriminalsachen« ist mir ein Eintrag aufgefallen, wo es zum Beispiel heißt: »In den Bock kommt die Maria Wandinger, wegen Schwängerung durch den hochwürdigen Herrn Benefiziaten von Mesmering.« – Das waren noch Zeiten! – Und ich sage es aufrichtig: Ich trauere der alten bayerischen Hofmark direkt nach, weil das damals eine handgreiflich menschliche Ordnung gewesen ist! Und aufgekommen ist doch nicht alles. Und das Unrecht hat das Volk damals auch leichter erkennen können!

Es gibt in der bayerischen Geschichte eine berühmte und wichtige Urkunde, auf die die ganze Hofmarksgerechtigkeit überhaupt zurückzuführen ist, ausgestellt zu Landshut im Jahre 1311; die »Ottonische Handfeste«. Handfeste deswegen genannt, weil der ausstellende Fürst, Herzog Otto III. von Niederbayern – zugleich König von Ungarn –, des Schreibens unkundig war und auch nicht mit drei Kreuzchen unterzeichnen wollte, sondern das Dokument durch seine fürstliche *manufirmatio* bekräftigte, durch Handfestigung, durch Auflegen der Hände.

Die niederbayerischen Landstände also, die Prälaten zu Aldersbach und Niederaltaich, zu Metten und Fürstenzell, die Bürger von Moosburg, Landshut, Straubing und schließlich die zahlreichen Adeligen, die Herren von Closen und Törring, von Aham und Frauenhofen, die Nothaft und Wildenhamer und noch etliche Dutzend mehr, sie haben dem Herzog Otto die Privilegien der niederen Gerichtsbarkeit abgetrotzt.

Der Herzog war in arger Geldverlegenheit und die Landstände, die in Bayern immer schon die Steuern mitbewilligten, und dieses Recht jetzt auch schriftlich bestätigt bekamen, wollten anders dem Herzog keine Steuern eintreiben lassen von den Untertanen. Eingehandelt hat sich Otto III. von Niederbayern und König von Ungarn für die Handfeste eine sehr hohe Viehsteuer. Pro Rindvieh einen Regensburger Pfennig.

Anno 1311 hat er nur noch allein regiert in Niederbayern. Seine Brüder Ludwig und Stephan waren schon gestorben. Das ist ein zünftiger Herr gewesen, der König Otto! Geld hat er nie gehabt, aber ein Schicksal! Seine Mutter, die Gemahlin Heinrich XIII. von Niederbayern, ist eine ungarische Prinzessin gewesen, eine Tochter von König Bela. Und wie sein ungarischer Vetter, der letzte Aparde, gestorben ist, haben etliche ungarische Adelige den Otto von Niederbayern als den nächsten Agnaten zu ihrem König ausgerufen. Das ist ein Unternehmen geworden! Weil es auch Große in Ungarn gegeben hat, die von Otto nichts wissen wollten, hatte er die größten Schwierigkeiten!

Als Kaufmann verkleidet reist Otto nach Stuhlweißenburg und läßt sich dort von seinen Anhängern feierlich auf den Thron der Aparden erheben. Aber Fürst Ladislaus von Siebenbürgen hatte auch seine Anhänger, und Otto kam aus dem Intrigenspiel des eifersüchtigen ungarischen Hochadels nicht mehr heraus. Er ist jetzt 50 Jahre alt und es kommt ihm zu Hilfe, daß er eben Witwer wird. Also freit er um die Tochter des Fürsten Ladislaus und reist zur Brautwerbung auf dessen Burg in Siebenbürgen. Den Schwiegersohn wird der stolze Ungar dann doch schon als König anerkennen!

Doch Ladislaus läßt den königlichen Freier aus Niederbayern kurzerhand in den Kerker werfen. Hier schmachtet Otto ein ganzes Jahr und wird endlich durch den Grafen Sereny befreit. Verkleidet kommt er als Flüchtling auf Umwegen nach Breslau. Aber welch ein Unglück! Herzog Heinrich von Glogau empfängt ihn zwar in Ehren, setzt ihn aber dann gleich wieder gefangen. Denn der Schlesier war damals mit Ladislaus von Siebenbürgen befreundet. In dieser Not kommt dem Fürsten aus Landshut ein Engel zu Hilfe, ein Engel in der Gestalt der hübschen, jungen schlesischen Herzogstochter Agnes. Sie verliebt sich in den im Kerker schmachtenden 52jährigen Niederbayernfürsten. Und mit ihrer Hilfe glückt Otto die Flucht. Er nimmt die Befreierin von Breslau gleich mit nach Landshut auf die Trausnitz. Und feiert dann mit ihr, im Juli 1308, ein festliches Beilager in seiner herzoglichen Stadt Straubing. Bis zu seinem Tod – vier Jahre später – urkundet er immer noch als König von Ungarn.

Es ist in der Politik damals eben auch um nichts anderes gegangen als um Besitz und Geld. Die Fürsten haben zwar miteinander paktiert und heilige Verträge geschlossen »auf ewige Zeiten«; aber sie haben jeden Vertrag nur so lange gehalten, bis sie einen besseren haben abschließen können. Das Meineidschwören hat nie aufgehört in der Geschichte der Völker. Nur die Ottonische Handfeste hat sich über 500 Jahre lang gehalten. Schon daraus läßt sich erkennen, daß die alte Hofmarksherrlichkeit nicht so schlecht gewesen sein kann. – Und so viel Steuern und Abgaben wie heutigentags hat der Hofmarksuntertan nicht bezahlen müssen! Er hat seine »Gilt« gezinst, das »Besthaupt« und das »Hundsgeld«, das »Küchen- und Scharwerksgeld«, den »Kirchenzehnt« und das »Leibgeld«! Dann nur noch die »Sporteln« für den Herrn Hofmarksrichter beim Protokollieren und hier und da die Gerichtskosten.

Viel und genug, gewiß! Aber nicht so viel wie der heutige Bürger zahlen muß. Denn alle Abgaben und Lasten der Feudalzeit machten in der bayerischen Hofmark nicht mehr aus als vielleicht ein Drittel des Einkommens. Heute zahlen wir mit den direkten und indirekten Steuern und Abgaben, Notariats- und Gerichtskosten mehr als die Hälfte!

Ludwig der Bayer und Friedrich der Schöne
(1313–1324)

In die bayerische Politik einzugreifen, gelingt unseren lieben Nachbarn auch heute noch, und es ist ihnen zu allen Zeiten geglückt. Weil wir Bayern uns eben selber gern streiten und von Natur aus jedem mißtrauen. Im Jahre 1313 ging es wieder einmal drunter und drüber in der bayerischen Politik, das heißt, es ging eigentlich recht bayerisch zu, denn die Herren, die sich da einmischten, waren unsere Stammesbrüder, die Österreicher, die Herzöge Friedrich der Schöne und Leopold. Das war kein diplomatisches Meisterstück gewesen, denn in Bayern hatten bis vor kurzem fünf verschiedene Herzoge regiert: Die Brüder Otto, Ludwig und Stephan in Niederbayern – und die Brüder Rudolf und Ludwig in Oberbayern! Und weil sich die Brüder auch gegenseitig nicht ausstehen konnten, kam das Landl damals immer mehr unter den Einfluß der Habsburger Vettern. Da stirbt 1312 in Landshut der letzte der niederbayerischen Herzöge, Otto, der zugleich König von Ungarn war, und er hinterläßt nur einen einzigen Sohn, den kleinen Prinzen »Heinrich, den Natternberger«, wie er später heißt, da er in der Burg auf dem Natternberg bei Deggendorf aufgezogen wird.

Für den kleinen Heinrich muß also eine Vormundschaft her und eine gewissenhafte Regentschaft, weil Niederbayern nun ganz verwaist war. Und weil auch einige Ungarn in dem kleinen Heinrich immer noch ihren rechtmäßigen Kronprätendenten sahen, mußte dieser Regent ein Münchner Vetter und ein Wittelsbacher sein. Herzog Rudolf oder der jüngere Herzog Ludwig. Aber die Großkopfeten von Niederbayern halten nichts auf die Münchner Verwandtschaft und möchten lieber die Österreicher, besonders den Herzog Friedrich den Schönen, weil dieser Friedrich halt gar so ein schneidiger Fürst ist! Der königliche Erblasser, Herzog Otto von Niederbayern, König von Ungarn, hat am Sterbebett die Vormundschaft für Prinz Heinrich dem Münchner Vetter Ludwig zugesprochen. Und er hat dieses sein Testament die Bürger von Moosburg, Landshut und Straubing beschwören lassen. Und die Bürger haben Wort gehalten, denn sie konnten ihre Adeligen ohnehin nicht ausstehen. Aber kaum ist Otto tot, marschieren die Österreicher in Niederbayern ein. Gerufen vom hohen Adel Niederbayerns. Die Bürger Niederbayerns waren empört. Wo bleibt Herzog Ludwig von München?

Herzog Ludwig von München, ob seiner Jugend in Krieg und Politik noch etwas unerfahren, paktiert mit seinem ritterlichen Cousin, Friedrich dem Schönen von Österreich. Er schließt mit ihm zu Linz einen Vertrag des Inhalts, daß beide gemeinsam die niederbayerische Vormundschaft führen wollen. Das erzürnt nun wieder die Bürger der niederbayerischen Städte. Sie wollen den Krieg!

Die Bürger von Straubing und Landshut wenden sich an Ludwigs grimmigsten Feind, an seinen Bruder Rudolf, der gerade aus Italien zurückkehrt. Wie oft ist das im Hause Wittelsbach das größte Unglück, daß sich die Brüder nicht ausstehen können!

Und die Bürger haben damals bereits einen Stolz gehabt und sind gut eingesäumt gewesen, fingen gar an, reicher und mächtiger zu werden als der Adel. Sie erhoben sich gegen die Ritter, gegen ihre Privilegien und gegen ihr Schuldenmachen. Und der Adel verabscheute die aufstrebende Kaufmannschaft in den Städten.

Als nun der junge Ludwig sah, wie sich die Bürger an seinen Bruder Rudolf hielten, änderte er sofort seine Politik und kündigte Friedrich dem Schönen den Vertrag von Linz, um ja seinen Bruder Rudolf von der niederbayerischen Regentschaft fernzuhalten.

Das hat natürlich den schönen Friedrich von Österreich wieder gereizt. Er hat zu rüsten angefangen und ist nach Niederbayern gereist. Zunächst ohne Soldaten, nur als Regent und Vormund. In Landau an der Isar ist er auf der wittelsbachischen Burg gesessen und der niederbayerische Adel hat ihm gehuldigt. Auch die Witwe Herzog Ottos, Agnes von Glogau, und ihre ebenfalls verwitweten niederbayerischen Schwägerinnen haben zu Friedrich dem Schönen gehalten, obwohl auch Herzog Ludwig gerade eine Schlesierin geheiratet hatte, die Schwester der Agnes. Das hat alles nichts genützt, Friedrich hatte schon ganz Niederbayern, bis auf die Bürger von Straubing, Landshut und Moosburg, auf seiner Seite gehabt.

Ludwig eilt kurz vor Ausbruch der Feindseligkeiten zu Vetter Friedrich nach Landau, um ihn von den Anträgen des hochverräterischen Adels mit freundlicher Zurede abzubringen. Aber Friedrich ließ nicht mehr mit sich reden. Er verlangte die alleinige Vormundschaft. Da riß Ludwigs Geduld, jähzornig zog er das Schwert und sagte: »Da Worte nichts vermögen, so soll denn das Schwert entscheiden.« Nur mit Mühe konnten die Anwesenden den erzürnten Bayernfürsten zurückhalten und eine Katastrophe verhüten. So war denn das Los zum Kampf entschieden, und es kam zu der berühmten Schlacht von Gammelsdorf, am 9. November 1313.

Dieser gachgiftige Auftritt Ludwigs auf der Landauer Burg war Anfang Mai 1313. Die meisten Geschichtsschreiber bringen die Szene ausführlich. Besonders auch Aventin, Andreas von Regensburg und viele Historiographen der bayerischen Klöster. Überhaupt ist »Ludwig der Bayer«, wie er später als Kaiser geheißen hat, der erste Kaiser, von dem wir uns ein genaues Bild machen können: Jähzornig und wieder schnell versöhnlich zugleich, ungemein begeisterungsfähig, schwärmerisch und wieder fast nüchtern-praktisch und schnell entschlossen zu großer Tat. Jedermann rühmt seine Frömmigkeit, er war ein großer Marienverehrer. Er hat Kloster Ettal gestiftet und das Gnadenbild dazu. Und ausgerechnet er ist der Kaiser, der sein ganzes Leben lang mit dem Papst verfeindet ist und im Kirchenbanne stirbt! Ein gelehrter Italiener beschreibt ihn so:

»Statura fuit gracili et procera...«, der Statur nach ist er ein recht schlanker aber großer Mann gewesen, mit ziemlich rötlichem Haar und Bartwuchs. Sein Gesicht war von frischer Farbe, und er schien immer zu lächeln. Dazu hatte er Bocksaugen, und die Nase war sehr scharf und herabgebogen. In den Waffen war er sehr tüchtig, dazu in jedem entscheidenden Augenblick geradezu tollkühn. Aber er war aufbrausend und einem Rat gegenüber eher verschlossen. Er besaß Witz, Weltgewandtheit, Urbanität, und auch seine körperlichen Bewegungen waren flink.

Und Friedrich der Schöne muß ein ganz ähnlicher Charakter gewesen sein, sonst hätten die beiden nicht dreizehn Jahre lang gegeneinander Krieg geführt und sich zwischendurch immer wieder herzlich versöhnt. Nach der Schlacht von Gammelsdorf, wo Herzog Ludwig glänzend gesiegt hat, haben sie zum Beispiel zusammen in einem Bette gelegen, haben gegenseitig die Gefangenen wieder freigelassen, haben vierzehn Tage lang in Salzburg pokuliert und gefeiert wie zwei alte Jugendfreunde, die sie auch waren. Sie sind zusammen zum Kommunizieren gegangen und haben einen »ewigen Frieden« geschlossen. Und sie haben sich geschworen, daß sie jetzt Niederbayern gemeinsam regieren würden!

»So also geht es auf der Welt zu«, bemerkt ein Regensburger Geschichtsschreiber. Die tapferen Bürger von Moosburg, Landshut, Ingolstadt und München haben anscheinend umsonst gekämpft in Gammelsdorf.

Umsonst doch nicht. Denn der Sieg von Gammelsdorf – die blutigste Schlacht seit Menschengedenken – hat den damals 27jährigen Ludwig in ganz Deutschland, ja in Europa so berühmt gemacht, daß er von der Mehrzahl der Kurfürsten am 20. Oktober 1314 in Frankfurt zum deutschen König gewählt wurde. Freilich wählte zur gleichen Zeit eine kurfürstliche Gegenpartei in Sachsenhausen Friedrich den Schönen ebenfalls zum deutschen König.

Jetzt war der Teufel wieder in die erneuerte Freundschaft gekommen! Die beiden Vettern, die sich zu Salzburg beim Friedensfest von Gammelsdorf so gut vertragen haben, sind nun Todfeinde geworden. Und dreizehn Jahre lang hat diese Todfeindschaft gedauert! Bis Ludwig Friedrich den Schönen in der Schlacht von Ampfing bei Mühldorf 1327 noch einmal hat besiegen können. Der Gegenkönig konnte sogar gefangengenommen werden. Um drei Uhr nachmittags bei Ampfing war es, als sie Friedrich als Gefangenen gebracht haben. Kaiser Ludwig der Bayer hat gerade unter einer Eiche gesessen und mit dem Brotzeitmachen angefangen. Und wie hat er Friedrich in dieser Minute angesprochen? Die Worte sind uns überliefert: »Grüß Gott, lieber Vetter! So seh ich Euch gern! Sitz dich nur gleich nieder, tun wir miteinander Brotzeit machen!«

Ludwig der Bayer,
römischer König und Imperator
(1314–1347)

»Verflucht soll er sein, der Bayer, im Namen der Apostelfürsten Petrus und Paulus! Seine Burgen mögen in die Gewalt der Feinde fallen, seine Söhne sollen gedemütigt werden und seine Töchter geschändet bis ins vierte Geschlecht.«

Mit so fürchterlichen Worten schleuderte Papst Johannes XXII. im Jahre 1324, von Avignon aus, den Bannfluch gegen Kaiser Ludwig IV., »den Bayern«. Und er belegte sein Land mit dem Interdikt. Der Papst, im engsten Bündnis mit den Feinden Ludwigs, verweigerte dem Kaiser nämlich die kirchliche Anerkennung und zitierte Ludwig zur Verantwortung nach Avignon. Aber der Bayer erschien nicht. Im Gegenteil, Kaiser Ludwig der Bayer ließ zu Nürnberg eine »Appellation« veröffentlichen, worin er dem Papste das Bestätigungsrecht bei einer deutschen Königswahl bestritt. Der Gegenkönig und Vetter Ludwigs, Friedrich der Schöne von Österreich, saß zwar seit der Mühldorfer Schlacht bei Ampfing als Gefangener Ludwigs auf der Burg Trausnitz in der Oberpfalz, aber da waren noch genug andere gefährliche Bundesgenossen der päpstlichen Partei: Der Bruder Friedrichs, Herzog Leopold von Österreich, und der Böhmenkönig Johann. Karl IV. von Frankreich wollte und sollte deutscher König werden.

So hatte also die letzte große Ritterschlacht bei Mühldorf dem Bayernfürsten und römischen König den ersehnten Frieden noch lange nicht gesichert. Jetzt galt es, durch geschicktes Taktieren und mit Hilfe juristischer und theologischer Streitschriften den Kampf weiterzuführen!

Ludwig versöhnte sich als erstes mit seinem gefangenen Vetter Friedrich. Er entließ ihn aus der Gefangenschaft gegen eine Erklärung, auf den Thron zu verzichten und auf das bloße Versprechen hin, seinen Bruder Leopold zum Bundesgenossen zu überreden. Friedrich kehrte als Gefangener wieder zurück, nachdem er bei seinem Bruder Leopold nichts hatte ausrichten können. Welch seltene Redlichkeit des schönen und braven Vetters!

Da war auch Ludwig der Bayer so sehr gerührt, daß er seinem Vetter nicht nur die Freiheit schenkte, sondern ihn auch zum Mitregenten annahm. Diese Episode in der deutschen Geschichte ist die rührendste und menschlich großartigste zugleich! Und von ihr müßte ein größeres Aufhebens gemacht werden als etwa vom Krieg 1870/71 und von der »Deutschen Einigung«. Solche Vettern muß man suchen in der europäischen Geschichte! Ludwig und Friedrich haben sich jetzt gut vertragen, haben miteinander regiert und gemeinsam Hof gehalten in der Münchner Stadt! Sie sind zusammen auf die Jagd gegangen, haben Feste gefeiert, haben Liebschaften und Räusche gehabt.

Jetzt hat natürlich der Österreicher Leopold auch nimmer recht Feind sein können. Und kopfschüttelnd ist er bald darauf, anno 1326 schon, gestorben. Aber der Friedrich hat noch vier Jahre länger gelebt und ist – als deutscher König und Mitregent – 1330 in Frieden gestorben. Den Papst in Avignon hat das alles fürchterlich geärgert.

Er hat seinen Bannfluch erneuert und hat den Ludwig geärgert, wo er nur hat können. Ludwig der Bayer aber hat nicht schlecht zurückgezahlt: Er hat sich hochgelehrte Professoren herbestellt nach München, vor allem auch Franziskaner, die Traktate gegen den Papst geschrieben haben. Die armen Brüder haben den Papst in Avignon nicht gern gesehen, und sie haben mit ihren Predigten von der »evangelischen Armut« dem Kaiser brav geholfen. Und bei den Franziskanern in München hat der Kaiser auch in die Kirche gehen können, was er rechtmäßig gar nicht durfte, weil er ja gebannt gewesen ist.

Zu kaiserlichen Räten ernannte Ludwig geistige Koryphäen der damaligen Zeit, die Pariser Professoren Johann von Jandun und Marsilius von Padua, scharfe Verteidiger des Staatskirchentums. »Schütz du uns mit dem Schwert, wir wollen dich mit der Feder schützen.« Aus England kam der hochgelehrte Wilhelm von Occam nach München, und noch zahlreiche andere kirchenrevolutionäre Köpfe gingen damals in der alten Burg aus und ein. Damals ist in München zum erstenmal der Geist heimisch geworden. Noch heute zeugt davon in Schwabing die Occamstraße!

Und die kleinen Leut, das Volk, haben ihren Kaiser Ludwig gern gemocht. Auch die bayerischen Prälaten und Bischöfe haben zu ihm gehalten, ja ganz Deutschland. Die Kurfürsten sind zusammengekommen und haben gesagt: »Wenn ein Kaiser rechtmäßig ist erwählt worden, braucht er von keinem Papst eine Bestätigung!«

Überall ist es aufwärtsgegangen, und als Ludwig der Bayer nach Rom gezogen ist, haben ihn die Römer am 17. Januar 1328 zum Kaiser gekrönt. Auch seine zweite Gemahlin, Margarete von Holland, war bei der Kaiserkrönung in Rom anwesend.

Das war der letzte Italienzug eines deutschen Kaisers. Die Krönung erfolgte natürlich unter Mitwirkung eines Gegenpapstes, der sich dann doch nicht lange hat halten können. Diese Kaiserkrönung Ludwig des Bayern in Rom war ein spektakuläres Abenteuer. Aber auch sie hätte Kaiser Ludwigs nun erreichte Machtposition nicht schwächen können, wenn er in der eigenen Hausmachtpolitik nicht etwas zu sehr die wittelsbachischen Interessen gefördert hätte. Als das askanische Haus ausstarb, machte er seinen Sohn Ludwig 1323 zum Kurfürsten von Brandenburg. Das spätere Preußen blieb damals über 50 Jahre lang wittelsbachisch-bayerisch! Auch Tirol wurde wieder bayerisch, denn die Markgräfin Margarete Maultasch heiratete in zweiter Ehe eben jenen Ludwig den Brandenburger, dem der Vater die Mark verliehen hatte. Schließlich erwarb Ludwig der Bayer durch seine zweite Gemahlin Margarete auch noch Holland, Seeland, Friesland und den Hennegau. Auch diese Länder gehörten nun zum wittelsbach-bayerischen Haus.

Das hat natürlich die Kurfürsten wieder geärgert. Sie haben einen Gegenkönig gewählt, und der Ärger hätte wieder von vorn angefangen, wenn der Kaiser Ludwig nicht anno 1347 gestorben wäre.

Auf der Bärenjagd, heißt es, habe ihn bei Fürstenfeldbruck der Schlag getroffen. Es sei ihm plötzlich schlecht geworden, er sei noch vom Roß gestiegen und dann umgefallen. Ein Bauer habe ihn aufgefangen, und also ist der Kaiser in den Armen eines Bauern verstorben. »Süße Königin, unsere Frau, bin bei meiner Scheidung!« Das sollen seine letzten Worte gewesen sein.

Die Münchner Bürger haben ihn in die Stadt gefahren und haben ihm, dem Gebannten, ein christliches Begräbnis nicht versagt. Bei der Marienkapelle, wo später die Frauenkirche gebaut worden ist, wurde er bestattet. 33 Jahre lang ist er deutscher Kaiser gewesen, Ludwig der Bayer, einer der besten und bedeutendsten.

Die Söhne Ludwig des Bayern
(1347–1392)

Wie weit hat es Kaiser Ludwig der Bayer gebracht: Holland und die Mark Brandenburg, Tirol, halb Deutschland war damals wittelsbachisch gewesen! Aber der Kaiser hat sechs Buben gehabt. »Teats 's Sach schön brav zsam haltn, Buam!« Wie oft hat er ihnen diesen Satz zugerufen! Nie hat es genützt. Als wenn der Teufel seine Hand im Spiel gehabt hätte! Oder ist etwa doch der Bannfluch des Papstes wirksam geworden? Der Fluch bis ins vierte Glied? Angst möchte einem werden, wenn man dieses Kapitel der bayerischen Geschichte studiert. Die Geschichte der Söhne und Enkel Ludwig des Bayern.

Gestern noch war Wittelsbach das mächtigste Herrscherhaus im ganzen heiligen Reich gewesen. Doch kaum hatte der Kaiser seine Augen geschlossen, teilten die Söhne den weitverzweigten Länderbesitz: Oberbayern mit Tirol und dem Fürstentum Brandenburg behielt der Älteste, Ludwig V. der Brandenburger. Er war ja mit Margarete Maultasch, der Gräfin von Tirol verheiratet. Stephan II. bekam Niederbayern mit Landshut. Und die vier Stiefbrüder, die Söhne der zweiten Gemahlin Kaiser Ludwigs, der Margarete von Holland, Ludwig VI. und Otto V. der Faule sowie Wilhelm I. und Albrecht I. bekamen Teile Niederbayerns mit Straubing und dazu Holland. – So daß es also jetzt auch ein Bayern–Straubing–Holland gab. Die letzte aus der Linie Straubing-Holland war die viermal verheiratete Jakobäa von Holland, eine Enkelin Albrechts I. Und weil der einzige Sohn Ludwig des Brandenburgers, Herzog Meinhard, seinen Vater nur um ein Jahr überlebte, nahm der Landshuter Stephan II. mit der Hafte, weil sein Wams voller Häfteln genäht war, Oberbayern und Tirol an sich und überließ Brandenburg den Stiefbrüdern Ludwig VI. und Otto dem Faulen. Auch Ludwig VI. starb bereits 1365, so daß nun in der Mark Brandenburg Otto der Faule allein regierte. Dieser Otto hat die bayerischen Beamten in Brandenburg wieder größtenteils heimgeschickt und mit dem einheimischen Adel der Mark zu regieren begonnen. Mehrere märkische und brandenburgische Adelige tauften damals ihre Söhne nach dem Bayernfürsten Otto. Auch eine gewisse Familie Bismarck. So kommt es, daß der spätere Reichskanzler, Otto von Bismarck, seinen Namen auf jenen Bayern, Otto den Faulen, zurücktradiert, der damals in Brandenburg Landesherr gewesen ist.

Über fünfzig Jahre lang ist also Berlin im 14. Jahrhundert schon einmal bayerisch gewesen. Demnach ist die Schande gar nicht groß, wenn man als historisch interessierter Bajuware einen echten Berliner einmal als Landsmann betitelt. Weiß Gott, was aus Preußen geworden wäre, wenn die Streusandbüchse des Hl. Römischen Reiches bayerisch geblieben wäre! Die Brüder des Hauses Bayern wären ja vielleicht gerne geblieben, aber sie haben Geld gebraucht und haben die Mark Brandenburg anno 1373 an Kaiser Karl IV. verkauft. Gegen eine über Jahrzehnte laufende Ratenzahlung. Die Summe wurde aber bis auf den heutigen Tag nur zu einem Drittel ausbezahlt, so daß Bayern heute noch Besitzrechte auf die Mark Brandenburg geltend machen könnte.

Auch Tirol haben die Söhne Ludwig des Bayern wieder verspielt. Der Erbfeind des Hauses Bayern, Kaiser Karl IV., hat das heilige Land Tirol mit mancherlei Manipulationen dem Hause Habsburg zugeschanzt. Und die kriegerischen Unternehmungen, Tirol doch noch zu halten, sind alle unglücklich ausgegangen. Nur Kufstein, Kitzbühel und Rattenberg blieben noch bis 1503 bei Niederbayern. Die Witwe Ludwig des Brandenburgers, Margarete Maultasch, die letzte Gräfin von Tirol, begab sich – nicht ganz freiwillig – unter die Obhut des Hauses Habsburg.

Das Herzogtum Bayern–Straubing–Holland hat sich, dem Namen nach wenigstens, bis 1429 gehalten. Aber die Enkel Kaiser Ludwig des Bayern und der Margarete von Holland hatten keine Söhne, und so traf die einzige Erbin Herzog Wilhelm II. von Niederbayern–Straubing–Holland, die Prinzessin Jakobäa, ein hartes Schicksal: Ein Großteil der holländischen Besitzungen kam unter den Einfluß der Herzöge von Burgund, während Niederbayern–Straubing zu vier Teilen an die Enkel Herzog Stephans mit der Hafte verteilt wurde. Und die pfälzischen Wittelsbacher verpfändeten die Hälfte der Oberpfalz an Böhmen. Innerhalb zweier Generationen war von dem Glanz und der Herrlichkeit Kaiser Ludwigs im Hause Bayern nicht mehr viel geblieben.

Bruder bleibt Bruder! Oder wie ein alter Bauernspruch sagt: »Grabenbach zu fahrt man sich leichter wie auf Berghausen!«

Stephan der Kneißl
(1375-1413)

Nur der Not keinen Schwung lassen, es geht niemanden etwas an, wieviel Geld wir haben, »wenn es nur allerweil grad langt«! Aufdrehen und Prangen, die schönen Rösser und die neuen Gewänder sehen lassen, Feste feiern und den Kopf hoch tragen, das ist ein Leben, wie es einem Herrn von Bayern gefallen kann. Und was für ein Herr das gewesen ist! Stephan hat er geheißen. Herzog von Ober- und Niederbayern, ein Bayernfürst, wie er im Buche steht!

Stephan III., Herzog von Bayern–Ingolstadt, ein Enkel Kaiser Ludwig des Bayern, lebte zwischen 1337 und 1413, und war wohl die originellste Persönlichkeit unter den deutschen Fürsten seiner Zeit. Schon zu Lebzeiten bekam er den Bei- oder Spitznamen der »Kneußel«, was soviel heißt wie der Glänzende, der Prunksüchtige: »Klein aber nett gestaltet, war er allzeit in seinem Wesen köstlich und wohl geputzt in seinen Kleidern, um das nennt ihn jedermann Herzog Kneißl«, heißt es über ihn bei Andreas von Regensburg, Chorherr zu St. Mang.

Zunächst regierte er gemeinsam mit seinen Brüdern Friedrich und Johann das Landl, dann aber kam es in verschiedenen Hausverträgen zu mehreren Teilungen, und der Kneißl war schließlich der Herr von Bayern–Ingolstadt mit den tirolischen Ämtern Rattenberg, Kufstein und Kitzbühel, mit Wasserburg und Kling und mit noch etlichen Herrschaften in Schwaben.

Herzog Stephan führte ein unstetes Leben. Er liebte Festlichkeiten und Turniere, führte kriegerische Unternehmungen in Italien, übernahm häufig kaiserliche Botschaften, mischte sich in alle möglichen Prozesse und Irrungen und war auch seinerseits häufig streitende Partei.

Und überall, wo er hingekommen ist, hieß es: »Aufgeschaut, der Kneißl kommt!« Ein Auftreten hat er gehabt, daß sogar die Franzosen gemeint haben, der Bayernherzog Kneißl sei einer der mächtigsten und reichsten Fürsten Deutschlands. Und als die Franzosen eine Königin gesucht haben für ihren König Karl VI., haben sie in Paris gesagt: »Unsere Königin soll Herzog Kneißls Tochter sein!« Und sie ist es geworden. Elisabeth, des Herzogs einzige Tochter, wurde in Frankreich die Königin Isabeau die Schöne. Sie hat lange regiert in Frankreich und ihr Sohn ist jener Dauphin gewesen, den die Heilige Jungfrau von Orléans hat zum König krönen lassen. Stephan der Kneißl war also jetzt der Vater der französischen Königin. Er hat sich dessen oft gerühmt, denn auch das Sprüchemachen war ihm zur zweiten Natur geworden.

Seine eigene Frau, Thadäa, hatte er sich aus Mailand geholt, eine Tochter des Herzog Barnabas Visconti. Und weil die Mailänder viel Geld hatten, bekam die Braut 100000 Gulden mit. Das war damals eine enorme Summe für einen Bayernfürsten. Aber das Geld war bei ihm zeitlebens das wenigste gewesen. Trotz guter Einkünfte – nicht zuletzt noch aus dem Verkauf der Mark Brandenburg – und mancher Zuwendungen seitens seiner Tochter, der Königin von Frankreich, war Stephan der Kneißl meistens verschuldet. Es kam nicht selten vor, daß er in Gasthöfen »im Einlager« sitzen mußte, bis die nötigen Gelder herbeigeschafft waren, um seine Zeche zu bezahlen. Im Mittelalter konnte ein Gastwirt seinen Fürsten so lange in seinem Hause festhalten, bis der hohe Gast seine Zechschulden hat endlich bezahlen können. Es wird vom Kneißl auch erzählt, daß er wiederholt die Kleider seiner Maitressen hätte verpfänden müssen.

Und dennoch war er beim Volke beliebt. Als ihm sein Schwager in Mailand einmal stolz seine Leibgarde zeigte, die »Huet«, meinte der Kneißl darauf – und der Ausspruch ist uns von Andreas von Regensburg wörtlich überliefert worden: »Wir im Bayernland brauchen eine so große Huet nit, wir haben zu den unseren in unserem Land ein solches Trauen, daß keiner ist, wir wollten nit ein Nacht ohn' Sorg in seinem Schoße schlafen.« Ein schönes Wort! Heute hat jeder Minister seine Leibwächter.

Damals ist der Herzog oft unter die Leute gegangen, ohne Sekretarius und Leibwächter, hat sich in der nächstbesten Schenke an den Tisch gesetzt und hat mit seinem Nachbar Prost getrunken bis weit in die Nacht hinein. Ganz gleich, ob der Tischnachbar ein Maurer gewesen ist oder ein Schustergeselle mit seinem Schatz. Dem Herzog ist keiner zu gering gewesen.

Stephan der Kneißl hat auch große Pläne gehabt. Er wollte, da man ihn zu Hilfe rief und sich die Gelegenheit bot, in Oberitalien festen Fuß fassen, wollte Verona, Mantua und die Ländereien der Scaliger bayerisch machen. Aber bei seiner Natur kam es nur zu glänzenden Anfangserfolgen. – Sein ganzes Leben war eher ein bayerischer Fürstentraum als ein dauerndes Regiment. Bis ins hohe Alter hinein war er rüstig und ein eifriger Turnierreiter. Verwitwet, heiratet er als 65jähriger noch eine junge Prinzessin von Cleve. Er war voller Gegensätze. Einmal zum Beispiel hat er eine gefallene Nonne, um sich von den Alimenten zu befreien, mit päpstlicher Bewilligung zur Äbtissin wählen lassen.

Eines aber ist geblieben vom Kneißl: Das Gebets- oder Ave-maria-Läuten. Das hat er bereits 1391 vom Papst Bonifaz erwirkt, daß in ganz Bayern jeden Tag der Engel des Herrn geläutet werden muß. Und wenn vom Kneißl auch noch so viele Lumpenstückl erzählt werden – besonders amouröse Abenteuer –, beim Gebetläuten muß man den Hut ziehen und ein bißchen auch an den schneidigen Herzog Stephan den Kneißl denken.

Königin Isabeau
*(*1370 † 1435)*

Mit einer raren Verwandtschaft macht man gern Sprüch. »Da sind wir auch verwandt!« sagt oft ein armer Häuslmann und deutet auf einen reichen Bauernvetter hin. »Ja freilich, von der neunten Suppe ein Schnittl!«

Wenn wir in der bayerischen Geschichte blättern, dann finden wir natürlich viele große und rare Verwandte. Unsere bayerischen Prinzessinnen haben nicht nur kleine Fürsten und Grafen geheiratet. Etliche unter ihnen haben sehr gute Partien gemacht. Wie zum Beispiel anno 1385 Herzog Stephan des Kneißls Tochter Elisabeth. Königin von Frankreich ist sie geworden. Als Isabeau ist sie berühmt und berüchtigt durch Schillers Drama »Die Jungfrau von Orléans«, in dem sie in den ersten Sätzen schon als Rabenmutter betitelt wird, die sich wider ihren Sohn, den Dauphin, mit den Engländern gegen Frankreich verbündet hätte; die diesen ihren Sohn, den späteren Karl VII., abgrundtief hasse und natürlich auch die Jungfrau, die Jeanne d'Arc, das Heldenmädchen von Orléans. Schiller läßt sie, »Die stolze Isabeau, die Bayernfürstin, in Stahl gekleidet durch das Lager reiten, mit giftigen Stachelworten alle Völker zur Wut aufreizen wider ihren Sohn«. Er läßt sie im letzten Akt gar den Dolch ziehen gegen die Heilige Jungfrau. – Ein satanisches Weib hat der schwäbisch-deutsche Dichterfürst aus der bayerischen Prinzessin gemacht, aus der Tochter Herzog Stephans und der Thadäa Visconti von Mailand.

Das kann nicht stimmen, lieber Schiller, weil unsere Prinzessin Liesl ja eine Münchnerin gewesen ist. Und gar so ein Teufel kann aus einer gebürtigen Münchnerin nicht einmal in Frankreich werden. Anno 1370 ist sie im Alten Hof auf die Welt gekommen, ist mit Isarwasser getauft worden, in St. Peter und in der ganz alten Frauenkirche beten gegangen und ist brav aufgewachsen. Hat vielleicht ein wenig lesen und schreiben gelernt, reiten und tanzen und mit Falken jagen. Die Patres Franziskaner in der Hofkapelle St. Lorenz haben sich um ihre Erziehung etwas gekümmert.

Damals haben in der Münchner Stadt die reichen Patrizier mehr Geld gehabt als der herzogliche Vater Stephan oder als die herzoglichen Onkel Friedrich und Johann. Grad diesen Onkeln hat sie die Partie verdankt.

Anno 1383 schrieben die Vormünder des jugendlichen Königs Karl VI. von Frankreich – im sogenannten 100jährigen Krieg gegen die Engländer – für Anfang Mai eine Schlacht aus in Flandern bei Arras. Auch deutsche Herren wurden dazu herzlich eingeladen. Man erwartete eine große Schlacht. Einer der drei Münchner Brüder, Herzog Friedrich, reiste mit einer Schar bayerischer Söldner nach Arras. Die Schlacht hat aber nicht stattgefunden, weil die Feinde die gescheiteren waren und sich zurückgezogen haben. Jetzt wurde turniert und bankettiert und gar eine Doppelhochzeit gefeiert. Der eine Bräutigam war der Herzog von Burgund, Johann ohne Furcht, Jean sans Peur. Und seine Braut war die Wittelsbacherin Margarete von Bayern–Straubing–Holland. Und der Bruder dieser Margarete, Wilhelm von Bayern–Straubing–Holland, heiratete Margarethe von Burgund.

Herzog Friedrich machte vor den französischen Prinzen, vor den Herzögen von Berry und Orléans, einen so guten Eindruck, daß sie ihn fragten, ob er denn nicht für den fünfzehnjährigen König, Karl VI., eine heiratsfähige Tochter daheim habe. Friedrich hatte keine Tochter, doch er dachte sofort an seine dreizehnjährige Nichte, an die Elisabeth. Aber der Vater der Braut, Herzog Stephan der Kneißl, hatte Bedenken. Ob man sich da nicht blamiere? Man hätte ja für die Mitgift einer französischen Königsbraut kein Geld. Und er zweifelte plötzlich, ob das Angebot überhaupt ernst zu nehmen sei. Vielleicht hätten die Herren mit ihnen nur ihren Scherz getrieben.

Ludwig der Gebartete
(Bayerisches Nationalmuseum, München)

Da schlug Herzog Johann vor, er werde mit der Prinzessin Liesl eine Wallfahrt zum Hl. Jean von Amiens unternehmen und werde dabei so nebenbei am französischen Hof seine Aufwartung machen, unverbindlich und geheim. Der Plan kam zur Ausführung. Am 13. Juli 1385 traf die junge Wittelsbacherin im erzbischöflichen Palast zu Amiens, wo der Bischof den bayerischen Pilgern ein Essen gab, mit dem jungen König Karl zusammen. Es war Liebe auf den ersten Blick. Ein zeitgenössisches Bild zeigt das neuvermählte Paar, wie es hoch zu Roß und umgeben von Damen und Kavalieren, im August 1385 in Paris einzieht.

Und die bayerische Prinzessin wurde sogar von den Parisern als eine Schönheit anerkannt. Sie sähe jungfräulich und zum anbeißen aus, sei nicht zu dick und nicht zu mager, schreibt ein begeisterter Pariser Historiker, ja sie sei trotz ihrer Jugend bereits wohlgeformt. Also können die Bayern heute noch stolz sein auf ihre nach Frankreich gegebene Königin. Und auch politisch brauchen sie sich ihrer nicht allzu sehr zu schämen.

Die junge Münchnerin hat natürlich das Französische noch nicht recht beherrscht. Und sie hat immer noch lieber bayerisch gesprochen, auch in Paris. Mit ihrer Münchner Amme und mit ihrer Lieblingshofdame, einer gewissen Kathl.

Aber so ergeht es auch den Königinnen: Der Ehestand ist ein Wehestand. Und gerade damals haben die Prediger in den Ehestandspredigten allerweil ausgerufen: Je schmerzensreicher es zugehe in einer Ehe, desto christlicher wäre so ein Ehestand! Nach sieben glücklichen Jahren wird ihr Mann, König Karl VI., plötzlich geisteskrank und schwermütig. Wenn er auch zeitweise für etliche Stunden und Tage wieder bei klarem Verstand gewesen sein soll. Um Frankreich zu regieren, haben die wenigen klaren Stunden aber nicht ausgereicht. Jetzt hat die Königin Isabeau mitregiert. Und dabei hat ihr der eigene Schwager geholfen, der in sie etwas verliebte Herzog von Orléans. Und auch ihr Bruder, Herzog Ludwig der Gebartete von Bayern-Ingolstadt, hat geholfen. Dieser Fürst verweilte über zwanzig Jahre oft und lang am französischen Hof bei seiner Schwester.

Die Lage in Frankreich wurde aber um diese Zeit immer verworrener. Da waren die Engländer und die Burgunder, die Prinzen und die Aristokraten und auch noch die Bürger von Paris. Und sie alle waren zeitweise Gegner der Königin, waren Feinde und Freunde Frankreichs. Damals schon also auch die Bürger von Paris! Unter der Anführung der Metzger stifteten sie eine

Art Revolution an. Und justament an dem Tag, da die Königin Isabeau ihrer Münchner Hofdame Katharina eine festliche Hochzeit ausrichtet, putschen die Pariser Metzger, erstürmen die Bastille – damals schon – und dringen ins Königsschloß ein. Ludwig von Bayern-Ingolstadt, der Gebartete, wird dabei sogar verhaftet.

Schließlich erhebt sich auch noch der eigene Sohn, der Dauphin, halb Valois, halb Wittelsbacher, gegen die Königin, und läßt den Onkel, den Herzog von Burgund, ermorden. Karl VI. war 1413 bereits gestorben. Nicht genug der großen Verdrießlichkeiten! Karl VII. setzt seine Mutter gefangen und beraubt sie all ihrer Schätze. Isabeau aber gelingt die Flucht. Sie begibt sich in das feindliche Lager der Engländer, verbündet sich mit ihnen, vermählt ihre Tochter Katharina mit König Heinrich V. von England, den sie auch – in Personalunion – zum König von Frankreich ausrufen läßt.

Da ersteht dem Dauphin in der Jungfrau von Orléans eine siegreiche Helferin. 1439 führt sie ihren König, Karl VII., den rechtmäßigen Herrscher in Frankreich, nach Reims und läßt ihn zum König krönen. Ein Jahr später aber schon gerät dieses tapfere Heldenmädchen in englische Gefangenschaft und wird von den Engländern zu Rouen als Hexe verbrannt.

Das alles hat Isabeau erlebt. Auch noch den glorreichen Einzug ihres Enkelsohnes, Heinrich VI. von England, in Paris. Sie stirbt erst vier Jahre nach dem Martertod der Jungfrau von Orléans, gichtkrank in ihrem Lehnstuhl, am Michaelitag, dem 29. September 1435. Acht Tage vorher wird in Straubing die Agnes Bernauer ertränkt.

Ein aufregendes, ein schicksalsschweres Leben! In Bayern hat man noch jahrhundertelang von dieser unglücklichen Prinzessin Elisabeth erzählt, die im Alten Hof in München und auf anderen bayerischen Burgen eine schöne Jugendzeit hat verbringen dürfen, ehe sie eine großmächtige Königin von Frankreich und Großmutter des englischen Königs hat werden müssen.

Wäre sie doch lieber in Ingolstadt geblieben oder eine bayerische Äbtissin geworden, wieviel wäre ihr erspart geblieben! Nicht zuletzt die Verhöhnung durch den schwäbisch-deutschen Dichter Friedrich von Schiller! – Aber Königin von Frankreich wird man nicht jeden Tag! Und wie könnte unser angestammtes bayerisches Königshaus sonst sagen: »Da sind wir auch verwandt!«

Albrecht und Agnes Bernauer
(† 1435)

Albrecht III. von Bayern-München, der einzige Sohn Herzog Ernsts, Großneffe des Kneißls, wurde in Prag, am Hofe seiner Tante, der Königin Sophie, erzogen. In der Schlacht von Alling, im Jahre 1422, wäre der junge Prinz beinahe ums Leben gekommen, wenn ihn sein Vater nicht eigenhändig herausgehauen hätte. Diese Szene wird gern erwähnt, weil ja der Sohn den Vater später, wegen der hingerichteten Gemahlin Agnes Bernauer, beinahe bekriegt hätte. Und nur durch die Vermittlung mehrerer Fürsten und gar des Kaisers hätte damals, anno 1435, der tief gekränkte Albrecht seinem Vater Ernst doch noch verziehen. Und auch eingedenk jener Lebensrettung in der Schlacht bei Alling.

Die Münchner Wittelsbacher kämpften damals gegen ihre Ingolstädter Vettern, gegen Stephan den Bärtigen, der gerade die Nürnberger Burg angezündet, und gegen den Markgrafen von Brandenburg, den König Sigmund von der pfälzischen Linie der Wittelsbacher auf dem Konzil in Konstanz gerade mit der Mark Brandenburg belehnt hatte. Auch die Landshuter Vettern beteiligten sich an diesem Krieg gegen den stolzen Ingolstädter, der eigentlich nur wegen einer Schuld von zwanzigtausend Gulden geführt wurde. Diese wollte der »Neuedel von Brandenburg«, wie Ludwig der Gebartete den emporgekommenen Hohenzollern verächtlich genannt hat, nun nicht als Bürge zurückzahlen und erkannte den Schuldbrief nicht an, da nicht sein Siegel daran hinge, sondern das des König Sigmund. Auf jenem Konzil wurde der elegante und vermögende Herr Ludwig der Gebartete, der ja zugleich der Vertreter des Königs von Frankreich war, von seinem Vetter Heinrich dem Reichen von Niederbayern mit dem Schwert so schwer verwundet, daß er beinahe gestorben wäre. Heinrich hatte ihm nachts aufgelauert, als er von einem Essen heimritt!

Die Herren aus dem Hause Bayern in der ersten Hälfte des 15. Jahrhunderts, ganz gleich ob sie nun der Münchner, Straubinger, Holländer, der Dänisch-Schwedischen, ob sie der Landshuter,

Pfälzer und Oberpfälzer Linie oder der Landshuter Linie angehörten, diese Herzoge und Fürsten, Könige und Kaiser, sie alle sind so exemplarische Gestalten, daß sie an die Dramen Shakespeares erinnern. Vor allem die beiden letzten Ingolstädter, Herzog Ludwig der Bärtige und sein Sohn Ludwig der Bucklige. So etwas kann man nur in einer großen historischen Tragödie schildern, wie diese beiden Fürsten, Vater und Sohn, sich gegenseitig das Leben zur Hölle machten, wie sie gegeneinander Krieg führen, wie der Sohn, Ludwig der Bucklige, seinen Vater schließlich von dem verbündeten Markgrafen gefangennehmen läßt, der den Gefangenen für 32000 Gulden an den geizigen Landshuter Heinrich als Spekulationsobjekt verkauft. Wie der fünfundsiebzigjährige Bruder der schönen Isabeau im kältesten Winter dann als Gefangener auf die Burg nach Burghausen geschleppt wird und dort achtzigjährig endlich stirbt, ohne sich auch nur für einen Pfennig freigekauft zu haben. Sein Sohn stirbt bereits zwei Jahre vor dem Vater und wird in Ingolstadt begraben. Ludwig der Bärtige aber, noch im Kirchenbann, weil er auf dem Konzil die Hand auch einmal gegen den Papst angelegt hatte, wird in der Stiftskirche zu Raitenhaslach in aller Stille beigesetzt. Das war im Jahre 1447 geschehen.

Zwölf Jahre davor aber geschah das Unglück in Straubing. Die Baderstochter Agnes Bernauer aus Augsburg ist die heimliche Gemahlin des jungen Albrecht geworden, des Statthalters von Straubing. In Vohburg haben sie sich 1432 trauen lassen. Bald darauf hat sie ihm eine Tochter geboren. Die schöne Agnes wurde bald auch am Münchner Hof dem Vater gezeigt. Sie war eine wahre Schönheit, und Albrecht glaubte schon an eine Anerkennung. Aber die dynastischen Interessen waren dem Herzog Ernst dann doch wichtiger. Er lockte den Sohn zu einem Turnier nach Landshut und rückte mit seinen Richtern und Henkern gegen Straubing, machte der schönen Agnes kurzerhand einen Hexenprozeß und ließ sie schon tags darauf, am 12. Oktober 1435, in der Donau ertränken. Albrecht verbündete sich mit den Feinden seines Vaters, den Ingolstädtern, versöhnte sich aber doch noch vor den ersten Feindseligkeiten mit seinem Vater, zumal Herzog Ernst der schönen Agnes in Straubing eine Sühnekapelle errichten hat lassen. – Romuald Bauerreiß vermutet, daß Herzog Albrecht die vielgeliebte Agnes nie ganz hat verschmerzen können und ihre Tochter immer in seiner Nähe haben wollte und sie deshalb seinem Leibarzt, Dr. Hartlieb, vermählt hat. Ja, daß er

Herzog Albrecht III. versöhnt sich mit seinem Vater, Herzog Ernst
(Bayerisches Nationalmuseum, München)

die Bernauerin vielleicht in sein eben gestiftetes Benediktinerkloster Andechs hat überführen lassen, wo er ja auch selber begraben liegt.

Hätte die grausige Geschichte nicht auch romantischer ausgehen können? – Hat es nicht ein natürlicher Sohn des Großvaters, Herzog Johann II., der von einer Münchner Schneiderstochter geboren worden war und den Namen Dr. Johann Grünwalder erhielt, weil er in Grünwald ist erzogen worden und in Italien hat studieren dürfen, hat es nicht dieser Dr. Grünwalder bis zum Dechanten von Sankt Peter gebracht und zum Kardinal und Bischof von Freising? Und später dann, sein eigener, natürlicher Sohn, den ihm die Münchner Patrizierstochter Kathrina Ligsalz geschenkt hatte, hatte es der nicht zum Kanzler seines regierenden Stiefbruders, des Herzog Albrecht IV. des Weisen gebracht? Dr. Johann Neuhauser hieß dieser natürliche Wittelsbacher, weil er zu Neuhausen aufgewachsen ist. Und er hat sowohl das Gesetz der Primogenitur vorbereitet wie auch das Reinheitsgebot für die Bierbrauer. Dr. Neuhauser starb im Jahre 1516 als Propst von Unserer Lb. Frau.

Albrecht IV., der Weise (1465-1508) und seine Brüder Sigismund und Christoph der Starke

Nach Herzog Albrecht III. Tod (1460) haben in Bayern gleich vier Brüder regiert. Von den anderen Fürsten gar nicht zu reden, von den Bischöfen und Grafen und den Reichsstädtischen! In Oberbayern allein waren vier Brüder genug! Der älteste, Herzog Sigismund, dann Albrecht der Weise, Christoph der Starke und Herzog Wolfgang »der jung«. Und Brüder sind Brüder! Sie hatten viel Streit.

Herzog Sigmund war ein schlechter Hauser, bequem, kunstliebend und verschwenderisch. Er hat sich bald auf sein Schlößchen Blutenburg zurückgezogen und verbrachte die Zeit bei Musik und schönen Frauen. Albrecht aber war dafür um so »klüger« und »tüchtiger«. Ihm gelang es, im Laufe der Jahrzehnte alle seine Brüder kaltzustellen und später sogar das niederbayerische Erbe an sich zu bringen. Nur mit seinem Bruder Christoph, dem vielberühmten Herzog Christoph dem Starken, wurde er nicht fertig.

Christoph war ein Fürst wie ihn die alten Rittersleut gemocht haben! Einen drei Zentner schweren Stein hat er sieben Meter weit werfen können. Man kann diesen Stein heute noch in der Münchner Residenz bewundern. Und so hoch hat er springen können, daß er mit dem Fuß einen Nagel, der über drei Meter hoch in der Wand gesteckt ist, hat herausschlagen können. Wer kann heute noch solche »Nägel herunterreißen«? Die Redensart ist durch ihn aufgekommen. – Auf der Landshuter Hochzeit 1475 hat er im Turnier den polnischen Ritter, den Woiwoden von Lublin, der sich selber für den stärksten Mann der Welt gehalten hat, so »narrisch fest vom Roß herunter gestoßen«, daß der polnische Graf noch am selben Tag verstorben sein soll.

Als Kriegsheld hat Christoph manchmal allein ein ganzes Gefecht entschieden – für die Könige von Böhmen oder Ungarn zum Beispiel oder auch einmal für den Kaiser. Am liebsten aber hat er in Bayern gegen seinen so tüchtig regierenden Bruder Albrecht gestritten. Der hatte in Pavia das römische Recht studiert, hat Ober- und Niederbayern wiedervereinigt und das Gesetz der Primogenitur erlassen. Aber dieser überall Händel suchende Bruder Christoph an seiner Seite, der landauf, landab Schulden hatte, der immer wieder Geld brauchte, der sich mit jedem Aufständischen verbündete, der machte ihm das Regieren schwer. Die Herzöge Christoph und Wolfgang wiegeln den »Löwlerbund der Straubinger Ritter« gegen den gescheiten Bruder auf.

Herzog Albrecht war entschlossen, den starken Christoph ins Gefängnis zu werfen. Während der Faschingstage in München sollte der von den tapfersten Adeligen Bayerns verhaftet werden. Graf Niklaus von Abensberg hat sich dazu hergegeben. Am Vormittag des 23. Februar 1471, als Christoph gerade im Badzuber sitzt, noch halb angetrunken, hat ihn der Abensberger mit zwölf Mann gepackt und gebunden und in den Turm geworfen. Es war freilich ein Turm in der Residenz.

Neunzehn Monate währte die Haft. Für eine Flucht waren die Mauern viel zu dick, die Bewachung viel zu sorgsam, und die Kost war auch nicht die beste. Erst auf des Kaisers Wort und nach Christophs Versprechen, sich künftig zu bessern und nicht mehr mitregieren zu wollen, schenkte Herzog Albrecht seinem Bruder wieder die Freiheit. Drei Jahre lang verschwindet daraufhin Christoph und zieht nach Ungarn und Italien. Aber eine Abrechnung hat er noch in München zu erledigen. So kehrt er zurück und kühlt seine Rache am Grafen Niklaus von Abensberg, dem letzten seines Geschlechtes. Er erschlägt ihn bei Weihenstephan.

Nach dieser Tat wird er etwas schwermütig. Er hat einen Grafen auf dem Gewissen. Er kann nimmer recht lustig sein. Also gelobt er eine Pilgerfahrt ins Heilige Land. Aber auch so eine Wallfahrt kostet Geld. Und für einen Fürsten zweimal! So wartet der bußwillige Christoph auf eine für ihn würdige und billige Gelegenheit. Diese bietet sich endlich, als der reiche Neffe, der Kurfürst Friedrich der Weise von Sachsen, eine große Expeditionswallfahrt ins Heilige Land unternimmt. Herzog Christoph der Starke darf als Onkel des sächsischen Kurfürsten gratis mitreisen, in fürstlichen Büßerehren.

Er sollte nicht lebend zurückkehren. Obschon die Taten, die Christoph im Heiligen Land verrichtet – sie wurden alle aufgezeichnet in einem »Pilgramsbuch« – nicht auf eine Krankheit schließen lassen: Er befreit den sächsischen Kurfürsten aus einer Schar »räuberischer Beduin« durch etliche geschickte Steinwürfe und kräftige Schwerthiebe. Bald darauf aber wird er immer kränker. Der Leibarzt des Kurfürsten pflegt ihn zwar gewissenhaft – aber Christoph will sich selber kurieren, trinkt sich einen gewaltigen Rausch an und nimmt darauf gleich ein Schwitzbad. Alles umsonst. Seine Uhr ist abgelaufen. Auf dem Heimweg, auf der Insel Rhodos, stirbt der starke Mann und wird auch dort begraben. Vor seinem Tod hat er noch schnell sein Testament gemacht. Viel hat er nicht zu vererben. Drei Mark in Gold und etliche Dukaten, die er im Spiel gewonnen. Und erben soll das – nach seinem letzten Willen – der regierende Bruder Albrecht in München.

Bei dem soll die Nachricht vom Tode Christophs keine große Trauer ausgelöst haben. Nun, es kann nicht jeder regieren. Wenigstens damals noch nicht, wo sie von der Demokratie noch keine Ahnung gehabt haben. Starke Männer gibt es heute auch noch. Aber einen Albrecht den Weisen hätten wir lieber.

Das Schleißheim des Mittelalters

Mehr als nur eine romantische Erinnerung verbindet uns mit der alten Burg Ludwig des Strengen zu »Greanewalde« – mit dem freudigen Jagdschloß der Herzöge Christoph des Starken, Albrecht des Weisen, Wilhelm des IV. und Albrecht V.

Hier, bei der Römerschanze Bratanium, überquerte die Straße von Salzburg kommend in Richtung Augsburg und Innsbruck die Isar – so gut wie unten bei Föhringen, als es noch kein München gegeben hat. Mehrere prähistorische Funde und auch zahlreiche Bajuwarengräber in der Nähe Grünwalds weisen auf die Tradition dieser Fluren hin.

Die ausgedehnten Eichen-, Buchen-, Birken- und Fichtenwälder, in denen es von Wild nur so wimmelte, gehörten damals dem reichen Kloster Tegernsee. Von ihm kaufte Herzog Ludwig der Strenge im Jahre 1293 den »greanen Wald« und den Klosterhof – und er ließ sich, inmitten seines liebsten Jagdreviers, eine Burg bauen: zum »Greanewald« genannt.

Es war jener Ludwig der Strenge, der seine Herzogin Maria von Brabant 1256 wegen vermeintlichen Ehebruchs hat hinrichten lassen. Er also war der Bauherr der Burg zu Grünwald: Der erste alte Ritter!

Hier jagte und tafelte Kaiser Ludwig der Bayer. Über 300

Jahre lang sind sie allerweil gern hinausgeritten nach Greanewald, unsere lieben bayerischen Fürsten: Herzog Ludwig der Brandenburger zum Beispiel, der Kurfürst von Brandenburg war. Damals, im 14. Jahrhundert, hatten wir Bayern unser koloniales Zeitalter gehabt; wir nannten die Gebiete nur nicht »Kolonien« sondern »Sekundogenituren«.

Auch Köln und Jülich, Kleve, Berg und Holland gehörten einmal dazu. Ludwig der Brandenburger, so wird überliefert, jagte lieber in Grünwald als in Brandenburg-Berlin. Und sein jüngerer Bruder, Otto der Faule, hat ja gar das ganze preußische Kurfürstentum verkauft und das Geld dann in Landshut und in Grünwald lustig verlebt.

Schon aus diesem Grunde muß einem Patrioten die Burg Grünwald heilig sein. Es ist die einzige mittelalterliche Burganlage im Münchner Raum! Gabriel von Seidl, der Stifter des Isartalvereins, der 1900 die Grundstücke des Isarhanges für diese Stiftung aufgekauft hat, damit der Isarhang nicht bebaut werden kann, würde sich im Grabe umdrehen! Er, der sich gegen die Bebauung des Isarsteilufers so sehr mit Erfolg gewehrt hat! Was sind dagegen die Taten der sozialen Baumeister heute?

Und das Bauwerk selber: Der schöne Torbau mit dem Treppengiebel, dessen Treppenstufen zehn Wappen schmücken! Eine heraldische Einmaligkeit in ganz Europa! Es sind die Wappen der bayerischen Herzoginnen: Das Wappen des Polenkönigs für Hedwiga, Herzog Georg des Reichen Gemahlin. Dann Herzog Stefans mit der Hafte Gemahlin Elisabeth, Tochter Friedrich II. von Sizilien. Dann das Löwenwappen der Margarete von Holland, Kaiser Ludwig II. Gemahlin. Hoch am Giebel das bayerische Wappen Albrecht des Weisen, daneben das österreichische seiner Gemahlin Kunigunde und das des Braganza, des Königs von Portugal. Das Schlangenwappen der Visconti von Mailand für gleich drei bayerische Fürstinnen fehlt so wenig wie die Wappen von Jülich, Kleve und Berg. Der Giebel hat ein europäisches Maß, und die Wappen sind 1490 noch original von Fuetterer aufgemalt, wenngleich 1902 aufgefrischt. Grünwald war das Schleißheim des Mittelalters.

Die aufsässigen Münchner Bürger, die sich mit den Ingolstädter Vettern gegen den eigenen Herzog verbündet hatten, belagerten wiederholt erfolglos die Burg Grünwald. Einmal sogar fünf Wochen lang. Karl Valentin hat gerade diese Episode fortgesponnen und die Fronten verdreht: Bei ihm belagern die

Grünwalder Ritter München. Sein Lied ist unsterblich geworden: das Lied von den alten Rittersleuten zu Grünwald!

Aber diese Grünwalder Rittersleut, meine Herrschaften, das waren nie andere Herren gewesen als die Herzoge, Kurfürsten und Könige von Bayern. Unsere Bayernfürsten selbst sind »die alten Rittersleut von Grünwald«! Und sie sind erhaben und humorvoll genug, sie vertragen das derbe Trinklied allezeit! »Ja, so warn's, die altn Rittersleut!«

Die reichen Landshuter
(bis 1503)

Europa hat viele Provinzen, und das kleine Bayern hat auch schon wieder mehrere, und jeder heutige Regierungsbezirk hat seine eigene Geographie und einen unermeßlichen Reichtum an Vergangenheit. Gerade auf diese kleine Welten muß man schauen, wenn man beginnt, sich über die großräumige Gleichförmigkeit und Enge unseres Planeten im gegenwärtigen Zeitalter erhöhter Geschwindigkeiten zu beunruhigen.

Einer der solennen Höhepunkte des späten Mittelalters in Bayern vollzog sich in Niederbayern, in Landshut unter den reichen Herzögen Heinrich, Ludwig und Georg. Das war eine eigene Rasse von Wittelsbachern. Sie verstanden sich aufs Geldausleihen, aufs gute Wirtschaften und auf eine kluge Politik, und sie wurden immer wohlhabender. Besonders Herzog Heinrichs Sohn, Ludwig der Reiche, war ein weitschauender Staatsmann gewesen; als ein sehr auf seine Souveränität bedachter Fürst und raffinierter Diplomat versagte er sich aber dennoch keine Lebenslust und keinen Prunk. Die Frau Herzogin wurde nach Burghausen geschickt, und in Landshut ging das flotte Junggesellenleben weiter. So sollen die Maitressen in gläsernen Sänften in die Residenz getragen worden sein, damit die Bürger etwas zu sehen bekämen!

Tausend Landshut! – Man muß ja nur an die Landshuter Hochzeit denken, die Ludwig der Reiche seinem Sohn, dem Prinzen Georg, und der polnischen Prinzessin Hedwig hat ausrichten lassen. Von der reden die Leute fünfhundert Jahre danach noch. 150 Köche haben damals den Gästen aufgekocht, und 10000 Rösser mußten versorgt werden. Kaiser Friedrich mit seinem Sohn, dem römischen König Maximilian, und die Fürsten und Adeligen von fast halb Europa waren damals, 1475, in Landshut gewesen! Und überhaupt ist Landshut heute noch eine fürstliche Stadt. Denn wo immer die Wittelsbacher einmal residiert haben, spürt man das noch nach Jahrhunderten. Übrigens hat Herzog Ludwig der Reiche seinen Reichtum auch dadurch zu vermehren gewußt, daß er es den Juden in seinen Städten frei gestellt hat, sich entweder taufen zu lassen und ihm nur die Hälfte ihres Vermögens zu schenken – oder sich nicht taufen zu lassen und der herzoglichen Kasse alles zu geben.

Aber nicht zuletzt stammt die heutige Ludwig-Maximilians-Universität, die erste Alma mater Bayerns, von jenem Ludwig dem Reichen von Niederbayern her. Darauf können die inferioren Bayern stolz sein. Die Wissenschaft nahm ihren Anfang in Niederbayern. Und wegen der Judenmission sollte auf der Hohen Schule auch Hebräisch gelehrt werden. Geplant hat der Herzog die Universität schon 1459, und damit zählt die erste Alma mater Bayerns zu den ältesten Universitäten Deutschlands und kommt in der Gründungsreihenfolge noch vor Basel, Freiburg, Greifswald und Göttingen, vor Wittenberg, Tübingen und Gießen. Eröffnet wurde sie anno 1472 in Ingolstadt. 489 Studenten hatten sich bereits immatrikuliert, und es waren viele Ehrengäste gekommen: Herzog Ludwig selbst mit dem Prinzen Georg, der Pfalzgraf von Neumarkt und die Bischöfe von Freising, Regensburg und Eichstätt, Gesandte des ungarischen Königs Mathias und auch der niederbayerische Adel war fast vollzählig versammelt. Die lateinische Eröffnungsrede hielt der leitende Staatsmann des Herzogs, der niederbayerische Kanzler Dr. Martin Mair, ein hochgebildeter Humanist und tüchtiger Minister, der sich durch eigene Kraft und Anstrengung emporgearbeitet hatte. Und in dieser Rede, die bereits ein großartiges Bekenntnis zum humanistischen Bildungsideal ist, tituliert der Kanzler seinen Herzog teils mit dem vertrauten »mein lieber gnädiger Herr«, aber manchmal auch schon mit dem stolzen »Majestät«.

»Wenn Ihre Majestät sich der Ahnen erinnert, die ihre Herrschaft weithin ausgedehnt und vermehrt hatten durch Klugheit und Tapferkeit, so erscheinen ihr doch alle diese Dinge hinfällig und vergänglich. Denn unser gnädiger Herr Ludwig ist der Meinung, daß es für einen sterblichen Menschen kein größeres Glück geben kann, als durch ständiges Studium die Perle der Wissenschaften zu erringen. Sie führt uns nämlich auf den Weg zu einem guten und glücklichen Leben, sie bewirkt, daß der Ungebildete sich vom Gebildeten weithin abhebe, sie macht den Menschen gottähnlich und läßt ihn die Geheimnisse der Welt erkennen; sie fördert ihn vor allen Ungelehrten und führt auch die Leute von geringer Geburt zu hoher Stellung. Wer durch hervorragendes

Wissen sich auszeichnet und ehrenwerte Dinge vollbringt, den achten die Menschen, den bewundern sie ob seiner Taten, den heben sie empor. Wer aber kein Interesse für die Wissenschaften erübrigen kann, der wird verachtet, und mag er auch aus edlem Geschlechte entsprossen sein [...] Und euch Studenten ermahnt unser gnädiger und hochberühmter Herr, beschäftigt euch mit den Wissenschaften und verharret in dieser Beschäftigung, dann werdet ihr ein glückseliges Leben haben, ein befriedetes, an dem ihr alle Tage euch wundersam vergnügen werdet. Denn wie uns schon der treffliche Cicero sagt: Das Studium der Wissenschaften ergötzt das Alter, bereichert das Glück noch und tröstet uns in Zeiten der Bedrängnis; es erfreut uns daheim und hindert uns dennoch nicht draußen, es reist mit uns, übernachtet mit uns, es gibt dem Ermüdeten Ruhe und macht den Adepten noch hervorragender und reicher, es ergötzt und tröstet unermüdlich den Gefährten und es läßt niemand von sich gehen – er sei denn gebessert.« So große Sätze hat Dr. Mair schon anno 1472 gesprochen.

Auch die Stiftungsurkunde der Universität ist erhalten. Sie stellt ein Diktat des Herzogs dar, entwirft die Organisation der Universität bis ins einzelne, regelt die Wahl des Rektors und des Rates, bestellt den Bischof von Eichstätt als Kanzler, gibt dem Rat und dem Rektor das Vorschlagsrecht für die Berufung von Professoren, deren Ernennung allerdings der Herzog sich vorbehält. Sie entwirft ein genaues Graduierungs- und Promotionsrecht für alle vier Fakultäten und befreit die Universität und ihre akademischen Bürger von Zöllen und Steuern. In ganz Europa waren ja die Scholaren schon seit dem 12. Jahrhundert gefreite und zollfreie Personen, wenn sie sich auf der Wanderschaft befanden. Und der Stiftungsbrief Ludwigs kümmert sich natürlich auch um die materiellen Bedürfnisse der neuen Hohen Schule. Er zählt verschiedene Stiftungen auf.

Der Zulauf der Studenten zu der neugegründeten Universität war recht erheblich. Die Mehrzahl der Scholaren kam natürlich aus bayerischen Landen; dann aber kamen auch Studenten aus Österreich, aus Sachsen, aus den rheinischen Bistümern, zwei sogar kamen aus Italien und einer aus Frankreich. Die bayerischen Herzöge haben auch immer durchblicken lassen, daß, wer in Ingolstadt seine Studien absolviere, in den bayerischen Landen eher mit einer Versorgung zu rechnen habe. – Vor der Gründung der Hohen Schule zu Ingolstadt zog es die bayerischen Studenten vornehmlich nach Wien und nach Italien. An der Universität Padua z. B. hat es im 14. Jahrhundert sogar eine eigene bayerische Nation gegeben. Auch an der Sorbonne fanden sich immer wieder etliche Bavari zusammen. – Die Söhne des bayerischen Adels gingen aber auch jetzt noch (nach der Gründung in Ingolstadt), wenigstens die ersten beiden Jahrzehnte noch, lieber nach Wien als an den Strand der bayerischen Donau. Das lag vielleicht an den in Ingolstadt noch nicht entwickelten Wohnverhältnissen. In Ingolstadt war es nämlich Pflicht, daß jeder Studierende in einer sogenannten Studenten-Burse zu logieren hatte.

Eine Studentenburse war nichts anderes als ein kleines Internat, ein Haus, in dem Studenten zusammen wohnten und verpflegt wurden. In Ingolstadt stand sie unter der Leitung eines Konventors, der die Magisterwürde haben mußte. In der Burse wurde nämlich auch gearbeitet, studiert, und dieses gemeinsame Studium hatte der Konventor mit zu überwachen. Nur wer bei den Eltern wohnen konnte oder wer Famulus eines Doktors oder Professors war, mußte nicht in einer Burse wohnen. Ausnahmen bedurften der besonderen Erlaubnis der Fakultät und des Rektorates und wurden praktisch nur hochadeligen Studenten erteilt, die eigene Hofmeister um sich hatten. Man konnte zwar die Burse wechseln, aber wer aus einer Burse wegen grober Verfehlungen ausgeschlossen wurde, der mußte damit rechnen, daß er seines akademischen Bürgerrechts verlustig ging.

Im Jahre 1495 stiftete der Sohn des Gründers, Herzog Georg der Reiche, eine Burse für elf Studierende der Theologie, die so reich ausgestattet wurde, daß sie die Jahrhunderte überdauern konnte und heute noch existiert: das Georgianum. Die elf größten Städte Niederbayerns: Landshut, Straubing, Ingolstadt, Erding, Pfarrkirchen, Landau, Kufstein (das damals auch zu Niederbayern gehörte) und Burghausen, Eggenfelden, Ried und Schärding hatten das Recht, je einen Studierenden zur Aufnahme ins Georgianum vorzuschlagen.

Dem Georgianum gegenüber waren die anderen Bursen mehr oder minder ärmliche Unterkünfte, denn hier hatten die Studiker das Kostgeld selber zu bezahlen. Der Bursenzins für das Jahr 1488 ist uns überliefert. Er betrug 32 Pfennig, höchstens 40 Pfennig, und das wahrscheinlich pro Monat oder gar pro Semester; nach heutiger Kaufkraft – wenn man berücksichtigt, daß man damals für 6 Pfennig eine ganze Gans erstehen konnte – ungefähr 160 bis 200 Mark.

Trotzdem blieben ihn viele Ingolstädter Studenten schuldig. Und die meisten Prozesse, die vor dem Rektorat geführt werden mußten, waren Klagen um ausstehende Bursenzinse. Besonders schwache Zahler zogen von Burse zu Burse, denn nicht selten traten gleich drei und vier Konventoren als Gläubiger auf. Im ersten Jahrhundert ihres Bestehens gab es an der Ingolstädter Universität neben dem Georgianum noch elf weitere Bursen. Auch ihre Namen sind uns überliefert. Es gab eine Bursa Angelica und eine Bursa Aristoteles, eine Bursa Leonis und eine Draconis, also eine Löwen- und eine Drachenburse. Die Drachenburse scheint eine der größeren gewesen zu sein. Die übrigen tragen etwas freundlichere Namen: die Sonnen-, Rosen- und Lilienburse etwa und die Adler- und Pfauenburse und schließlich findet sich auch noch eine Wiener und eine Pariser Burse.

In der zweiten Hälfte des 16. Jahrhunderts verschwanden die Bursen aus Ingolstadt, und die Studenten wohnten privat auf ihren Buden bei irgendeiner Zimmervermieterin, in einer privaten Studentenpension oder im Hause eines Ingolstädter Handwerkers. *O filia hospitalis!* Das studentische Leben gestaltet sich jetzt immer freier und ausgelassener. Manch übermütiges Lied weiß darauf einen Reim.

Daß es damals in Ingolstadt schon recht zugegangen ist, das kann uns heute noch trösten. »Die Studenten sind halt Lumpen«, hat man früher in Bayern gesagt. »Gsuffa habns, Schuildn habns gmacht und grauft habns aa net wenig!« Und die Herren Professoren haben durchaus keine Autorität gehabt. Schon eher manchmal eine hübsche Professorengattin, die dann überall mitgeredet hat: Wer zum Doktor promoviert werden soll, wer Magister werden darf und wer nicht! Es tut gut, so etwas heute zu erfahren! – »Ja, die Studenten sind immer schon lustig gewesen und haben sich auf den Schabernack verstanden.«

Es gab damals schon eine Art Gammlerproblem. – Für die Studenten verboten waren die Wirtshäuser und das Karten- und Würfelspiel. Alle diese Verbote aber wurden übertreten. Es wurde getanzt und gezecht, gespielt und gerauft. Zu Beginn der Reformation – also während der großen Zeit des Dr. Eck – muß es, wie übrigens auch an den anderen Universitäten, am wildesten zugegangen sein.

»Die Sitten der Studenten sind so beschaffen wie sie Bacchus und Venus für ihr Gefolge vorgeschrieben haben. Sich volltrinken und dann übergeben, öffentlich in den Straßen herumtaumeln, dessen schämt sich niemand, das bringt vielmehr Lob und dient zu Scherz und Gelächter. Siehst du einen Studierenden, so wirst du zweifeln, ob er ein Soldat oder ein Musensohn ist. Und warum sollten sich auch die Schüler nicht so aufführen, wo doch der größte Teil der Professoren ebenso zu leben pflegt?«

Die Ingolstädter Studenten liefern sich mit den Handwerksgesellen immer wieder kleinere und größere Gefechte. Der Universitätsnotar spricht geradezu von Schlachten und von Aufruhr. Auch das Tanzhaus der Stadt wird von solchen Raufereien nicht verschont. Ein Barbiergeselle verlangt von einem Studenten die ungeheuere Summe von 50 Gulden Schadenersatz. Das ist die Hälfte des Jahresgehaltes eines Professors. – Auch ganz wüste Verbrechen geschehen, Angriffe und Verwundungen von Frauen. 1515 schreibt ein Offizier an den Rektor der Universität:

»Ihr wißt, daß Frauen nichts Bittlichs zu versangen ist. Ist aber kein Ritterlichkeit in den Studenten, ja nit under denen, so die niedern weich haben und zu zeiten durch Leichtfertigkeit raufen und schlagen und in Zensur und Pan gefallen...«

Es ist nicht zu übersehen, daß die Leidtragenden studentischer Gewalttaten in Ingolstadt so gut wie in Basel, Wien oder Wittenberg meistens jene »bösen Frauen« waren, vor deren Umgang die Eltern, der Rektor und der Herzog so entschieden gewarnt haben.

»Was vast sammlich unordentlich mit schaden und schanden wiret wider got, eer und recht, dadurch viel frommer Leut Kinder werden versaumpt und kummen in groß gevärlikeit.«

Manchmal finden solche Mädchen den Weg auch in eine Studentenburse oder auch in das Haus eines Kollegiaten. Einmal wird davon berichtet, daß die Frau eines Ingolstädter Bürgers mit einem Studenten durchgegangen ist. Der Jurastudent Adam Hauser von Hohenwart entführt 1512 die *filia hospitalis* und flieht mit ihr nach Eichstätt ins rettende Ausland.

Es zeugt von der Geschäftstüchtigkeit Ludwig des Reichen, daß er die Universität Ingolstadt zwar reichlich dotiert hat, aber dabei nicht in die eigene Tasche greifen mußte. Er kassierte zum Beispiel mit päpstlicher Bewilligung – und das beweist sein diplomatisches Geschick sogar dem Heiligen Stuhl gegenüber – etliche bigotte Stiftungen, die seine ausgestorbenen Ingolstädter Vettern seinerzeit »aus ewigen Geldern« errichtet hatten. So das Pfründtner-, Psaltristen- und Betbruderhaus. Die fünfzehn wohlversorgten Pfründtner waren zum Beispiel verpflichtet, täglich die Messe zu hören und zwei Dutzend Vaterunser samt Ave zu beten für das Seelenheil Ludwig des Buckligen. Und die Psaltristen – ebenfalls gut versorgt – mußten täglich am Grabe Ludwig des Gebarteten unter Orgelbegleitung die Psalmen singen. Das Eichstädter Domkapitel mußte der Universität drei Domherrnpfründen zur Verfügung stellen, und mehrere Pfarreien im ganzen Land mußten jährlich etliche Mark Silber zur Aufbesserung der Professorengehälter nach Ingolstadt zahlen.

Damals ist also der Geist in Bayern heimisch geworden, und er ist hier heimisch geblieben bis auf den heutigen Tag.

Der niederbayerische Erbfolgekrieg
(1503–1505)

Um nichts eindringlicher als um den Frieden hat die Menschheit zu allen Zeiten gebetet, in allen Jahrhunderten, in jeder Generation. Mit wenigen Ausnahmen haben die Bayernfürsten nur ungern die Waffen ergriffen, es sei denn, es galt, gegen die eigenen Brüder vorzugehen. So mußte es trotzdem immer wieder zum Kriege kommen, in Bayern so gut wie in Franken und Schwaben. Man denke nur an die Bauernkriege in den fränkischen Bistümern und im Schwäbischen!

Hatten sich damals die altbayerischen Ämter ruhig verhalten, so weniger wegen der glücklicheren Lage der Bauern in Ober- und Niederbayern, wie von den Historikern immer wieder behauptet wird, sondern vielmehr wegen des fürchterlichen niederbayerischen Erbfolgekrieges, dessen Greuel und Verwüstungen in den altbayerischen Provinzen noch keine zwanzig Jahre zurücklagen.

Es kann nicht bewiesen werden, daß damals in Bayern die Bauern keine Steuern hätten zahlen brauchen. Man hat seine Abgaben gehabt. Die Hochwürdigen Herren Fürstbischöfe in Würzburg und Bamberg sind gewiß nicht grausamer gewesen als die bayerischen Herzöge. Aber der Landshuter Krieg ist so fürchterlich grausam gewesen, daß man anno 1525 in Ober- und Niederbayern von Morden und Brennen nichts mehr hat wissen wollen. Um diese Zeit hat es nämlich noch viele Dörfer und Höfe gegeben, die noch nicht aufgebaut waren. Aber im Fränkischen hatte man schon lange keinen Krieg mehr erlebt. Vielleicht haben deshalb die fränkischen Bauern so sehr rumort und krawalliert? Einer der berühmten Bauernführer, Götz von Berlichingen, hatte ja seine Kriegserfahrung und Blessur im Landshuter Erbfolgekrieg erlebt.

Ein verheerender Krieg, der zwei Jahre lang erbittert geführt wurde, zwischen Niederbayern, der Pfalz und Böhmen auf der einen Seite und Oberbayern mit Schwaben und den Kaiserlichen auf der anderen. Die Heere mordeten und brandschatzten zwischen Donau und Inn. Noch zwanzig Jahre später hat sich der Bauer nicht zu rühren gewagt. Was will einer schon revoltieren? Die Großen tun ja doch allemal wieder das, was sie tun. Eine Revolution macht nichts besser, sagten sie sich, denn sie kannten den Krieg.

Im Dezember 1503 starb Herzog Georg der Reiche, der Sohn Ludwig des Reichen, von Niederbayern-Landshut und hinterließ nur zwei Töchter. Elisabeth, die ältere, war mit dem Vetter Ruprecht von der Pfalz verheiratet und sollte die Nachfolge antreten. Aber der Münchner Herzog Albrecht der Weise, mit dem Kaiser Maximilian verschwägert, pochte auf seine Erbschaft, da eine weibliche Erbfolge wider das deutsche Recht verstoßen hätte. Landshut und Burghausen wurde erobert, die Dörfer, Städte und Marktflecken im ganzen Land von beiden Heeren gebrandschatzt und geplündert. Der niederbayerische Erbfolgekrieg zählt zu den grausamsten Kriegen in der deutschen Geschichte. Und manche grotesken Episoden standen den späteren Schwedeneinfällen in nichts nach.

Bei Regensburg wurde 1504 das böhmisch-pfälzische Heer besiegt, und dann kam es im Dezember desselben Jahres noch zu dem fürchterlichen »Kehrab« durch Niederbayern, einer gänzlichen Säuberung von den getreuen Anhängern Elisabeths und Ruprechts. Aber auch das junge Pfalzgrafenpaar – oder das niederbayerische Herzogspaar –, Ruprecht und Elisabeth, hatten die Strapazen des Krieges hinweggerafft.

Einzig die niederbayerische Festung Kufstein in Tirol, unter dem Kommando des braven Hans von Pienzenau, hat Kaiser Maximilian vergebens belagert. Darüber ist der kaiserliche »letzte Ritter« verlegen und zornig geworden. Und wie sie auf der Festung Kufstein schon bald verhungert waren, hat der Pienzenauer endlich die weiße Fahne gehißt. Er gibt auf, aber nur unter der Bedingung eines ehrenvollen Abzugs. Den hat der Kaiser zugesagt, aber Wort gehalten hat er nicht. Der Pienzenauer und seine Männer wurden geköpft. Bevor er seinen Kopf hingehalten hat über den Richtblock, hat der Pienzenauer aber noch diesen schönen Vers gedichtet:

»Hab Urlaub, liabe Welt
Gott gsegne dich, Laub und Gras!
Da hilft mir heint kein Geld
und wird mir nimmer bass!«

Jetzt hatten die Wittelsbacher ihre bayerischen Lande wieder vereinigt. Aber der Preis war sehr hoch gewesen, denn Kaiser Maximilian ließ sich für seine Hilfe teuer bezahlen. Die damals noch bayerischen Teile Tirols kamen an Österreich: die Ämter Kufstein, Rattenberg, Kitzbühel und das Zillertal. Die Erinnerung an die Greuel des bayerischen Krieges blieben im Volke lange lebendig. So steht es bei vielen Chronisten. Und deshalb bedarf es keiner so rühmenswerten Begründung einer gerechteren und milderen Herrschaft über die bayerischen Bauern zu Ober- und Niederbayern, wenn es hier anno 1525 zu keinen Rottungen des Bundschuhs gekommen ist. Das spätmittelalterliche Bauernleben in Bayern war nicht besser und nicht schlechter als in den fränkischen Bistümern und in den schwäbischen Abteien und Reichsherrschaften.

Die Reformation in Bayern

»Lacha taat i, wenn ma net den rechtn Glaabn hättn!« Der Spruch ist in Bayern aufgekommen, als wir bald lutherisch und bald katholisch gewesen sind. Als die Leute noch Stunden weit laufen mußten, daß sie bei der Kommunion auch das Blut des Herrn, den Wein, haben kosten dürfen und nicht nur die Hostie. Das sind noch Zeiten gewesen! In Taufkirchen sind sie zum Beispiel noch streng katholisch, und in der Nachbarspfarrei predigt bereits ein lutherischer Pfarrer. Und gefallen hat uns Bayern damals – anno 1520 auf 1530 – das Lutherische schon. Auch den bayerischen Fürsten hatte es anfangs gefallen. Und es hätte nicht viel gefehlt, und ganz Bayern wäre damals protestantisch geworden. Aber man hat uns geschwind und gründlich wieder katholisch gemacht. Gott sei Dank! Damals ist jener andere Spruch aufgekommen: »Warts no Brüader, enk mach ma no katholisch!«

Das neu gepredigte Evangelium verbreitete sich in Bayern nicht gerade wie ein Sturmwind, wie die Historiker es von Deutschland berichten, aber es wurde doch mit großem Interesse aufgenommen. Vorab in den Städten hatte man sich mit Einsicht und Ernst zur neuen Lehre bekehrt. Und später, im Zuge der scharfen Gegenreformation, hielten die Bayern auch mit einer gewissen Zähigkeit am Luthertum fest. So zum Beispiel in Straubing, wo Petrus Canisius öfter predigen mußte – unter Aufsicht der staatlichen Autoritäten – und man dennoch, sobald die Missionare abgezogen waren, verstockt im Ketzertum verharrte. In Augsburg und Nürnberg, wie auch in den zahlreichen anderen schwäbischen und fränkischen Reichsstädten und Herrschaften konnte sich die evangelische Lehre ohnehin behaupten.

Cuius regio, eius religio, hieß es ja nach dem Augsburger Religionsfrieden 1555, was in der Oberpfalz zur Folge hatte, daß man in einem Jahrhundert gleich viermal den Glauben wechseln mußte. Damals hat es alte Oberpfälzer gegeben, die evangelisch getauft, mit zwanzig katholisch wurden, mit fünfzig wieder lutherisch, um dann als Greise mit den Tröstungen der römisch-katholischen Kirche zu sterben. Selbst in den fränkischen Bistümern verließen die Mönche die Klöster, heirateten und wurden Prädikanten. Und die Rotten der Bauern eroberten »namens der Freiheit eines Christenmenschen« Bischofsstädte und Prälaturen.

Die bayerischen Herzöge Wilhelm und Ludwig, Söhne Albrecht des Weisen, haben anfangs die Reformation geduldet, aber Mitte der 30er Jahre dann energisch durchgegriffen. Dem bayerischen Kanzler Leonhard von Eck, einem Bruder des Ingolstädter Professors und Luthergegners Johann von Eck, gelang es, mit Kraft und Strenge jeglichen Aufstand in Bayern von vornherein zu unterdrücken. Es kam zu Hinrichtungen und zu Verhaftungen. Die Gegenreformation hatte angefangen, noch ehe die Jesuiten ins Land gerufen wurden.

Aber am Anfang der Reformation hatte ein Bayer der Sache Luthers dienlich sein können. Ein Mann, der Dr. Martin Luther persönlich sehr gern gehabt und ihn gefördert hat, wo er nur konnte. Das war der niederbayerische Erbmarschall Degenhart Pfeffinger von Salmannskirchen gewesen, über dreißig Jahre lang innerster Rat und Kämmerer Seiner Durchlaucht des sächsischen Kurfürsten Friedrich des Weisen. Dieser Pfeffinger hat dem Luther die Doktor-Arbeit bezahlt, hat ihn auf die Universität Wittenberg berufen wie später auch Melanchthon und Scheurl aus Nürnberg.

Luther hat Pfeffinger oft seinen Freund und Gönner genannt. Und ich möchte behaupten, daß, wenn Pfeffinger bei der Erwählung Kaiser Karl V. anno 1519 in Frankfurt nicht gestorben wäre, die Reformation einen anderen Verlauf genommen hätte, weil Luther auf Pfeffinger gehört hat.

Gerade durch Pfeffinger und durch das Ansehen, das er unter den bayerischen Adeligen genoß, kam die Reformation auch nach Niederbayern. Der niederbayerische Erbmarschall, dem der sächsische Kurfürst die Sorge um die neugegründete Universität übertragen hatte, wollte von Anfang an möglichst viele Studenten nach Wittenberg locken. Seine adeligen jungen Vettern, zum Beispiel die Herzheimer von Trostberg, die Nothaft, die Closen usw. sandten ihre studentischen Zöglinge nach Wittenberg. Mit einem Wort, Pfeffinger warb für die Reformation in Bayern, noch ehe dieselbe begonnen hatte. Und dieser weitgereiste Mann, der allein sechsmal in Rom, zehnmal in Brüssel, viermal in Paris gewesen war, unterhielt auch in Nürnberg ein eigenes Hauswesen und ebenso in Coburg. Kurzum, durch Pfeffinger, der jährlich etliche Wochen in Bayern verweilte, kam die Reformation auch ins entlegenste Niederbayern. Und besonders hartnäckig hielt sich die Lehre in den Kreisen, die zu Degenhart verwandt und verschwägert waren, bei den Herzheimern, den Frauenbergern und den Ortenburgern. Aber nur in Ortenburg konnte sich die evangelische Lehre in Altbayern behaupten.

In seinem Testament, kurz nach der Erwählung Kaiser Karl V. anno 1519 in Frankfurt diktiert, tut Pfeffinger angesichts des Todes noch mal recht katholisch und papsttreu. Aber damals hatte sich auch Luther noch nicht von Rom losgesagt. Vielleicht hat der spätmittelalterliche Mann auf zwei Schultern getragen, treu dem altbayerischen Spruch: »Nix gwiß woas man nia, man schmatzt halt beim Bier.«

Die Bayern auf dem Konzil von Trient
(1545–1563)

Unser bayerisches Vaterland – obschon immer viel zu klein, um eine Großmacht zu werden – hat bei manchen wichtigen Ereignissen eine nicht unbedeutende Rolle gespielt. Und schon gleich in der Zeit, in der es galt, die Protestanten wieder katholisch zu machen, im Zeitalter der Gegenreformation. In Bayern und in den fränkischen Bistümern und Herrschaften, in Augsburg und Nürnberg und in den vielen schwäbischen Reichsstädten waren sehr viele evangelisch geworden, wollten das Abendmahl nur noch unter beiden Gestalten nehmen, schimpften auf den Papst in Rom und traten dafür ein, daß ihre Priester heiraten sollten.

Der katholische bayerische Herzog Albrecht V. (1550–1579), ein Sohn Wilhelm IV., ein generöser und der Schönheit der Renaissance aufgeschlossener Fürst – sein Lehrer war der berühmte Geograph und Mathematiker Peter Apian gewesen –, duldete mit großer Gelassenheit den ernsten Eifer der betriebsamen Reformation in seinem Lande. Gewiß, er würde katholisch bleiben, aber in Gottes Namen würde doch auch von katholischer Seite noch einiges gutgeheißen werden müssen! Das Konzil von Trient trat in seine letzte Sitzungsperiode ein. Vielleicht, so dachte Albrecht V., ist noch ein Ausgleich möglich. Abwarten und auch die Evangelischen leben lassen, das war des Herzogs Devise. In der Kirchengeschichte Bayerns wird heute noch der Persönlichkeit Albrecht V. zu wenig Bedeutung beigemessen. Und doch ist seine Toleranz geradezu vorbildlich zu nennen. Er verfolgte niemand um seines Glaubens willen. Unter Albrecht V. zum Beispiel, haben die Jesuiten Ingolstadt wieder geräumt und sogar Straubing ist wieder evangelisch geworden. Auch war er eher ein Gegner Kaiser Karl V. gewesen als ein Förderer der kaiserlichen Politik.

Und was ist über diesen Fürsten in übertriebener Einseitigkeit am beflissensten berichtet worden? Daß er den Prunk geliebt habe und einen Dreiliterkrug habe in einem Zuge leeren können, der prächtige Renaissancefürst! Daß er das Antiquarium und ei-

Herzog Albrecht in Bayern und seine Gemahlin Anna
(Bayerische Staatsbibliothek, München)

nen Marstall hat erbauen lassen, den Maler Hans Muelich beauftragt, sein Porträt zu malen, den Orlando di Lasso zu seinem Hofkapellmeister gemacht und seinem Sohn Wilhelm V. und dessen Braut Renate von Lothringen 1568 in München eine Prachthochzeit ausgerichtet hat, ist schon weniger bekannt. Und fast gar nichts mehr weiß man davon, daß, wenn es nach Herzog Albrecht gegangen wäre, das Konzil von Trient einen anderen Ausgang genommen hätte. Dann wäre nämlich 1563 das Zölibat abgeschafft worden!

Auch die im Zuge des Zweiten Vaticanums (1962–1965) zahlreich erschienenen Geschichten über das Konzil von Trient verschweigen die Debatten über das Zölibat. Und insofern war das Konzil von Trient aufgeschlossener gewesen als das Zweite Vaticanum: In Trient wurde jahrelang über das Zölibat verhandelt, während im Zweiten Vaticanum darüber nicht einmal gesprochen werden durfte.

Herzog Albrecht V. hat anno 1563 in Trient immer wieder die Aufhebung des Zölibats verlangt. Die ständige bayerische Gesandtschaft auf dem Konzil hat nichts anderes gefordert als die Zulassung der Kommunion unter beiderlei Gestalten und die Erlaubnis der Priesterehe. Aber der Leiter der bayerischen Delegation, Dr. Paumgarten, und seine theologischen Beiräte konnten sich wider die überwiegend italienischen Konzilsväter und die römische Kurie nicht durchsetzen.

Das Zölibat blieb. Lediglich den Laienkelch gewährte der Papst vorübergehend dem bayerischen Herzog für sich und alle seine Untertanen.

Wenn wir Bayern auch heute noch gute Katholiken sind und trotzdem den Herren Geistlichen angetraute Ehefrauen gönnen – und nicht nur Haushälterinnen –, dann stehen wir durchaus in der angestammten Tradition. Auf dem riesengroßen Gemälde im Trienter Dommuseum, das das Plenum des Konzils darstellt, kann man auch deutlich und porträtähnlich gar, die drei bayerischen Konzilsväter erkennen, die Konzilsgesandten Herzog Wilhelm V.

Wilhelm der Fromme
(1579 - 1598)

Vom Vater Albrecht V. hat er die Liebe zur Kunst, vor allem zur Musik geerbt. Als Kronprinz verbrachte er mit Friedrich Sustris und anderen Künstlern auf der Trausnitz in Landshut eine gute Zeit.

Wilhem der Fromme, ein guter Name für einen Fürsten, der den Jesuitenorden förderte. Den in Bayern immer zahlreicher werdenden Patres erbaute er in München ein palastähnliches Kolleg und dazu den bedeutendsten deutschen Sakralbau der Renaissance, die Michaelskirche. Und wir Bayern nennen diesen Fürsten »der Fromme«, obwohl dieser Wilhelm anno 1587 das Hofbräuhaus gegründet hat.

Das Hofbräuhaus Wilhelm des Frommen hat früher nur für die Residenz Bier gesotten. Den gesamten Ausstoß haben die Hoflakaien und Minister, die Kavaliere und Damen, die Prinzen und Prinzessinnen allein getrunken. Seit der Zeit war der bayerische Hofdienst sehr beliebt. Und die bayerischen Hartschiere sind kräftige, stramme Burschen gewesen.

Mit der Gegenreformation ist es jetzt freilich schnell vorangegangen, und alle Bayern sind wieder fromm und katholisch geworden. Weil es jetzt eine Freud war und der Himmel auf Erden – das Katholischsein in den prächtigen Jesuitenkirchen.

Wer in Deutschland wäre nicht protestantisch geworden oder geblieben, wenn die Bayern unter ihrem Wilhelm dem Frommen nicht gewesen wären! Es gäbe keinen rheinischen Katholizismus mehr, wenn wir nicht eingegriffen hätten! Bei den Kölnern hat nämlich das Predigen allein nichts genützt. Bayerische Truppen unter dem Befehl Herzog Ferdinands, eines Bruders Wilhelm des Frommen, siegten anno 1583 über den Kölner Erzbischof Kurfürst Gebhard Truchseß, der gerade zum Protestantismus übergetreten war und sein geistliches Kurfürstentum Köln in ein weltliches umwandeln wollte.

Die Schlachten bei Godesberg und Bonn machten dem Treiben Gebhards ein Ende. Neuer Erzbischof-Kurfürst von Köln wurde nun der jüngste Bruder unseres Herzogs Wilhelm des Frommen, Herzog Ernst. Über zweihundert Jahre lang und ohne Unterbrechung war das Kölner Erzbistum von der Zeit an in der Hand zweitgeborener Bayernprinzen. Und häufig gehörten zu Köln auch noch die Bistümer Hildesheim, Lüttich und Münster. Also verdient er seinen Namen schon zu Recht: Wilhelm der Fromme.

Damals haben im ganzen heutigen Bayern starke Katholiken regiert: zu Würzburg zum Beispiel Bischof Julius Echter, der das schöne Juliusspital gestiftet hat, wo man heute noch einen guten Wein trinken kann. Und in München heiratete Herzog Ferdinand, der Sieger von Bonn, die kleine Maria Pettenbeck aus Haag, die ihm dann 16 Kinder schenkt, von denen auch wieder etliche Bischöfe, Äbte und Äbtissinnen werden, als Grafen von Wartenberg.

Plötzlich aber mochte er nicht mehr regieren, der Wilhelm der Fromme! Anno 1598 hat er zu seinem Sohn Maximilian gesagt: »Ich danke ab, bin all der Sorgen überdrüssig, übernimm du das Regiment!« Und Maximilian hat es übernommen.

Wilhelm der Fromme hat sich nach Schleißheim in den Austrag begeben und hat als Austragler noch 28 Jahre lang gelebt. Er hat in Schleißheim ein riesiges Mustergut aufgebaut, eine Art Universalökonomie, hat Ziegen- und Schafskäse zubereiten lassen, von eigens aus Südfrankreich geholten Käsemeistern. Der Parmesan aus Schleißheim bekam bald Weltruf. An allen Fürstenhöfen Europas wollte man ihn haben. Auch die Paulanermönche kamen schließlich durch ihn in die Au. Er war ein braver Mann und Wohltäter bis zu seinem Tod anno 1626.

Kurfürsten von Bayern

1597–1651	Maximilian I.
1651–1679	Ferdinand Maria
1679–1726	Maximilian II. Emanuel
1726–1745	Karl Albrecht. 1742–1745 deutscher König und römischer Kaiser
1745–1777	Maximilian III. Joseph. Mit Maximilian III. stirbt die altbayerische Linie der Wittelsbacher aus
1777–1799	Karl Theodor. Kurfürst aus dem wittelsbachischen Haus Pfalz/Sulzbach

Maximilian I.
(1597-1651)

Einmal ist es Mode, daß man die Leute köpft und ein anderes Mal, daß man sie aufhängt. So vergehen die Jahrhunderte in der Weltgeschichte und auch in Bayern hat schon öfter ein fester Wind geblasen und ein eiserner Besen regiert!

So einer war Bayerns größter Kurfürst: Maximilian I., der Sohn des freiwillig resignierten frommen Wilhelm. Von 1597 bis 1651, also über 54 Jahre lang hat er Bayern regiert! Über den ganzen Dreißigjährigen Krieg hinüber. Und nicht bloß das Kurfürstentum Bayern, schon fast halb Deutschland. Unter seiner nimmermüden Führung und strengen Gläubigkeit kämpften die katholischen Deutschen gegen die Protestanten, und Johannes Tserclaes Graf von Tilly war sein Feldherr. Gesiegt wurde im Namen und zum Ruhme der allzeit reinen und allerseligsten Jungfrau Maria – und gestorben auch. Die hochverehrten und hochgelehrten Patres Jesuiten waren damals Herz und Motor, Gehirn und Blut Bayerns gewesen, und in Altötting wird seither inbrünstiger gebetet als irgendwo sonst in der katholischen Christenheit, Rom und Jerusalem nicht ausgenommen.

Ja, Maximilian hat alle wieder katholisch gemacht. Auch nicht einen Lutheraner hätte er in Bayern geduldet. Er ist ein strenger Herr gewesen. Die lutherischen Freiherren und Grafen, die sein Vater noch geduldet hatte, hat er des Landes verwiesen oder eingesperrt und ihre Güter beschlagnahmt.

Gewiß hat er Bayern größer und mächtiger gemacht, aber diese Größe ist uns teuer zu stehen gekommen. Und Maximilian hat keine Sünde mehr gehaßt als die Unkeuschheit. Er hat in eigenen Rundschreiben zur Sittlichkeit gemahnt, wie alte Hofmarkfaszikel beweisen. Besonders die Weiberleut, die etwa Geistliche verführt haben, wurden auch staatlicherseits gehörig bestraft. »Wegen Schwängerung durch den Hochwürdigen Herrn Pfarrer«, heißt es da in den damaligen Protokollen.

Seit dem gestrengen Maximilian geht in Bayern der Spruch um: »Der Maximilian, der frißt die ganze Milli zsam!« Aber das muß man ihm lassen, die Hochwürdigen Patres Jesuiten sind zu seiner Zeit groß und mächtig geworden in Bayern. In München und Ingolstadt, in Neuburg und Ebersberg, in Ötting und Dillingen und Augsburg haben sie respektable Niederlassungen gehabt.

Und die bayerischen Fahnen hatten als Siegeszeichen die Jungfrau Maria eingestickt. Dazu gab es Frauenthaler. Und in München auf dem Schrannenplatz ließ der Kurfürst die Mariensäule errichten. Mit seinem eigenen Blute hat der junge Maximilian in einem Gelöbnisbrief sich mit der Madonna in Altötting verlobt, und täglich hat er, wenn er nur irgend konnte – ob unterwegs, auf der Jagd oder in der reichen Kapelle seiner Residenz – drei Rosenkränze gebetet. Eigentlich war er viel frömmer als sein Vater Wilhelm der Fromme. Die Jesuiten hatten ihn als jungen Prinzen dreieinhalb Jahre lang auf der Universität in Ingolstadt geschult.

Bis dahin war es selten üblich gewesen, daß Kronprinzen eine Universität bezogen hätten. Allein um den Ruf der Jesuiten-Universität zu Ingolstadt zu heben, ja um eine Attraktion zu schaffen, kam Maximilian auf die Hohe Schule. Und das nicht nur, um zu studieren. Nein, er residierte mit übertriebenem Aufwand und großem Pomp in Ingolstadt. Er hatte ein Gefolge von über 100 Leuten bei sich! Das hatte sich in den katholischen Landen herumgesprochen und lockte andere reiche Studierende an. Es ist geradezu auffällig, wie trotz dieses höfischen Aufwandes Herzog Wilhelm dem Frommen immer wieder in Briefen von den Patres versichert wird, wie gesittet, wie sehr den Wissenschaften ergeben und wie bescheiden der junge Fürst sich allenthalben benehme. Nur einmal hätte es einen Streit gegeben mit dem Vetter Erzherzog Ferdinand wegen des protokollarischen Vortritts in der Lieben-Frauen-Kirche.

Über Maximilian hört und liest man ja nur Gutes. Aber daß er ein strenger Fürst gewesen ist, das beweist der bayerische Bauernaufstand von anno 1634. Damals hat der Kurfürst seine ausgemergelten und halb verhungerten Soldaten ins heimische Winterquartier legen müssen, damit sie sich etwas aufbessern und erholten, in das damals noch unberührte Gebiet zwischen Isar und Inn und auch noch jenseits des Inn. Diese Einquartierung aber haben sich die Bauern nicht gefallen lassen. Sie haben aufbegehrt. Die »Wiederherstellung der Ordnung« war gründlich: Seine Kurfürstliche Durchlaucht ist mit den aufsässigen Bauern

Kurfürst Maximilian I.
(F. Bruckmann, München)

hart ins Gericht gegangen. Viele wurden hingerichtet, obwohl seine eigenen Räte für die Bauern um Milde gebeten haben. Es hat nichts genützt. Anderen sind die Hände abgehackt worden. Am besten waren noch jene dran, die nur ausgepeitscht wurden und dann zu Soldaten gemacht worden sind. Was aber wollten die Bauern am Inn mit ihrer Demonstration erreichen? Nichts weiter als entweder nur die Einquartierung der Soldateska oder nur die geforderte Kriegskontribution. Aber nicht beides.

Es war Krieg. Und gestrenge Fürsten hat es damals überall gegeben. Auch die Fürstbischöfe in Würzburg und Bamberg haben hart durchgreifen können. Und sie waren noch dazu die Herren über die Seelen. Wenn ein frommer Herr streng ist, tut es einem wohl weher, denn die Leut meinen dann: Der Herrgott will es so haben!

So rauh waren die Sitten im Zeitalter der Gegenreformation und der Herren von der Gesellschaft Jesu, leider auch in Bayern. »Der Zweck heiligt die Mittel«, das war ein Hauptlehrsatz der Jesuiten gewesen. Diesen Satz haben sie dem jungen Maximilian auf der Hohen Schule in Ingolstadt gründlich gelehrt.

Die Bayern im Dreißigjährigen Krieg (1618–1648)

Es ist ein Kreuz mit dem Frieden auf Erden! Und selbst eine so friedliebende Nation wie die bayerische hatte schreckliche Zeiten durchzustehen. Unser Kurfürst Maximilian hat das ganze Elend des Dreißigjährigen Krieges in die bayerischen Länder gezogen durch seine Treue zur katholischen Kirche und zum strengen Jesuitenorden, aber auch wegen seines Oberbefehls über die Liga. Dabei hätte das Haus Bayern mit einer nur etwas weniger treuen Taktik bedeutendere Vorteile herausschlagen können. Aber so ist es uns oft ergangen! Der konservative, Kaiser- und Rom-treue Bayer wird schwer heimgesucht und muß für die mißlungene reaktionäre Politik dann den Großteil der Zeche bezahlen.

Was unsere bayerischen Bauern damals ausgehalten haben, ist himmelschreiend. Man hat den Leuten die Ohrwascheln abgeschnitten. Das war noch die einfachste Marter. Wie es ja heute noch heißt: »Wenn du mir jetzt nicht sofort folgst, du Lausbub, dann schneid ich dir die Ohrwascheln ab!« – Der Ausspruch stammt aus jenen Tagen, mit solchen Worten hat man die Leute erpreßt. »Wo habt ihr euer Geld versteckt? Wo habt ihr das Silber vergraben?« »Wo hat euer Pfarrer seine Kelche und Monstranzen versteckt?« Nicht nur der Feind, nicht nur die Evangelischen und Schwedischen haben so peinliche Fragen gestellt, auch die Katholischen, die Kaiserlichen und sogar die Bayerischen haben so gefragt in Ober- und Niederbayern, in der Oberpfalz, im Allgäu und im Fränkischen. »Raus mit der Sprache, oder ich schneid euch die Ohrwascheln ab!« Es ist nicht übertrieben: Mehrere tausend Bayern haben im Dreißigjährigen Krieg ihre Ohrwascheln verloren.

Oder man hat bei der Eintreibung der Kontributionen den Zahlungsunfähigen die Mäuler geschlitzt, eine andere, damals übliche qualvolle Marter. Auch der Schwedentrunk oder das fürchterliche »Bauernraiteln« war zur Foltermode geworden. Das hat vielleicht weh getan! Und daß dieses Raiteln einmal einer überlebt hätte, davon liest man nichts. Politischer Kampf macht den Menschen grausam, Krieg läßt ihn ins völlig Unmenschliche entarten.

Aber nachgegeben hätte er nicht um alles in der Welt, unser katholischer Maximilian! Oh Jesus, Maria und Josef, wie teuer haben wir uns unseren Glauben erkaufen müssen! Außerdem war man in München zugleich gegenüber dem kaiserlichen Hof in Wien vorsichtig geworden. Auch als der Rivale Wallenstein endlich beseitigt worden war, behielt Maximilian die österreichische Politik mißtrauisch im Auge. Die bayerischen Truppen kämpften ungern unter den eigenen Feldherrn, lieber unter kaiserlichem Kommando. Franz Mercy und Johann von Werth hießen die weniger glücklichen Nachfolger Tillys, obschon die Traditionen mancher bayerischer Regimenter auf die Feldzüge gegen die Franzosen von 1643 und 1645 zurückreichen. Aber die Franzosen hatten doch auch den richtigen Glauben? Wo kämpft Gott, wo schindet und schändet der Teufel?

Bei Tuttlingen mußte sich zum Beispiel anno 1643 eine ganze französische Armee den beiden bayerischen Feldherren ergeben. Und dann kam es noch einmal zu verheerenden Verwüstungen der Länder zwischen Donau, Lech und Isar, denn die evangelischen Schweden und die katholischen Franzosen hatten sich vereinigt. Viel werden die Truppen – ganz gleich ob Freund oder Feind – damals aus den leeren Schubläden und Schränken der Bürger und Bauern nicht mehr haben herausholen können! In manchen städtischen Archiven finden sich von der Zeit noch die verschiedenen Kontributionslisten. Da heißt es: »Gemeiner Stadtbürger Kontributionsregister der von dem schwedischen Obristen verlangten 3000 Gulden.« Und wenn die Bürger das Geld nicht schnell genug aufgebracht hätten, wäre ihnen die ganze Stadt geplündert und angezündet worden. Da hat ein jeder bezahlt und seinen listenmäßigen Kontributionsbetrag ganz oder gar doppelt auf das Rathaus getragen.

Der Auer Beck seine 3 Gulden, und der Weber Schindel seine 2 Gulden, der Kampelmacher 1 Gulden und die Witwe Unterdorfferin 15 Kreuzer etc. etc. Und dann horcht man auf. Der Gastgeber zum Metzgerwirt zahlt 10 Gulden, und der Branntweinbrenner Furter Hans stiftet 15 Gulden, der Lebzelter 10 und der Klachebräu sogar 20. Da sieht man, wer früher schon allerweil ein Geld gehabt hat. Allerweil wieder. 1000 Jahre lang: Die Weinschenken und Lebzelter, die Bräu und die Wirt und die Schnapsbrenner!

Und während ringsherum das ganze Bayernland verheert und verwüstet wurde – und während überall die wenigen Überlebenden noch von Seuchen dahingerafft werden – blüht das Land unseres lieben Salzburger Fürsterzbischofs im tiefsten Frieden. Was in den letzten Kriegen die Schweiz war, das war nämlich im 30jährigen Krieg das Fürsterzbistum Salzburg gewesen.

Der Nachfolger des Markus Sittikus, Fürsterzbischof Paris Graf Lodron, bewahrt seinen Untertanen eine gottwohlgefällige bewaffnete Neutralität. Obwohl er ein Erzbischof war, ja sogar den Titel eines »Primus Germaniae« führte, und obwohl es sich doch um einen Religionskrieg handelte, mischte er sich nicht ein. Er erlebte das Fest der Salzburger Domweihe anno 1628 und baute – wie seine Vorgänger und Nachfolger – auch ein Schlößl, das Franziskanerschloß. Er überlebte den Krieg und starb erst nach 34jähriger Regierung anno 1653. Ein vorbildlicher Regent, auch wenn er sonst nicht viel geleistet hätte, er hat den Frieden bewahrt. Und warum hat er das können? Weil Salzburg keine Jesuiten hatte, sondern Benediktiner.

Wie oft hat der stolze und fromme bayerische Kurfürst Maximilian auf der Flucht in Salzburg unterschlüpfen müssen, weil ihm die Schweden und Franzosen das ganze Land besetzt hatten! Und anno 1632 hat sogar die Mutter Gottes von Öding nach Salzburg flüchten müssen! Und manch bayerischer Kriegslieferant mit Geld hat sich vom Krieg gernhaben lassen und hat sich in der schönen Stadt Salzburg gute Jahre gegönnt.

Schöner ist es halt immer dort, wo nicht gekämpft wird. Am schönsten ist der Friede, trotz der menschlichen Vorkommnisse, trotz der manchmal penetranten Ärgernisse.

Übrigens hat der Fürsterzbischof den katholischen Maximilian nicht gern in Salzburg aufgenommen. Man war fürsterzbischöflicherseits noch wegen des bayerischen Salzkrieges gegen das Erzstift etwas verärgert und auch wegen der Absetzung des Wolf Dieter von Raitenau. Ein Salzburger hat 1632 einem bayerischen Höfling sogar eine Ohrfeige gegeben!

Patrona Bavariae

Im Herzen der königlichen Haupt- und Residenzstadt, mitten auf dem Marienplatz in München, erhebt sich auf hoher, schlanker, korinthischer Säule, die Mondsichel zu ihren Füßen, das erzene Bildnis der Schutzfrau Bayerns, Maria mit dem segnenden Jesuskind, die Königin Bayerns, die *Patrona Bavariae*.

Nicht das neugotische Rathaus, nicht der Metzgerbrunnen, nicht die stolzen Gasthöfe und nicht die mit internationalem Luxus überladenen Kaufhäuser machen diesen Platz zum Herzstück der Millionenstadt; dies Bild Mariens, hoch oben auf der festlichen Säule, ists, vor dem ein echter Münchner heute noch den Hut zieht, wenn er den Marienplatz überquert.

Jahre über war der Marienplatz seines marianischen Mittelpunktes beraubt gewesen. Und die *Patrona Bavariae* befand sich im Dom, wie schon während des Bombenkrieges bis 1945. S-Bahn und U-Bahn wurden gebaut, die sich nun unter dem Marienplatz kreuzen. Ein von Menschen wimmelnder unterirdischer U-Bahnhof läßt unter dem milden Zepter der *Patrona Bavariae* seine Rolltreppen laufen, seine Züge ankommen und abfahren. Welch eine Veränderung ist tief unter der Erde an diesem Münchener Herz- und Zentrumsplatz vorgenommen worden! Und dennoch, welch eine Stabilität breitet sich aus durch dieses liebliche und segensreiche erzene Bildnis der Jungfrau und Königin Maria. Dieser Platz ist trotz all der Turbulenz unserer Jahre ein Mittelpunkt.

Gegen Sonnenaufgang hat die Madonna auf der Mariensäule ihr Antlitz gerichtet. Welch ein Antlitz! Milde und Erhabenheit gehen aus von diesen königlichen Zügen. In der erhobenen Rechten hält sie das Zepter empor. Diese Hände sind unglaublich fein und zart, verströmen einen fast spirituellen Hauch. Keine weltliche Königin könnte ein nobleres Regiment führen. So zart und behutsam sorgend wollen die Bayern angefaßt werden!

Die Krone auf dem Haupte und das segnende Christuskind auf dem linken Arm tragend, dessen Hand zugleich die Weltkugel hält, hat diese Schutzfrau Bayerns doch auch wieder etwas Magdhaftes an sich. Sie ist nicht nur Prinzessin, nicht nur Königin, sie ist auch unsere gütige und hilfreiche Jungfrau Maria.

Als am 7. November 1638 diese Mariensäule eingeweiht wurde, hat der damalige Bayernfürst, Maximilian I., auf dem Marienplatz kniend vor versammeltem Hof und Volk laut dieses Gebet gesprochen:

»Der Jungfrau, Gottesgebärerin, der mildreichsten bayerischen Herrin, der mächtigsten Beschützerin, hat wegen Erhaltung des Vaterlandes, der Stadt, des Kriegsheeres, des Hauses und seiner Hoffnungen, dieses immerwährende Denkmal für die Nachkommen – das mindeste Pflegkind Maximilian gesetzt, Pfalzgraf bei Rhein, in Ober- und Niederbayern Herzog, des Heiligen Römischen Reiches Erztruchseß und Kurfürst.«

Und ganz verlassen hat uns die *Patrona Bavariae* niemals in der Geschichte der letzten dreihundert Jahre. Sie erhält und regiert das bayerische Vaterland mit und hat es bis auf den heutigen Tag vor dem Untergang bewahrt. Sie wird ihre segnende Hand auch in den Zeiten der etwa kommenden Ungemütlichkeiten über dieses Land der Gemütlichkeit ausgestreckt halten, denn sie ist ja die *Patrona Bavariae*.

Papst Benedikt XV. hat während des ersten Weltkrieges dem letzten Bayernkönig, Ludwig III., das Fest der *Patrona Bavariae* sogar mit einem eigenen Messe-Proprium als einen kirchlichen Festtag bestätigt.

Die Verehrung und das Zutrauen des Volkes aber ist älter und läßt sich an zahlreichen Beispielen belegen. Nach jeder pestartigen Krankheit zogen die Münchner in Dankprozessionen zur Mariensäule. Jeder Monarch stattete der *Patrona Bavariae* nach Antritt seiner Regierung und noch vor der Krönung einen andächtigen Besuch ab. Jeder Münchner Erzbischof hielt bisher, noch vor dem Einzug in seinen Dom, vor der Mariensäule eine Andacht ab.

Berühmt geworden ist die Bitt- und Dankprozession am 3. Oktober 1854 – nach dem Erlöschen der Cholera. Diese Krankheit hatte damals mehrere tausend Münchner hinweggerafft. Sie ist im Gefolge der Deutschen Nationalspiele nach München gekommen, die der ehrgeizige Theaterintendant Dingelstedt ins Leben gerufen hatte. Mit den vielen Besuchern aus ganz Deutschland und auch dem Ausland ist diese gefährliche Epidemie nach München gekommen.

Vielleicht will die *Patrona Bavariae* unser Bayerntum nur prüfen? Wer weiß? Denn sie macht ja schließlich – um das bitten wir sie jedes Jahr – aus den Kindern der Zugezogenen doch wieder echte Münchner.

Zu Füßen der *Patrona Bavariae* stehen auf steinerner Balustrade vier zwar kleine, aber behelmte und mächtige Englein in voller Rüstung und schleudern die Ungetüme Pest, Hunger, Krieg und jähen Tode in den Abgrund hinab. Denn unsere Bayernkönigin, so haben sich das Maximilian und sein Erzgießer Hubert Gerhard von Herzogenbusch gedacht, wird Nattern und Basilisken, Löwen und Drachen zertreten.

In der *Patrona Bavariae* hat unser Vaterland eine selten schöne und hohe Königin. Und in ihr werden mitverehrt und angerufen die hohe »Herzogin von Franken« und die »Herzogin von Schwaben«. An hohen Marientagen wurden der wahren Monarchin Bayerns auch manchmal militärische Ehren zuteil. Und nachdem der Kardinal das »Gaudeamus omnes in Domino Patrocinium Patrona Bavariae celebrantes« gesungen hat, erschallen die Präsentierkommandos und das Musikkorps des Leib-Regiments spielt ihr zur Ehre den bayerischen Präsentiermarsch.

Bayerische Lebensweisen im 17. Jahrhundert

Bisher hat der Satz gestimmt, daß das Leben immer wieder weiter geht – nach jeder Katastrophe. Und im alten Bayern gleich gar. Nach dem Dreißigjährigen Krieg hat ja das eigentliche Bayerische Säkulum – das Zeitalter des Barock und Rokoko – erst seinen Anfang genommen. Und in diesem Jahrhundert haben wir Weltgeltung zu beanspruchen. Nicht nur wegen des nun immer besser werdenden bayerischen Bieres, sondern auch wegen unserer Geistigkeit, unserer heimischen Künstler, Musiker und Dichter, Prediger und Theologen.

Die bayerische Mentalität, behäbig und irdisch, menschlich aus Lust, dürstet halt doch auch manchmal nach etwas Geistigem. Auf das Blut ist ohnehin kein Verlaß, das ist übertragbar. Die Kinder der Zugezogenen werden die stärksten Patrioten. Wer die Sprache beherrscht und die alten Bräuche achtet, der ist ein Einheimischer. Bayerisch sein zu können ist also auch etwas Geistig-Geistliches.

Von Haus aus war da kein Unterschied zwischen »Geistig« und »Geistlich«. Alles Geistige war geistlich und alles Geistliche war ja im alten Bayern ohnehin etwas Geistiges, sichtbar gemacht in Prozessionen und frommen Übungen, in strahlenden Kirchenräumen, Säulen und Pfeilern, in Kuppeln und Fresken, in sinnlich-abstrakten Gipsgirlanden und hübschen Engelsköpfen. Aber auch deutlich spürbar in der nur leicht angedeuteten Kniebeuge eines alten Bauernknechtes und in der feierlichen Aufführung einer Mozartmesse in einer ländlichen Pfarrei. »Schön« muß es halt sein.

Und seit wann gibt es solche bayerisch-fromme Zeremonien? 300 oder 500 Jahr? 1000 oder gar 1500 Jahr? Es muß allerweil schon in uns ein bißchen dringelegen sein, das Geistliche, weils nie umzubringen gewesen ist, nach keinem Krieg, auch nicht nach dem Dreißigjährigen. Und auch die fremden Beherrscher haben uns die Religion nicht nehmen können. Ja, heut schaut es schon bald so aus, daß wir auch die neumodische Liturgie überstehen werden. Das Lateinische und die »dreispannigen Hochämter« setzen sich langsam wieder durch. In Bayern geht alles allerweil wieder gut hinaus.

Natürlich ist im Laufe der 1500jährigen bayerischen Geschichte an der Vervollkommnung unserer Geistigkeit immer wieder gearbeitet worden. Aber selten dagegen. Die Richtung hat immer gestimmt: »Omnia ad majorem Dei gloriam!« – Alles zur größeren Ehre Gottes! Und Redensarten wie: »Brav, Meister Cosmas Damian, mit dem Fresko legn's bestimmt an Ehr ein!« oder: »Ich weiß net, gnädiger Herr, dem Johann Baptist sein Pembsel wird auch allerweil älter, mit dem Bild da kann er kein Ehr einlegen!«, solche Redensarten bezogen sich immer auf die Ehre des himmlischen Hofes.

Die Agilolfinger haben schon viel zur Vervollkommnung der bayerischen Geistigkeit getan vor 1200 und 1300 Jahren. Man betrachte nur den Agilolfingerkelch Herzog Tassilos! Später haben die Wittelsbacher die Pflege des Geistig-Geistlichen durch die Künste zum Herz ihrer Kulturpolitik gemacht. Und nicht wenig verdanken wir dem gestrengen Kurfürsten Maximilian I.

Er hat ein halbes Dutzend Gymnasien und Jesuitenkollegien gestiftet, hat die »Jesuitinnen«, die Englischen Fräulein, zur Unterrichtung der höheren Weiblichkeit im Lande heimisch werden lassen. Er hat die Bücherschätze seiner Hofbibliothek wesentlich bereichert. Er hat zahllose gute Gemälde angekauft und in Auftrag gegeben. Er hat die Residenz neu gebaut. Er war ein Mäzen der Künstler. Zum Beispiel hat er den Truderinger Bauernsohn Niklaus Prugger ausbilden lassen, der dann einer der bedeutendsten Porträtmaler des 17. Jahrhunderts geworden ist.

Hans Krumper, der Erzgießer, und Peter Candid, der Maler, standen hoch in seiner Gunst. Und daß sie alle brav katholisch blieben, rund um die *Patrona Bavariae*, darüber hat er ohnehin mit einer eigenen Polizei streng gewacht. So wurde zu seiner Zeit in Bayern sogar das Kammerfensterln polizeilich verboten.

Aber dafür hat er das Wallfahrten erlaubt. Und Wallfahrten-Gehn ist einmalig schön gewesen! Man ist oft gleich acht bis vierzehn Tage ausgeblieben, weil ja das katholische Bayern weitmächtig groß gewesen ist. Und wer hätte dagegen was sagen können, wenn der Michi und die Kathi sich auf Öding verlobt haben zur Mutter Gottes? Auch so ein Gelübde hat man eingehalten! Und die Mutter Gottes von Öding hat allerweil wieder ein Auge zugehalten und hat am End sogar auch eine Freud gehabt, wenn einmal ein paar verliebte Leut gekommen sind oder gar ein bißerl ein Spitzbub. – Bayerisch ist schnell was, weil ja das Bayerische was Geistiges ist. – Gott sei Dank! »Tuats schon«, heißt ja soviel wie: »Das ist schon lang bayerisch.« Und die besten Biere waren ja allerweil die Klosterbiere!

Prost! Schenkts mir einmal was Bayerisches ein,
Bayerisch wollen wir lustig sein!
Schenkts mir einmal was Bayerisches ein,
Bayerisch wollen wir sein!

Ferdinand Maria
(1651–1679)

Das Leben geht immer weiter, auch wenn das Elend noch so groß ist, auch wenn nur noch wenige am Leben sind. Aber wie es in Bayern nach dem Dreißigjährigen Kriege ausgesehen hat, das können wir uns heute gar nicht mehr vorstellen. Es soll ganze Pfarrdörfer gegeben haben, in denen nur ein Gockelhahn oder eine Henne und ein Bub von neun oder zehn Jahren überlebt haben. Die Stadt München, die anno 1618 beinahe 25 000 Einwohner gezählt hat, hatte im Jahre 1648 nur noch 8000 Überlebende. Und an der bayerischen Landesuniversität zu Ingolstadt inskribierten 1650 nur noch 17 Hörer! Die Bauern hungerten und mußten Gras essen. Aber auch in den geistlichen Fürstentümern zu Bamberg und Würzburg oder Eichstädt, hatte der Dreißigjährige Krieg grausame Spuren hinterlassen. Die Lage war fürchterlich, als der junge Kurprinz Ferdinand Maria, gerade fünfzehnjährig, seinem Vater, dem gestrengen Maximilian, auf den Thron folgte.

Vom Salzburgischen herein hat man mit der Zeit wieder Vieh kaufen können und auch etwas Saatgetreide. Aber wer hat schon Geld gehabt? Nicht die Bauern, nicht die Bürger, nicht der Adel. Etwas besser sind sich die Stifte und Klöster gestanden. In den hochwürdigsten Händen der Prälaten waren noch Kapitalien vorhanden.

Die ersten drei Jahre hat für den 15jährigen Kurfürsten seine Mutter Marianne, die Tochter Kaiser Ferdinands II., die Regentschaft geführt, unter Assistenz der geheimen Staatsräte Maximilian von Kurz und Dr. Georg Öxl. Den Bauern ging es wieder langsam besser. Die bayerischen Steuern sind von 150000 Gulden jährlich – in zwanzig Jahren – auf 650000 Gulden gestiegen. Und wer hat diese Steuern aufgebracht? Der Bauer. So kann auch ein kleiner Landwirt einmal einen stolzen Blick auf die Kunstbauten und Kirchen, auf die Schlösser und Prälaturen der Barockzeit werfen! Es hängt an jedem Stein, an jedem Engelskopf, mindestens ein guter Liter Bauernschweiß! Auch das sollen die

Kurfürst Ferdinand Maria und Kurfürstin Henriette Adelaide
(Bayerisches Nationalmuseum, München)

Kunsthistoriker nicht vergessen! »Weil nämlich der Söl, der ein Kunstwerk zahlt, auch ein Mann ist!«

Man war damals in Bayern recht kaiserlich gesinnt. Für längere Zeit zum letzten Mal. Allmählich geriet der Kurfürst immer stärker unter den Einfluß seiner ganz französisch erzogenen Frau Gemahlin, der berühmten und kunstsinnigen Adelheid von Savoyen. Die alten Räte wurden entlassen, und der neue Minister hieß nun Kasper von Schmid. Nach dessen Meinung hatte Frankreich nur ein Interesse an einem starken und vergrößerten Bayern. Aber so sehr nun auch das bayerische Heer nach französischem Muster gestrafft und organisiert wurde, Bataillone und Brigaden aufgestellt wurden, Ferdinand Maria hielt Frieden um jeden Preis. So bekam er auch den Beinamen Pacificus, der Friedfertige.

Gar mancher hat schon gespottet über den Ferdinand Maria, weil man von seiner langen Regierungszeit fast nichts erzählen kann. Höchstens etwas von seiner Kurfürstin Adelheid und von ihrem wunderschönen Traumschiff auf dem Starnberger See, dem Bucentaurus. Aber gerade das sind die besten Fürsten und Staatsmänner, die keinen Krieg anfangen!

In ganz Europa hat das damals keiner gekonnt, daß er auf den Dreißigjährigen Krieg einen dreißigjährigen Frieden hätte folgen lassen! Nur unser Ferdinand Maria hat das fertiggebracht. Und vielleicht nicht zuletzt deswegen, weil er ein bißchen unter dem Pantoffel gestanden ist. Die Adelheid hat ihm lange keinen Prinzen auf die Welt gebracht. Erst als sie gelobt haben, daß sie die wunderschöne Theatinerkirche bauen wollen, hat Adelheid Max Emanuel geboren. Und der ist wieder ein ganz anderer geworden, ein rechter Kriegsheld! Darum sollte uns Ferdinand Maria lieber sein. Er hat Posten und Postkutschen einrichten lassen und hat die Viehzucht wieder auf die Höhe gebracht, durch Mustergüter und Viehseuchenbekämpfung. Er hat sich für den Handel und für das Handwerk eingesetzt, für bessere Gesetze und für eine gute Ordnung im ganzen Land. Und seine Frömmigkeit hat auch genügt.

Ein friedliebender, marianischer Fürst. Sein Vater hat ihn ja in Altötting besonders der Jungfrau Maria geweiht. Man sieht ihn, den Kurprinzen Ferdinand Maria, ganz in Silber, am Gnadenaltar knien, angetan mit einem zierlichen Degen, und sehr andächtig im Gebet versunken vor dem Gnadenbild.

Mit Ferdinand Maria und seiner Gemahlin Adelheid beginnt

in Bayern die ungemein fruchtbare Bauperiode des Hochbarocks. Die weißblaue Welt wird überall eleganter und prächtiger, von Nymphenburg bis zum letzten niederbayerischen Hofmarksschloß, von der Theatinerhofkirche bis zur kleinen Pfarrkirche. Denn die Künste und Wissenschaften blühen nur in Friedenszeiten.

Freilich, eines kann man ihm für Übel nehmen: Ferdinand Maria hat das erste bayerische Zuchthaus eröffnet, und er hat für seine Soldaten Uniformen eingeführt. – »Ja nun, in Friedenszeiten passiert auch was und die Zeiten werden moderner und die Kriege bleiben nicht aus. Am Ende hilft doch immer wieder nur noch das Gebet?«

Der Held der Nation:
Maximilian II. Emanuel
(1679–1729)

Plötzlich wird ein Großer geboren, und schon werden die Zeiten wieder groß. Das ist nämlich das Außergewöhnliche, daß große Zeiten oft nur einen einzigen großen Menschen brauchen. Führer- und Heldennaturen sind das. Und eine jede Nation kennt und verehrt sie.

Auch in der bayerischen Geschichte gibt es solche Helden. Einer unserer größten, einer, den man schlechthin den Held der Nation nennen kann, das ist unser »blauer Kurfürst« Max Emanuel, der Erstürmer Belgrads, der Erbauer Schleißheims, der Schrecken der Türken, halt unser Max Emanuel!

Direkt kalt vor lauter Begeisterung läuft es einem da über den Rücken, denn unser Max Emanuel ist wirklich ein Fürst gewesen, für den man durch dick und dünn hat gehen können. Vor Sendling zum Beispiel und vor Aidenbach, vor Neuhäusl, Gran, vor Ofen und Mohacz! Gott mit dir, Max Emanuel! – Und trinken hat er können und reiten und jagen und lieben!

Man kann richtig schwärmen für ihn, weil er ja schon 240 Jahre tot ist und weil man halt in der Geschichte von solchen Männern immer wieder gern liest und hört. Für ihn erschießen oder erstechen will sich natürlich keiner lassen, obwohl er unser bayerischer Held gewesen ist. Und heute noch ist. Sein Denkmal steht vor dem teuren Münchner Hotel, und er hält seinen Degen in der ausgestreckten Hand, als möchte er sagen: »Leut, gehts nicht da hinein, da ist es viel zu teuer!«

Er war der erste Bayernprinz, der eine mehr französisch orientierte Ausbildung bekam. Der Münchner Hof stand damals unter dem kulturellen Einfluß Frankreichs, und der junge Kurprinz hörte von nichts anderem als von den glänzenden Siegen und Eroberungen des französischen Heeres Ludwig XIV. Er wollte auch ein mächtiger König und siegreicher Feldherr, er wollte ein Held werden. Und er wollte elegant residieren und zahlreiche neue Schlösser bauen, ganz nach den Wunschträumen seiner Mutter Adelheid.

Von der Adelheid gibt es eine nette Anekdote – eine ganz neue noch dazu, denn der große Geschichtsschreiber Pater Romuald Bauerreiß hat sie gerade erst aufgefunden.

Wie die Adelheid frisch nach München hergeheiratet hat und noch die Kurprinzessin Ferdinand gewesen ist, hätte sie ihrer Schwiegermutter, der Kurfürstin Marianne, in der Schwaig draußen in Schleißheim einmal beim Kochen helfen sollen. Die alte Kurfürstin hat sich nichts dabei gedacht und ist in der Küche darinnen gestanden mit aufgestrickten Ärmeln, wie eine Bäuerin, hat sie grad die Knödl gedreht und eingelegt. »Aber, Mon Dieu!« hat da die feine Adelheid ausgerufen und die Hände über dem Kopf zusammengeschlagen! »Eure kurfürstliche Durchlaucht betreten die Küche und kochen? Non, non, das tut man nicht! Eine Fürstin kocht nicht, Madame!« Die Marianne, die eine geborene Erzherzogin gewesen ist, hat sich ihr Sach gedacht und hat weiter die Knödl gemacht. Erst später soll sie gesagt haben: »Meinem Maxl selig hat es immer am besten geschmeckt, wenn ich selber gekocht hab.«

Auch da sieht man den Unterschied des alten und neuen höfischen Lebens. Es war eine große Revolution des Geschmacks. In Schleißheim hat der junge Maximilian Emanuel ein Schloß gebaut, in dem die Schlafzimmer des kurfürstlichen Paares fast hundert Meter voneinander getrennt liegen!

Kaum an der Regierung, zeigte sich Max Emanuels Vorliebe für das Militärische recht deutlich und auch recht spürbar für den Geldbeutel seiner Untertanen. Er begann zu rüsten und organisierte eine große Heeresreform. Pike und Muskete kamen zum alten Eisen. Seine Soldaten erhielten die schöne neue Steinschloßflinte mit aufgepflanztem Bajonett. Und damit die Armee größer wurde an Zahl der Kompagnien und Bataillone, verkleinerte er die Formationen einfach. Eine bayerische Kompagnie hatte statt zweihundert Mann in Zukunft nur noch achtzig. Das ergab mehr Offiziere und sollte auch die Beweglichkeit fördern.

Max Emanuel hat auch die erste Artillerie eingeführt. Früher hatte man die »Stuck« und Steinschleudern hinter den Festungsmauern aufgestellt. Viel haben die alten Kanonen nicht zerrissen. Der junge Kurfürst hat viele Kanonen gießen lassen, und in der neuen Artillerieschule haben die jungen Genieoffiziere Ballistik studieren müssen. Und gerade gut hat alles zusammengepaßt: Kaum ist er mit der Aufrüstung fertig, ist es Krieg geworden! Und alle Neuerungen haben ausprobiert werden können.

Maximilian II. Emanuel
(Bildarchiv d. Österreichischen Nationalbibliothek)

Kurfürst Max Emanuel kämpfte nun überraschenderweise nicht auf der Seite Ludwig XIV. Zusammen mit dem Polenkönig Sobieski und vielen anderen deutschen Fürsten zog er gen Wien und richtete seine neuen Kanonen gegen die Türken. Zwischen 1683 und 1688 kämpften an die dreißigtausend Bayern in Ungarn und Serbien, befreiten Wien, eroberten Ofen, siegten bei Mohacz und erstürmten Belgrad. Ausführliche Schlachtengemälde sind in Schleißheim zu bewundern. Zum Lohn für all diese Mühen und schrecklichen Plagen bekam der blaue Held und Bayernfürst die 14jährige österreichische Kaisertochter Maria Antonia zur Kurfürstin. Von den tapferen Bayern sind aber nur wenige heimgekommen.

Ja nun, umsonst wird keiner ein Held. Freilich, wenn man ins Sinnieren kommt: Hätte Max Emanuel diesmal dem Kaiser Leopold nicht gegen die Türken geholfen, weiß der Teufel, vielleicht wären wir mit der Zeit allesamt türkisch und mohammedanisch geworden? Auch in München. Und manch einer könnte sich einen Harem halten? Und den Ölhahn würde uns keiner zudrehen.

Der weißblaue Traum

Schön war sie gewiß gewesen, die gute alte Zeit, aber halt auch gefährlich; man konnte an jeder Kleinigkeit sterben, schon an einer Blinddarmentzündung. Dann wieder muß man sagen, daß die Naturheilkundigen und die Apotheker und Kräuterweiblein auch nicht dumm gewesen sind. Für jede Krankheit gab es hundert Kräuter.

Das Schlimme an den Zeiten waren aber die großen Seuchen und Kriege gewesen. Und da muß man leider zugeben, daß davon unser bayerisches Vaterland nicht verschont geblieben ist, trotz der größtenteils friedliebenden Wittelsbacher nicht, obwohl wir auf unseren Wallfahrten fleißig immer die Allerheiligenlitanei gesungen haben: »Vor Pest, Hunger und Krieg verschone uns, o Herr!« Und wir haben gebetet: »Daß du den Fürsten und Königen einen friedfertigen Geist verleihen wolltest!«

Die Gebete unserer Ahnen sind nicht erhört worden. Max Emanuel hat keine Ruhe gegeben. Immer wieder hat er Krieg führen müssen, weil er gemeint hat, er sei der größte Feldherr seiner Zeit. Aber vielleicht auch, weil das Kriegführen damals für

Offiziere und Feldherren halt recht lustig gewesen ist. Max Emanuel hat zum Beispiel für seine Freundinnen und speziellen Kriegsfavoritinnen fast so viele Bagagewägen mitgeführt wie für seine ganze Artillerie Munition. Da ist es immer lustig und abenteuerlich in den Feldlagern zugegangen, wo mehr Wein geflossen ist als Blut. Es ist ihnen nicht zu verdenken gewesen, den großen Herren: Im Krieg sind sie ihren bösen Weibern ausgekommen und auch ihren bereits überständigen Maitressen! Einen überzeugenderen *Casus belli* gibt es nicht.

Kaum waren die Türkenkriege zu Ende, stand Max Emanuel mit seinen tapferen Bayern im Pfälzer Erbfolgekrieg (1688–1697) schon wieder am Rhein und in Savoyen und kämpfte – als Oberbefehlshaber der Reichsarmee – gegen die Franzosen. Davon weiß man in der bayerischen Geschichte nur deshalb so wenig, weil der Kurfürst dabei kein einziges Gefecht hat gewinnen können. Aber der spanische König hat ihm dann die Statthalterschaft über die Niederlande angetragen, und Max Emanuel ist nach Brüssel übergesiedelt, wo er mit königlicher Pracht residierte und »sein Bayern den Niederländern eingebrockt hat«. »Ein Stadel in Holland«, hat ein damaliger bayerischer Diplomat gesagt, »ist dem Kurfürsten lieber als in Bayern eine ganze Stadt.«

Und was die vielen Bauten erst gekostet haben! Fürstenried und Schleißheim ganz besonders. Und doch mußten die Arbeiten immer wieder unterbrochen werden. – Sonderzahlungen sind fällig geworden, Soldaten wurden ausgehoben. Unser bayerischer Kurfürst hat plötzlich um Spanien und Amerika gekämpft.

Max Emanuel wollte spanischer König werden, König von Neapel–Sizilien, Fürst von Mailand, König beider Indien, römischer Kaiser und bayerischer Kurfürst dazu. Und die Hauptstadt für dieses Riesenreich, die Hauptstadt der Welt, hätte München werden sollen! Schleißheim war als Sommerschloß gedacht und sollte mit Schiffen von der Residenz aus erreichbar sein. – Aber dafür sorgt der Herrgott, daß der Kuh der Schwanz nicht in den Himmel wächst!

Der Universalerbe des spanischen Königs, der kleine bayerische Kurprinz Ferdinand, starb plötzlich im Alter von sechs Jahren in Brüssel. Der liebe Sohn, die Hoffnung des Hauses Bayern, war nicht mehr. Max Emanuel war sehr betrübt. Und als der Erbonkel, der spanische König, gleich darauf gestorben ist, brach der berühmte Spanische Erbfolgekrieg (1701–1714) zwischen Österreich und Frankreich aus. Zu wem soll das vielgeprüfte

Bayern nun halten, zu Frankreich oder Österreich, das zudem mit England verbündet war? Man rechnete hin und her und entschied sich schließlich, mit Frankreich gegen Österreich–England zu koalieren.

Das war natürlich falsch, weil justament jetzt die Engländer und die Österreicher zwei hervorragende Generäle hatten: den Prinzen Eugen und den Marlborough. Ihnen gegenüber ist unser Kurfürst doch ein zu kleines Feldherrengenie gewesen. Gewiß, das erste Kriegsjahr war voller Erfolge. Die Bayern sind bis Linz gekommen und haben Tirol besetzt. Aber dann kam es zur Entscheidungsschlacht bei Höchstädt und Blindheim. Die englischen Reiter haben diese Schlacht entschieden, und die Österreicher haben Bayern besetzt.

Max Emanuel konnte nur noch in Brüssel residieren, aber noch mit königlicher Pracht. Später dann, zu Compiègne, etwas genügsamer und auf Kosten Ludwig XIV.

In Bayern hat jetzt der Ramasuri erst richtig angefangen. Die Landesdefensoren wollten die Österreicher verjagen. Es ist halt ein Kreuz, wenn einer zu große Träume verwirklichen will! Die kleinen Träume sind schöner.

»Auf daß es eine Musi gibt und ein bißchen ein Gspiel, dazu braucht es keinen Krieg, dazu gehört eher ein Gefühl.«

Die Sendlinger Mordweihnacht
(1705)

Die bayerische Geschichte steckt voller Geschichten. Und es spielen die originellsten Typen ihre Rollen. Verwegene Jäger und Wildschützen, z.B. einer wie jener Jägeradam von Fall, Wessobrunner Klosterjäger, der einer der tätigsten Bauernaufwiegler – oder oberlandlerischer Landesdefensor – gewesen ist und die Katastrophe von Sendling überlebt hat. Von einem Schmied von Kochel findet man keine Geburtsurkunde, obschon mehrere tapfere Bauernschmiede namens Balthes vor Sendling am Weihnachtstag des Jahres 1705 von der österreichischen Besatzungsmacht niedergemetzelt worden sind.

Eine fürchterliche Geschichte ist diese Sendlinger Mordweihnacht, grausam und ungeheuerlich ergreifend, vaterländisch und unvergeßlich. Und es vergeht kein bayerischer Weihnachtstag, ohne daß man nicht mit Schwermut in der allgemeinen Christkindlfreude an die Sendlinger Bauernkirche denkt.

Männer und Burschen, Buben von dreizehn Jahren sind dabei gewesen vor Sendling und weißbärtige Großväter. Sie sind alle hart gestorben anno 1705. Die kaiserlichen Husaren und Infanteristen aus Württemberg und auch markgräflich-hohenzollerische Soldaten haben die Bauern einfach niedergehauen, erschlagen, erschossen, erstochen und niedergeritten. Obwohl sich die Bauern bereits ergeben hatten, obwohl sie bereits am Boden knieten und mit »aufgeregten Händen« den Rosenkranz gebetet haben! An die 1500 bis 2000 Mann! Die Besatzungssoldaten waren deshalb besonders ungnädig, schreibt ein Chronist, weil sie sich in ihrem Weihnachtsfrieden durch das plötzliche Ausrücken gestört sahen. Das war keine Heldentat gewesen von dem kommandierenden General Kriechbaum. »Oh du liebes Christkindl«, seufzt man seit Sendling, wenn gerade zu Weihnachten etwas passiert.

Max Emanuel, der Held der Türkenkriege, lebte seit der unglücklichen Schlacht von Höchstädt mit seinen Offizieren in den Niederlanden und in Frankreich. Und die Kurfürstin residierte in der lustigen Stadt Venedig. Die kaiserliche Administration regierte das Land.

Sie hob die Steuern noch mal fühlbar an. Hatte schon der Kurfürst für seine vielen Kriege und für seine aufwendige Hofhaltung aus seinem Bayern sehr viel Geld herausgepreßt – so viel sogar, daß schon damals unter den Bauern und Bürgern die Stimmung immer schlechter geworden war –, so ließen jetzt die kaiserlichen Kommissäre mit ihren zusätzlichen Kontributionen und Einquartierungen das Blut allmählich zum Sieden kommen. Am Ende hing ja doch alles an den Bauern, der Handel und der Wandel und der gesamte Wohlstand.

Es bedurfte nur etlicher Patrioten, die in den Wirtshäusern die nötigen Reden halten konnten, etliche Verfasser von Aufrufen und einen ehrlichen Namen für das Rebellentum, die »kurbayerische Landesdefension«. Und dann konnte man mit den Aufmarschplänen beginnen. Von Tölz kommen 300, von Dietramszell 30, vom Gericht Wolfratshausen 200, vom Tegernseer Tal 150, und so weiter. Die niederbayerischen Landesdefensoren würden über Haag und Zorneding her gen München vorrücken. Dazu die Münchener Bürgerschaft! Es müßte mit dem Teufel zugehen, wenn der Wurf der Kaiserlichen nicht glücken würde. Der Mensch denkt, und der Herrgott lenkt. In Schäftlarn sind sie noch eingekehrt und haben viel getrunken, in Baierbrunn wieder, in Solln noch einmal, und in Sendling sind dann schon die ersten davon, weil es geheißen hat, die Münchener tun nicht mit, die sind ganz kaiserlich. Und die Niederbayern wären erst in Zorneding, der General Kriechbaum aber schon in Anzing. – »Glaab ma's Balthes, dös geht net guat aussi, i gspür's!« So mag mancher bereits warnend gesagt haben. Aber auch in altbayerischer Gelassenheit: »Iatz könn' ma nimma z'ruck, uns lachan ja die Dahoamigen aus!« Und Leut wie der Jägerwirt oder der Jägeradam sind eisern geblieben und haben vielleicht solche Reden angestimmt: »Männer laßt's an Kopf net hängen! Die Münchner Stadt nehma im Schlofa und in Sankt Peter gehn ma in d'Mettn! Vivat Max Emanuel!«

Man hat den roten Turm erobert, zwei Österreicher erschossen und überhaupt auf die Münchener Mauern hingepfeffert, daß es die ganze Mettennacht in der Stadt nicht still geworden ist. Aber den anderen Tag kamen die Truppen des General Kriechbaum, und die Bauern wurden zurückgeschlagen. Einige konnten fliehen, die Mehrheit aber fand sich – auf dem Rückzug – wieder im Dorfe Sendling ein, umschlossen bereits von den Kaiserlichen. Der Oberkommandierende der Bauern, der Wirtssohn Mayr aus Zolling, ließ die Übergabe trommeln, erklärte kampflose Kapitulation und bat um Pardon für seine armen Leute. Man hieß sie vortreten, hinknien, den Rosenkranz beten und so, betend, wurden sie zusammengehauen. Denn der Soldat hatte damals einen großen Zorn auf den Bauern.

Eine grausame Geschichte, o du liebes Christkindl im krauslichten Haar! – Und weil sie an Weihnachten passiert ist, diese bayerische Katastrophe, darum tut sie einem noch weher. Und doch auch weht einem ein Engelshauch der Hoffnung an: Nie wieder Krieg, Friede auf Erden!

Max Emanuel wieder in München
(1714)

»In Bayern geht allerweil wieder alles doch gut ausse«, sagt optimistisch seufzend ein altes Sprichwort. Sogar das schier ganz und gar verpfuschte bayerische Leben unter der Regentschaft des Helden der Nation, des Max Emanuel, fand wieder ein bescheidenes altbayerisches Selbstgefühl. Und auch der Kurfürst verlebte noch gute Tage. Einsichtig und leicht schuldbeladen durfte er nach dem Frieden von Rastatt – 1714 – nach elfjähriger Abwesenheit wieder als Kurfürst in München einziehen. Er hat sich jede Feierlichkeit verboten. Aber die Oberlandler, die anno 1705 nicht gefallen waren, entzündeten im Gebirg ihre Freudenfeuer, und auch die Münchner illuminierten ihre Stadt. »Ja, du lieber Maxl, weilst no wieder da bist!«

Alles war vergessen: Die große Weltpolitik, die vielen Kriege, die enormen Schulden. Vergessen und verziehen. Das ist die Bayerntreue. Aber gebessert hatte sich der Max Emanuel nicht. Kaum in München, das ganze Land voller Armut und Elend, hat er sofort wieder das Festefeiern angefangen: »Nur der Not keinen Schwung lassen!« In Nymphenburg und in Schleißheim sind mit großem Eifer die Arbeiten wieder aufgenommen worden. Der alte Baumeister Zuccali hat sich mit dem jungen Effner verkracht, und Max Emanuel wollte keinem weh tun. Er behandelte sie beide mit größtem Respekt und schlichtete mit Mäzenatengeduld ihre Zänkereien. Fünfzehn Jahre lang hatte sich auf den Baustellen nichts gerührt. Neben Effner kam jetzt auch noch ein gewisser F. Cuvilliés ins Geschäft. Und die Schulden sind noch mal angewachsen. Die Beamten konnten nicht mehr bezahlt werden, aber die Handwerker! Man weiß nicht genau, wieviel Schulden Max Emanuel hinterlassen hat, weil man damals so etwas verschwiegen hat, und auch die Geschichtsschreiber haben es zweihundert Jahre lang nicht genau zu sagen gewagt. Das Land war fast bankrott. Wahrscheinlich waren es dreißig Millionen Gulden gewesen. Fast dreißig Jahre lang hat man die Last gespürt.

Zum Aufwand des Hofes, zur Maitressenwirtschaft und zu den enormen Ausgaben für die Künstler kam die Politik und – man möchte es nicht für möglich halten – auch ein neues Heer hat Emanuel noch einmal auf die Beine gestellt und es dem Kaiser gegen die Türken zur Verfügung gestellt. Nur wenige dieser bayerischen Bauernbuben, die damals – 1717 – zum zweiten Mal Belgrad erstürmt haben, sind wieder zurückgekommen. Mit diesem Hilfskorps erwarb der Kurfürst wieder das kaiserliche Vertrauen und der Kurprinz Karl Albrecht, später selbst Kaiser, heiratete Maria Amalia, die Tochter Kaiser Josephs I. Zwischen Wien und München herrschte wieder Freundschaft.

»Ja no, die großen Herren führen heute Krieg und morgen heiraten sie wieder zusammen.« Es ist unter den Mächtigen heute noch nicht viel anders. Max Emanuel ist fast fünfundsechzig

Jahre alt geworden und hat Bayern 47 Jahre lang regiert. Dadurch weiß man über ihn so viel. In seinen alten Tagen ist er noch gern Schifferl gefahren auf seinem Kanal zwischen Nymphenburg und Schleißheim. Fromm und »betert« ist er auch noch geworden, wie ein alter Bauer, wie halt ein echter Barockmensch. Und bei seiner Leichenpredigt hat der Pater zu St. Michael ausgerufen – und das geht einem alten Bayern heute noch durch und durch:

»Worin glanzet der Boijer Volk am mehristen? – Daß es seine Fürsten liebet wie sonst kein ander Volk der Erden. – Darum weine heute, du Boijernstamm, weine und heule, denn dein allerliebster und durchlauchtigster Herr ist dahingegangen! O wie haben wir ihn geliebt! Allein schon seinen äußeren Körper und die edelste Haltung desselben, in Sonderheit seine exquisiten Bewegungen. Wer nit denket daran, wie er aus der Kutschen ist ausgestiegen, unübertroffen an Vürnehmheit! Wie er erst den Finger, hernach die Hand mit so vorzüglichem Charme hat ausgestrecket! Diese fürstliche Vaterhand ist nicht mehr, darum weine, du Volk der Boijer! Weine um Maximilian Emanuel!«

Eine klassische *oratio funebris* oder Totenpredigt mit den drei Teilen: Lamentatio, Laudatio und Consulatio. Nur Tote bekommen eine Laudatio, wenn du gelobt werden willst, dann stirb! Wird schon einer zu Lebzeiten mit einer Laudatio bedacht, nennt man das eine Schmeichelei, ein Lob nicht ohne Falsch und Neid.

Heute denkt man über Max Emanuel wieder anders. Er hat zu viele kostbare Bilder angekauft in Brüssel und Paris: Gemälde von Rembrandt und über hundert Holländer. Im Schloß zu Schleißheim, in seinem Schloß, sind die wichtigsten zu bewundern. Er ist ein Fürst gewesen, so ganz nach dem Typ seiner Zeit, ein absoluter Herrscher, zudem einer mit einem schweren Schicksal. Wenn er nur nicht gar so viele Kriege geführt hätte! Sooft wir in die Pinakothek gehen oder Schloß Schleißheim besuchen, sooft sollten wir auch an die erschlagenen Oberlandler Bauern denken. Der Herr geb' ihnen und allen gefallenen Kriegern die ewige Ruhe! Und es ist doch gut, daß München und Schleißheim nicht Mittelpunkte einer Weltmacht geworden sind.

Wahrscheinlich kostet auch das ewige Leben noch etwas, hat einmal ein Eiskalter gemeint, und hat den Einfall von einer Himmelssteuer gehabt, analog der heiligen Kirchensteuer. Und da sind wir bei dem Thema des Steuerzahlens.

Um es gleich zu sagen: Auch in der bayerischen Geschichte spielt das Steuerwesen eine einnehmende Rolle. Da mußte man ganz früher zum Beispiel das Besthaupt bezahlen, wenn der Fürst gestorben ist. Das heißt, der Kastner oder Steuereinnehmer holte das beste Stück Vieh aus dem Stall. Als Kirchensteuer gab es den Zehent, den großen und den kleinen Zehent, also den Getreide- und den Kraut- und Rübenzehent und so weiter. Man war in den Hofkammern und Pflegegerichten, in den Hofmarksgerichten und in den geistlichen Registraturkammern immer einfallsreicher geworden. Man erfand die unglaublichsten Naturalabgaben; Arbeit auf den Hofgütern und in den Forsten, beim Wegebauen; dann das Jagdhundehalten und -füttern für die hochherrschaftliche Jagd, das Aushelfen in den herrschaftlichen Küchen, das Einquartieren und Verpflegen von Soldaten und Pferden.

Dazu kamen noch häufige Kontributionen und Sondersteuern von Fall zu Fall. Wenn es stimmen sollte, daß die Geschichte der Menschheit nichts anderes beinhalte als die nackte Wirtschaftsgeschichte, die reine Ökonomie, dann ist diese Geschichte ein unaufhörliches Steuerzahlen und Geldherbringen nur für die Obrigkeit, ob geistlich oder weltlich.

Zahlen macht Frieden. Ein Geld brauchen die und die. Da sind sie alle gleich. Interessant sind die Zeiten und jene Herren, die die Steuern und Abgaben besonders kräftig vermehrt haben. Die muß man sich genau ansehen, damit man sie das nächste Mal dann gleich kennt. Es sind meistens die großen und temperamentvollen Herren, die eine Ordnung machen wollen und die große Ideen haben. Verdoppelt haben sich die Steuern und Abgaben z.B. bei Maximilian im Dreißigjährigen Krieg und dann noch mal bei Max Emanuel im Spanischen Erbfolgekrieg. Anno 1676 wurde die Biersteuer verdoppelt, 1689 sogar verdreifacht. »Trinkt nur fest«, hat es damals geheißen, »dann kann der Max Emanuel mehrer Türken erschlagen!«

Aber viele Bräuer haben damals bereits nicht mehr gemocht und haben das Biersieden aufgegeben. Sie haben lieber Wasser getrunken, als daß sie mit dem Bier, dem flüssigen Brot, Kanonen finanziert hätten. Das waren noch Leut! Heute darf die Maß fünf Mark kosten und es verliert darüber kaum noch einer ein Wort.

Wurde bis 1723 die Biersteuer auf den Eimer Bier verrechnet, so steigert sie der blaue Kurfürst am Ende seines Lebens noch einmal. Und die nach seinem Tode eingesetzte Schuldentilgungskommission setzte einen weiteren Aufschlag fest, und 1723 geschah es in Bayern zum erstenmal: Man zahlte die Biersteuer von jeder Maß.

Zwei rote Pfennige pro Maß – bei einem Bierpreis, der zwischen eineinhalb und zweieinhalb Kreuzern schwankte. Der Kreuzer zu vier roten Pfennigen. Demnach hat sich die Biersteuer um die zwanzig Prozent bewegt.

Aber es hat noch genug andere Steuern gegeben! Die »Servissteuer« für die Einquartierung der Soldaten in Kasernen. Dann die »Verspannabgabe und die Fourragesteuer«, das »Hundsgeld« und die »Herdstättenanlage«, die »Kopfsteuer« und die »Spielkartensteuer« und dann auch noch, 1724 erstmals in Deutschland, die »Lustbarkeitssteuer«. Die kleinen Wirte haben für ihren Tanzsaal oder für das Musikantenpodium jährlich 45 Kreuzer zahlen müssen, die größeren Gastronomen in den Marktflecken und Städten zwei Gulden! Da haben viele Wirte ihre »Musikantenpodester zerbrochen« und haben zu den Steueramtmännern gesagt: »Bei uns wird nicht getanzt, bei uns wird auch nicht musiziert, in unserem Tanzsaal gibt es nur Leichentrünke.« Was man ihnen aber nicht geglaubt hat, weil eine Taverne ordinarimäßig einen Saal für Hochzeiten mit Musikantenpodest haben mußte.

Trotzdem, wenn man alle Abgaben zusammenzählt, die der Mensch anno 1724 hat zahlen müssen, kommen wir höchstens auf eine Besteuerung von 35 Prozent. Uns heutigen bleiben von der Mark kaum 50 Pfennig, wenn man alles rechnet, die Aufschläge auf die Zigaretten und auf das Benzin, auf das Fleisch und auf den Nagel in der Wand, keine 40 Pfennig! So ändern sich die Zeiten. Sie werden teurer, auch wenn die Musik billiger geworden ist.

Spürbar angefangen an der Steuerschraube zu drehen, hat der Kurfürst Max Emanuel. Aber ihm sei's verziehen, denn er hat uns, trotz seiner Kriege, die unverzeihlich bleiben, großartige Bauwerke hinterlassen. Er hat mit seinem feinen Geschmack Maler und Schnitzer, Stukkateure und Kunstschreiner, Vergolder und Silberschmiede zu bezaubernden Arbeiten angeregt. Er war ein großer Mäzen.

Von der Zugehörigkeit der Untertanen im 18. Jahrhundert

Eine Ordnung muß sein auf der Welt, hat der Herr Amtmann gesagt und hat dem hübschen, glücklichen Brautpaar die Heiratslizenz verweigert. »Denn«, so hieß es in seinem Instruktionsbüchlein für künftige Hofmarksjuristen, »sollest du nie eine Junge einen Jungen heiraten lassen. Denn die mögen lang leben und keine Veränderung machen, deshalb die Sporteln nicht fließen wollen. Wer als ein Amtmann aber viel Sporteln und Taxen einnehmen will, der muß allezeit auf einen guten und raschen Fortgang der Protokollierung achten, insonderheit bei denen Heiraten und Übergabsverträgen der Landbevölkerung. Ergo darfst du nit heiraten lassen einen Jungen mit einer Jungen, sondern einen Alten mit einer Jungen, auf daß es allzeit wieder heiratslustige Witfrauen gibt und das hohe Geschäft der Protokollierung dir Sporteln und Kösten abwirft.«

So steht es im Lehrbüchlein für Hofmarksjuristen, gedruckt in Wien im Jahre 1757. Und die praktizierenden Hofmarksrichter und Amtmänner der Herren Adeligen und hofmarksfähigen Großbürger haben diese üblen Ratschläge und Bauernschindereien am ehesten befolgt.

In den geistlichen Hofmarken war man natürlicher und vernünftiger. Das Kloster war ohnehin vermögend und übernahm die Protokollierungskosten meistens selber. Und die unmittelbar dem Landesherren unterstehenden Hofmarken hatten bereits eine üppigere Bürokratie zur Verfügung. Die Heiratslizenz an sich war ja schon eine Schikane, weshalb die Freiheit der Gattenwahl, als ein Grundrecht, ein urmenschliches Herzensbedürfnis, revolutionär sehr herausgestellt wurde zwischen 1789 und 1848. Noch Fürst Metternich hat einmal gesagt, daß »der ganze Ramasuri von der Volkssouveränität mit der Freigabe der Heiratslizenzen seinen Anfang genommen habe«. Die Heiratslizenz war eine Art feudales Laien-Zölibat gewesen.

Jahrtausende über hat man hierzulande diese Politik vertreten: Es dürfen nur Leute heiraten, die eine gesicherte Existenz nachweisen können; keine Knechte und Mägde, keine Gesellen und

Lehrlinge, keine abhängigen Habenichtse, keine herumvagabundierenden Bettler. Und die Heiratslizenz konnte man nur von seinem Grundherren bekommen. Der Grundherr war der erste und unmittelbare Vorgesetzte in allen irdischen und rechtlichen Dingen. Er war der erste Besitzer, der oberste Grundinhaber. Der Bauer selber war ja nur der zweite Besitzer – besser gesagt –, er war ein Pächter. Und so war es bis 1848 gewesen in Bayern.

»Frei« ist der Bauer also erst gute 130 Jahre jetzt. Seit 1848 endgültig. Diese 130 Jahre Bauernfreiheit waren allerdings überwiegend schöne Zeiten gewesen. So zwischen 1850 und 1950 ist das Bauernsein gemütlich gewesen. Das Knechtsein weniger. Oder sagen wir: nicht auf jedem Hof.

In den alten Hofmarken war aber auch das Leben gemütlich, denn das oberste Besitzrecht des Feudalherren konnte ein recht mildes und vernünftiges Recht sein. Er konnte seinen Bauern nämlich verschiedene Zweitbesitzrechte geben: das beste, das war das Erbrecht. Der Hof konnte wie ein Erbhof vom Vater auf den Sohn weitergegeben werden. Dann gab es das Leibrecht. Auch das war noch gut. Zeitlebens konnte so ein Bauer von keinem Herrn abgestiftet werden, und normalerweise wurde geradesogut weiter übergeben wie beim Erbrecht. Die anderen beiden Rechte waren etwas schlechter. Hatte man den Hof zur Stift- oder Neustift, konnte man von seinem Grundherren jederzeit abberufen werden. Aber in praxi war das sehr selten der Fall. Denn gute Wirtschafter waren selten. Und es gab lange Zeiten, in denen man lieber Knecht als Bauer gewesen ist.

Bei einer Abstiftung mußte große Faulheit oder Unfähigkeit vorliegen. Oder eine kriminelle Tat geschehen sein. – Alle Rechte konnten auf den Sohn geschrieben werden. Die Amtmänner waren dessen sogar froh, denn es regnete wieder Sporteln. Der angestellte Verwalter der Hofmark, der Richter und oft auch der Amtmann, bekamen von ihrem Herrn, dem Herrn Baron bzw. dem Herrn Grafen, nämlich kein Gehalt. Sie errechneten sich ihr Bareinkommen von den Protokollierungskosten der Hofmarksuntertanen, also von Heiratslizenzen und Rechtsübergabegeschäften.

Die Kirchenabgaben sind gleich nach der Gilt gekommen. Die »Gilt«, man hat bald alles in Geld bezahlt, ist auf Michaeli, auf den 29. September, fällig geworden. Der Zehnt aber meistens halb bereits auf Georgi. Und der Zehnt hat der Kirche gehört.

Aber die Kirchen haben den Zehnt oft verkauft gehabt, halb oder ganz, infolgedessen hat oft ein Bankier den Zehnt einkassiert. Und der Zehnt mußte eingeholt werden, die Gilt aber abgeliefert.

Daneben hat es noch andere Steuern gegeben, wie die verschiedenen Scharwerksgelder für Spann- und Handdienste. Das Geld ist aber den Herrschaften viel lieber gewesen. Das Leibgeld kassierten nur die ganz großen Herren, die Fürsterzbischöfe und der Herr Herzog oder Kurfürst oder Kaiser. Es war ohnehin sehr gering. Es war eher ein symbolisches Schutzgeld als eine sklavische Abgabe Leibeigener.

Von der barocken Wohlbeleibtheit

Wer hätte nicht Sehnsucht nach der ganz guten alten Zeit von 1789? Wer die nicht erlebt hätte, so seufzten die Alten, der hätte vom schönen Leben überhaupt keine Ahnung. Und da sind wir wieder bei dem romantischen Liebesseufzer: »Ich hab' so Sehnsucht nach dem 18. Jahrhundert!« – Lachen Sie nur! Aber etwas Wahres ist daran. Das 18. Jahrhundert nämlich birgt die Fülle der menschlichsten Gemütlichkeiten in sich, und es ist voller Geist und voller Musik und voller Gemüt. Von dem gesünderen Wasser und der reineren Luft ganz zu schweigen.

Bach und Gluck, Haydn, Mozart und Beethoven, Goethe und Schiller, die Wessobrunner Stukkateure, die herrlichsten Kirchen, die Asam und Günther, die vielen herzinnigen Andachten und die frommen Wallfahrten, die vielen Feiertage und Kirchtage etc. Die Menschen hatten einen gemütvollen Höhepunkt erreicht wie noch nie zuvor. Dieses 18. Jahrhundert predigte obendrein aus übervollem Herzen die großen philosophischen Postulate der Freiheit, Gleichheit und Brüderlichkeit, was dann leider den Umschwung zur Folge hatte und auch die Guillotine in Aktion treten ließ.

Und warum? Nur wegen der Übertreibung. Weil sie frei als gesetzlos, gleich als gefühllos und brüderlich als rachelüstern verstanden haben. Eine komische Tragödie.

Von dem Seelenreichtum und den Schätzen des Gemütes des 18. Jahrhunderts zehren wir noch lange. Gerade heute steigen die Möbel des 18. Jahrhunderts ungeheuer im Preis. Selbst die kleinsten Votivtafeln werden teuer bezahlt, und ihretwegen werden gar Kirchen beraubt. »Unser tägliches Barock gib uns heute«, beten die Kommunarden geradeso wie es die Boys und Girls der Jet-Generation gebetet haben. Sie alle haben Sehnsucht nach dem 18. Jahrhundert. Und wer hörte schon nicht leidenschaftlich gern Bach oder Mozart? Das ist eine trostreiche Musik. Und es ist ein gutes Zeichen.

Manches ist in Bayern noch vorhanden: Kirchen und Wallfahrten, Schlösser und alte Bräuche, Bauernwirtshäuser und alte Bürgerhäuser, geschlossene Markt- und Stadtplätze. Die alten Flachstruhen und Bauernkästen sind zwar meistens zusammengeschlagen worden, aber einige konnten nach dem letzten Krieg doch noch gerettet werden. Andere Völker haben mehr gerettet. Es gibt auch einen bayerischen Barbarismus.

Dumm sind unsere Ururgroßväter nicht gewesen. Und die Leut haben damals einander noch mehr gemocht. Weil sie die Liebe größer geschrieben haben als heut. Was hätten sie denn sonst getrieben in den langen Winternächten, wo sie auch tagsüber weniger arbeiten mußten? »Auf den Herrgott haben sie vertraut, und einander haben sie sich recht gern gehabt und gedrückt und geliebt«, wie es in einem alten Lied heißt.

»Ja, meine Liebe, damals, im 18. Jahrhundert, damals haben sie noch eine Liebeskraft gehabt, die Leut'!« Die Männerleut' und die Weiberleut' sind einander so gut gewesen, daß sich das ein heutiges Liebespaar nicht mehr vorstellen kann! Das barocke Frauenzimmer hat ein »Musikgehör« gehabt, und die Dirndln damals haben viel Herz und viel Gemüt besessen und haben viel lachen oder weinen können, aber meistens haben sie ein glückliches Geschau gehabt. Und züchtig, sittsam, sind sie vor allem gewesen. Man wußte es damals noch: »D'Liab braucht a Scham! Je gschamiger, um so lieber und tiefer gehts eini!« Wer das bedenkt, kriegt Sehnsucht nach dem 18. Jahrhundert.

Nach dem Tode Emanuels im Jahre 1726 und dem Regierungsantritt Karl Albrechts nahm das Bauen im ganzen Land einen weiteren Aufschwung. Jeder Barockprälat, jeder Graf, jeder Freiherr, jeder wohlhabende Bürger, jede bessere Bauernpfarrei, ja sogar die Bettelorden wollten neue Gotteshäuser, neue Schlösser, neue Häuser.

Die Bauwut in der ersten Hälfte des 18. Jahrhunderts machte die Maurer, Steinmetzen, Stukkateure und Schnitzer, die Vergolder und Maler zu wohlhabenden Leuten. Das Geld rollte schneller. Und man machte auch viele Schulden, man tat so, als lebte man aus dem vollen, feierte Hebefeste, ging wochenlang wallfahrten, kehrte tagelang in den Wirts- und Bräuhäusern ein. Die Gastronomie hatte im 18. Jahrhundert einen höheren Stand als heute. Die Postkutschen waren ausverkauft, die Extraposten eilten ohne Paßkontrollen durch die Provinzen Europas. Man kam überall durch, wenn man den Zoll entrichtete: Den Brükken-, Pflaster-, Schrannen-, Stadt- und Fremdenzoll! Und die Herren wurden immer wohlbeleibter. Auch von starken Damen hören wir, denn der hohe Barock kannte noch nicht die Grazie des späteren Rokoko. Man trug damals, anfangs der 20er Jahre des 18. Jahrhunderts, noch die schwere Allonge-Perücke und noch nicht den Haarbeutel und den Zopf. »Lasset krachen, ihr Himmel, lasset krachen! Und die Welt ist ein Wirtshaus!« predigten damals die Patres Kapuziner. Die köstlichste Chormusik fiel mit Pauken und Trompeten ein, daß der Heilige eine Freude hatte an seinem Tag. Und die »Stück« donnerten den Ehrensalut. *Omnia ad majorem Dei gloriam!* Für die Ehre Gottes war nichts zu schön, zu groß und zu teuer. Und es ist ganz gleich gewesen, was einer für eine Profession gehabt hat. Ob er König oder Bauer, Bettelweib oder Bierbräuer gewesen, Stadtmensch oder Beichtvater, Bischof oder Tuchmacher, Lehrbub oder Bäckergesell: Für einen jeden hat der Satz seine Geltung gehabt: »Was für eine Rolle, daß dir der Herrgott aufgegeben hat im Leben zu spielen, das ist nicht wichtig. Die Hauptsache ist, daß du deine Rolle gut spielst – ohne Patzen und mit Freud!« Darum spielt Eure Lebensrolle gut und murrt nicht wider eine zu geringe und kleine Rolle! Auf daß dir der Heilige Peter einmal geschwind die Himmeltür auftut. Und ist es auch nur die Rolle eines abgewiesenen Liebhabers gewesen. »Drum laßt uns einander recht drukken, einander recht lieben und recht leiden! Der Herrgott erhört uns gewiß alle Zeiten!«

Die bayerischen Fürstbistümer

Zu den Ahnen des heutigen Hauses Bayern darf man auch geistliche Fürsten zählen. Unter dem Krummstab ist gut leben, hat es einmal geheißen. Bayern wurde die eineinhalbtausend Jahre über nicht nur von Königen, von Kurfürsten oder Herzögen regiert, sondern Teile dieses Bayern auch von Fürstbischöfen und Reichsäbten. Das waren erst glückliche Untertanen gewesen, die konnten sich beruhigt fühlen als gläubige Christen, denn die weltliche und die geistliche Gewalt lag in einer Hand. Für den Menschen der Gegenwart ist das unvorstellbar beängstigend: Zeitliche und ewige Gerichtsbarkeit, das Schwert und die Verdammung! Es scheint uns die perfekteste Tyrannei darzustellen. Jedoch das Gegenteil überwog: Toleranz und Großzügigkeit, Milde und Gnade, Musik, Kunst und Theater.

Musikalisch ist ja viel zusammengegangen in den geistlichen Stiften. Man darf ja nur an Salzburg denken, an Mozart. Ihn gäb es nicht, wenn nicht der Fürsterzbischof Sigismund von Schrattenbach gewesen wär! Oder sehen Sie nach Würzburg und Bamberg!

Die schönsten Schlösser und Gärten und Kirchen! Man muß sich so einen Hofball beim Fürstbischof und Herzog in Franken einmal vorstellen! Es gab sogar bischöfliche Hofdamen in den Lustschlössern, neben den Springbrunnen und verschwiegenen Platzerln in den Lustgärten von Seehof und Veitshöchheim, wo man alle Daumenlang dem Gott Amor begegnet. Das waren halt noch barocke Grandeseigneurs gewesen, die Schönborn und Seinsheim!

Fast ganz Franken wurde künstlerisch und geistig, weltlich und ewiglich von den Fürstbischöfen zu Würzburg, Bamberg und Eichstätt betreut und regiert, geradeso wie Teile Altbayerns bis 1803 unterm Krummstab gelebt haben. In unseren geistlichen Fürstentümern haben wir Bayern eine große gemeinsame Geschichte, die nirgends so typisch war wie gerade in unserem Königreich und jetzigen Freistaat. Die nämlichen Adelsgeschlechter stellten die Domherren in fast allen Kapiteln. Man konnte in Salzburg und in Eichstätt, in Regensburg und in Würzburg dem Kapitel angehören. Oder man überließ Aspektanzen zu Passau und Freising dem jüngeren Bruder und zog selber nach Eichstätt und Bamberg, während die Vettern mütterlicherseits Domherren von Salzburg und Augsburg waren. Die Kontinuität des Lebens- und Regierungsstiles war jedenfalls über mehr als ein Jahrtausend bewahrt geblieben. Und die weltlichen Brüder haben die Schwestern anderer Domherren geheiratet. Die Schönbornschwester wurde zum Beispiel Gräfin Seinsheim auf Sünching bei Straubing.

Die große Politik war in den geistlichen Fürstentümern reichstreu, man war kaiserlich gesinnt, wenn nicht gerade ein Wittelsbachischer Prinz die bischöflichen Würden an sich gezogen hatte, was manchmal für Freising und Regensburg zutraf.

Und zweihundert Jahre lang für Köln. Unter dem geistlichen Regiment hat man viele Guttaten erbeten können. Aber noch frömmer als unter weltlichen Herren hat man auch wieder nicht sein brauchen. Manche Gesetze sind in den geistlichen Fürstentümern weniger hart ausgelegt worden. Zum Beispiel sind die Wilddiebe vom Fürsterzbischof von Salzburg – wenigstens seit der Reformationszeit – nicht gar so hart gestraft worden wie die bayerischen. Und es gab Verbrechen, für die man in München gerädert worden ist, in Freising aber nur als Galeerensklave nach Venedig verkauft wurde. Interessant ist eine fürstbischöflich-würzburgische Verordnung, nach der die Sänftenträger der Stadt, die heutigen Taxifahrer, bei übermäßiger Trunkenheit ihre Konzession verloren und auch bestraft wurden. Ein arbeitsamer Mensch hat es auch damals zu was bringen können! Das höchste, das man hat werden können, das war ein Pfarrer oder ein Wirt. Ein Pfarrer war nämlich auch ein kleiner Fürstbischof.

Allen Ernstes jedoch muß der Satz seine Gültigkeit haben: »Unterm Krummstab ist gut leben.« Die geistliche Obrigkeit konnte großzügiger sein als die nur weltliche, denn alle Erbverträge der Domherren lauteten meist zu Gunsten der Kapitel, und die Fürstbischöfe hatten eine besser gefüllte Kasse als die Herzöge und Kurfürsten. Kamen Mißwuchs und Hochwasser, Hagel und Viehseuchen, stundeten die Prälaten ihren Bauern die Gilten und den Zehent. Es ist erwiesen, daß in den geistlichen Hofmarken weniger Bauern abgestiftet wurden als in den weltlichen. Auch konnten die bischöflichen Residenzen mehr Bildung und Geistigkeit fördern als dies die Fürsten taten.

Kaiser Karl VII.
(1726–1745)

Aber schön ist es halt doch, daß wir mitten im 18. Jahrhundert noch einmal einen Kaiser zusammengebracht haben! Wo das immerhin schon Jahrhunderte über nur Habsburger waren! Und jetzt also ein Münchner Wittelsbacher! Wenn die Würde auch nur drei Jahre lang gedauert hat, denn Kaiser Karl VII. ist schon 1745 plötzlich gestorben – in der Blüte seiner Jahre!

Immerhin, es war ein Kaiser gestorben in München! Und man kann diese Würde heute noch bestaunen, in Nymphenburg draußen, im Marstallmuseum, an der kaiserlichen Staatskarosse, die von zwölf Schimmeln gezogen wird. Karl Albrecht, ein Sohn Max Emanuels, war schon von Haus aus kein sparsamer Fürst, sondern ein prunkliebender Rokokoherr! Man denke nur an die reichen Zimmer der Residenz, an die »Grüne Galerie« und an die Amalienburg im Nymphenburger Schloßpark, bleibende Kostbarkeiten! Und angeschafft zu einer Zeit, wo der Staat fortwährend vom Bankrott bedroht war. Für Militärisches konnte man da keine großen Ausgaben machen. Man ließ eher die Steinmetzen, Zimmerleute, die Schnitzer und Maler und Musiker leben.

Gleich wie er ans Ruder gekommen ist, hat er schwer zu sparen angefangen. Aber bald ist der Vorsatz wieder vergessen gewesen. 1739 hat er gar wieder bayerische Soldaten nach Ungarn gegen die Türken schicken müssen. Obwohl er damals mit den Habsburgern schon Verstimmungen hatte wegen der Anerkennung der Maria Theresia als Kaiserin wegen der »pragmatischen Sanktion«. Dabei war er im Recht gewesen. Alte Erbverträge haben klar ausgesagt: »Sterben die Prinzen aus in Habsburg oder in Wittelsbach, beerbt ein Geschlecht das andere.« Aber Kaiser Karl VI., der Vater der Maria Theresia, hat die alten Erbverträge nicht mehr gelten lassen.

Da hat man sich ausrechnen können, was auf Bayern wieder alles wird zukommen. Und anno 1740 ist es soweit gewesen! Der Kaiser stirbt, und Karl VII. Albrecht von Wittelsbach erkennt das neue Erbfolgegesetz in Wien nicht an. Es kommt zum Krieg, weil die bayerischen Diplomaten ein Jahr lang nichts ausrichten konnten. Die Franzosen schicken als Bundesgenossen vier Regimenter, und also ist man im September 1741 in Oberösterreich einmarschiert – bis nach Linz. Vom Innviertel aus sind das bald fünfzig Kilometer!

Aber anstatt nach Wien weiter zu marschieren, schwenkte man nach Böhmen und ließ sich in Prag die Böhmische Krone aufs Haupt setzen. Und dann ging man ohnehin bereits nach Frankfurt zur Kaiserkrönung. Inzwischen aber hat die junge Maria Theresia von ihren Ungarn begeisterte Hilfe erhalten und drang in Bayern ein. Die Panduren haben hier ziemlich wüst gehaust. Noch heute gibt es im Bayerischen Wald das schaurige Spiel vom Trenck, dem Panduren! Und wie gesagt: Am Tag der Kaiserkrönung zu Frankfurt eroberten die Österreicher München.

Nur Landsberg, Ingolstadt und Straubing haben sich bayerisch halten können. Sonst überall hausten die Kroaten, Slowaken und Panduren, oder wie man sie bei uns damals genannt hat: Die »Krawotten und Schlowackn«!

Erst als der große Preußenkönig Friedrich II. anno 1744 wieder auf Böhmen marschiert ist, haben die Truppen Österreichs München geräumt und »Seine arme Heilige Majestät, unser Kaiser Karl VII.« hat wieder heim können. Heim in seine Münchner Residenz, um zu sterben. Es tröstete ihn der liebe Gott! »Wäre er Kurfürst geblieben, er könnte heute noch leben«, schrieb später Lorenz von Westenrieder.

Kurfürst Maximilian III. Josef
(1745–1777)

Nicht wegen großer Siege, weit eher wegen vieler kleiner Wohltaten und mäßiger Reformen wird ein Fürst von seinem Volk geliebt. Der letzte Kurfürst der Münchner Linie der Wittelsbacher, Maximilian III. Josef, der über 32 Jahre lang regierte, war so ein guter Fürst, denn seine Bayern gaben ihm die Beinamen »der Gute und der Vielgeliebte«. Als er an die Regierung kam, hatte das kleine Kurfürstentum 32 Millionen Gulden Schulden und war durch die Wirren der Kriege, die sein Vater Karl VII. Albrecht, infolge seines deutschen Kaisertitels mit der Habsburgerin Maria Theresia hat erleiden müssen, ziemlich ausgehungert und verarmt.

Als er jedoch nach 32 Jahren erst fünfzigjährig starb, besaß Bayern die Ansätze zu einem guten Schulwesen, zu einer besseren Landwirtschaft, zu einem einfacheren Rechtswesen, zu einer aufgeklärten Kirchenpolitik. Mit einem Wort: Die Regierung Maximilians des Vielgeliebten war für das Land eine Wohltat gewesen. Freilich fiel in das Ende dieser Zeit eine bittere Hungersnot, damals »Teuerung« genannt.

Und sein Finanzminister Berchem war einfallsreich in der Erfindung von Bagatellsteuern. Er führte eine Fenster- und Herdstellen-, eine Musikanten- und Hutsteuer, eine Schuhbänder- und Strumpfbändersteuer ein.

Außenpolitisch ist natürlich kaum etwas Auffälliges zu vermelden. Und militärisch noch weniger. Schulden zahlen kann nur ein Fürst, der die Soldaten heimschickt und außer für die Hartschiergarde und für einige Paraderegimenter für Militärisches nichts ausgibt. Da bleibt von den Steuern etwas hängen, da füllen sich die Kassen des Staates. Die Kriegsgefahren werden täglich geringer, 32 Jahre lang ist Friede. Man baut Kirchen und schöne Schlösser, prächtige Bürgerhäuser und Klöster! Die Künste und die Wissenschaften blühen. Der Benediktinerpater Anselm Desing von Ensdorf gibt unter dem Titel »Auxilia Historica« vier dicke Bände einer Universalgeographie und Staatenbeschreibung heraus. Maximilian III. Josef gründet die Bayerische Akademie der Wissenschaften. Er richtet Realschulen ein, läßt mehr Mathematik, Deutsch und Erdkunde lernen, nicht mehr nur Latein, Griechisch und Religion.

Maximilian III. Josef war ein aufgeklärterer Fürst als Friedrich II. von Preußen. Nur halt wesentlich friedliebender. Als er 1773 den Jesuitenorden aufhob, hat er die dem bayerischen Staate zufließenden sieben Millionen Gulden zum Ausbau des Schulwesens verwendet. Ob diese Tat wirklich so einen gewaltigen pädagogischen Fortschritt zur Folge hatte, wie man Jahrhunderte über immer behauptet hat, kann neuerdings doch noch nicht endgültig bejaht werden.

Maximilian III. Josef hieß seine Bauern Klee und Kartoffeln anbauen, und die aufgeklärten Ingolstädter Professoren Ickstatt und Lori machte er zu seinen Ratgebern. Sein Kanzler Wiguläus Xaverius von Kreitmayr verbesserte das bayerische Kriminalrecht, das Landrecht und die bayerische Gerichtsordnung. Die Folter wird theoretisch zwar noch nicht verboten, aber doch nicht mehr angewendet. Schließlich entstanden durch des Kurfürsten Initiative mehrere Fabriken: Eine Bleistift-, eine Spiegel-, eine Leder- und eine Porzellanmanufaktur. Wovon lediglich die Porzellanmanufaktur bis zum heutigen Tage ruhmreich fortbesteht als Nymphenburger Porzellanmanufaktur.

Wer hat damals schon einen Bleistift gebraucht? Und wer einen Spiegel? Man hat noch keine große Bürokratie gekannt, und die Dirndln haben sich nicht so oft im Spiegel angeschaut, weil ja damals die Hoffart noch zu den sieben Hauptsünden gehört hat.

Es ist typisch, daß von den sieben Millionen Jesuitengeldern unsere Schulhäuser gebaut worden sind und unsere erste Lehrerbildung auch mit diesem Geld finanziert worden ist. Ausgerechnet von dem Jesuitengeld! Man hat ja gemeint, die Jesuiten hielten den Fortschritt auf! Und doch waren die ersten Schullehrer an den neuen Realgymnasien die Exjesuitenpatres gewesen! Eine merkwürdige Fügung!

Er war zwar selber fromm, aber die Klosterfreundlichkeit seiner Vorfahren teilte Maximilian III. Josef nicht. Er hat zahlreiche Verordnungen gegen die Übervölkerung der Klöster erlassen. Daß er dennoch den Ehrennamen »der Vielgeliebte« bekommen hat, verdankt er seiner Mildtätigkeit während der großen Hungerjahre 1770 und 1772. Die Getreidespekulanten verlangten damals für den Scheffel Weizen oder Korn bis zu hundert Gulden. Der Kurfürst ließ gegen diese Wucherer energisch vorgehen und gab allen seinen Jägern den Befehl, die Reviere abzuschließen und das Wildbret unter die Hungernden zu verteilen. Auch für eine staatliche Armen- und Rechtspflege setzte er sich ein.

Trotz seiner Fortschrittlichkeit hat er es mit den Alten auch nicht verdorben. Wenn Maximilian III. auch ein aufgeklärter Fürst gewesen ist, so fromm wie er ist vor ihm kaum ein Wittelsbacher gewesen. Bei jedem Versehgang, den er inne geworden, ist er hinter dem Allerheiligsten mitgegangen, mit den anderen Leuten, bis zum Hause oder Häusl des Sterbenden. Und während der Pfarrer drinnen beim Kranken die Beichte gehört hat und ihn abgespeist und die Ölung gegeben hat, hat sich der Kurfürst, wie es der Brauch gewesen ist, heraußen vor der Haustür hingekniet und hat mit der Nachbarschaft den Rosenkranz gebetet. Das hat den Leuten gefallen! Das hat man sich bald in ganz Europa erzählt! Er war konservativ aber nicht reaktionär. Er hat auch komponiert und fürs Theater geschwärmt. Zweimal hat ihm Mozart – auf Bestellung – eine Oper geschrieben. Und François Cuvilliés hat ihm das schönste Rokokotheater der Welt gebaut: Das Münchner Cuvilliéstheater in der Residenz.

Er war ein idealer Bayernfürst: Fortschrittlich und konservativ, fromm und aufgeklärt, lustig und traurig, jagerisch und musikalisch, sparsam und freigebig, zünftig und gutmütig. Ein Vielgeliebter unter seinen Bayern! Nur einen Fehler hat er gehabt: Er hat sich nicht fortgepflanzt, er hat von seiner aus Sachsen stammenden Kurfürstin keine Kinder gehabt. Mit ihm sind die Münchner Wittelsbacher ausgestorben, anno 1777, und die Pfälzer Vettern haben geerbt, jene Wittelsbacher, die vom älteren Bruder Kaiser Ludwig des Bayern abstammten, von Herzog Rudolf, und damals, im Jahre 1777, in der Pfalz schon fast ein halbes Jahrtausend regiert hatten, zuerst in Heidelberg, zuletzt in Mannheim. Schon ein Urenkel Rudolfs, Pfalzgraf Ruprecht III., war im Jahre 1400 Deutscher König geworden. Die Seitenlinie Neunburg-Oberpfalz hat zur selben Zeit den Thron von Dänemark-Schweden und Norwegen innegehabt. Es gab die wittelsbachisch-pfälzischen Zweige der Häuser »Simmern-Zweibrükken-Veldenz« und »Moosbach« und schließlich die Stammeslinie unseres Königshauses, die Linie Zweibrücken-Birkenfeld.

Unsere Liebe Frau von der Herzogspitalkirche

Treu sein ist eine Haupttugend der Bayern. Wir saufen, wir fluchen, wir raufen, wir schwören falsch, wir sind bigott und konservativ, aber wir sind treu! Die Treue der Bayern zu ihrem Regenten zeigte sich ganz deutlich beim Tode des Kurfürsten Maximilian III. Josef, des Vielgeliebten.

Augenzeugen berichten darüber in den rührendsten Tönen. Alle Kirchen Münchens seien Tag und Nacht mit Menschen gefüllt gewesen, die laut geweint und gebetet hätten, daß Gott der Allmächtige den guten Fürsten doch möge am Leben erhalten und wieder gesund werden lassen. Arme und Reiche, Grafen und Biermadeln, Bäckerknechte und Bierbräuer, alle Münchner jammerten und weinten am 28., 29. und 30. Dezember des Jahres 1777, daß die Tränen wie ein Schmelzbach durch die Münchner Gassen geflossen sind. Seine Durchlaucht lagen im Sterben. Ein so rüstiger und erst fünfzigjähriger Herr und an den Blattern sterben? Man hielt es nicht für möglich. Hat der gute Maxl doch noch nicht einmal einen Sohn und Nachfolger!

Aber daran Schuld waren nur diese Doktoren der Arznei, die Herren Hofmedici! Voran der Primarius Dr. Senftl, ein ergrauter und würdiger Sohn des Gottes Äskulap und trotzdem ein vielgeübter Arzt für allzeit sterbenslustige Patienten.

Die Leute haben bei Hofe Eingaben gemacht, an die Frau Kurfürstin, man soll die gelehrten Ärzte ja nicht zum Fürsten ans Bett lassen, weil gerade ihnen die Patienten ja doch alle stürben. Gesund wäre dem Dr. Senftl noch nie ein Mensch geworden, nicht einmal ein fast Gesunder. Aber das Hofzeremoniell war stärker gewesen. Dr. Senftl hat bei einer Krankheit des Regenten am Münchner Hofe regiert wie ein Diktator. Der Fürst hatte Anfang Dezember, gleich nach St. Nikolaus, über Kopfweh und etwas erhöhte Temperatur geklagt, und Dr. Senftl hat sofort eine Parforcejagd angeordnet. Einen Tag fest reiten, hat er gesagt, und weg sei das Fieber. Es war aber nicht weg. Es sind Blattern daraus geworden. Dr. Senftl hat aber festgestellt, es wären nur Kindsröteln, weil der Secundarius, Dr. de Branca, auch von Blattern geredet hat. Im Bulletin hat es gar geheißen, es sei nichts anderes als eine kleine »évolution de sangue«, ein harmloser Rotlauf. Aber es ist dem Kurfürsten täglich schlechter gegangen.

Die Krankheit schritt so rasch voran, daß Seine Durchlaucht

schon nach Weihnachten ein Sterbender war. Die Doctores *ordinarii, secundi* und *tertii* erkannten deutlich auf starke Blattern, der Dr. Senftl, *primus ordinarius serenissimi principis*, aber sprach von einer merklich spürbaren Genesung und ließ Dankgottesdienste abhalten. Das Volk der Bayern jubelte. In Straubing hielten sie in allen Kirchen drei solenne Hochämter. Und Dr. Senftl schritt singend und lachend durch die Gassen Münchens. Graf Fugger sprach, da er den Leibarzt des Kurfürsten so fröhlich herumspazieren sah, die geflügelten Worte: »Ihre elende Stimme, Herr Doktor, ist mir lieblicher als die vollkommenste Opera, denn sie ist mir ein Beweis von dem Wohlergehen unseres Landesvaters.« Daraufhin ordnete der Primus Ordinarius ein kleines Konzert im Kabinett des Kurfürsten an. Und das ärztliche Bulletin sprach von einer überaus ruhig verbrachten Nacht des durchlauchtigsten Fürsten.

Das war in der Nacht vom 27. auf den 28. Dezember gewesen. Da hat kein Gendarm auf die Polizeistunde geschaut, und das Bier ist die ganze Nacht offen gewesen. In der Residenz ist es erst recht fröhlich hergegangen, man hat schon wieder freudig vom Fasching geredet, von der kommenden Ballsaison. Aber alles war umsonst. Seine Durchlaucht sind in einer tiefen Ohnmacht gelegen.

Jetzt war Dreck Trumpf. Doch in München gibt es immer wieder ein Mittel, das hilft. Die berühmte Muttergottes vom Herzogspital. Dieses Gnadenbild wird ja heute noch verehrt. Damals war es Brauch, daß, wenn in der Residenz ein Bayernfürst im Sterben lag, man ihm die wundertätige Madonna vom Herzogspital in feierlicher Prozession ans Sterbebett getragen hat.

Gegen Mittag hat der Doktor Ordinarius den Auftrag erteilt, die Herzogspitalmuttergottes herbeizuholen. Der Primarius war aber für ein Aufschieben dieser *ultima ratio* bis auf den anderen Morgen. Und Dr. Senftl hatte ausnahmsweise recht. Maximilian III. öffnete die Augen und unterbrach das ärztliche Konsilium mit den geflügelten Worten: »Es bleibt dabei, meine Herren, ich steh nimmer auf.« Da zeigte sich Senftls Kühnheit abermals. Er verbot dem Fürsten einen solchen Pessimismus und fühlte ihm von da ab halbstündig den Puls. Den anderen Tag konnte der Kurfürst nicht mehr recht atmen und streckte seine geschwollene Zunge zwei Finger weit aus dem Mund. Jetzt ließ auch Senftl nach der Herzogspitalmuttergottes rufen und nach der letzten Ölung.

Mein Gott, war das eine traurige Prozession! Ganz München ist mitgegangen. Und alles hat laut geweint. So inbrünstig ist lang nicht mehr gebetet worden wie damals. Und wie die Mutter Gottes nach einer guten Stunde aus der Residenz wieder zurückgetragen worden ist, haben die Leute sich auf den Boden geworfen und ganz verzweifelt geschrien: »Oh Maria hilf, hilf unserem Maxl!«

Nichts mehr hat geholfen. Um halb zwei Uhr am 30. Dezember 1777 ist der Kurfürst gestorben. Dr. Senftl aber ist mit der Prozession zu der Herzogspitalkirche gegangen und hat ganz still mitgebetet. Aber die Münchner haben ihm böse Namen zugerufen, haben ihn einen »Mörder« genannt. Die Kuriere aber sind aus der Stadt gesprengt und haben dem Karl Theodor von der Pfalz die Nachricht gebracht, daß er jetzt nicht mehr nur Kurfürst von der Pfalz, sondern auch noch Kurfürst von Bayern sei.

Bayerische Gastronomie im 18. Jahrhundert

Von allen Lebensregeln taugt eigentlich nur eine etwas, und die heißt: Das Leben soll lustig sein. Und zu einem lustigen Leben braucht man in Bayern gute Wirtshäuser. Heutzutage geht ja bei den Gastronomen das Geschäft zurück, aber früher, vor hundert oder zweihundert Jahren, da war der Wirt der angesehenste Unternehmer der gesamten Wirtschaft. Es gab damals keine reicheren Leute im Land als die Schank- und Zechstubenbesitzer, als die Garköche, Bäcker, Lebzelter, Metzger und Bierbräuer.

Das war noch ein natürlicher Reichtum gewesen. Die Bräuer waren die Höchsten. 1618, bei Ausbruch des Dreißigjährigen Krieges, hat es in München zum Beispiel neunundsechzig Bierbräuer gegeben. In den bayerischen Städten haben damals die Herren des Rates regiert. Und wer ist dringesessen in so einem Magistrat? Nur Bräuer, Wirte, Lebzelter, Bäcker und Metzger, also lauter Sauf- und Freßberufene! Kein anderes Gewerbe ist hochgekommen. Von Ausnahmen in den großen Reichsstädten abgesehen.

Es war viel Handel und Wandel in der Welt! Die Straßen sind belebt gewesen von den vielen frommen Wallfahrern, von durstigen Fuhrleuten, Kurieren, Landboten, von Bettelbrüdern, Vaganten und Studenten, von reisenden Prälaten und Herrschaften. Da war ein Leben in den Wirts- und Posthäusern. Tausende von Wallfahrern sind unterwegs gewesen, dazu die Flößer und Schiffsknecht, die herumreisenden Wundärzte, Schausteller, Kratler und Zigeuner, die Gaukler und Handwerksburschen, die Landständler und Gesandten. Die Straßen sind voll gewesen und die Wirtshäuser erst! Die Tavernen, Lebzeltereien, Garküchen und Bräuhäuser haben sich kaum mehr zu helfen gewußt. Immer wieder liest man in den alten Reiseberichten, daß man sich hart getan hat bei der Quartiersuche, weil die Herbergen allesamt überfüllt gewesen seien.

Fand der Gast kein Zimmer mehr und es war schon Nacht, wurde er nicht weggeschickt. Er durfte im Gastzimmer sitzen bleiben, die Nacht. Die Gäste zechten dann die halbe Nacht durch, und den Rest verschliefen sie auf Tischen und Stühlen, auf Bänken und auf dem Fußboden.

Erst im Zeitalter des Autos und des modernen Massentourismus werden in der Gastronomie Bayerns und Europas wieder ähnliche Umsatzfrequenzen erreicht wie im wallfahrerfreudigen 18. Jahrhundert, wo zum Beispiel so kleine und unbedeutende Wallfahrten wie die zum Heiligen Wolfgang bei Haag etwa jährlich achtzigtausend Wallfahrer zählen konnte.

Auch ein Bauernwirt hat sein Geschäft gemacht. So ein alter »Gast- und Tavernwirt« ist oft ein kleiner Bauernkönig gewesen. Was bedeutet das, wenn man früher gesagt hat: »Auf dem Haus ist die Taverngerechtigkeit drauf?« Das war nicht nur die Schankgerechtigkeit oder die Gastwirtskonzession, das war mehr.

Es war ein feudales, freiherrliches oder gräfliches Herrenrecht; auch klösterliche Tavernen hat es gegeben. Der Hofmarksherr hatte in jeder Hofmark ein Wirtshaus, das nur er betreiben beziehungsweise betreiben lassen durfte. Der adlige Herr hatte an dem Umsatz seiner Hofmarkstaverne großes Interesse. Einmal wegen der jährlichen »Taverngilt« oder »Stift«, welche die Wirte von alters her in klingender Münze zu zahlen hatten, dann aber auch wegen des Bierausstoßes der Schloßbrauerei, die den Tavernwirt ja belieferte.

Und da die wenigsten Hofmarken ein durch feste Grenzen umschlossenes Gebiet darstellten, konnte es vorkommen, daß in einer Pfarrei eine andere Hofmark eine Taverne unterhielt, oder daß die Gasthöfe eines nahe gelegenen Marktfleckens die Hofmarksuntertanen nur allzuleicht anlocken konnten. Darum gebot der Hofmarksherr, kraft seiner herrlichen Jurisdiktion von der Ottonischen Handfeste her, all seinen Untertanen bei Strafe »in keiner anderen als eben ihres Herren Tavern Verlöbnisse, Hochzeiten, Tauf- und Totenmahle zu halten«.

Zuwiderhandlungen sind exemplarisch bestraft worden und auf gar mancher Bauernhochzeit erschien am Nachmittag der Amtmann mit seinem Büttel und beschlagnahmte die Musikinstrumente, da der Bräutigam nicht im hofmarksherrlich-haunspergischen Gasthause gefeiert worden war.

Bayerische Geistigkeit im 18. Jahrhundert

Der Geist weht, wo er will, auch im Land der Wittelsbacher hat er geweht, spürbar warm und anregend schön, ja erregend schön! Und die glänzendste Repräsentation bayerischer Geistigkeit finden wir im 18. Jahrhundert: In der Musik und in den Künsten hat sie überall floriert, und nicht zuletzt die Künstler um Max Emanuel haben die neuen Höhepunkte verursacht, geschaffen und vorbereitet. Im 18. Jahrhundert können wir – auch in Großartigkeit unserer Bauernkistler und Lüftlmaler und der kleineren Schnitzer und Gipser – geradezu Weltgeltung beanspruchen. Jedermann im Land hat damals Geschmack gehabt. Wer herumfährt in Ober- und Niederbayern, in Unter- und Oberfranken, in Schwaben und in der Oberpfalz und sich hier und da den Genuß, eine Kirche zu besichtigen, gönnt, der fühlt es ohnehin. So schön wie die Alten können die Jungen nicht mehr bauen und schnitzen und gipsen. Weil halt damals die Wittelsbacher regiert haben! Und die Fürstbischöfe.

Da gibt es alte Heiligenfiguren, die strahlen viel Gnade und Frömmigkeit aus. Und Kirchenräume haben wir, in denen die ganz großen Meister gearbeitet haben, die Feichtmayr und Schmutzer, die Günther und Johann Michael Fischer, ein Martin Knoller und ein Mathäus Müller, ein Gunetzrhainer, die Dientzenhofer-Brüder und der berühmte Balthasar Neumann, wo die Brüder Asam und Johann Baptist Straub, die Meister Wagner und Auvera, der Michael Jorhann, der Rottmayr und der Wenzel Mirofsky, und noch hundert andere gewerkt haben, geplant und gebaut, geschnitzt und gemalt, gegipst und vergoldet, daß man heute noch nach zwei- und dreihundert Jahren die Englein singen hört. Solche Kirchen haben wir! Und Schlösser natürlich auch.

Und dann erst die Klöster, die Augustinerchorherrenstifte, die Prälaturen und Abteien! Eine seltene Spezialität vieler Klöster sind die Bibliotheken. Das sind Räume der Geistigkeit! Eine Kirche ist sowieso ein heiligmäßiger Ort, da hat man von selber Respekt! Ein Schloß ist vornehm, fürstlich gar! Eine Bibliothek aber ist etwas ganz anderes. Es ist ein Raum, in dem man den Geist schwarz auf weiß einschließt und aufbewahrt, eine Art Bücherstadl. Die schönste dieser bayerischen Klosterbibliotheken ist die in Waldsassen, wo der Karl Stilp mit seinem Schnitzmesser unvergeßliche, aufregend schöne Gesichter geschnitzt hat: Den Metzger und den Sauhirt, den Lumpensammler und den Müller, den Buchbinder und den Buchhändler, den Dichter und den Leser. Exemplarische Köpfe!

Oder die Bibliotheken von Kloster Metten und Kloster Ottobeuren, eine schöner als die andere. Oder die von Amorbach, von Polling, Kaizheim oder Herrenchiemsee! Viele sind ja 1803 abgerissen worden! Die lustigste ist aber die drunten im Rottal bei Passau, die der Zisterzienser von Fürstenzell!

Es sind glänzende Räume, geprägt vom Geist. Ringsum ein niederbayerisches Ökonomiekloster und da mitten drin, neben der Frömmigkeit und einer weitverzweigten Landwirtschaft, dann dieser Ort der Bücher, diese Stätte der Wissenschaften! Prächtig sind die Bücherschränke geschnitzt. Und welche Galerie ist das! Die vielen Englein, die da überall herumhocken auf Brüstung und Schrankwerk – gut an die dreißig mögen es sein – und immer zu Paaren allerlei ernsthaften Schabernack treibend. Sie verbreiten eine ausgelassene Heiterkeit, ja eine überaus humorvolle Lustigkeit, daß man versucht ist auszurufen: Jetzt seid aber still! Ihr stört ja den Ernst des Studiums!

Auf den Galeriebrüstungen an den Schmalseiten stehen je zwei Genien, die den geistigen Wettkampf illustrieren. Zwei solcher Duellanten, gutgenährte Studentlein aus dem bayerischen Unterland, schlagen sich gar mit langen Bratwürsten. Beide tragen Pluderhosen und verwegene Hüte. Die Wurst des einen ist weit vorgestreckt, die des anderen drohend erhoben. Beide sind der Lächerlichkeit des Auditoriums preisgegeben. So lustig kann die Präsentation des barocken Geistes sein. Eine Welt, die sich nicht so ernst nahm! Nicht einmal in der theologischen Wissenschaft!

Darum gefällt einem ja so eine bayerische Barockbibliothek, weil man spürt, daß die hochgelehrten Herren Akademiker früher bei uns gar nicht so ernst genommen wurden. Erst vor gut

150 Jahren hat man die Professoren dann angehimmelt und hat ihnen die hübschesten Mädchen der reichsten Bürger zur Heirat angeboten. Der Barockmensch hat über Professoren und Doktoren eher gelacht. Heute neigt man wieder dazu, aber man lacht nicht mehr so glücklich und belustigt. Weil wir keinen König mehr haben und weil die heutigen Staatsmänner selber gern akademische Titel tragen.

Aber vor der Wissenschaft hat man früher schon Respekt gehabt. Sie war ja auch noch nicht so gefährlich wie heute. Eine gelehrte Disputation galt mehr als ein Experiment. Und doch: So wie die Wissenschaft in den Klosterbibliotheken dargestellt wird und sich selber vorstellt, so kann sie einem gefallen. Ringsum lauter Kuhstall und Roßstall, Remisen und Stadeln – und da, mittendrin, der Platz der gewaschenen Hände, der Bücherstadl mit den vielen Regalen.

Pfalz-Bayern
(Karl Theodor 1777–1799)

Unsere Bayernfürsten haben meistens ein Herz gehabt für ihre Untertanen und haben fast durchweg den Frieden mehr geliebt als den Krieg. Darum hat sich dieses Bayern ja auch ungefähr seit dem Jahre 500 auf der Landkarte halten können. Und das bayerische Fünfeck ist, trotz all der irdischen Veränderlichkeiten, ein Fünfeck geblieben. Wir könnten also stolz sein und Sprüche machen in Deutschland, weil wir tatsächlich schon 1500 Jahre ununterbrochen ein Staat sind und eine Nation. Aber wir tun es besser nicht.

Als im Jahre 1777 der letzte der Münchner Wittelsbacher, der vielgeliebte Kurfürst Maximilian III. Josef, ohne Erben verstorben war, fiel die Nachfolge auf den nächsten Anverwandten, auf den kurpfälzischen Vetter Karl Theodor. Und Bayern und Pfalz sind unter der Regentschaft eines einzigen Fürsten vereinigt worden. Fast 500 Jahre über waren die Wittelsbacher Lande getrennt gewesen. Wenn man von der pfälzischen Nebenlinie Birkenfeld-Gelnhausen absieht, aus der die späteren Herzöge in Bayern herstammen, waren jetzt alle Wittelsbacher Lande in einer Hand.

Dieses vereinigte Pfalz-Bayern, seit 1806 Königreich Bayern-Pfalz genannt, war ein glücklicher Staat, denn er hatte nun zum Bier auch genügend Pfälzer Weine auszuschenken. Und was noch mehr zählte: Er hatte keinen Mangel mehr an Beamten. Die Pfälzer verfügen über eine ungemein starke administrative und juristische Begabung. Sie regierten Altbayern künftighin mit mehr Exaktheit. Wo es bei den einheimischen Juristen auf einen Bauernschuh nicht darauf ankommt, geht ein Pfälzer in seiner Gewissenhaftigkeit schon bei der Differenz eines einzigen Zolles bis in die dritte Instanz.

Die Altbayern hatten das Zeitalter der Bürokratie schon im Mittelalter hinter sich gebracht. Die modernste Hofkanzlei Europas sollen die ersten Landshuter Herzöge eingerichtet haben. Und im 14. Jahrhundert hatten bayerische Beamte die Bürokratie ja sogar in die Mark Brandenburg gebracht! Daß die Pfälzer und später die Franken als juristisch besonders begabt gelten, rührt von den vielen Erzstiften, noch mehr von den zahlreichen Reichsständen her. Die Ansbachischen und die Bayreuther Lande, die großen Bistümer, die Reichsstädte, Reichsdörfer und Reichsritterschaften hatten eine komplizierte Rechtslage geschaffen.

Der neue Kurfürst, Karl Theodor, wollte gar nicht gern nach München, er wäre lieber in Mannheim geblieben. Und als er dann in München residierte und sogar den Englischen Garten anlegen ließ, hätte er sein Bayern lieber gegen die österreichischen Niederlande eingetauscht. Nur die Herzoginwitwe Maria Clemens, seine Schwägerin, hat das unter der Mithilfe des Preußenkönigs Friedrich II. verhindern können. Karl Theodor hat sein Pfalz-Bayern nicht besonders geliebt. Und seine Bayern haben ihn nicht gemocht. Als er endlich starb – im Jahre 1799 – und man nach altem Brauch sofort die Stadttore schloß und kein Mensch mehr hinaus oder herein durfte, soll ein Dachauer Bauer am Schwabinger Tore ausgerufen haben: »Ja hätts doch die Tore vor 23 Jahr zugesperrt und hätts den Krawatten net einer lassen! Jetzt dürfts ihr 's aufmachen fürn Maxl. Weil ein Gutes hat er doch gehabt, der Kare: Er hat sich net fortgepflanzt!«

Aber darauf kommt es nicht an: wenn nur die bayerische Erbfolge allerweil wieder weitergeht! Und Pfälzer Wein trinken wir heut grad so viel wie damals, als es noch geheißen hat: »Bayern und Pfalz, Gott erhalts!«

Könige von Bayern

1799–1825	Maximilian I. Joseph. Bis 1805 Kurfürst Maximilian IV. Joseph
1825–1848	Ludwig I.
1848–1864	Maximilian II.
1864–1886	Ludwig II.
1886–1912	Luitpold (Prinzregent, regiert für König Otto I.)
1913–1918	Ludwig III. Ab 12. Dezember 1912 Prinzregent für König Otto I. Ab 1913 als Ludwig III. König von Bayern. Er entbindet am 13. November 1918 seinen Hofstaat vom Treueeid, tritt zurück, verzichtet aber nicht auf den Thron

Max I. Joseph
(1799-1825)

Am 16. Februar 1799 wimmelt es im alten Herkulessaal der Münchner Residenz von hohen Beamten, Diplomaten, Militärs, Adeligen, Priestern, Damen und Herren des gesamten Hofstaates, von angesehenen Bürgern der Stadt, von Ordonnanzen und Fourieren und Lakaien und Pagen. Alle sind erregt, reden, flüstern und rennen durcheinander. Bayerns und der Pfalz Kurfürst, der 74jährige Karl Theodor, liegt in den letzten Zügen.

Da Karl Theodor kinderlos ist, fällt das gesamte Kurpfalzbayerische Land an seinen 43jährigen Neffen, Maximilian Josef, aus der Nebenlinie Pfalz-Zweibrücken. Damit werden alle wittelsbachischen Lande wieder unter einem Zepter vereinigt. Lorenz Westenrieder, Priester und Geschichtsschreiber, Mitglied der Bayerischen Akademie der Wissenschaften, berichtet als Augenzeuge von jenem denkwürdigen Samstag, den Stunden im Herkulessaal:

»Es war ein seltsames und gräßliches Schauspiel. Im Residenzhof standen die Pferde der bayerischen Kuriere gesattelt, und vor dem Tor der Residenz saßen viele Ordonnanzen zu Pferd. Die Spannung, Unruhe und Erwartung machten jedem die Zeit länger, als sie war. Ich, der ich noch ganz still und einsiedlerisch in einem Winkel stand, wurde öfters gefragt, zu sagen, was ich wüßte. Und öfters rannte man zu mir her und erzählte mir, wie es stehe. Endlich, ein Viertel und sechs Minuten nach drei Uhr verschied Karl Theodor. Es öffneten sich die großen Flügeltüren, und die Kuriere und mit ihnen eine Menge anderer Leute stürzten in wildem Lauf heraus. Niemand sprach etwas, aber man sah, was geschehen war. In diesem Augenblick fühlte ich mit Wehmut für den Verschiedenen; er war zwar ein schlimmer Regent, aber doch auch ein Mensch, und seine bösen Ratgeber und höllischen Mannheimer tragen wahrlich einen großen, vielleicht den größten Teil der Sünden, die er wider uns Bayern begangen hat.

Man läutete bei den Theatinern, und die ganze Stadt fing endlich an, wieder frei zu atmen, denn jedermann beklagte sich dieser Tage, daß man vor innerer Unruhe und vor Furcht und Kummer, daß es dem Kurfürsten wieder besser gehen könnte, nicht essen, nicht schlafen und nicht denken könne.

Nun frohlockte alles, und jeder wünschte dem anderen Glück. Mit großer Ungeduld erwarteten alle die Proklamation des neuen Kurfürsten Maximilian Josef. Diese geschah vor der Residenz und in verschiedenen Gassen von viereinhalb Uhr bis es Nacht wurde und das Jubelgeschrei und das Vivatrufen des Volkes durchdrang die Wolken.«

Vier Tage später, am 20. Februar 1799, zog Maximilian IV. Josef, der neue Kurfürst, in München ein. »Grüaß die God, Maxl, ja weilsd' no endli da bist! – Da, trink, Durchlaucht!« Mit diesen in der bayerischen Geschichte berühmt gewordenen Worten hat der biedere Pschorrbräu den neuen Kurfürsten begrüßt.

Aber es sollte nicht allzu gemütlich für Maximilian werden. Er übernahm große Schulden. Sechs Millionen Gulden bedrücken die Hauptkasse, bei einem Budget von nur acht Millionen und einem Volkseinkommen von nur fünf Millionen im Jahr. Großmannssucht, Verschwendung und Ämterkauf hatten in der Umgebung Karl Theodors geherrscht. Am Hofe wimmelte es von überflüssigen Beamten und hohen Würdenträgern, die meist nur Titel und Pension besaßen, aber keine Aufgabe erfüllten. Das bayerische Heer war unbrauchbar, es umfaßte rund sechzehntausend Mann und davon machte wenigstens ein Viertel das Offizierskorps aus mit fast sechzig Generälen und mehreren Generalfeldmarschällen. Über die zwei königlichen Rheinschiffe befehligten drei Admiräle und ein Großadmiral. Dabei war Bayern im Jahre 1799 ein kleiner Mittelstaat, der nur Ober- und Niederbayern und die Oberpfalz umfaßte. Die Rheinpfalz war von den Franzosen besetzt. Aber selbst dieses kleine Bayern mußte um seine Selbständigkeit bangen. Österreich hatte seine alten Pläne, sich das Land einzuverleiben, nicht aufgegeben. Im Frieden vom Campo Formio war in einer Geheimklausel den Österreichern als Entschädigung das Fürstbistum Salzburg und Bayern bis zum Inn versprochen worden. Und im Augenblick des Regierungsantritts, zu Beginn des zweiten Koalitionskrieges, standen sogar die verhaßten österreichischen Truppen im Land.

1799, als Maximilian Josef die Regierung des Kurfürstentums Bayern übernahm, da bestand dieses Bayern aus zwei abgerissenen Hauptteilen und aus verschiedenartigen Territorien und umfaßte nicht mehr als ungefähr 700 Quadratmeilen, mit beiläufig 1 800 000 Einwohnern. Bedenkt man also, wie trostlos die Verhältnisse in dem kleinen Altbayern anno 1799 waren, und wie auf das Doppelte vermehrt und vergrößert, wohlorganisiert und neugeordnet 1825 das Königreich in die Hände Ludwig I. übergeht, so kann man nicht genug staunen ob dieser gewaltigen Leistung.

Maximilian wurde 1756 im Schlosse zu Mannheim als viertes Kind des Pfalzgrafen Friedrich Michael von Zweibrücken geboren. Seine Mutter, Maria Franziska, war eine Schwester der ersten Gemahlin Karl Theodors und der berühmten Herzogin Clemens, Erbinnen des Herzogtums Jülich-Kleve-Berg. Er wurde katholisch getauft, da sein Vater kurz vorher konvertiert war. Dieser Friedrich Michael, Maxens Vater, war nicht etwa der regierende Herzog von Zweibrücken, sondern nur dessen nachgeborener Bruder. Er besaß kein Land, konnte aber als Militär einige Karriere machen, wurde Generalissimus der Kurpfälzischen Armee in Mannheim, französischer General und Inhaber verschiedener Regimenter, auch des Regiments Royal Alsace in Straßburg. Im siebenjährigen Krieg befehligte er unter Daun sogar die Reichsarmee. Er war ein Hüne von Gestalt, fast zwei Meter groß.

Dem kleinen Prinzen Max ist es nicht an der Wiege gesungen worden, daß er einmal König von Bayern werden würde. Er war der nachgeborene Sohn eines nachgeborenen Prinzen einer kleinen Seitenlinie. Und die Dynastie der Wittelsbacher hatte um 1756 noch vier junge Ehepaare, die alle höher standen und alle noch hofften, Prinzen zu bekommen. Aber gerade diese Prinzen blieben aus, und auch der um zehn Jahre ältere Bruder Karl-August starb kinderlos, freilich erst im Jahre 1795.

Fünfjährig verlor der kleine Max die Mutter. Da der Vater ohnehin als Heerführer ständig in den entferntesten Gegenden war, sorgte für den Buben der Onkel Christian, der regierende Herzog von Zweibrücken. Sein pädagogischer Leitsatz war sehr einfach: »Man muß ihn vor allem zu einem Menschen heranbilden; das eben ist's, was ich nun versuchen will. Aber ich fürchte fast, daß es zu spät ist.«

Max verläßt bald den Hof Karl Theodors zu Mannheim und kommt nach Zweibrücken. Die ehemalige Tänzerin Marianne Forbach, die heimlich angetraute Gemahlin des Herzogs, wird Maxens zweite Mutter, und ihre nicht erbberechtigten Kinder werden die Spielgefährten des kleinen Pfalzgrafen. Den Erzieher bringt Christian aus Paris mit; es ist der Major im Grenadierregiment de France, Chevalier Agathon de Keralio, ein perfekter Edelmann und glühender Verehrer Rousseaus. Auch Maxens Religionslehrer ist ein Franzose, Abbé Salabert, ein Herr voll Witz und Eleganz, ein Anhänger der Aufklärung. Es ist jener Salabert, der später Maxens Gesandter, Minister und vertrauter Gesellschafter wird und sich in München das Palais Salabert erbaut, das heutige Prinz-Carl-Palais. Die ersten Nachrichten über Max hören sich recht artig an: »Er ist ein enfant charmant, mit den glücklichsten Anlagen geboren, und er verspricht viel. Da er das Glück hat, in so gute Hände zu kommen, muß aus ihm etwas werden.«

Und sehr stolz schreibt der Chevalier Keralio der Herzogin Clemens in München über eine öffentliche Prüfung, die sein Zögling in Mannheim abgelegt hatte: »Beim Aufenthalt des Prinzen Max in Mannheim hat die Familie und ihr Hof gesehen, daß es innerhalb von dreißig Monaten vielleicht unmöglich gewesen wäre, einen Jüngling von elf Jahren weiter zu bringen. Der Prinz ist mit Auszeichnung aufgetreten. Ein Jesuit, bedeutender Geometer und Astronom, hat ihn über die Elemente der Geometrie streng ausgefragt. Ein Ingenieur hat ihn in Festungslehre geprüft. Weder der eine noch der andere konnte ihm irgendeine Lücke nachweisen. Ich wollte mich in dieses Examen nicht einmischen, aus Angst, daß man glauben könnte, ich führe einen abgerichteten Papagei vor, wie das gewöhnlich üblich ist. Nein, ich habe ihnen meinen Schüler ohne jede Abmachung ausgeliefert. Auch in Gesellschaft hat er besser abgeschnitten als ich erwartet hatte, denn ich lehre ihm wenig oder richtiger gesagt gar nichts, was man Höflichkeit nennt; denn ich fürchte, ihn dadurch falsch zu machen. Die Lorbeeren, die Max in Mannheim errungen hat, sind also keineswegs usurpiert. Mein ganzer Ehrgeiz geht dahin, einmal hören zu können: Der Prinz Max von Zweibrücken ist ein großer Mann und diesen Ruhm verdankt er seinem Erzieher.«

Keralio hat sein Erziehungsziel erreicht: Sein Zögling wird auch als Herzog, Kurfürst und König nichts auf Pomp und Ehrungen geben; er wird sich immer als Mensch unter Menschen fühlen, nicht aus Herablassung, sondern aus echtem Gefühl, und wird gerade darum bei allen beliebt sein. Den Vierzehnjährigen ernennt der König von Frankreich, Ludwig XVI., zum Obersten des Regiments Royal Alsace in Straßburg. Aber erst mit einundzwanzig übernimmt er unter einem erfahrenen General das Kommando und residiert in Straßburg in einem schönen Palais, den Winter über oft auch in Paris, wo er am Boulevard Montmartre ebenfalls ein Haus erwirbt. Er führt ein flottes und lustiges Junggesellenleben, das ihn freilich in große finanzielle Schwierigkeiten bringt. »Prinz Max ist sehr extravagant. Er ist ein Bonvivant, von Jagd und Tafelfreuden sehr begeistert. Seine Manieren sind vornehm und elegant, für Hof und Privathaus passend. Er versteht es, auf sehr unterhaltende Art komische Geschichten zu erzählen. Er macht alle berühmten Leute nach, Schauspieler, Literaten, unter anderem Voltaire.«

Erst mit dreißig heiratet Max die Prinzessin Auguste Wilhelmine von Hessen-Darmstadt. Als ihm in Straßburg 1786 als erstes Kind Prinz Ludwig geboren wird, der spätere König Ludwig I., lassen sich die Grenadiere des Regiments Royal Alsace die Schnurrbärte abschneiden und überreichen ihrem Kommandeur ein daraus verfertigtes Kissen für den kleinen Louis. Ludwig XVI. ist Taufpate. Sogar eine Abordnung der Stadt München kommt nach Straßburg, und die kurbayerischen Landstände senden ein Geschenk. Prinz Max bedankt sich sehr freundlich: »Ich nehme diese Probe der Treue und Achtung um so williger an, als ich sie nicht erwartet hatte und mein Herz dadurch neuen Anlaß bekommt, eine Nation zu lieben und zu schätzen, die es mit ihren Fürsten so gut meint.«

Aber 1789, als die französische Revolution ausbricht, wird es in Straßburg recht ungemütlich. Bald muß Max mit seiner Familie flüchten. Man geht nach Darmstadt. Die Finanzlage ist äußerst angespannt. Nur von den Tanten in München und endlich auch von Karl Theodor, dessen illegitime Kinder den zukünftigen bayerischen Kurfürsten fürchten, wird er mäßig unterstützt. Fortwährend, manchmal innerhalb eines Jahres gleich mehrere Male, flüchtet die Familie vor den französischen Revolutionstruppen und ist ständig zwischen Mannheim, Rohrbach bei Heidelberg und Darmstadt unterwegs. Wiederholt entkommt man zum Beispiel erst in allerletzter Minute aus Mannheim, das bereits stark beschossen wird. Einmal schlägt eine Kugel so nahe ein, daß der kleine Prinz Ludwig eine Treppe hinuntergeworfen wird. Zudem stirbt 1796 die Gemahlin Auguste. Für Max und die vier kleinen Kinder bedeutet das einen schmerzlichen Verlust. Ein Jahr später aber heiratet er wieder: Karoline Friederike von Baden, die spätere erste Königin von Bayern. Wohl kann er sich seit 1795 Herzog von Zweibrücken nennen, aber von seinem Herzogtum ist nichts mehr übrig.

Um diese Zeit hat Max bereits den Freiherrn von Montgelas um sich. Montgelas ist gebürtiger Münchner, hat auf der Universität in Straßburg studiert und dann in der Münchner Hofkanzlei seine Karriere begonnen. Er mußte aber in die Pfalz flüchten, als Karl Theodor die Illuminaten verjagte. Jetzt zieht er mit Max Josef in München ein und wird sofort Minister des Äußeren, später dann auch noch Justiz- und Finanzminister dazu.

Mit Eifer beginnen Max und Montgelas den Aufbau des neuen Bayern. Das Hofleben wird sehr vereinfacht. Max liebt keine Etikette, er bittet oft persönlich und mündlich auch einfache Bürger zur Tafel, geht fast täglich auf den Kornmarkt, unterhält sich mit den Münchnern, ist lustig und oft auch zu einem Scherz aufgelegt. »Teufel, er ist noch ganz der alte Prinz Max!« ruft ein alter Straßburger Bekannter aus.

Aber leider spielt sich die große Politik gar heftig auf. Die österreichischen Truppen stehen im Land, und Max, der gar nicht so sicher weiß, ob sie jemals wieder abziehen werden, wird zur zweiten Koalition gegen Frankreich gezwungen. Er möchte lieber neutral bleiben: »Selbständig soll mein Bayern werden, das ist mein großer Wunsch, das ist mein Traum!«

Der Krieg ist ihm verhaßt. Aber schon früh erkennt er das Genie und das Glück Napoleons und ist fasziniert. Seiner Erziehung nach drängt es ihn politisch ohnehin zu Frankreich. Und Österreich ist ja auch der erklärte Feind Bayerns. Die Situation ist äußerst heikel; weder Montgelas noch sonst irgend ein wakkerer Mann kann ihm die außenpolitischen Entscheidungen abnehmen. Während der vielen Kriege und Feldzüge, die sich obendrein vorzugsweise auf bayerischem Boden abspielen, muß die kurfürstliche Familie häufig flüchten. Max ist sehr rege und wendig, er schreibt eigenhändig viele Briefe an den Kaiser von Österreich, an Napoleon, an den Zaren von Rußland und an den König von Preußen. Genau genommen sind es Briefe innerhalb der Verwandtschaft. Nach dem Frieden von Lunéville schwenkt er sofort auf die Seite Frankreichs über. Um nicht völlig unter die Räder zu kommen und um sein Bayern zu vergrößern, muß er es jeweils mit dem Stärkeren halten, das ist sein Konzept. Von Treulosigkeit dem alten Reich gegenüber kann da keine Rede sein, denn die deutschen Großmächte Preußen und Österreich hatten dieses Reich ja schon in Basel, Rastatt und Campo Formio verraten und waren nur auf ihren eigenen Vorteil bedacht gewesen. Am 9. September 1801 schreibt Max eigenhändig seinen ersten Brief an Napoleon: »General Consul! Der Augenblick völliger Wiederherstellung der freundschaftlichen Beziehungen und des guten Einvernehmens zwischen der französischen Republik und meinem Haus ist glücklicherweise gekommen. Dieses Ereignis hat mich mit der lebhaftesten Freude erfüllt. Die eingegangenen Verpflichtungen werden mit der größten Gewissenhaftigkeit eingehalten werden. Sie, General Consul, haben zugestimmt, die Garantie der pfalzbayerischen Staaten am rechten Rheinufer zu übernehmen und ebenso die Garantie der meinem Hause so oft versprochenen vollständigen Entschädigung für die Verluste auf dem linken Ufer des Rheins.«

1805 kämpft das neu erstarkte bayerische Heer auf der Seite Napoleons gegen Österreich. Freilich, zunächst ziehen die Österreicher in München ein und der Hof flüchtet in großer Eile nach Würzburg. Der Pakt mit Frankreich aber hat sich sehr gelohnt. Beim Frieden von Preßburg erhält Bayern Passau, Tirol und Trient, und am Neujahrstag 1806 verkündet der Reichsherold in den Straßen Münchens, daß Bayern von nun an ein Königreich ist. »Da es durch die Vorsehung Gottes dahin gediehen ist, daß das Ansehen und die Würde des Herrschers in Bayern seinen alten Glanz und seine vorige Höhe zur Wohlfahrt des Volkes und zum Flor des Landes wieder erreicht hat, nimmt unser gnädigster Herr Maximilian Josef den Titel eines Königs von Baiern an.«

Max legt persönlich auf die Rangerhöhung wenig Wert und erklärt sofort, daß sich im Umgang mit ihm nichts ändern solle. »Wir bleiben die alten«, sagt er schon eine Woche später zu einem Münchner Bierbrauer auf dem Marienplatz. In den kommenden Jahren ist sein einziges Trachten, Bayern zu vergrößern. Kronprinz Ludwig aber, voll »teutscher Gesinnung«, haßt Napoleon, den Tyrannen. Und da er daraus auch kein Hehl macht, muß ihn der besorgte Vater häufig zurechtweisen. So in dem folgenden Brief: »Ohne die Ursachen zu untersuchen, welche diesen Abscheu für den Kaiser Napoleon bewirken, muß ich kniend bitten, denselben niemanden merken zu lassen! Hüte dich vor deinen falschen teutschen Freunden! Wisse, daß der Kaiser nur zu sehr deine Abneigung zu ihm mutmaßet! Aber dieser Kaiser fühlt mehr denn je, daß unsere Staaten nie gesichert sein werden ohne Salzburg und das Innviertel. Und er will uns diese verschaf-

Maximilian I.
(Bayerische Staatsgemäldesammlung, München)

fen mit dem Degen in der Faust oder durch Verhandlungen. Vorher aber will er deiner Gesinnung sicher sein, damit er nicht nach meinem Tod einen Feind anstatt einen Freund an dir findet. Dieses ist ganz natürlich. Gewiß, lieber Louis, du hast dir Kenntnisse erworben, aber du weißt noch nicht, dich in die jetzigen Zeiten zu schicken. – Sei überzeugt, daß es mir tausendmal lieber wäre, die Sachen stünden noch wie vor zwanzig Jahren. Da dieses aber unmöglich ist, so suche ich zu machen, was das Beste unseres Hauses erfordert. Ich denke, was ich will, aber ich handle nach der Überzeugung meines Gewissens. Ich wiederhole es dir, liebes Kind, der Augenblick ist da, wo wir unabhängig werden können.«

Nach dem russischen Feldzug dringt Ludwig beim Vater doch langsam durch. Allmählich und sehr vorsichtig wendet sich Max wieder Österreich zu. Er schreibt dem Kronprinzen nach Salzburg: »Keine Rede mehr von Neutralität, nur noch vom Marsch gegen Frankreich. Wenn ich aber diesem Vorsatz jetzt schon entsprochen hätte, hätte es Österreich nicht versäumt, es bei Napoleon zu seinem Vorteil gegen uns vorzubringen. Sie sehen, ich zaudere, um nicht zwischen Hammer und Amboß zu geraten. Bisher habe ich einen ziemlich sicheren und glücklichen Tastsinn gehabt. Je älter ich werde, um so ruhiger werde ich. Ich schwöre zu Gott, daß ich durch niemand, wer es auch sei, beeinflußt werde.«

Und Montgelas seufzt und sagt dazu: »In so schwierigen Zeiten ist nichts gefährlicher, als seine eigenen Gedanken dem Herrn, dem man dient, übertragen zu wollen. Dafür sind Sachsen und Preußen schlagende Beispiele.«

Endlich kommt es zum Vertrag in Ried, und Wrede marschiert mit 80000 Bayern und Österreichern gegen Hanau, um Napoleon den Rückzug abzuschneiden. Max hat sich doch noch vor der entscheidenden Schlacht bei Leipzig entschieden. Auf dem Wiener Kongreß, wo jeder zu seinen Gunsten feilscht, muß Bayern ganz Tirol, Salzburg und das Innviertel wieder an Österreich abtreten, darf aber dafür die fränkischen Besitzungen, Würzburg, Bamberg, Ansbach und Bayreuth behalten. Im Würzburger Schloß residiert nun der Kronprinz bis zu seiner Thronbesteigung. Endlich ist Friede im Land, und der König kann die Verfassung herausbringen, die schon so lange vorbereitet ist. Max selbst eröffnet das neue Parlament mit einer Rede, die er vorher fleißig einübt.

Eine wichtige Rolle im Leben Max Josefs spielt seine stattliche Kinderschar: zwei Söhne und acht Töchter, die ihren Vater über die Maßen lieben. König und Königin sind sehr besorgt, daß sich alle glücklich verheiraten. Nicht nur die gute Partie und die Politik sollen eine Rolle spielen, auch das Herz. »Glaube mir, es ist nichts Infameres, als viele Töchter zu haben«, schreibt er dem König von Sachsen, da ihm die Prinzessin Charlotte nicht in Württemberg bleibt und nun Kaiserin von Österreich wird. Einer der zahllosen Freier soll sich einmal sehr verbittert geäußert haben: »Das gibt es auch nur am bayerischen Hof, daß es einer Prinzessin erlaubt ist zu sagen: ›Dieser gefällt mir.‹ Oder: ›Ich mag den nicht‹. – Es ist unglaublich!« – Die bayerischen Prinzessinnen haben sich alle recht glücklich verheiratet. Auguste, die älteste, hat den Stiefsohn Napoleons genommen, den Eugen Beauharnais, drei sind Königinnen geworden, eine Kaiserin, eine Erzherzogin und eine Herzogin.

Bis ins hohe Alter hinein ist der König ein Frühaufsteher. Schon um sechs, beim Frühstück, empfängt er völlig zwanglos die ersten Audienzen, nimmt vom Staatskassier sein Taschengeld in Empfang – tausend Gulden täglich –, läßt sich die Abenteuer des Tages und der Nacht erzählen, und geht dann zur Schranne. Nach der Rückkehr in die Residenz nimmt er militärische Rapporte und Aufwartungen entgegen und läßt die schamlosesten Anbetteleien von allen Ständen über sich ergehen, schriftlich und mündlich, so daß mittags meist schon die tausend Gulden ausgegeben sind.

Während der letzten Jahre Max Josephs verbringt die königliche Familie den Sommer sehr gerne am Tegernsee. Es gibt zahllose Anekdoten von diesen Aufenthalten; denn auch mit den Bauern versteht der Monarch sich prächtig. Er plaudert in mancher Bauernstube oder kehrt in einer Almhütte ein. Als dann am 22. Oktober 1825 Max Joseph in Nymphenburg völlig unerwartet stirbt, ist das Königreich Bayern ein fester und moderner Staat.

Ein Zeitgenosse urteilte über den König: »Unter den furchtbarsten Kriegen und Umwälzungen des Weltteils, da alte Throne und Reiche vergingen, neue emporstiegen, nichts blieb, wie es gewesen, gründete er Bayerns Zukunft, gab er seinem Volke neue Verfassungen, Ordnungen und Gesetze, erweiterte er die Grenzen seiner Lande. Immer war er König im wahren Sinne, auf dem Throne wie in der Hütte. Überall, wo er sich befand, fand sein

Herz nur Zufriedenheit im unausgesetzten Beglücken seiner Mitmenschen.«

Zu Füßen unserer lieben Frau von Altötting steht eine silberne Urne. Sie trägt in goldenen Lettern die Inschrift: »Das beste Herz«.

Von der Säkularisation

Einen dunklen Punkt hat die Regierung Max I.: Die Säkularisation.

Ein rundes bayerisches Leben kommt niemals ohne die heilige Religion aus. Nicht einmal im Wirtshaus, nicht auf dem Tanzboden, nicht in der Liebe und nicht beim Raufen und Saufen. Wie kaum eine andere europäische Landschaft ist dieser bayerische Boden förmlich durchtränkt vom Segen der Heiligen, die aus ihm herausgewachsen sind; von Pfarrkirchen und Filialen, von Kapellen und Feldkreuzen durchfurcht; von mächtigen Stifts- und Bischofskirchen gekrönt; von behaglichen Klöstern beschaulicher Mönche und tugendbeflissener Nonnen geziert und von den Füßen pilgernder Wallfahrer zu hunderten von Gnadenstätten marianischer Heilsquellen und anderer Segenspender abgetreten. Mit einem Wort: Der Wohlgeruch einer eineinhalbtausendjährigen bayerischen Frömmigkeit läßt sich weder von den Aufklärern, noch von den Atheistenbündnissen, weder von den Nationalsozialisten, noch von den Gegenwartsmaterialisten vertreiben. Bestenfalls das Kohlenmonoxyd aus den Auspuffgasen und Schloten der gegenwärtigen heilsblinden Geschäftigkeit löscht die brennenden Kerzen.

Doch die Sehnsucht nach brennenden Kerzen bleibt lebendig, und die kostbaren Kerzenleuchter finden sich ohnehin als Modecimelien in den Wohnzimmern. Die fromme Weichheit der bayerischen Anima – die Liberalitas Bavarica, seit 1806 der Liberalitas Bavariae – hat schon andere Stürme überstanden. Zu Anfang des vorigen Jahrhunderts z. B. die satanische Säkularisation.

Damals hat man die Klöster aufgehoben und die Herren Patres und die ehrwürdigen Schwestern sind von hochmütigen Bürokraten zum Teufel gejagt worden, anno 1803. Damals konnte man unternehmerisch tätig werden. Klostergebäude, Brauereien und riesige Ökonomien waren zu kaufen. Um nichts. Vermögende Kaufmannssöhne, auch bessere Bauernbuben konnten um

10000 und 20000 Gulden Betriebe mit fünfhundert Tagwerk Grund ersteigern! Und die Klosterbrauerei gab es gratis dazu! Prächtige Kirchen hat man eingerissen! Die Bücher aus den Klosterbibliotheken hat man mit dem Leiterwagen heimfahren dürfen, die Fuhre zu fünf Kreuzer. Man hat an alten Meßbüchern, alten historischen und heiligen Schriften jahrelang ausgezeichnetes Heizmaterial gehabt. Auch hat man mit diesen Büchern Wege hergerichtet, wie die Bauern bei Seeon, die mit den kostbaren Folianten aus ihrer Klosterbibliothek die Straße nach Obing aufgefüllt haben.

Die Barbareien der Säkularisation von 1803 übertreffen die der Vandalen in Rom! Man vernichtete unwiederbringliches Kulturgut, Schrankwerk, Schnitzereien, Goldschmiedearbeiten, die das Ansehen ehrwürdiger Kostbarkeiten von Jahrhunderten ausstrahlten. Meßkelche und Monstranzen wurden zu Münzen umgeschmolzen. Die Welt war aus den Fugen. Die Wallfahrten wurden verboten. Das Volk der Bayern galt als das rückständigste Deutschlands. – Nur weil es frommen Herzens gewesen, nicht etwa wegen anderer Rückständigkeiten, wie die historischen Wissenschaften der Gegenwart bestätigen können. Im Gegenteil, in den bayerischen Klöstern gingen die Uhren weit vor. In Ottobeuren stieg der erste Luftballon, in Polling baute man die raffiniertesten physikalischen Apparaturen und Fernrohre, in Fürstenzell bei Passau übte man eine über die Zeit weit hinausragende Landwirtschaft und hatte Großes im Obstbaumveredeln geleistet, was mehrere Editionen beweisen. Desgleichen waren die pädagogischen Erfolge und Einrichtungen sogar von klösterlichen Industrieschulen erst nach einem Jahrhundert wieder von der säkularen Administration aufgenommen worden. Man könnte noch stundenlang die Verdienste unserer Benediktiner, Augustiner-Chorherrn, Zisterzienser und Prämonstratenser aufzählen und besonders ihre mäzenatischen Taten rühmen! Denn die hochwürdigsten Herrn Äbte und Pröpste wurden alle nach ihrer Herzensgüte und nach ihrem Kunstverstand vom Konvente gewählt, im 17. und 18. Jahrhundert aber besonders nach ihrem Künstlertum gewählt. Sie hatten auf Klosterkosten die berühmten Großmeister des bayerischen Barock und Rokoko selbständig entdeckt – meist unter Bauernbuben – und auf Klosterkosten ausbilden lassen, sie nach Rom und Paris, nach Spanien und England geschickt. Jahrelang – und für Tausende von Gulden! Nicht einmal der gegenwärtige Sozialstaat übt ein dermaßen breites und gezieltes Mäzenatentum aus. Die Barockprälaten hatten eine sichere Hand, eine feine Nase! Ganz gleich ob es sich um ein gescheites Büberl gehandelt hat oder um einen jungen Stier, ob um ein Kalb oder um ein Roß, einen Blick für Qualität haben sie gehabt.

In dem überaus vermögenden Benediktinerstift zu Niederaltaich in Niederbayern dauerte der Ausverkauf am längsten. Der Akt der Säkularisation wurde wie eine wirtschaftshistorische Großaktion vollzogen. Niederaltaich hatte immerhin einen Schätzwert von mehr als zwei Millionen Gulden. So reich war kein anderes bayerisches Stift. König Maximilian ließ sich alle Versteigerungsvorschläge und -zuschläge auf den Schreibtisch legen und unterzeichnete sie auch alle.

In Niederaltaich dauerten die Versteigerungen zwei Jahre lang. Denn es kamen immer wieder Gründe und Höfe und Schwaigen und Wälder zum Vorschein, die man vergessen hatte. Schmieden und Wagnereien, drei Mühlen, eine Brauerei, Schreinereien, Bindereien, eine Metzgerei, eine Ziegelhütte, ein Kalkofen, mehr als ein Dutzend Fischweiher, Fischereigerechtsame auf der Donau und in anderen Bächen und Flüssen. Jagdrechte und Gärtnereien, Weinberge und Zehentstadeln, Branntweinbrennereien und Sägewerke usw. Man könnte stundenlang die Besitzungen Niederaltaichs aufzählen!

Und dann immer wieder von vorn anfangen, denn was das Mutterkloster besaß, besaßen die Filialklöster zu Rinchnach und St. Oswald auch. Auch dort gab es Bräuhäuser und Mühlen und Ziegeleien. Eine neue Sprache von ausnehmender Schärfe suchte mit all dem fertigzuwerden. Heute wirkt sie verstiegen, doch nicht ganz unbekannt: »Zwischen gestern und heute ist eine Kluft von tausend Jahren! Von nun an wird die sittliche, geistige und physische Kultur des Landes eine neue, eine aufgeklärte Gestalt annehmen zum Segen der gesamten Population. Die philosophischen Geschichtsschreiber werden in nicht allzu ferner Zukunft von der Auflösung der Klöster wie von der Aufhebung des Faustrechts schreiben. Und man wird sich dann den Ruinen der Abteien mit jenen gemischten Gefühlen nähern, mit welchen man jetzt die Trümmer der alten Raubschlösser betrachtet! [...] Vorbei damit! Die Herren Prälaten fügten sich nicht mehr in den Geist der Zeit!«

Die Lokalkommission der Säkularisation zu Niederaltaich war sachlich und auf hohe Erlöse bedacht. Über 50000 Tagwerk

Gründe mußten versteigert werden. An die fünfzig Klosterbeamte mußten vom Staate auf den König dienstverpflichtet und vereidigt werden. Man versteigerte die Pferde und Chaisen, die Wagen und Schlitten, die Stuten und Fohlen und Reitpferde, die Kühe und Kälber, die Ochsen und Zugochsen. Allein über zwanzig Zugochsen! Die Hähne und Koppen, die 67 Geißböcke, die 25 abgenommenen Kälber, die dreißig Muttersauen, die Frischlinge und Spanferkel usw.

Allein beim Betrachten des Viehstandes einer einzigen Schwaige kriegt man einen Begriff von der Pracht einer intakten Klosterökonomie. Was ist gegen so eine Universal-Landwirtschaft aus Ackerbau und Viehzucht die krämerhafte Rentabilitätssucht heutiger Experten?

»Es ist angezeigt, laut der centralkommissarischen Anordnung vom 17. Juni 1804, daß bei denen Inseraten der Versteigerungen zu Niederaltaich nicht nur in den hiesigen bayerischen Zeitungen inseriert wird, sondern auch in ausländischen.«

Allmählich findet alles Klostergut seine neuen Besitzer. Der Staat greift zu: Die Centralkommission legt besonderen Wert auf die Beschriftung der Kisten und auf ordentliche Verpackung: Auch dürfen in den mit Geld beschrifteten Kisten keine Pretiosen sein! Man unterscheide Kisten mit baren Geldern, von denen der Münzsammlungen, von denen mit Musikinstrumenten, Uhren, Pretiosen, Büchern, Handschriften, Inkunabeln und besonders von denen mit Waffen und kostbaren Gewehren! Uhren versteigere man besser am Orte, da derzeit ein Überangebot an dergleichen in München und auch in anderen Städten Bayerns bestehe.

Es wurde alles verschleudert. Was von den ungeheueren Büchermassen die staatlichen Bibliotheken nicht aufnehmen wollten, wurde dem Münchner Papierhändler Kaut für 50 Kreuzer pro Zentner überlassen. Das daraus gemachte Papier reichte das ganze 19. Jahrhundert über. Besonders feste Schachteln, Hutschachteln und Kartons aller Art soll Herr Kaut aus den Klosterscharteken gemacht haben! Einen sehr hohen Erlös, nämlich 9177 Gulden und sechs Kreuzer, erbrachte die Versteigerung des Mobiliars aus der Prälatur und den besseren Zimmern. 1122 Nummern diverser kostbarer Möbelstücke werden vermerkt!

Stühle und riesige Schränke, Schreibtische und zierliche Rokokosekretäre, Tische und Pulte, Bänke und Diwane usw. Mehrere hundert Ölgemälde, ganze Kupferstichbände – insgesamt allein vierzig! – Freiherr von Aretin wählte aus der Bibliothek für die kurfürstliche Hofbibliothek folgende Werke aus: 37 Handschriften, 386 Inkunabeln, 376 wertvolle Folianten, 327 taugliche Bücher in Quarto und 463 brauchbare Werke in Oktavo!

Der gesamte Wirtschaftsbereich des Marktes Hengersberg und anderer umliegender Ortschaften veränderte sich durch die Säkularisation gründlich und zum Nachteil. Denn die Handwerksbetriebe arbeiteten seit Jahrhunderten für das Kloster. Obschon die klostereigenen Werkstätten auch zu tun hatten. Besonders die Schreinerei. Diese Schreinerei übrigens brauchte als einziger Handwerksbetrieb keine Klage zu führen, denn sie wurde ein volles Jahrhundert lang damit beschäftigt, eingebaute Schränke, Treppen, Türen und Betstühle auszubauen und für die Käufer herzurichten und umzuformen.

Zuletzt verkaufte der Pfarrer von Niederaltaich im Jahre 1903 – also genau hundert Jahre nach der schrecklichen Enteignung – das prächtige Chorgestühl der ehemaligen Stiftskirche an das Kloster Ettal. Diese Arbeiten beschäftigten den sich immer noch »Klosterschreiner« nennenden Niederaltaicher Handwerksmann mehrere Monate. Aber es lohnte sich, denn nun sangen wieder die Mönche des Heiligen Benedikt in diesem Chorgestühl.

Napoleon in Bayern

Wir Bayern sind tapfere Leut. Und haben auch schon öfter große, tapfere Zeiten erlebt. Leider Gottes! Denn in unserer 1500jährigen Geschichte ist uns nichts Mächtiges fremd geblieben. Nicht Karl der Große, nicht die Zeit der Kreuzzüge, nicht innerbayerische Katastrophen, nicht Hunger, nicht Pest und Krieg. Die Bayern haben ihre große Zeit schon vor mehr als tausend Jahren gehabt und sind seitdem der Gloire gegenüber etwas mißtrauisch geworden.

Eine Ausnahme gibt es freilich in der jüngeren bayerischen Geschichte: Den Kaiser Napoleon. Er ist uns ein Idol der Macht und Größe, und er war ein Freund der Bayern. Der große Kaiser der Franzosen hat ja auch unser Bayernland am 1. Januar 1806 durch den Landesherold zu einem Königreich ausrufen lassen. Dieses Königtum war eine Würde, die unseren Herzögen und Kurfürsten nie ganz fremd gewesen ist. Tassilo nannte sich schon König. Die Karolinger gar »Könige der Bayern und der angrenzenden Gebiete«. Darum hat man anno 1806 auch gesagt: »Napoleon hat die bayerische Königswürde wiederhergestellt.«

Und die »tapferen Bayern« haben an der Seite der *Grande Armée* manchen stolzen Sieg erkämpfen dürfen: zu Regensburg, zu Innsbruck, gegen die Tiroler, die auf die bayerischen Brüder ohnehin einen Zorn hatten und uns früher schon manchmal die Nasen und Ohren abgeschnitten haben, wenn sie einen bayerischen Wildschütz auf der Pirsch erwischt haben! Und umgekehrt vielleicht auch einmal. Das größte Opfer brachten unsere Soldaten in Rußland. Für Kaiser Napoleon sind dort 30000 Bayern gefallen. So endet die Größe nicht selten.

Am Abend jenes für Bayern so wichtigen Neujahrstages hing Napoleon dem bayerischen Kronprinzen Ludwig, den er gut leiden mochte, einen Degen um und sprach dabei die großen Worte: »Prinz der Bayern, Ludwig, mein Sohn: Dieser Degen enthält keine Kostbarkeit. Allein mit diesem Degen habe ich in der Schlacht bei Austerlitz kommandiert. Erinnern Sie sich dessen, Prinz, und bedienen Sie sich desselben zur Verteidigung Ihrer Gerechtsame und Ihres Vaterlandes Bayern!« Wie wenig aber hat dieser große Augenblick unserem König Ludwig I. später bedeutet. Zu wenig. Ludwig I. hat leider zu sehr für Deutschland geschwärmt und zu sehr auf Napoleon geschimpft.

Sogar die Franzosen hat er gehaßt, die in Bayern immer fast lieber gesehen waren als die Norddeutschen. Schon weil sie galanter sind und »zu Paris ein lustiges Leben ist« und man sowieso mit der Mode gehen muß. Welch eine Tragikomödie war diese Politik Ludwig I.! Und erst sein Teutschtum! Seinen Sohn, den Kronprinzen Max, ließ er eine preußische Prinzessin heiraten und aus Trotz gegen Napoleon hat er in Kelheim die Befreiungshalle bauen lassen. Schon den Erziehern des Kronprinzen gab er diese Instruktion: »Macht mir aus Max einen Teutschen! Einen Bayern zwar, aber einen Teutschen vor allem, der nichts mehr hasset als die Franzosen!« Ist sowas nicht eine Tragödie? Wo ihm der Kaiser den Degen von Austerlitz umgehängt und seinen Vater zum König erhoben hatte?

Etwas Versöhnliches gibt es aber dennoch im Leben Ludwig I. und seinem Verhältnis zu Frankreich. Ludwig ist im französischen Straßburg geboren und Ludwig XVI. war sein Taufpate. Als großer Bauherr hat er in München ein Monumentum errichten lassen, das doch ein wenig an die große Heldenzeit und an das große Sterben in Rußland unter Napoleon erinnert: Den

Prinzessin Auguste Amalie
(F. Bruckmann, München)

Obelisk am Karolinenplatz. »Auch sie starben für des Vaterlandes Befreiung«, ließ er auf diesem ältesten Kriegerdenkmal anschreiben.

Als abgedankter alter Exkönig von Bayern ist er oft und gern nach Paris gefahren, wo er Napoleon III. und die Kaiserin Eugénie besucht hat. An diesem zweiten napoleonischen Hof hat er sich noch als 80jähriger Greis feiern lassen, hat alte Napoleongeschichten aus seiner Jugendzeit erzählt – durchaus freundliche – und hat öffentlich an der kaiserlichen Hoftafel der Kaiserin Eugénie Komplimente gemacht und sie zu einer Ballonfahrt eingeladen. Eugénie ist tatsächlich mit dem galanten Monarchen in einem Ballon aufgestiegen, und nach der Landung soll sie dem greisen Exkönig sogar ein »Busserl« gegeben haben. Das sind aber galante Kleinigkeiten und gehören nicht zu den Historien der Helden und des Ruhmes.

»Ich habe Bayern groß gemacht, ich werde es noch größer machen.« Diese kaiserlichen Feldherrnworte rief Napoleon seinen verbündeten Bayern anno 1809 vor der Schlacht bei Eggmühl zu und die Bayern haben gekämpft wie die tapferen Löwen – und mit dem Kaiser gesiegt.

Und vierzehn Tage, nachdem Napoleon die alte bayerische Königswürde wiederhergestellt hatte, vermählte er seinen Stiefsohn Eugen Beauharnais mit unserer Prinzessin Auguste. Diese Vermählung fand in der »Grünen Galerie« der Münchner Residenz statt, und zwar in Anwesenheit des Kaisers und der Kaiserin Josephine.

In der Schatzkammer der Münchner Residenz finden wir zahlreiche Erinnerungen an Kaiser Napoleon. Zuvörderst die Cimelien des bayerischen Königtums, die erhabene bayerische Königskrone samt Königinkrone, Zepter, Reichsapfel und Reichsschwert. Alles das sind kostbare Pariser Goldschmiedearbeiten von Meister Bienais. Auch der Degen wird hier aufbewahrt, den Napoleon am Neujahrsmorgen 1806 dem jungen Kronprinzen Ludwig umgegürtet hat. Das allerseltenste Stück aber, das in der Schatzkammer an den Kaiser Napoleon erinnert, das ist der Schönheitskoffer der Kaiserin Marie Luise. Es ist dies das Hochzeitsgeschenk der Stadt Paris an die zweite Gemahlin Napoleons, an die Kaiserin Marie Luise! – Ein kostbares Reisenecessaire mit zahlreichen Fläschchen und Döschen, mit zierlichen Messerchen und Scheren und Pinzetten und Bürstchen! Und wir sehen auch zwei Zahnbürsten. Es sind dies die ersten eindeutigen Zahnbürsten der jüngeren Weltgeschichte.

Ludwig I.
(1825–1848)

Noch in den dreißiger Jahren hat es in München Leute gegeben, die sich recht gut an den alten König Ludwig I. erinnern konnten. Und einige der Damen, die der König für seine Schönheitsgalerie hat malen lassen, sind erst im 20. Jahrhundert gestorben; die letzte, Gräfin Carlotta Boos zu Waldeck, eine großherzoglich-hessische Hofdame, zu der der König als zweiundsiebzigjähriger Witwer noch eine so heftige Zuneigung empfand, daß er sie, die damals 22jährige, beinahe noch zur Linken geheiratet hätte, ist gar erst im Jahre 1920 in Abbazia gestorben. Und wer unter den älteren Bayern erinnert sich nicht an die liebenswürdige und glänzende Ära seines Sohnes, an die gute alte Zeit unter dem milden bayerischen Zepter Seiner Königlichen Hoheit, des Prinzregenten Luitpold?

Der Prinzregent also war sein Sohn, während der vielberühmte Märchenkönig Ludwig II. sein Enkel war. Mit einem Wort: Das Zeitalter Ludwig I. überstrahlt die ganze königliche Periode in Bayern, von 1806 bis 1918; von seinen Kronprinzenjahren, die er teilweise in den Feldlagern Napoleons I. verbrachte, bis zur Abdankung seines Enkels, Ludwig III., deren Turbulenz Anno 1848 bereits vorausempfunden worden war und deren Stürme damals Ludwig I. zur Abdankung gezwungen haben. Die große, zentrale Gestalt des Königreiches Bayern bleibt Ludwig I. Durch ihn glänzt es mit herrlichen Bauwerken, nehmen Eisenbahnen und technischer Fortschritt den Anfang, besinnt und erholt sich die schwer angeschlagene Kirche rascher, und leider, das darf nicht verschwiegen werden, erstarkt durch ihn auch der deutsche Nationalismus und führt den Untergang des Königreiches Bayern folgerichtig herbei.

Aber was wäre München ohne Ludwig I.? Ohne Königsplatz, ohne Propyläen und Glyptothek, ohne Pinakotheken, ohne Ludwigstraße, ohne Universität, ohne Ruhmeshalle, ohne Bavaria, ohne Siegestor und ohne Feldherrnhalle, ohne Königsbau und ohne Festsaalbau der Residenz, ohne Arkaden, ohne Obelisk? Die Liste ist noch lange nicht vollständig. Und was wäre Deutschland ohne Befreiungshalle und Walhalla? Die Regensburger Domtürme hat er vollenden lassen; – dem Kölner Dom, der deutschen Gotik edelsten Perle, hat er den letzten krönenden Abschluß gegeben. Er hat den Speyrer Dom ausmalen lassen, hat die Kurhäuser zu Bad Brückenau und Kissingen aufführen lassen, hat Ernst von Bandel, den Schöpfer des Hermannsdenkmals im Teutoburger Wald, zeitlebens unterstützt, hat in Aschaffenburg die pompejanische Villa errichtet. Ganz zu schweigen von den mehreren Dutzend Denkmälern, Tafeln und Gedächtnissäulen, die, im ganzen Bayernland verstreut, an den unerschöpflichen Ludwig erinnern: in Bayreuth zum Beispiel das Standbild für Jean Paul, in Würzburg jenes für Bischof Julius Echter von Mespelbrunn, in Erlangen das für Markgraf Friedrich von Brandenburg und in Augsburg das für Jakob Fugger usw. Für Athen hat sein Baumeister Klenze den gesamten Stadtplan entworfen, und in Rom erinnert die Villa Malta an Ludwig I.

Bei jedem Projekt hat der König mitgeplant und ganz bestimmte Anleitungen gegeben, wie Hunderte von Briefen es beweisen. Ludwig ist der eigentliche Herr des klassizistischen Baustils. Griechenlands strahlende Schönheit und Größe und die Genialität der italienischen Renaissance, das waren die anregenden Vorbilder. Aber Ludwigs Künstler waren keine bloßen Nachahmer der Griechen und Lateiner, keine simplen Eklektiker. Der Münchner Klassizismus ist ein feinsinniger, eigenschöpferischer Stil von imponierender Größe. Und dennoch wird man der vielseitigen Persönlichkeit Ludwig I. nicht gerecht, wenn man nur diese spürbar stärkste Begabung in seinem Wesen betrachtet, das Mäzenatische, seine Begeisterung für die Kunst, für Griechenland. Bayerns größter König war nämlich in drei Welten daheim: in Hellas, in Deutschland und in den Kirchen der Christenheit. Bei König Ludwig ist die dreimal gepriesene Bildungseinheit von Antike, Vaterland und Gott noch keine Schablone. In ihm ist die glühende Begeisterung, was später als pädagogisches Ideal von den Professoren der philologisch-historischen Fächerverbindung anhand der Grammatik und der aufstrebenden Etymologie mühsam verfolgt wird. Es ist das abendländische Bildungsideal schlechthin, das im 19. Jahrhundert mächtig angereichert wurde. Hellas und Rom! Akropolis und Aventin, Praxiteles und Jamben, Freiheit und Ordnung. Die klassische Bildung war Ludwig so in Fleisch und Blut übergegangen, daß er beinahe nur noch in klassischen Versmaßen schreiben konnte, auch wenn er nicht gerade ein Gedicht verfaßte. Es finden sich zum Beispiel sogar unter seinen Marginalien, jenen Randglossen, welche Könige gern an die Aktenränder gleich feurigen Befehlen hinkritzeln, selbst darunter finden sich klassisch-rhythmische Diktionen, Jamben, Distichen, wie etwa folgende: »Frömmer werde mir – das Ministerium des Innern! – Das des Kultus kann so bleiben!«

Dergleichen attischer Schwung brachte die mäßiger gebildete bayerische Beamtenschaft zu einem mürrischen Lächeln, und die höhere Intelligenz wagte gelegentlich einen Spott. Die Fresken Rottmanns in den Hofgartenarkaden, italienische Landschaften darstellend, ließ der König mit selbst gedichteten Versen unterschreiben. Gerade diese Distichen sind es, die den Dichterruhm Ludwigs in der Residenzstadt ziemlich kritisch populär machten. Für den Münchner Biedermeier war das eine seltsame Dichterei, weil sich nichts reimte. »Ja mei, was soll man da sagn, dös hat halt unser Kini dicht!« Da heißt es zum Beispiel unter Florenz:

Florenz, dir fehlt, was Rom hat,
und diesem just, was du besitzest,
wenn ihr beide vereint,
wärs für die Erde zu schön.

Und unter das Alfresco, welches Reggio darstellte, dichtete Ludwig wie folgt:

Näher der Heimat nicht als in Sizilien
ist Reggio dem Deutschen.
Doch weil dazwischen kein Meer,
glaubt er halbwegs sich heim.

Jetzt hatten die Münchner auch den Rhythmus gehört. Und ein Spaßvogel dichtete darunter:

Näher als Menterschwaig nicht ist
Hesselohe dem Münchner.
Doch weil die Eisenbahn geht,
glaubt er halbwegs sich heim.

Hellas und Rom! Seine Begeisterung kannte keine Grenzen. Auf dem Wiener Kongreß erwirbt er, damals noch Kronprinz, den Torso eines knienden Knaben, den sogenannten Ilioneus, für seine – damals erst geplante – Glyptothek und zahlt dafür die horrende Summe von 33 000 Gulden.

Dieser Kauf wurde für einige Tage das Gespräch auf dem diplomatischen Parkett. Und Ludwigs Onkel, der gute Kaiser Franz, hätte den Verkäufer um Haaresbreite einsperren lassen, »weil er den narreten Neffen so angeschmiert«. Mit 18 Jahren sammelt Ludwig schon Antiken, mit 21 faßt er den Plan, die Walhalla zu bauen, mit 24 entwirft er den Plan zur Glyptothek. – Und als dieser erste ludovizianische Bau kurz darauf auch begonnen und aufgeführt wird, nennen die Münchner diesen hehren, strahlend schönen Museumsbau, in dem nur »steinerne Köpf und Trümmer von uralten nackigen Leibern« aufbewahrt werden, »das narrische Kronprinzenhäusl draußen in den Krautgärten«.

Den Kronprinzen ficht der Spott nicht an. Er hat es sich in den Kopf gesetzt, das alte München, damals noch eine beinahe mittelalterliche, liebe alte barocke Stadt, in ein teutsches Athen zu verwandeln! Hellas und Rom – Isarathen! – Man stelle sich das alte München im frühen Biedermeier vor! Das bäuerische Treiben auf dem Schrannenplatz, die Schwabinger Landstraße, die gemütlichen Wirtshäuser, die mittelalterliche Stadtmauer, die auf den Gassen noch herumlaufenden Schweine, dieses Leben und Leben-Lassen biederer braver Handwerker! Und man betrete dann etwa den Königsplatz, wo einen in hell schimmerndem Marmor die Propyläen an die Befreiung Griechenlands erinnern sollen. Und was noch außergewöhnlicher ist, sie gefallen einem sogar, die ludovizianischen Bauwerke. – Wer im damaligen München so zu bauen wagte, der mußte nicht nur von einer nie erlahmenden Begeisterung getrieben sein, der brauchte auch Mut. Über Bayern hatten schon mehrere bauwütige Fürsten regiert, keiner von ihnen kann sich mit Ludwig messen. Denn seine Vorgänger bauten für sich, für den Hof, zur eigenen Erbauung. König Ludwig wollte mit seinen mäzenatischen Großtaten den Geist seiner bayerischen Untertanen emporheben: »Erhabenes anschauend, mache den Menschen selber erhaben!«

Und sind auch die Münchner seit Ludwigs Tod nicht besser geworden, ein wenig musischer, um eine Nuance urbaner vielleicht doch – und so zitieren sie auch heute noch stolz Ludwigs

König Ludwig I. im Krönungsornat
(Bayerische Staatsgemäldesammlung, München)

Ausspruch: »Ich will aus München eine Stadt machen, die Teutschland so zur Ehre gereicht, daß einer Teutschland nicht kennt, wenn er München nicht gesehen!«

Dieses teutsch-bayerische Zitat hat heute erst volle Gültigkeit. München ist Deutschlands heimliche Hauptstadt geworden. Das Thema Teutschland hat der König in unzähligen Handsignaten glossiert. »Wir Teutschen sind ein einig Volk, wenngleich unter mehreren Fürsten!« – glossierte er einen Brief des Fürsten Metternich.

Und sein Bayern sollte in dem großen deutschen Vaterlande mehr in den Künsten und Wissenschaften eine Rolle spielen als im Kriegs- und Militärwesen. Gleich nach seiner Thronbesteigung reduzierte er das Militär-Budget auf ein Minimum. Die kostspieligen Garden wurden entlassen, und der Übertritt der Offiziere und Unteroffiziere in den Zivildienst wurde gefördert, zum Beispiel der Übertritt zur Post: »Ein Jahr Praxis wird hinreichen, um als Offizial angestellt zu werden«, schreibt er an den Rand eines vom Heeresauditor vorgelegten Gesuches um Wiederverwendung eines verabschiedeten Unteroffiziers im Staatsdienst.

Dennoch will er für den Ernstfall sein Bayern, sein Teutschland, nicht wehrlos wissen. Er versucht über eine Landwehrverordnung ein Volksheer zu schaffen und gibt seinem Baumeister Klenze den Auftrag, die Festung Ingolstadt auszubauen, denn »Ingolstadt soll Bayerns hauptsächlichste Kriegsrüst- und Vorratskammer sein.«

Und 1834 läßt er den Grundstein zur Festung Germersheim legen. Damit aber diese von den Militärbehörden entworfenen Festungsbauten auch ästhetischen Ansprüchen genügen, soll Oberhofbaurat Gärtner die Pläne überarbeiten. – Wenn er nur herrliche Bauten aufführen konnte! »Bollwerk dem Feind, doch das heimische Auge entzückend; schützend die Pfalz und schmückend zugleich!«

Bezüglich der Regimentsfahnen verfügt er: »Neue Fahnen den Regimentern zu verleihen, soll ohne Not nicht stattfinden. Alte Fahnen zu besitzen, haben sich die Regimenter immer zur Ehre gerechnet.«

Auch für das viele Exerzieren hat er keinen Sinn. »Den Landwehrkommandanten ist nicht zu überlassen, zu bestimmen, wann exerziert werden soll. Dem König ist's zuwider, seine Untertanen unnötig eingeschränkt zu wissen. Nicht zehn bis zwölf

Tage im Jahr, sondern zehn Tage ist als Maximum festzusetzen. – Und keine zu großen Märsche sollen gemacht werden«, verfügt er in einer Manöver-Verordnung. »Viel lieber mehr Kosten, als daß Soldaten durch die Märsche das Leben verlieren.«

In einem anderen, für das Wohlergehen seiner Soldaten wahrhaft väterlichen Signat heißt es: »Die nichts nutz seienden oder nichts mehr nutz seienden Ärzte und Chirurgen sollen normgemäß entfernt werden, auf daß unter deren Behandlung die Soldaten nicht zu leiden haben!«

Er ordnet die Aufhebung unnötiger Wachtposten an. Da war es denn keine Seltenheit, daß in der ludovizianischen Zeit manch passionierter Offizier, der zu seines Vaters Zeiten im Range eines Generals gestanden, unter Ludwig mit Müh und Not ein Bataillon befehligen konnte. Allerdings unter Beibehaltung seines Generals-Titels. Den Stock des Profosen schaffte der König im bayerischen Heere – als ein den Soldaten entehrendes Objekt – bereits im Jahre 1826 ab. Dafür kümmerte er sich mehr um die religiöse Betreuung. An den Sonn- und Feiertagen war es in allen Garnisonen Pflicht, den Gottesdienst zu besuchen.

Ludwig war von der Würde der königlichen Majestät sehr überzeugt, obschon er selber in seiner schlichten Menschlichkeit eine originelle Persönlichkeit vorstellt. Er ging allein durch die Straßen Münchens spazieren und redete mit jedermann. Er sprach laut und rasch, daß auch die weiter entfernt Stehenden alles hören konnten. Er war etwas schwerhörig, und seine Haare hatten einen rötlichen Schimmer. – Trotzdem, bei aller Originalität war er ein über die Maßen intelligenter und hochgebildeter Mann, mit den Romantikern gesprochen, ein wirkliches Genie. Dazu besaß er unerschöpfliche Energie und Arbeitslust, er war rastlos tätig, behielt alle Fäden in der Hand, kontrollierte die Minister und das Parlament, beaufsichtigte seine Bauten, hielt seine Finanzen zusammen, überschaute das ganze Königreich. Er selbst singt von seiner rastlosen Tätigkeit:

Niemals ruhen kann mein Geist,
Immerfort derselbe kreist;
Daß er geschäftig,
Das erhält ihn kräftig.

Täglich um vier Uhr früh stand er auf, rasierte sich eigenhändig, da er den Kammerdiener aus Sparsamkeitsgründen entlassen hatte – und das mit den lakonischen Worten: »Anziehen kann ich mich selber und ausziehen will ich mich nicht lassen.«

Nüchtern setzte er sich an den Schreibtisch und ging die Akten durch, an den Rand derselben eigenhändig und mit Bestimmtheit treffende Anmerkungen und Befehle hinschreibend, eben jene zum Teil berühmt gewordenen Marginalien oder königlichen Signate. Auf Vorschläge des Innenministeriums zur Abhilfe der Auswüchse auf ländlichen Kirchweihfesten zum Beispiel schreibt er: »Keine Herrnhuter sollen die Bayern mir werden, sondern froh und munter nach getaner Arbeit seien sie stets, wie Goethe sich ausdrückt. Volksfeste, worin sich vor allen Teutschen das Königreich Bayern hervortut, sind erfreulich – zu bedauern, gingen an einem Orte sie ein.«

Die Hofhaltung überwachte er streng und sah auf Pünktlichkeit. Er prüfte alle Rechnungen, alle Reparaturen und Neuanschaffungen. Nichts, und sei es noch so unbedeutend, entging seiner Aufsicht. Seine Sparsamkeit grenzte gelegentlich an Geiz. Fürstliche Prachtentfaltung gestattete er nur, wenn die Repräsentation der königlichen Würde es verlangte: bei Besuchen von ausländischen Potentaten, bei der Auffahrt zur Thronrede in die Kammer, bei der jährlichen Eröffnung des Oktoberfestes, bei Grundsteinlegung oder Einweihung eines königlichen Bauwerkes, an hohen kirchlichen Festtagen, besonders bei der von ihm wieder eingeführten Fronleichnamsprozession. Doch selbst da kam ihm sein sparsamer Sinn nicht ganz abhanden. So verfügt er einmal: »Wenn auch neue Heroldenkleider jetzt nötig, wäre dennoch auf die alten das jetzige Wappen zu setzen mir lieb, sie bei üblem unsicherem Wetter zu tragen!«

Zu dem Thema gäbe es noch viele Geschichten. In Aschaffenburg ist er einmal zu Besuch gewesen, und er benützte sein Taschentuch. Die Dame des Hauses konnte ihre Verwunderung über dieses alte, abgetragene und sogar geflickte Schneuztüchl nicht verbergen. Da sagte der König zu ihr: »Gnädige Frau, Sie wundern sich über mein Taschentuch? Doch glauben Sie mir, ohne das da«, und er schwenkte das Tüchl hin und her, »ohne das da gäb's keine Pinakothek und keine Glyptothek!«

Auch in den Ministerien sah er streng auf Sparsamkeit, wie folgendes Signat beweist: »Reskriptionsentwürfe sollen, wenn ein halber Bogen dafür ausreicht, nicht auf ganze Bogen geschrieben werden!« Denn: »Grundlage, nicht Zweck sind gute Finanzen dem Staat!«

Die Schäden, die sein Vater Maximilian der Kirche durch die

Säkularisation zugefügt hat, dürften durch Ludwig, materiell wenigstens, wiedergutgemacht worden sein. Dabei war Ludwig kein Frömmler. Die ludovizianische, christlich-geistige Erneuerung Bayerns entbehrte nicht der Toleranz. Und der König hat nicht nur die katholische Kirche gefördert. Seine Gemahlin, die Königin Therese, war evangelisch. Und das Königreich Bayern hatte ja auch evangelische Untertanen. Wenigstens der König wollte jene liberal-katholische Geistigkeit, die Glauben und Wissen zu vereinen suchte. Freien Geistes zu sein und trotzdem religiös, benediktinisch großzügig, nicht jesuitisch. Die Benediktiner mit ihrem Wahlspruch »ora et labora« waren ihm die liebsten. Er selber hat es so formuliert: »Katholisch zu sein wie Sailer, nicht wie Reisach. Römisch-katholisch, aber nicht petrinisch-römisch-katholisch!«

Nein, der stets für alles Gute, Wahre, Schöne und Fromme tätige König ist kein Ultra. »Ultras mag ich nicht!« hat er einmal geschrieben.

Bei seinem ausgeprägten Sinn für das Schöne ist es nicht zu verwundern, daß er auch für Frauenschönheit recht empfänglich war. Natürlich tut man der Größe König Ludwigs unrecht, wenn man nur diese eine, amüsante Natur in ihm sehen will. Aber noch mehr würde man seinen Charakter verzeichnen, wollte man dieses Kapitel überspringen.

Der 24jährige Kronprinz heiratete im Oktober 1810 die Prinzessin Therese von Sachsen-Hildburghausen. Bei den Vermählungsfeierlichkeiten gab es das erste Oktoberfest. Therese ist eine Schönheit, Ludwig feiert sie in seinen Gedichten als das »Ideal des Weibes«:

Wie Engel sanft, von ewig gleicher Güte
Und Milde, ruhig wie des Himmels Bläue,
So ist dein Wesen, lauter Lieb und Treue,
Ein Bild der Tugend und der Anmut Blüte.

»Eine junonische Gestalt« soll sie gewesen sein, »von edlem Wuchs und würdevoller Haltung«, voll Gesundheit, eine majestätische Erscheinung, eine bezaubernde bayerische Königin mit »hochgewölbter Stirn und seelenvollen Augen«. – König Ludwig hat ihr viele Gedichte gewidmet. Teutsche Reime und griechische Jamben. In dem Opus »An die beste der Frauen« besingt er ihre selbstlose Liebe:

Wenige gibts, die sind die seltensten, die wie Therese,
Niemals denkend an sich, lebend dem Gatten allein...
Unvergleichlich Edele, Deine erhabene Güte
Sie bezwang mein, ewig nur liebet es dich!

Auch in reiferen Jahren noch wird seine Feder nicht stumpf, wenn es gilt, ein Lied auf Therese anzustimmen. Ein Distichon hat er also überschrieben: »Eine Rose meiner ins 50. Jahr gehenden Frau schickend«:

Immer noch blühende Rose,
empfange die schnelle verglühende.
Darin doch gleichet sie dir,
daß auch sie dornenlos ist.

Er hatte schon einigen Grund, ihre erhabene Güte so sehr zu preisen. Denn da gab es die Schönheitsgalerie!

In die Schönheitsgalerie zu kommen, war natürlich die Sehnsucht mancher Damen. War man von Stieler gemalt, dann war die Schönheit doch amtlich und königlich hochoffiziell. Aber es wurde auch viel darüber gespottet und es wurde viel getuschelt. Manche adelige Familie wollte die Komtesse nicht in der Galerie hängen sehen, und schon gleich gar nicht neben einem ganz gewöhnlichen Bürgermädchen. Manch eifersüchtiger Bräutigam bekam schlaflose Nächte! Die Tagespresse nahm regen Anteil. Gedichte erschienen und priesen die von Stieler schon mit dem Pinsel gepriesene Schönheit noch mehr. Wo immer solch eine dokumentierte Schönheit sich sehen ließ, in der Kirche, auf dem Bierkeller, in den Gassen, gleich wurde sie erkannt, gleich wurde über sie geredet und getuschelt. Von einer moralischen Entrüstung hört man auch gelegentlich, aber weit mehr war die Schönheitsgalerie beim Volke populär und beliebt.

Die meisten Gedichte über die Schönheiten stammen aus der Feder des Königs.

Bist nicht gemalt. Du bist es selbst. Du lebest.
Die Augen, liebesschwimmend, sehn mich an;
Du neigest dich zu mir, du nahest, schwebest,
Die Arme dehn ich aus, dich zu umfahn!

Und in dem Poem »An die Dame mit den zwei Rosen« heißt es:

Der Künstler prüfend seine Farben tauscht,
Und reizend, innig lächelnd, zart und milde,
Dem schönen Leben sinnig abgelauscht,
Erscheint das holde Antlitz auf dem Bilde.
Symmetrie und Anmut lagen offen.
Und beide Rosen fühlen sich getroffen!

Tragisch ging die Geschichte mit der Amalie von Schintling aus, Tochter eines königlich-bayerischen Obersten und verlobt mit einem jungen Oberleutnant. Dieser junge verlobte Offizier wollte seine Amalie unter keinen Umständen malen lassen. Der Vater der Braut aber fühlte loyal. Es kam zu heftigen Auftritten in der Familie von Schintling. Die schöne Amalie wurde auch gemalt, aber vor Aufregung und Tuberkulose verstarb sie kurz darauf.

Es gibt 36 von Stieler gemalte Schönheiten. Und zwei kleine Säle im Festsaalbau – ungefähr in der Gegend, wo heute die Akademie der Wissenschaften untergebracht ist – ließ Ludwig ausschließlich der weiblichen Schönheit weihen; Schönheiten, die das Vaterland, die Teutschland, ja Europa zu bieten hatte. Die Bilder konnten vor der Zerstörung der Residenz gerettet werden und hängen heute im Speisezimmer des Schlosses Nymphenburg: Hier die Kronprinzessin Marie, dort die Schneiderstochter Maria Dietsch, die Freiin Friederike von Gumppenberg, Hofdame der Königin Marie, und die Bankierstochter Nanette Kaula.

Von der übrigens gibt es auch eine kleine Episode: Eines Tages begegnet dem alten König in der Ludwigstraße eine alte Frau und macht einen tiefen Hofknicks.

Ludwig tut verwundert. »Ja«, sagt das alte Muatterl, »Majestät erkennen mich nimmer? – Ich bin die Nanette, Majestät haben mich in die Schönheitsgalerie malen lassen!« Der König sagt darauf lakonisch: »Täts heit nimmer«, und geht weiter.

Die brave Anna Hillmayer mußte Stieler mit einem Gebetbuche malen. Sie war eine Wildbrethändlerstochter und soll dem König gegenüber sehr zugeknöpft gewesen sein.

Dann die schöne grande dame, die Marchesa Marianne Florenzi! Ludwig soll ihr an die 2000 Liebesbriefe geschrieben haben. Er erhielt von ihr dafür zwei Söhne.

Natürlich fehlte auch die berühmteste aller ludovizianischen Schönheiten nicht in der Galerie, die Lola Montez, die Aben-

König Ludwig I. nach der Abdankung
(Süddeutscher Verlag, München)

teuerin, die heißblütige Tänzerin. Sie wurde dem Monarchen zum großen Verhängnis.

Weiß Gott, vielleicht wäre in München auch ohne die Lola die 48er-Revolution ausgebrochen! Aber lange nicht so heftig. Und abdanken hätte der König nicht gleich müssen. Bei aller Turbulenz gab es in den Februartagen in München damals keine Toten, kaum ein paar Schlägereien. Als es vor Lolas Villa zu wüsten Schreiereien und zu bedrohlichen Aufläufen kommt, drängt sich der König in eigener Person dazwischen – und kein Haar wird ihm gekrümmt. Freilich, despektierlich geschimpft wird schon. Da schließlich gibt Ludwig nach. Unerwartet entsagt er der Regierung zugunsten seines Sohnes Maximilian. Ludwig ist 62 Jahre alt. In der Abdankungsproklamation heißt es:

»Bayern! Eine neue Richtung hat begonnen, eine andere als die in der Verfassungsurkunde enthaltene, in welcher ich nun im 23. Jahre geherrscht. Ich lege die Krone nieder zugunsten meines geliebten Sohnes, des Kronprinzen Maximilian. – Treu der Verfassung regierte ich, dem Wohle des Volkes war mein Leben geweiht. Als wenn ich eines Freistaates Bayern Beamter gewesen, ging ich mit den Staatsgeldern um. Ich kann jedem offen in die Augen sehen. Und nun meinen tiefgefühlten Dank allen, die mir anhingen. Auch vom Throne herabgestiegen, schlägt glühend mein Herz für Bayern, für Teutschland. München 20. März 1848 – Ludwig.«

Der König bezieht nun das Wittelsbacher Palais und widmet sich ganz seinen Bauten. Er reist auch viel. Verbringt jährlich etliche Wochen in Aschaffenburg, in Berchtesgaden, in seiner Villa Malta in Rom, in Bad Brückenau oder in Kissingen.

Noch zwanzig Jahre stehen ihm zur Verfügung, er hat sie trefflich genützt.

Auf seinen Reisen begleiten ihn immer etliche Bände Goethe und Schiller. Und mehr schier noch schwärmt er für Schiller denn für Goethe:

Schiller! Wie du spricht keiner zum Herzen!
Du fühlst mit dem Hörer, ziehest mich seelvoll zurück zu dir.
Wenn ich erwache, bevor ich betrete den Kreis der Geschäfte
Les ich in Schiller sogleich, daß michs erhebe am Tag,
Aber nach geendigtem Lärmen, in nächtlicher Stille
Flücht ich zu Goethe und träum fort dann den lieblichen Traum.

Da seine Verse in literarischen Kreisen auch viel Lob ernten, wird er skeptisch. Und selbstkritisch meint er in einem Distichon, das die Überschrift trägt: An mich!:

»Daß dich nicht täusche das reiche Lob, denn was du gedichtet – ungepriesen bliebs, säßest du nicht auf dem Thron!«

Und bei aller Trübsal, gerade in den Revolutionstagen und während der Lolazeit, wendet er sich immer wieder an seine treue Gemahlin Therese:

Du verkennst mich nicht, obgleich die Menge mich verkennet,
Unerreichbares Weib, trefflichstes, welches gelebt!
Wird der Wipfel der Eiche vom Wind auch zuweilen beweget,
wurzelt sie dennoch fest, ewig die Liebe für dich!

Daß Ludwig als Regent sich auch um den technischen Fortschritt verdient gemacht hat, indem er die erste deutsche Eisenbahn, Anno 1835 zwischen Nürnberg und Fürth, erbauen ließ, ist bekannt.

Er hat auch die erste bayerische Bank, die Hypotheken- und Wechsel-Bank, ins Leben gerufen. Er hat den Ludwig-Donau-Main-Kanal verwirklicht. Und er hat die teutsche Einigung durch den Zollverein vorangetrieben. Denn Teutschland, das war das große Thema seiner Politik. Teutschland und Griechenland. Für Griechenlands Befreiung aus dem türkischen Joch war er geradezu unermüdlich in Vers und Tat. Seinen Sohn Otto gab er den Griechen zum König. Dem Erzieher des Kronprinzen Max gab er diese – für einen Bayernkönig für uns posthum doch etwas merkwürdig klingende Instruktion:

»Teutsch soll Max werden, ein Bayer, aber teutsch vorzüglich!« Und noch unbayerischer heißt es da weiter unten: »Abneigung flößen Sie meinem Sohn gegen Frankreich – Teutschlands Erbfeind – ein!« und – »Nie kann ein Teutscher Frankreichs Freund sein!«

Welche Ironie des Schicksals! König Ludwig war nämlich 1786 auf französischem Boden, in Straßburg, geboren, wo sein Vater französischer General gewesen war. Ludwig hieß er nach seinem Taufpaten, dem König Ludwig XVI. von Frankreich, den die Revolution das Schaffott besteigen ließ. Und in Frankreich auch sollte er während eines Kuraufenthaltes in Nizza am 29. Februar 1868 sterben.

Noch am 11. Februar schrieb er an seinen Sohn Luitpold, den

späteren Prinzregenten: »Hier in Nizza wird fortgetanzt Tag und Nacht. Der Frühling ist eingetreten, jedoch auch der Wind daneben, der eben kein lauer Zephyr ist. Auf Nachtbälle, obgleich es an Einladungen nicht fehlt, komme ich selten –«

Zu seinem Arzt Cabrol sagt er: »Glauben Sie ja nicht, daß ich den Tod fürchte, ich habe ihm während meines Lebens mehrmals ins Auge geschaut.« Die Prinzen Luitpold und Adalbert eilen ans Sterbelager des Vaters. »Allen, allen in München meinen Dank!«

Das sollen seine letzten Worte gewesen sein. In Nizza noch wird er auf dem Paradebett aufgestellt, und nach französischer Sitte umstehen Kinder, als Engel mit goldenen Flügeln angetan, den Sarg des alten Königs. Französische Kinder, wie in seinem Taufkissen französische Schnurrbärte waren.

In München wird er mit großem Zeremoniell in der Basilika von Sankt Bonifaz beigesetzt. Als man 1945 nach der Beschädigung des Klosters den König umbetten und dazu den inneren Sarg öffnen mußte, lag der König völlig mumifiziert da, die Uniform geschmückt mit dem Ordensband des Heiligen Hubertus, und in seiner Hand hielt der große Mäzen einen immer noch grünen Lorbeerzweig.

Baukosten unter Ludwig I.

Nicht die Könige und nicht die Parlamente, sondern das Geld regiert die Welt, besser gesagt: Mit Hilfe des Geldes regieren sie alle, die Regenten, Minister und Präsidenten. Und die Staatsgelder stammen immer und überall von den Armen.

Dreißig Millionen Markl sind allerweil mehr als tausend Tausender von tausend Millionären. Und daß du von einem Millionär viel schwerer einen Tausender bekommst als von einem Bettler ein Markstückl, das hat sich seit den Tagen der Babylonier hunderttausendmal bestätigt. Daher gehören die Staatseinrichtungen, die herrlichen Kunstbauten, die prächtigen Schlösser, Kathedralen, Klöster, die Eisenbahnen, Autobahnen, Ministerien und Versicherungspaläste, bei weitem mehr den kleinen Leuten als den Millionären und Privilegierten. Sie gehören dem Volk.

»Darfst schon hineingehen in die königliche Residenz, Bub, darfst es schon anschauen, das Schloß von Schleißheim oder das wunderschöne Amalienburgschlößl im Nymphenburger Park, da klebt an jeder Tapete und an jedem geschnitzten Schnörkel eine Maß Bauernschweiß von deinen Vorfahren dran!« So sagte noch mein Großvater.

König Ludwig I. hat seinen großen Künstlern, den Architekten Klenze und Gärtner, dem Maler Cornelius und dem Bildhauer Schwanthaler, genaueste Anweisungen gegeben, und er hat wiederholt Pläne zurückgewiesen und ausführlich begründete Änderungen gewünscht. Auch die barocken Prälaten hatten den Künstlern ihre Programme bis auf den letzten Puttokopf ausführlichst vorgeschrieben. Das waren halt alles Herren voll des Geistes und begabt mit der Haupttugend eines Mäzenas, mit einem königlichen Geschmack!

Mit wie wenig Geld hat König Ludwig seine Bauten finanziert – aus der königlichen Privatschatulle. Die neue Pinakothek zum Beispiel hat Oberbaurat von Voit zwischen 1846 und 1853 für 545 271 Gulden aufgeführt. Die alte Pinakothek hat schon um 1830 bereits über eine Million gekostet, und 400 000 Gulden hat der König aus der Privatschatulle bezahlt.

Damals hat das bayerische Parlament die Finazmittel für die Pinakothek wegen »offensichtlicher Verschwendung« nicht bewilligen wollen. Der Kampf zwischen König und Parlament hat zwei Jahre gedauert. Da soll einer sagen, daß wir in Bayern nicht schon seit Jahrhunderten eine Demokratie hätten!

Der herrliche Erweiterungsbau der Residenz, der sogenannte Königsbau, der mit großer Einfühlung sowohl an die alte Residenz anschließt als auch dem Porticus des Nationaltheaters seine Geltung beläßt und dem gesamten Max-Joseph-Platz eine außergewöhnliche Harmonie gibt, dieser Königsbau hat der königlichen Privatschatulle 2 Millionen und 157 428 Gulden gekostet.

Und Ludwig hat den Bau dann dem bayerischen Staat geschenkt. Gewiß, die königliche Privatschatulle wurde vom Staat aufgefüllt, mit jährlich eineinhalb Millionen. Aber Ludwig hat sehr sparsam gelebt und alle seine Einkünfte verbaut, er hätte das Geld ja auch mit königlichen Maitressen durchbringen können. – Für 253 757 Gulden aus der Privatkasse baute sich König Ludwig eine Villa in pompejanischem Stile in Aschaffenburg und für gut das Doppelte das Schloß Ludwigshöhe in Edenkoben in der Pfalz. – Das waren damals natürlich auch hohe Summen, wenn man vergleicht, daß das Münchner Bier, die Maß, etwa vier bis sechs Kreuzer kostete, daß der Professor Pettenkofer 1847 siebenhundert Gulden Jahresgehalt bekam für seine Professur an der

Arbeiten an der ›Bavaria‹
(Deutsches Museum, München)

Universität und dazu noch zwei Scheffel Weizen, zwei Scheffel Hafer und sieben Scheffel Korn sowie etliche Klafter Brennholz! Für eineinhalb Gulden bekam man gelegentlich noch eine ganze Gans, und das Schock Eier kostete siebzehn Kreuzer. Daß ein guter Maurer aber immerhin auch damals schon einen Gulden verdienen konnte pro Tag, also zwölf bis dreizehn Maß, nachher stimmt die Rechnung leicht, weil es damals keine Abzüge gegeben hat!

Die Münchner Feldherrnhalle hat 246257 Gulden gekostet, und man hat drei Jahre daran gebaut. Das Siegestor verschlang die doppelte Summe: 414118 Gulden. Dagegen waren die Propyläen fast billiger gewesen! Die Kelheimer Befreiungshalle war dafür freilich wieder über die Maßen teuer, sie hat 2 Millionen 144507 Gulden verschlungen. Immerhin aber um fast eine Million weniger, als Gärtner geplant hatte.

Die bayerische Ruhmeshalle über der Theresienwiesen hat 614000 Gulden gekostet, die Bavaria mit Löwen und Sockel 286346 Gulden und die Treppen samt Platz 13000 Gulden! – Alle diese Monumente hat der König hoch bezahlt.

»Ich will die Herzen meiner Bayern durch Schönheit bilden, Frauenschönheit nicht ausgeschlossen«, sagte König Ludwig I. seinem Hofmaler Josef Stieler und hieß ihn die »schönsten Mädchen und Frauen meines Königreiches« porträtieren.

Seit den Tagen König Ludwig I. muß dieser Satz in Bayern seine Gültigkeit haben. Der große Bayernkönig und erhabene Kunstmäzenas hat es dabei von sich selber gesagt, daß ein für das Erhabene und Schöne in der Kunst stets empfänglicher Mann seiner innersten ästhetischen Natur nach auch für die Frauenschönheit begeistert sein müsse. Ludwig I. war dabei tief davon überzeugt, daß man der Frauenschönheit auch huldigen könne, ohne die Sünde des Ehebruches zu begehen.

Mündlich überlieferte Vermutungen im Kloster St. Bonifaz, die auf diskreten Äußerungen des Beichtvaters des Königs beruhen, sprechen davon, daß Ludwig sich das gewisse »Letzte« bei seinem Schwärmen für die Frauenschönheit meistens versagt habe. Anzüglichkeiten und Spott erlaubte sich nur der klatschsüchtige Mob des Revolutionsjahres 1848, meinen seine Benediktiner, sprechen ihn aber doch nicht heilig.

Die Lola halt, die war das Mistvieh. Aber die anderen Schönheiten von der Galerie, die waren überwiegend kreuzbrave und solide Münchner Dirndln gewesen! Die Strobl Gusti zum Beispiel, Tochter eines königlichen Hauptbuchhalters. Als sie gemalt wurde, saß der König bei jeder Sitzung mit dabei, hat da ein bißchen am Mieder gezupft und dort ein wenig eine Haarlocke hinausgestrichen. Und wenn der gute Stieler eine neue Farbe hat holen müssen, dann hat König Ludwig dem Madl sein neuestes Liebesgedicht vorgelesen. An die Gusti dieses: »Du bist die schönste, die tugendhafteste, die je geboren!« Seine Versl waren ja sehr griechisch-klassisch. Einmal hat er zu ihr gesagt: »Gusti, schönste Schöne, du darfst etwas dir wünschen. Dein König erfüllt dir jetzt einen ganz großen Wunsch!« Und was sagt die Gusti drauf schlagfertig? »Majestät«, sagt's, »befördern Sie den Forstgehilfen Hilber zum Forstmeister, daß wir gleich heiraten können!« Da war der gute König Ludwig baff. Aber er hat den Wunsch erfüllt. Hilber wurde Forstmeister in Ergolsbach in Niederbayern und heiratete seine Auguste.

Und die gute, brave Königin Therese empfängt die Schönheit in einer Extraprivataudienz wegen dieser Standhaftigkeit und hätte sie am liebsten mit dem Theresienorden ausgezeichnet. Die Jugend vergeht, hat die Königin gern zitiert, die Tugend besteht!

Darum darf die Galerie, die jetzt im Speisesalon im Schloß zu Nymphenburg hängt, auch nicht »Schönheitengalerie« heißen, wie die norddeutschen Besucher sie nennen: Bei den ehrlichen Bayern heißt sie nach dem Wunsch des Königs und der Königin nur die Schönheitsgalerie. Weil sie der König ja nicht den Schönheiten gewidmet hat, sondern der Frauenschönheit an sich.

Der König hatte allerdings ein sehr spezielles Idealbild von der Frauenschönheit. Die Linien des Körpers mußten denen einer griechischen Vase ähnlich verlaufen. Die Nase durfte nicht zu groß, aber dafür sehr gerade sein und sollte in der Mitte eine kleine, leichte Wölbung haben. Wegen dieser manchmal zu großen oder zu kleinen Nasenwölbung wurden öfter Kandidatinnen verworfen. Als ein Plus galten beim König stets Grübchen. Dabei waren Wangengrübchen wertvoller als Kinngrübchen. Die Haare wurden außergewöhnlich hoch angeschlagen, sie mußten weich und vornehm glänzend sein. Und das Auge war dem kunstverständigen König am wichtigsten, es mußte einen seelenvollen und zugleich beseligenden Blick garantieren. Zugleich sollte es leuchten und eine strahlende Reinheit verströmen. Gefiel dem König so ein Mädchen, dann blieb er auf der Straße stehen, betrachtete es umständlich, drehte das Köpfchen und besah das Mieder. Bestand die Schöne die Prüfungen alle, dann rief er aus: »Zu Stieler mit dem Kind! Auf der Stelle zu Stieler mit ihr!«

Die berühmteste Schönheit war die Sedlmayer Helene. Sie war die Tochter eines Flickschusters aus der Trostberger Gegend, ist als Kind in den Dienst nach Ötting gekommen und dann bald nach München zu einer verwandten bediensteten Köchin, schließlich als Küchenmädl in das Spielwarengeschäft Auracher. Und da hat sie am Heiligen Abend einen Korb in die Residenz tragen müssen, und König Ludwig beginnt gerade seinen Spaziergang, trifft sie und bleibt begeistert stehen. »Zu Stieler mit ihr!« Helene heiratet später den Hoflakai Miller und bleibt in königlichen Diensten.

Oder die Wildbrethändlerstochter, die Hillmayer Anni, die auch sehr standhaft geblieben ist und darum auch von der Königin in Audienz empfangen wurde. Insgesamt sind es fast vierzig Schönheiten gewesen. Und alle sind damals berühmt geworden und haben gute Partien gemacht.

König Ludwig I. hat viele leuchtende Seiten. Und sein Mäzenatentum ist beinahe unerschöpflich. Er hat unendlich viel geleistet und gebaut für sein Bayern, sein München. Aber eine seiner menschlichsten und liebsten Taten, das war doch die Schöpfung dieser charmanten Galerie der Frauenschönheit, der Schönheitsgalerie. Er hat die Herzen der Bayern veredelt durch Schönheit, Frauenschönheit nicht ausgeschlossen.

König Ludwig I. und Andreas Schmeller

Trotz all der Kunstbauten König Ludwigs I. blieb München noch lange die gemütliche Bürger- und Bierbräuerstadt mit den Kellern und Wirtshäusern und mit den feschen Biermadeln und reschen Kellnerinnen. Und trotzdem war es nicht nur eine geistferne Phlegmatiker- und Genießerstadt. O nein! Das München des vorigen Jahrhunderts hat große Geister an der Universität gehabt. Fraunhofer, der große Erfinder, dessen Begabung der König selber erkannt hat. Und gäb es ohne Fraunhofer eine moderne Physik und Astronomie? Ganz zu schweigen von seinem Spektrum, worunter manch alte Münchner seinerzeit einfach ein »Trumm Speck« verstanden haben und es gar nicht fassen konnten, daß der König an dem Fraunhofer so einen Narren gefressen hat.

Einer der gelehrtesten Bayern unter König Ludwig I. war Andreas Schmeller, Sohn eines Kleinhändlers aus Rimberg bei Pfaffenhofen. Der Vater war Körbelzäuner und die Geschwister Bauernmägde und Knechte. Er hat studieren dürfen, zuerst in Scheyarn, dann in München. Und dann ist er Soldat geworden, hat unter Napoleon Feldzüge mitgemacht bis nach Spanien und nach Paris. Und nach den Kriegen hat er als Oberleutnant der Jäger vom Kronprinz Ludwig, dem späteren König Ludwig I., den Auftrag erhalten, alle Wörter der bayerischen Sprache aufzuschreiben, ein Wörterbuch der bayerischen Sprache herauszubringen. Und Professor Dr. Andreas Schmeller hat diesen Auftrag meisterhaft ausgeführt. Sein Wörterbuch, zwei Bände stark, ist noch heute berühmt. Eine ungeheuer fleißige Arbeit.

Und beinahe hätte der Kronprinz mit dem Schmeller einen kühnen Plan verwirklicht. Warum, hat er sich gefragt, benützen wir Bayern die heutige Schriftsprache und haben es versäumt, unser bayerisches Idiom zur offiziellen Landessprache zu erheben? Unsere klangvollen Diphthonge, das »ia« und das »ou«, das

»oi« und das »ean« sind so wenig ordinär wie die jenes westgermanischen Dialektes, den wir als das Englische auf den Thron einer Weltsprache gesetzt sehen.

Und schon vorher hatte Andreas Schmeller darüber Spekulationen angestellt, anno 1816, in einem Aufsatz für den Kronprinzen, »Sprache der Bayern – Gedanken über ein zu bearbeitendes bayerisches Idiotikon«. Darin schreibt Schmeller: »Man ist gewöhnt, auf jede Mundart, die nicht mit der einmal angenommenen Schriftsprache übereinstimmt, mit Verachtung herabzusehen. Darin geht das Streben nach Einheit wahrlich zu weit. Was in Vergleichung mit einem angenommenen Muster abweichend und fehlerhaft ist, kann auch für sich selbst bestehend und als einzig rechtmäßiges Muster gedacht werden. Es braucht weiter nichts, als daß der Wörtervorrat unserer Mundart gesammelt, ihre Regeln wissenschaftlich aufgestellt, und in ihr geschrieben und gedruckt werde, um sie selbständig in die Reihe der Sprachen zu setzen, wie wir es zum Beispiel an der portugiesischen hinsichtlich der spanischen sehen, ein wenig auch am Schwyzer Dytsch, und besonders an der holländischen, die sich stolz neben die hochdeutsche Stammhalterin hinstellt. Solch eine gänzliche Abtrünnigkeit und Selbständigmachung der bayerischen Sprache tritt aber andererseits dem Streben nach der sogenannten Einheit der Deutschen in den Weg.«

Heute hätten wir alles überstanden: Wir hätten eine bayerische Bibel und ein bayerisches Vaterunser, eine bayerische Liturgie und die Gymnasiasten in Frankreich oder Hessen, in Württemberg oder Berlin könnten bayerisch lernen, wenigstens als Wahlfach! – Es ist schade, daß sich der Kronprinz damals nicht hat für den Plan Schmellers entscheiden können. Weil: Bayerisch kann man nie verderben, bayerisch tät man leben und sterben! Bayerisch!

Schmeller hat freilich auch herausgefunden, daß die dem Königreich Bayern angemessenste und mediatisierteste Landessprache für alle drei bayerischen Stämme, also für Schwaben, Franken und Altbayern, einschließlich der Oberpfalz, das damalige Nürnbergisch gewesen wäre. Das reinste Bayerisch also das oberpfälzisch-mittelfränkische Nörnbergrisch! – Die Sprache Hans Sachsens! Auch nicht dumm! Oder?

Die Villa am Park
Zur Geschichte des Prinz-Carl-Palais und des Prinzen Carl 1795–1875

Das waren noch Zeiten, als Prinz Carl noch in seinem Palais gewohnt hat, der Herr Bruder von unserem König Ludwig I.! – Offiziell hat er fünfzig Jahre drin gewohnt, Seine Königliche Hoheit, der Carl, und er ist zugleich Generalfeldmarschall der Königlich Bayerischen Armee gewesen. Nicht gerade glücklich, aber sehr tapfer hat er anno 1866, im deutschen Bruderkrieg, gegen die Preußen bei Kissingen und Helmstadt die Schlachten verloren. Ein feiner Mann, der Prinz Carl: Ein bißerl vornehm und ein bißerl leger, beliebt beim Volk, sehr populär. Darum heißt ja das alte »Palais Royal« am Englischen Garten heute noch das »Prinz-Carl-Palais«.

Obwohl jetzt die Autobahn des Altstadtringes direkt unter der königlichen Villa hindurchführt, durch die Keller, ja diese Keller hinweggefegt hat! Zwanzigtausend Benzin- und Dieselmotore dröhnen täglich durch den Altstadttunnel und kaum jemand denkt an den guten Prinzen Carl, der ein einfaches Münchner Bürgermädchen zur Frau genommen hat und deshalb auf den griechischen Königsthron hat verzichten müssen. Er hat ja gern verzichtet. Aber so ganz und gar vergessen sollte er auch nicht werden, wo jetzt die Leute beim Durchbrausen der ehemaligen Keller Seiner Königlichen Hoheit weit eher an den bayerischen Ministerpräsidenten denken, der da oben, im hübsch restaurierten Prinz-Carl-Palais, seinem repräsentativen Amtssitz, vielleicht gerade eine Kabinettssitzung leitet.

Das Palais ist heute noch eine königliche Villa und strahlt eine gute, feine architektonische Schönheit aus, inmitten von neuen »Altstadt-Autobahnen«. Ja freilich, eine Schönheit wiegt in München mehr als hunderttausend Tonnen Stahlbeton! »Ein bisserl allerweil noch«, würde Prinz Carl sagen, der als Achtzigjähriger am 16. Mai 1875 in Tegernsee tot vom Pferd gesunken ist.

Retirieren hat er sich zwar müssen anno 66, aber vernichten haben sie ihn nicht können, den bayerischen Generalfeldmarschall. »Ein bißerl allerweil noch«, ist er immer auch da geblieben. Etwas Schönes kann halt »ein bißerl allerweil noch« selbst einer erdrückenden Übermacht Stand halten.

Und das ist der tiefere Sinn des Denkmalschützens: Zwecklos und behindernd überleben dürfen, nur weil man schön ist. Unter allen Baudenkmalen Münchens gibt es kaum ein zweites, das der Altes verschlingenden Zeit so glücklich getrotzt hätte.

Strahlend wie die Stirn eines archaischen Tempels leuchtet der Giebel über den jonischen Säulen des Portikus und grüßt am anderen Ende der Prinzregentenstraße den Friedensengel.

Zu den vier Säulen kommen zu beiden Seiten der Vorhalle noch je drei Pilaster, die ebenfalls mit den weichen jonischen Kapitellen geschmückt sind. Über dem hohen Portal aber, hinter dieser fast zu groß geratenen Säulenhalle – übrigens der ersten, die in München in Stein errichtet worden sein soll –, über dieser gastlichen Pforte also verwandelt ein freundlicher Balkon die klassizistische Fassade in die Theaterszenerie einer venezianischen Komödie.

Aber machen wir von den heiteren, palladianischen Stilelementen der vornehmen Villa kein allzu großes Aufheben! Das kleine Palais wirkt größer als es ist, hat nur ein Stockwerk über dem Erdgeschoß und aber gleich neun Fenster in einer Achse. Es scheint mehr als es ist und wirkt dennoch seriös. Mehr kann man von einer Fassade nicht verlangen. Der Architekt, Carl von Fischer, hat einen charakteristischen Auftakt gesetzt für das nun beginnende Zeitalter des so liebenswürdigen Münchner Klassizismus.

Diese Villa am Englischen Garten hat aber Prinz Carl nicht erbauen lassen. Auch nicht sein Vater, der König Maximilian I., oder sein Bruder, König Ludwig I. Der Bauherr hieß Abbé Pierre Salabert, Kaplan bei St. Roche in Paris, Titularabt der Benediktinerabtei Tholey bei St. Wendel im Saarland, gebürtig aber aus der Gascogne als Sohn eines Metzgers.

Durch irgendwelche Beziehungen wurde der Pariser Kaplan dem Herzog von Zweibrücken als Prinzenerzieher empfohlen, während dieser gerade im Sommer 1760 in Paris weilte. Salabert bleibt über die Jahre der Erziehung der Prinzen hinaus am Hofe der Herzöge von Zweibrücken, wird schließlich Vertrauter des jungen Herzogs und später sogar Pfalz-zweibrückenscher Minister. Seine Beliebtheit verdankt er seinem Humor, seiner Lebenslust, seiner eleganten Witzigkeit. Er ist ein origineller Höfling aus der Zeit des Absolutismus. Der spätere Galeriedirektor Christian von Mannlich, zusammen mit Salabert ebenfalls Erzieher der beiden pfälzischen Prinzen Karl August und Maximilian, beschreibt in seinen Memoiren den Kollegen Abbé Salabert ausführlich. »Er war jung«, schreibt er, »heiter und beneidete keinen

Menschen. Er hatte vom Herzog ein altes Haus mit Stallungen, einen Garten und etwa zwanzig Morgen Wiesen zum Geschenk erhalten. Und obgleich unser Prälat zugleich in den freundschaftlichsten Beziehungen zur Gräfin von der Leyen stand und bei ihr in Blieskastel wohnte, wenn er nicht gerade die Einkünfte seiner Abtei Tholey einholte, zog er doch die Gunst des Fürsten seiner Freiheit – und die Sklaverei des Hoflebens dem ungestörten Genusse zarter Freunschaft – vor. Er wurde dem Herzog unentbehrlich.«

Wegen zahlreicher Frauengeschichten wurde der galante Abbé auch mit dem Spitznamen »Abbé scandaleux« bedacht. Und so ein Mann also hat unseren späteren König Maximilian I. erzogen? Da möcht einer ja gleich an der bayerischen Geschichte zweifeln! Von seinen erzieherischen Prinzipien ist nur ein Ausspruch überliefert. Und der hört sich aber gar nicht so dumm an: »Ich will versuchen, den Prinzen vor allem zu einem Menschen heranzubilden, solange das in unserer Zeit noch möglich ist.«

Der Prinzenerzieher aus Paris lobt seinen Zögling über die Maßen. Es sei ein *enfant charmant*, mit den glücklichsten Anlagen geboren, wo auch ein schlechter Lehrer nicht viel verderben könne. So aber verspreche er sich viel von dem jungen Herrn, da er das Glück habe, in so gute Hände gekommen zu sein.

Salaberts Äußerungen sollen immer sehr witzig gewesen sein und seine Spötteleien, auch über die eigene Person, von einer anheimelnden und niemals verletzenden Heiterkeit. Trotz seines, für einen Priester doch etwas merkwürdigen Lebenswandels, liest man nirgendwo etwas Häßliches über den lustigen Prälaten. Er hatte nur Freunde.

Der Bauherr des Prinz-Carl-Palais, der nicht nur Prinzenerzieher gewesen ist in dem kleinen Herzogtum Zweibrücken, sondern auch für kurze Zeit Minister und Chef des jungen Staatsdieners Montgelas, hat sich um Bayern vielleicht doch ein wenig verdient gemacht. Zumindest blieb sein Zögling Max als Herzog, Kurfürst und König ein stets liebenswürdiger Herr, der nie viel auf Pomp und Ehrungen gegeben hat, der immer auch ein Mensch unter Menschen sein wollte – halt ein bayerischer König.

Der »Vater Max«, wie ihn die Leute genannt haben, der Vater des genialen Ludwig und zugleich des legeren Prinzen Carl. Und wenn man das alles weiß und bedenkt, möchte man all diese Beziehungen dem liebenswürdigen Gebäude des Prinz-Carl-Palais' ansehen. Äußerlich schon! Dabei hat das Palais viel erlebt: Alterswohnsitz eines lebenslustigen Prälaten aus Frankreich mitten in München, Palais Royal, Königlich-Kaiserliche Österreich-Ungarische Gesandtschaft in der bayerischen Hauptstadt, Ministerwohnung, Gästehaus Adolf Hitlers, der Zerstörung entgangen, Zuflucht der Bayerischen Akademie der Schönen Künste, den Altstadtverkehr störendes Bauwerk, sehr hübsch restaurierter Amtssitz eines repräsentierenden Ministerpräsidenten. Und darum kommen zu den alten Geschichten immer wieder neue.

Der Empfang der Olympiasieger durch den Ministerpräsidenten im Lichthof des renovierten Prinz-Carl-Palais' war ein erstes neues Ereignis. Dieser Lichthof, der zugleich die Treppenhalle einschließt, hat unverputzte Ziegelwände. »Form und Farbe der handgeschlagenen Ziegelsteine wurden in langen Versuchen mit der Staatlichen Keramikfachschule in Landshut und einer niederbayerischen Ziegelei erarbeitet.«

Die prächtigen Gemächer und Salons des Obergeschosses im Altbau des Prinz-Carl-Palais' strahlen in denkmalspflegerischer Vollkommenheit. Die Intarsienböden sind neu gelegt, die Deckenmalereien leuchten, die Wände aus Stuckmarmor glänzen, die Vorhangdrapierungen und Wandbespannungen sind wohlgelungene Neuanfertigungen und übertreffen ähnliche Arrangements der Empirezeit. Auch die Restaurierung der feuervergoldeten Lüster ist geglückt. Und am allerschönsten sind die Möbel! Dergleichen vollendete Empirestühle, Tische, Fauteuils und Sofas findet man kaum in einer anderen Residenz in deutschen Landen. Das Mobiliar stammt zum großen Teil aus den wohlerhaltenen Vorräten des Königsbaus der Residenz, wurde treffend ausgewählt und wohlabgestimmt. Auch das Zubehör wirkt erlesen: Die Vasen, Kerzenkandelaber, Bilder, Aschenbecher, Teppiche und Statuen wurden Stück für Stück für jeden Raum einzeln ausgesucht.

Die Idee von der Notwendigkeit der Repräsentation des Herrschers, die in Bayern eine uralte Tradition hat, offenbart sich in diesem Amtssitz eines bayerischen Ministerpräsidenten auf das glücklichste.

Denken wir historisch wie ein Münchner Privatier: »Ja freilich, bei uns war ja das Repräsentieren immer schon genauso wichtig gewesen wie das Regieren selber! Nur der Not keinen Schwung lassen! Leben und leben lassen, daß wir wenigstens noch im Essen und Trinken unsere souveränen Reservatsrechte behalten!

Ist das ehemalige Königreich Bayern ein Freistaat oder nicht, eine anständige Repräsentation brauch ma. Und überhaupts ist die Repräsentation in Bälde sowieso wichtiger wie das Regiment, indem daß das Regieren ja schon großenteils vollautomatisch geht.«

Es besteht kein Grund zur Ärgernis, denn die Schönheit ist niemals ein Ärgernis. Sind wir froh, daß wir noch Handwerker haben, die so schwierige Sachen machen können! Maler und Stukkateure zählen zu den Künstlern; die Schreiner dieser Intarsienböden, die Steinklopfer solch kostbarer Mosaikböden wie wir sie im Lichthof bewundern können, die Fußmaler und Vergolder, Glaser und Posamentierer, all diese sich ihrer Arbeit hingebenden Handwerker sind Künstler, sind Kunsthandwerker. Und diese Kunsthandwerker sind in Bayern nie ganz ausgestorben, denn bei uns hat es immer wieder baulustige Monarchen gegeben: Einen Ludwig I. und einen Ludwig II. Es leben die Mäzene! – Und sind es zur Zeit keine Könige mehr, so mögen die Herren Abgeordneten eine gewisse mäzenatische Generosität pflegen! Ein Staat, der so vieles in Stahl, Beton und Glas gebaut hat, muß hier und da auch großzügig sein dürfen! – In Bayern gleich gar, denn bei uns hat die Idee der Repräsentation eine Heimat: »Was ma net wegreissen, dös unterfahrn ma.«

Was hätte sich denn der siebzigjährige Abbé und Pfalz-zweibrückische Exminister Salabert denken sollen, als er daran ging, sich in München einen würdigen Alterssitz zu bauen? War er nicht von der Ausgeburt eines leichten Sinnes getrieben, da er sich in diese ungeheueren Bauschulden stürzte? Was braucht ein siebzigjähriger Junggeselle und Pensionär noch einen repräsentativen Alterssitz? Mit Antichambre und Audienzsalon? Mit herrlichem Lustgarten, ja mit Pavillon d'amour samt eingebautem Weinkeller, mit erheiternden Gartenplastiken, Gärtnerwohnungen, mit Ökonomiegebäuden für etliche Kühe und Pferde, Dienstbotenunterkünften und mit einem Haushofmeister, einem Leiblakai, Koch, Küchenmädchen – das Kammerzoferl nicht vergessen – und mit noch anderen Parafernalien? – Die optimistische Lebensfreude des dem himmlischen Genießen allzeit ergebenen Gemütes unseres würdigen Bauherrn schien unerschöpflich zu sein. Mit seinen siebzig Jahren galt er in München immer noch als einer der elegantesten Kavaliere am bayerischen Hof. Dabei verleugnen seine gutmütigen Gesichtszüge nicht den Metzgerssohn aus der Gascogne, der aus seiner

Abbé-Laufbahn noch einiges zu machen verstanden hat. Die österreichische Gefangenschaft, die er in der napoleonischen Zeit etliche zwei-drei Jahre lang über sich hat ergehen lassen müssen, haben seinen Humor nicht vertrocknen lassen. Im Gegenteil, er soll auch aus dieser Not eine lebenswürdige Tugend gemacht haben. Als internierter Minister mit franzosenfreundlicher Gesinnung durfte er die Zimmer seines Schloßhotels in Mannheim nur noch unter Bewachung verlassen. Zur Ausfahrt war ihm nur eine einfache Kutsche gestattet – ohne Lakai – aber in Begleitung eines kaiserlichen Leutnants. Dem Titularabt von Tholey und herzoglichen Minister genügte das nicht. Er bestand auf seinem Galawagen, auf die reichbetreßten Lakaien und auf das prächtigste Pferdegeschirr. So fuhr er durch die Straßen Mannheims als der eleganteste Gefangene, den es wahrscheinlich jemals gegeben hat.

Und als man ihn dafür dann in Hausarrest versetzte, ließ er den Hofmaler kommen, auf daß dieser alle seine ihn bewachenden kaiserlichen Offiziere porträtiere – zu seiner Kurzweil und zur Erinnerung an seine Erniedrigung! Im Jahre 1796 brachten ihn die Österreicher nach Würzburg, streng bewacht von sechs Husaren mit gezogenem Säbel, die seine Kutsche begleiteten. Als Bedienstete waren dem vornehmen Gefangenen jetzt nur noch sein Kammerdiener Noèl, sein Leibkoch und eine jüngere Dienerin gestattet. Wie hat sich der Kreis doch harmonisch geschlossen! Der erste und der jetzt letzte Bewohner des Prinz-Carl-Palais, beide sind Metzgerssöhne. Eine merkwürdige Fügung!

Aber damals war der Fall Salabert als eine heikle Streitsache zwischen Herzog Maximilian und dem Kaiser berühmt geworden. Maximilian protestierte gegen die Maßregelung eines reichsfürstlichen Ministers durch den Kaiser. Auch wenn sein Minister sich franzosenfreundlich gezeigt habe, dürfe er dafür vom Kaiser nicht bestraft werden. – Nach langwierigen Verhandlungen konnte der Abbé zu Weihnachten 1797 wieder am Herzogshofe erscheinen.

Gehätschelt und geschont von allen Seiten, durfte er die Strapazen der täglichen Geschäfte nicht übernehmen. Der junge Montgelas tat seine Dienste, obgleich er noch lange nicht die Titulatur eines Staatsministers hatte. Der hochwürdigste Herr Prälat und Minister erholte sich gründlich und hielt mit seinem Kurfürsten 1799 in München feierlichen Einzug. An seiner Seite der hochbegabte Montgelas, der Ministerkollege Cetto und der Freund und Galeriebesitzer Christian von Mannlich. – Man war in München die Pfälzer schon gewohnt. Aber vor dem würdigen Minister Salabert hatte man doch einigen Respekt. Zumal dieser in den Augen seines Kurfürsten als ein »Genie der Außenpolitik« galt. Dieser Ruf Salaberts gründete sich freilich ausschließlich auf seinen eleganten und raffinierten Briefstil, mit dem er für seinen Kurfürsten die kompliziertesten Zusammenhänge anderen Regierungshäuptern auseinanderzusetzen wußte. So vor allem dem jungen Napoleon, dem ersten Konsul von Frankreich. Ansonsten aber beschränkte sich Salabert auf die Tafelfreuden und auf erheiternde Spiele mit seinem Fürsten und ehemaligen Zögling. Das Verhältnis zwischen Minister und Kurfürst war harmonisch. So eine empire-barocke Persönlichkeit, so ein gemütlicher Mensch, der einen gemütlichen König erzogen hatte, so ein aufgeklärter Epikureer und Rokoko-Kavalier, Musikliebhaber und Weinkenner, Verehrer hübscher Frauen und Mädchen aus dem Volke, so ein kleiner bayerischer Talleyrand, mußte sich in München ein Schlößl bauen! Denn ohne Abbé Salabert, ohne seinen franzosenfreundlichen Einfluß, wäre Bayern wahrscheinlich niemals ein modernes, großes Königreich geworden. Salabert hat Frankreich in München noch beliebter und populärer gemacht.

Salabert bittet den Kurfürsten um die Auszahlung jener Kapitalien, die er an Immobilien und Einkünften in der Pfalz, in Bad Homburg und in seiner Abtei hatte zurücklassen müssen. Er will also eine Art Lastenausgleich und bekommt ihn. Und mit diesen Mitteln beauftragt er den jungen Architekten Carl von Fischer, ihm in der idyllischen Gegend zwischen der alten Stadtbefestigung und dem Englischen Garten eine feine Villa hinzustellen. Und zwar »in dem neuen klassischen Stil«. Der junge Architekt, der gerade in Wien seine Münchner Architekturstudien vollendet hatte, auch ein gebürtiger Pfälzer, zeichnete innerhalb weniger Wochen die Pläne, und schon im Mai 1804 konnte Salabert den Grundstein für sein Palais legen. Mühsam hat er vorher die verschiedenen Gärten zusammengekauft. Zunächst den »Theatinergarten«, dann den »Bleichanger«, »die alte Wasch« und den »General-Friderico-Garten« usw.

Bei genauerem Hinsehen gab zum Bau des Schlößchens nicht nur die unverwüstliche Repräsentationslust des Herrn Prälaten den Anstoß, auch ein kleiner Schlaganfall war ein bißchen dran

Schuld gewesen. Christian Mannlich schreibt in seinen Memoiren: »Salabert empfand plötzlich in München, trotz seiner begünstigten Stellung beim Kurfürsten und dem ganzen Hofe eine große Leere in seinem Leben. Unser Verkehr war sehr rege und nur die Stunden der Arbeit trennten mich von ihm. Und plötzlich hatte ich gemerkt, daß sich an seinem Auge und Mund sehr starke Lähmungserscheinungen zeigten, die mich einen zweiten Schlaganfall befürchten ließen. In Homburg, zu der Zeit, als wir seinen schönen Garten anlegten, hatte er sich so wohl gefühlt.

Ich wußte, daß eben der Theatinergarten zu verkaufen war und empfand selbst große Lust, ihn zu erwerben. Aber ich dachte, daß ich ihn, im Besitze Salaberts, wie meinen eigenen genießen würde, und das ländliche Leben mit den Gartenarbeiten unsere Gesundheit kräftigen könnte, besonders die Seiner Excellenz, des Herrn Exministers [...] Er griff meinen Vorschlag mit Freude auf und der Garten war unser [...] Salaberts ganzes Denken und Trachten galt von nun an seinem Garten. Und der Spieltisch bildete nur noch die Zuflucht für die Abende. Diese veränderte Lebensweise verwischte gar bald die Spuren seines Schlaganfalles auf seinem Antlitze. Während dieser Gartenarbeiten aßen wir zuweilen ein frugales Mahl mit einem Omelette à la Celestine. Hätte der Abbé üppiger gelebt, er wäre nicht so bald an Verdauungsbeschwerden gestorben.«

Schon 1806 war das Palais bezugsfertig. Freilich hätte es noch größer werden sollen. Aber der nun 73jährige konnte sein repräsentatives Schlößl nur noch ein gutes Jahr lang bewohnen.

Am 19. Januar 1807, kurz nach Mitternacht, verschied der unverwüstliche Abbé an einem Schlaganfall. Die ausführliche Todesanzeige nennt alle seine Titel und Orden. Er ist ehemaliger Staatsminister von Pfalz-Zweibrücken, des hohen Johanniterordens Kommenthur der Priesterkommende Essing und er hat von Napoleon noch im Januar 1806 das Großkreuz der kaiserlich-französischen Ehrenlegion erhalten. Napoleon soll ihm sogar zugerufen haben: »Bonjour, mon commandeur!« – Zum Erben hat Salabert seinen Neffen, den Capitain Raimund Anton von Salabert aus Bahour bei Villefranche, Departement Haute Garonne bestimmt. Aber dem Erben bleiben, ob der vielen mitgeerbten Schulden, kaum etliche tausend Gulden, und er sträubt sich sogar, davon auch noch die Forderungen des jungen Architekten Carl von Fischer zu bezahlen. Dabei gefällt das Bauwerk allen Münchnern sehr. Auch dem König und dem Minister

Prinz Carl von Bayern
(Bayerische Staatsgemäldesammlung, München)

Montgelas. Carl von Fischer wird der Architekt des neuen Bayerischen Nationaltheaters. Und das Palais Salabert übernimmt der König. Aber noch lange heißt es bei den Münchnern das »Salabèrger Schlößl.« Erst allmählich sprechen sie vom »Palais Royal«, von der Königlichen Villa am Englischen Garten, in der nur gelegentlich heitere Diners stattfinden oder die Königin Karoline zum Tanztee einlädt.

Und manchmal gibt hier auch der junge Prinz Carl, der Bruder des Kronprinzen Ludwig, einer der schönsten Prinzen seiner Zeit und ein Liebling der Frauen, ein kleines Fest. Daß er dazu sogar ein Bürgermädchen mitbringt, ein Fräulein Sopherl Petin, ist höchst delikat und bringt das ganze Hofzeremoniell durcheinander. Zumal das Fräulein Sopherl, welches, wie manche böse Zungen tuscheln, gar nur ein Münchner Biermaderl gewesen sein soll, von Seiner Königlichen Hoheit, dem Prinzen Carl von Bayern, schon ein Töchterl haben soll.

Und dieses Töchterl hat bei der Taufe gar den Namen Ihrer Majestät der Königin bekommen und heißt Karoline. Manche sagen, daß die Königin von Bayern dem Fräulein Sopherl seinem Dirndl auch die Taufpatin gemacht haben soll.

Das Palais Royal hat bürgerliche Geheimnisse zu verbergen. Prinz Carl ist bereits Generalmajor und hat in den napoleonischen Kriegen etliche Schlachten mitgemacht. Neben Fürst Wrede ist er der kommende Mann des Königlich Bayerischen Heeres. Nach seiner Thronbesteigung weist König Ludwig I. seinem Bruder Carl das Palais Royal als seine Residenz an. Der Prinz hatte seiner Braut, die nach der Geburt einer weiteren Tochter, Maximiliane, zur »Freifrau von Bayerstorff« erhoben worden war, in der Briennerstraße ein Palais erbauen lassen. Der Hofbaudekorateur Metivier hat dem Sopherl dieses verschwiegene kleine Palais entworfen. Später hieß es das »Graf-Almeida-Palais«, denn die zweite Tochter des Fräulein Sopherl, die Baronesse Maximiliane, heiratete den Grafen Almeida und hat das Haus in der Briennerstraße als Mitgift mitbekommen.

1827 wurde dem Prinzen Carl von der Freifrau Sophie von Bayerstorff eine dritte Tochter geboren, die den Namen der Mutter erhielt. Die jüngste Tochter des Prinzen Carl, die Baronesse Sopherl, wurde später die Gemahlin des Grafen Drechsel von Dinkelsbühl.

Der Prinz Carl hat lange nicht geheiratet, denn er wollte von seiner Sopherl nicht lassen. Während sein Bruder, der König, in testamentarischen Auseinandersetzungen mit dem Prinzen immer wieder von der »männlich ebenbürtigen Descendenz« des Prinzen Carl spricht, ist ihm seine Lebensgefährtin, die Mutter seiner drei Töchter, immer enger ans Herz gewachsen.

Und im Jahre 1834, als die älteste Tochter, die Baronesse Karoline, den Fideikommißherrn Freiherrn Adolf von Gumpenberg auf Pöttmes ehelichte, holte auch der Vater die Mutter ins Prinz-Carl-Palais und ließ sich endlich mit ihr trauen. Der königliche Bruder erhob nun das Sopherl in den Stand einer Gräfin von Bayerstorff, und aus den zwei noch ledigen Baronessen wurden Comtesserln.

Eine entzückende Münchner Liebesgeschichte, die halt doch nur in einem bayerischen Königreich passieren kann. Und das ohnehin in einer romantischen Zeit! Man muß die Biedermeierzimmer im Münchner Stadtmuseum anschauen, um von der familiären Vertrautheit und lieben Geborgenheit jener Menschen einen Begriff zu bekommen. Natürlich, das Leben ist immer schwer, aber immer ein bißerl schön halt auch. Und am schönsten gewiß daheim, sagt sich der Münchner Biedermeier. – Viele dieser ausgesuchten Möbel stammen aus den Palais der damaligen Zeit des Prinzen Carl, der Königinwitwe Karoline, aus dem Biedersteiner Schlößl und vielleicht auch aus den Zimmern in der Briennerstraße, in denen das Fräulein Sopherl ihrem Prinzen eine herzensgute Frau gewesen ist.

München galt damals als eine der wohlfeilsten Städte Deutschlands. Die Maß Bier war noch für vier Kreuzer zu haben. Der Fleischgenuß pro Kopf der Bevölkerung betrug 224 Pfund. In London dagegen damals nur 152 Pfund. In Paris gar nur 137! – Durch die rege Bautätigkeit des Königs – heute würde man sagen, der öffentlichen Hand – herrschte in der Stadt eine Art Vollbeschäftigung. Schon Salabert hat den König darauf aufmerksam gemacht, daß durch den Bau seines Palais' die Gelder im Lande blieben und vielen Handwerkern Arbeit und Brot gegeben werden könnte. Darüber hinaus wollte er vor allem auch etwas Schönes bauen, etwas, woran die Münchner ihrer Lebtag eine Freude haben sollten! Natürlich, eine Freud braucht der Mensch! Und wenn die Häuser nur von innen schön sind, nicht aber auch von außen, dann ist das eine asoziale Mißachtung der Menschheit oder der Massen, wie die Publizisten heute die Menschheit nennen. Ein himmelschreiender Egoismus, da ja dann nur die Hausbesitzer, die darin wohnen dürfen, in den Genuß einer halbwegs erträglichen Geschmacklichkeit kommen, die Vorübergehenden aber jedesmal eine unmutige, ärgerniserregende Aufwallung verspüren müssen. Wer nur Beton, Stahl und Glas sieht, wird krank vor lauter Formlosigkeit und Leere. Der Geist offenbart sich nicht zuletzt in der Schönheit. Und nur die Schönheit beruhigt, denn die Sprache des Heiligen Geistes ist die Liebe. Wer die Liebe hat, dem fehlt es auch nicht an der Lust. Zum Beispiel an der Lust, hübsche Fassaden zu bauen, Häuser, die auch nach außen einiges vorstellen und den Blick der Vorübergehenden beruhigen, einfangen, die Menschen fröhlich stimmen und erheben. Und fährt dieser Mensch auch in einem Auto sitzend auf das prächtige Bauwerk zu, so wird er von der belebten Klarheit der Formen, von der Architektur der Sockel, Basen, Gesimse, von den Pilastern und Säulen und den zartschwermütigen jonischen Kapitellen durch die magische Kraft der steinernen Schönheit direkt angezogen. Und es blitzt in seiner Seele für Sekunden ein Begriff der Festlichkeit auf. Die Idee von der Harmonie einer liebenswerten Menschlichkeit, auch in einer modernen Gesellschaft, überkommt ihn für etliche utopische Augenblicke, und er weiß um die Notwendigkeit königlicher Bauten. »Ich hoffe, daß dieses Gebäude sowohl durch seine architektonische, jonische Ordnung, als auch mit Hilfe von Marmor, Granit und Porphyr, die ich erworben habe, in nichts irgendeinem anderen schönen Haus in München nachstehen wird. Ich beabsichtige diesem Vorhaben mein Vermögen zu widmen. So wird das Geld das Land nicht verlassen und hier zur Verschönerung dienen [...] Der Englische Garten wird nichts einbüßen [...] Und wenn einst meine alten Gebeine in einer Ecke des Friedhofes ruhen, werden Euere Kurfürstlichen Gnaden vielleicht auf Ihren Spaziergängen in gütiger Erinnerung des ältesten Ihrer Diener gedenken.«

Kunst und Natur, der Schönheiten gibt es viele, Renaissance und Klassizismus haben mit der Kraft der Herzen, die sich nach Schönheit sehnten, auch wieder ihre Techniken beleben können und neue Stile geschaffen. Das Prinz-Carl-Palais war für München, für Bayern, ein solcher Anfang. Seine Restaurierung kann gar nicht genug gelobt werden.

»Nachdem unter dem Vorsitze Seiner Königlichen Hoheit des Feldmarschalls der Armee, des Prinzen Carl von Bayern, in Höchstdessen Palais am 24. März des Jahres 1866 vormittags elf Uhr die Kommission des Königlichen Bayerischen Kriegsrathes zusammengetreten war, legte der Minister des Äußeren dar, daß das Ministerium in der gegenwärtigen Krisis eines militärischen Gutachtens bedürfe.«

So begannen im Prinz-Carl-Palais die Vorbereitungen für den Sechsundsechziger Krieg gegen Preußen! Die Protokolle sind alle vorhanden. Die Meinungen über die Soll- und Kriegsstärke der Bayerischen Armee gingen auseinander. Während der Prinz Carl glaubt, daß man, wenn alles gut abläuft, nach drei Wochen ungefähr 45 000 Mann aufbringen könnte – und nach sechs Wochen vielleicht sogar 65 000, vorausgesetzt, daß man genügend Unteroffiziere und Offiziere bis dahin befördern könnte. Und man auch genügend Pferde kaufen und zureiten könne... etc. etc., bezweifelt er dennoch die baldige Kriegstüchtigkeit seiner Armee. Er meint wörtlich:

»Angesichts der über die Maßen gut eingeübten preußischen Armee hat ein gemeinsames Kriegstheater mit den Österreichern und den anderen deutschen Brüdern nur dann vielleicht einen gewissen Erfolg, wenn Österreich mindestens 300 000 Mann in kurzer Zeit gegen Preußen ins Feld stellen kann und wenn die süddeutschen Mittelstaaten also ganz unerschütterlich zusammenstehen.

Sind diese Garantien nicht gegeben, sehe ich einen Erfolg gefährdet und es erscheint mir der Beginn des präsumtiven Krieges, auch abgesehen von allen sonstigen Rücksichten und Bedenken nicht rätlich.«

Einen Kriegstreiber also kann man den bayerischen Generalissimus nicht nennen. Er hat gewarnt. Aber der Frankfurter Bundesrat hat ihn dann mit großer Bravour und mit eigens für ihn entworfenen Insignien zum Oberkommandierenden des »Vereinigten süddeutschen Bundesheeres« gemacht, also zum Oberkommandierenden auch über das württembergische, badensische und hessische Bundesheer. Der deutsche Krieg gegen Preußen nahm seinen Anfang. Die alten Herrn Generale der Königlichen Bayerischen Armee diskutieren noch längere Zeit über die notwendigen Besatzungstruppen der bayerischen Festungen zu Ingolstadt, Germersheim, Ulm und Landau. Und sie bezeichnen alle die ungelösten Hauptfragen als Fragen »rein technischer Natur«, die von der gegenwärtigen obersten Kriegsberatung auszuschließen seien, wisse man doch auch noch gar nicht, ob und wann ein Mobilmachungsbefehl überhaupt erfolge. Als eine besondere Kriegslist wird beschlossen, in aller Heimlichkeit, die der bayerischen Armee fehlenden Unteroffiziere durch baldige Einstellung von Gendarmen zu ersetzen. Man rechnet so mit mehr als neunhundert gewonnenen Unteroffizieren.

Über drei Stunden lang gingen die Meinungen – in einer lebhaften Diskussion – weit auseinander über die Wehrkraft des preußischen Heeres. Zwei würdige Generäle und der Kriegsminister stritten sich darüber, ob Preußen binnen drei Wochen aktiv 500 oder 900 Geschütze gegen Österreich würde ins Feld stellen können. Und ob Österreich so und so viele Truppen in Galizien und in Ungarn werde belassen müssen, von Italien ganz zu schweigen. Eben wegen der Infamie Preußens, sich mit Italien zu verbünden. Einig war man sich aber immer wieder darüber, in jenen zwei Kriegsratssitzungen im Prinz-Carl-Palais im März und April 1866, daß die bayerische Armee und das 7. deutsche Armeekorps zusammen ein »Kriegstheater« müßten anstellen.

Bei dieser Sitzung gesteht der Generalfeldmarschall Prinz Carl dem bayerischen Außenminister von der Pfordten auch noch den Mangel von Spielleuten ein. Er sagt: »Es fehlen uns nicht nur noch 1700 Unteroffiziere, meine Herrn, es fehlen unserer Armee auch noch etwa 60 Ärzte und gut und gern an die 1200 Spielleute. Ja gewiß, meine Herren, auch die sind notwendig zum Kriegführen!«

Ein ungemein liebenswürdiger Feldmarschall! Ein umsichtiger Mahner zur Erhaltung des Friedens. Ohne Musik will er nicht mobilmachen! Mögen die heutigen Bewohner des Prinz-Carl-Palais die Stunden des Kriegsrates des Prinzen Carl in diesen liebenswürdigen Räumen nie vergessen! Und auch nicht, daß wir anno 66 in der Bayerischen Armee 1200 Musikanten zu wenig hatten. Und nicht, daß der bayerische General-Ordonnanz-Marsch zum Rückzug der Armee weitaus freudiger und schneidiger klingt als jener zum Vorrücken derselben, der eher etwas von einer Generalabsolution und Sterbeandacht an sich hat.

Die Briefe des Prinzen aus seinen Hauptquartieren klingen immer umsichtig und gelassen. Er hat keine Minute den Kopf verloren. Weder bei Bad Kissingen noch bei Helmstadt und Gerolzhofen. Er beschwert sich freilich gern darüber, daß erstens von seinen Befehlen kaum ein einziger ausgeführt worden sei, daß zweitens die meisten seiner Soldaten den Tornister weggeworfen hätten und daß drittens die Herren deutschen Brüder von einer Schlacht durchaus nichts haben wissen wollen. Viele dieser Briefe schreibt er an seinen Bruder Ludwig I., den Exkönig. Und er bemerkt dann öfters: »... und jetzt lieber Bruder bitt' ich dich noch um eins: Sag fein dem grand Luis nix von dem, was ich dir schreibe.«

Der »grand Luis« ist König Ludwig II. Und dann legt der Prinz Carl alle seine militärischen Ämter nieder und lebt mit seinen Töchtern und Enkeln die meiste Zeit am Tegernsee, hegt das Wild, pflegt die Landschaft. Ja, er soll sogar einzelne prächtige Bäume aufgekauft haben, damit sie die Bauern ja nicht fällen! Achtzigjährig stirbt er auf einem Ritt von Tegernsee nach Rottach. Eine Kapelle kündet von der Stätte seines Hinscheidens. Sein Leichnam wird nach Söcking überführt und im dortigen Mausoleum neben seiner lieben Frau Sophie beigesetzt, die ihm schon 1838 im Tode vorangegangen ist.

Auch seine zweite Gemahlin hat er überlebt. Auch sie war eine Bürgerliche, eine geborene Fräulein Henriette Schöller. Nach dem 66er Krieg hat alle Welt dem Prinzen Carl die Schuld gegeben. Er hätte das Bayerische Heer so verkommen lassen. Aber diese Schuld trifft ihn nicht. Man kann eben nicht den Militäretat fünfzig Jahre lang ständig kürzen, will man im Notfall eine schlagkräftige Armee besitzen. Aber das ist ja auch wieder das Schöne an diesem Bayerischen Heer unter König Ludwig I. und seinem Bruder, dem Prinzen Carl, daß es ein Friedensheer war. Denn der Friede ist dem Kriege allemal vorzuziehen.

»Es waren im bayerischen Generalstab anno 66 mehrere preußische Spione«, sagte Ludwig II. Und als man ihm widersprach, konterte er erregt: »Glauben Sie, daß mein Oheim, Prinz Carl, mich belügt?«

Und noch was darf man nicht vergessen, wenn man am Prinz-Carl-Palais vorbeifährt: Im Revolutionsjahr 1848, als die Münchner Revoluzzer bereits etliche Barrikaden errichtet hatten, ritt der Generalfeldmarschall Prinz Carl in eigener Person diesen Barrikaden am Promenadenplatz entgegen. Er ließ sein Pferd vor den Barrikaden tänzeln und als ihm ein Revoluzzer zurief: »Wir weichen nur der Gewalt!« Da antwortete der Prinz schlagfertig: »Rindvieh, d' Gwalt bin ja i!« Und sogleich setzte ein Heiterkeitsausbruch ein, dem die Versöhnung auf dem Fuße gefolgt ist. »Rindvieh, d' Gwalt bin ja i!« Recht hat er gehabt, der Prinz Carl, er soll leben und sein Palais daneben! Auch wenn heut unser Herr Ministerpräsident drin repräsentiert, den Satz darf man nie vergessen: »Rindvieh, d' Gwalt bin ja i!« Dann stimmt's wieder in Bayern, und es ist eine gemütliche Ruh. Weil es halt schöner wär.

Anno 1848 ist König Maximilian in Bayern nicht auf den Thron gekommen, weil sein Vater gestorben ist, sondern weil König Ludwig abgedankt hat. Er hat übergeben, wie ein Bauer seinen Hof übergibt. In Bayern hat das schon manchmal ein Fürst getan. – Wegen der Revolution und der leidenschaftlichen Lola Montez hat Ludwig I. zugunsten seines vielgeliebten Sohnes Maximilian auf seinen Thron verzichtet. Der gute Maxl ist aber ein ganz anderer Charakter gewesen als sein Vater.

Maximilian II. wurde sorgfältig und sehr wissenschaftsgläubig erzogen. Die Kreise um den Münchner Philosophieprofessor Schelling standen ihm sehr nahe. Diese Kreise standen dem alten Ministerium Abel etwas feindlich gegenüber. Maximilian hat in Berlin studiert. Diese unglückselige Tatsache hat über Bayern viel Unglück gebracht. Schon vor seinem Berliner Aufenthalt war er zwei Semester in Göttingen eingeschrieben. Dort war der junge Bayernprinz so sehr von seinen protestantischen Lehrern angetan, daß er am liebsten zum Protestantismus übergetreten wäre. Am meisten liebte Maximilian die Geschichtswissenschaften, die erst damals durch den großen, in Berlin lebenden Leopold von Ranke und dessen Schüler an allen deutschen Universitäten einen großen Aufschwung nahmen. In Bayern hatte man hundert Jahre vorher schon ähnlich bedeutende Historiker gehabt, zum Beispiel den Benediktinermönch Karl Meichelbeck von Benediktbeuern. Der aber war im Zeitalter der deutschen Romantik eher in Vergessenheit geraten und wurde nun von den Berliner Größen grell überstrahlt. Der bayerische Kronprinz war also von der neupreußischen Geistigkeit so sehr angetan, daß er damals schon entschlossen war, in München die »völlige Geistesfreiheit« einzuführen – wie die fortschrittsgläubigen Wissenschaftler damals ihr höchstes Ideal genannt haben. Daß nun mit dem Kronprinzen zahlreiche Berliner und andere Norddeutsche nach München berufen werden würden, war vorauszusehen.

Den guten Maxl haben die Professoren so sehr für die Wissenschaft begeistert, daß er am liebsten selber ein Professor geworden wäre. Man getraut es sich als bayerischer Historiker gar nicht laut sagen.

Der Kronprinz Maximilian hat sich mit einer preußischen Prinzessin verlobt, mit Marie von Preußen. Und er hat sie auch geheiratet. Sie soll zwar, diese Marie, die allerbeste Prinzessin des

Hauses Hohenzollern gewesen sein. Aber der Einfluß des preußischen Hofes auf unseren späteren König ist nicht zu leugnen. Besonders an der Münchner Universität hat der norddeutsche Einfluß zugenommen. Und unsere bayerischen Professoren hatten bald nichts mehr vorzustellen. Die »Nordlichter« erhellten die Münchner Stadt.

Der einflußreichste Agent Preußens in Bayern war Wilhelm von Doenniges, ein gebürtiger Pommer, der aber schon sehr früh nach Berlin gekommen war. Kurz vor der Vermählung Maximilians mit der Prinzessin Marie empfahl der von Maximilian fast angebetete Leopold von Ranke als einen geheimen Sekretär und Ratgeber seinen jungen Mitarbeiter und eben habilitierten Historiker Doenniges. Er sei ein Mann von »gründlich klassischer Bildung«, sei beinahe in der ganzen philosophischen Fakultät zu Hause und habe starke publizistische und literarische Neigungen, ja verfüge darüber hinaus noch über juristische und politische Kenntnisse.

Doenniges war ungemein redegewandt und hatte ein sehr sicheres Auftreten. Berliner Gelehrtenwitz stand ihm mit beißender Ironie gewürzt zur Verfügung. Das Haus Doenniges wurde nun in München – zusammen mit seiner aus Berliner Bankierskreisen stammenden Frau Gemahlin und den heranwachsenden sehr schicken Töchtern – ein Mittelpunkt geistig-politischer Macht. Mit Argwohn sah König Ludwig I., wie der Kronprinz die Fremden bevorzugte, und die Einheimischen begannen zu murren.

Und heute noch jammert ein alter Münchner: Damals hat der preußische Wind zu wehen begonnen im Bayernlandl und er hat seitdem nimmer aufgehört. Gott mit dir, du Land der Bayern! Wir haben auch die Preußen überlebt – und überleben's am End noch mal!

Maximilian II.
(1848–1864)

Die Demokratie in Bayern ist viel älter als in den übrigen deutschen Ländern. »Ich bin stolz, mich einen konstitutionellen König zu nennen«, sagte König Max II., als er im März 1848 den Eid auf die Verfassung ablegte. Er führte das freie und allgemeine Wahlrecht ein, während wir vorher ein Wahlrecht der Stände hatten. In Preußen dagegen gab es eine freie Wahl aller steuerzahlenden Staatsbürger siebzig Jahre später noch nicht. Vor den Schwurgerichten wurde öffentlich und mündlich verhandelt. Der König ließ Notariate und Bezirksmänner ernennen und trennte so die Verwaltung von der Justiz. Der alte gestrenge Herr Landrichter, ein kleiner Universalmonarch, war damit ausgestorben. Das Zeitungswesen ließ der König fördern, ließ neue Zeitungen drucken und hielt streng auf Pressefreiheit. Der über die Maßen eifrige Bayernkönig bemühte sich sogar um eine Lösung der sozialen Fragen, die damals noch kaum vorhanden waren. Er führte alle bayerischen Arbeitervereine zusammen in dem Liebesbund des Hl. Johannes, im Johannesarbeiterverein. Dieser Johannesverein kann als wirksamer Vorläufer einer sozialen Bewegung gelten.

Was heißt da Sozialismus anno 1850 und 1860 in Bayern? In Bayern ist noch keiner verhungert. Freilich hat es immer arme Leut gegeben, aber gar so groß war das Elend nicht gewesen. In Bayern hat es zum Beispiel damals nicht mehr Kinderarbeit gegeben als heute auch. So brutal wie die Herren Sozialschreiberlinge die Unterdrückung beschrieben haben, ist es auch nicht gewesen.

Die Freizeit ist unter dem König Max noch schöner gewesen, weil man damals, in der 60-Stundenwoche, zwanzig Stunden blau gemacht hat und dreimal am Tag Brotzeit. Und in München hat es früher siebzehn Lokale gegeben, in denen in der Früh um neun schon die Musikkapelle zum Bier aufgespielt hat und eine Komödie gegeben worden ist zu der Maurerbrotzeit! Das waren noch Zeiten in der Sklaverei! Und der Leberkäs war dreimal so gut und so groß wie heut!

König Max II. mit Familie
(Süddeutscher Verlag, München)

In der Außenpolitik wurde unter König Max von seinen Ministern auf einen Ausgleich zwischen den Preußen und den Österreichern hingearbeitet. Schließlich schlug man sich ganz auf die Seite des moralischen Rechtes, zu Österreich und stand gegen die Machtusurpation Preußens.

Nur im bayerischen Heer ging der gleiche Schlendrian weiter. Es gab weder eine allgemeine Wehrpflicht noch genügendes Exerzierreglement. Und als man neue Gewehre anschaffen mußte, weil die wenigen alten aus der Napoleonzeit größtenteils verrostet und verfault waren, entschied man sich für das Podewils-Modell, für einen total veralteten Hinterladertyp aus der Biedermeierzeit.

Beim bayerischen Militär ist es durchaus ganz zünftig gewesen. Besonders, wenn es im Sommer geheißen hat: Auf geht's ins Manöver! Da wurden nämlich im Manövergebiet etliche Bierzelte aufgeschlagen. Und die Madln waren dabei und etliche extra Weiber auch. Nachher hat freilich der Preuße gezeigt, wie schnell er schießen kann, und mit dem gemütlichen bayerischen Militär ist es vorbei gewesen. Nachher ist gejammert worden bei uns. – Drum ist es schade um den König Maximilian! Er hat so schnell sterben müssen. Aber von einem Karl Marx hat kein Mensch was gehört und von einem proletarischen Elend auch nicht. Und Klassenkämpfe hat es keine gegeben, weil der Professor und der Maurerlucki, der Graf Seinsheim und der Schneidermeister Mittermeier damals an einem gemeinsamen Biertisch gehockt sind. »Prost, Herr Nachbar! Sollst auch leben!«

Der Professor als König

Es gibt keinen Fürsten in deutschen Landen, der aus seiner Privatkasse mit solch einsichtsvoller Liberalität die wissenschaftlichen Forschungen und die Literatur in fast all ihren Verzweigungen so sehr unterstützt und gefördert hätte wie König Maximilian II. von Bayern. Er war ein Professor auf dem weißblauen Thron. Nicht nur die Naturwissenschaften hat er vorangetrieben, nicht nur die Chemie und Justus von Liebig gefördert, nicht nur Physik und Mathematik, Mineralogie und Geologie, sondern auch jene Disziplinen, denen er selber am meisten verbunden war, die philologisch-historischen Fächer.

Was wäre die deutsche Geschichtsforschung ohne die Sammlung der deutschen Chroniken der deutschen Städte? König Max hat sie alle sammeln, drucken und herausgeben lassen. Noch heute zehren die großen und die kleinen Historiker von diesen »Chroniken der deutschen Städte«. Ohne Maximilian von Bayern gäbe es keine Reichstagsakten. Seit dem 14. Jahrhundert, seit den Tagen der Goldenen Bulle, können alle Reichsakten eingesehen werden. Sie sind gesammelt worden in mühevoller, nun fast ein Jahrhundert währender Arbeit, und sie liegen gedruckt vor.

Dem König Max II. von Bayern gebührt das Verdienst, er hat der »Historischen Kommission« Anregung, Befehl und Mittel dafür gegeben. Die Historische Kommission bei der Bayerischen Akademie der Wissenschaften ist ja durch ihn überhaupt erst ins Leben gerufen worden. Die Jahrbücher der deutschen Geschichte, die Forschungen zur deutschen Geschichte, die Geschichte der deutschen Wissenschaften – alle diese Zweige der Historischen Kommission gehen auf den gründlichen König Max zurück. Die glänzendste Enzyklopädie unseres Volkes, die vielberühmte ADB, die »Allgemeine Deutsche Biographie«, hat der König angeregt und bezahlt. Mittlerweile sind es vielleicht vierzig Bände und mehr. Es ist das gründlichste »Who is who« der Deutschen unter Berücksichtigung der letzten 1500 Jahre!

Na also! München ist nicht nur eine Bierstadt, in der man flott leben, essen und trinken kann, die Stadt des Oktoberfestes und der Olympiade. München ist vielleicht die größte Pflanzschule von den Wissenschaften und Professoren! Das muß man dem König Max schon lassen: Er hat das Schlagwort vom Adel des Geistes erfunden. Fünfzig Gelehrte und Künstler. Und der Orden hat geheißen: Maximiliansorden für Wissenschaft und Kunst. Daneben hat es noch die Maximiliansmedaille gegeben, die er 1853 gestiftet hat. Mit der Maximiliansmedaille waren auch ganz schöne Geldpreise verbunden. Zuerst zweitausend Gulden, später dreitausend. Und die Medaille ist jedes Jahr nur viermal vergeben worden: an die Autoren der vier besten Bücher im Königreich Bayern: Dem besten Bücherschreiber der Naturwissenschaftler, dem besten Juristen, jawohl, damit es keinen Verdruß gegeben hat, dem besten Historiker und dem besten Philologen. Ja, ja, der Maximilian hat mit der Maximiliansmedaille die tüchtigsten Leute ins Bayernland gebracht.

König Max II. hielt nicht viel vom Adel des Blutes und nicht viel vom Adel des Geldes. Er schwärmte für den Adel des Geistes. Darum umgab er sich mit Professoren und mit Dichtern. »Symposien« nannte er diese geselligen Zusammenkünfte, die schon nachmittags anfingen und sich weit in die Abende hinein ausdehnten. Man traf sich in der Residenz oder in einem der Schlösser im Nymphenburger Park.

Zunächst hatten die Professoren das Wort. Es wurden jeweils die neuesten Erkenntnisse durchgesprochen, und der König hörte es gern, wenn die Gelehrten sich gegenseitig attackierten, wenn kräftig die Meinungen aufeinanderprallten. Dann kamen, von den Naturwissenschaftlern zu den Geisteswissenschaftlern fortschreitend, schließlich die Dichter mit ihren neuesten Werken zu Wort. Emanuel Geibel, einer der Lieblinge der Majestät, saß immer zur Linken des Monarchen, Justus von Liebig, der Chemiker, immer zur Rechten. Die Physiker und Mathematiker Bischoff und Jolly fehlten nie, auch nicht der berühmte Hygieniker Pettenkofer, der Pläne zur Bekämpfung des übermäßigen Biergenusses vorlegte, die der greise Mediziner Ringseis warm unterstützte. Man sprach über die verschiedenen Systeme der Warmwasserheizungen, der Elektrizität, der Kanalisation und der Müllabfuhr, Riehl und Kobell plauderten über Mineralien,

Thiersch über die Römer. Zu den Dichtern des Königs Max zählten Paul Heyse, Schack, Bodenstedt, Pocci, und manchmal durften auch die von seinem Vater so über die Maßen geschätzten Architekten und Maler anwesend sein, Klenze und Piloty und vor allem Kaulbach. Der König legte Wert auf einen harmonischen Ausklang, auch wenn vorher zwei Gelehrte sich gegenseitig beinahe aufgefressen hätten.

Der König Max ist halt auch ein Wittelsbacher gewesen! Ohne ihn gäbe es kein Nationalmuseum, obwohl das erst der Bruder, der Prinzregent, so großartig hat bauen lassen. Unter Max wurde es angefangen. Er ist ein bayerischer König gewesen, dem man nicht zu bös sein darf wegen seiner Wissenschaft und weil mit diesen Wissenschaften auch viel Fremde hergekommen sind. Wenn er noch länger gelebt hätte, wäre er immer bayerischer geworden.

Der König stirbt
(1864)

Als unser bayerisches Landl noch ein Königreich gewesen war, gab es manchmal hohe Augenblicke, Tage in denen man sich um seinen König ängstigte oder Stunden, in denen man patriotische Gefühle zeigen konnte, wenn auch nur im Biergarten. Wenn zum Beispiel der König die Frühjahrsparade auf dem Oberwiesenfeld abgenommen hat. Oder an einem kalten Januartag, wenn in München Schlittage war und Ihre Majestäten von der Residenz in einem Prunkschlitten nach Nymphenburg hinausgefahren sind, gefolgt von der Nobilität und den hohen Würdenträgern des Reiches. Wenn Seine Königliche Hoheit, der Herr Prinzregent, einen Gamsbock geschossen hat auf der höchsten Schneid oben, oder wenn Seine Majestät den Bayerischen Reichstag eröffnet haben. Das waren schon glänzende Augenblicke, in denen man die Vaterlandsliebe eiskalt und ganz heiß spürte.

Aber eines der erschütterndsten Ereignisse im Leben des Bayernvolkes war immer der Sterbetag des Königs. Der König stirbt! Ein Schreckensruf von unvorstellbarer Traurigkeit. Die Menschen Bayerns liefen weinend in die Kirchen und beteten. Vor dem Residenzplatz in München standen die Leute schweigend und klagend die halbe, ja die ganze Nacht, die neuesten Bulletins der Leibärzte vernehmend.

Es war ein Jammer, als unser guter König Max gestorben ist, man schrieb den 10. März des Jahres 1864, dreiviertel elf Uhr vormittags. Den Tag zuvor noch hat man kaum von einer Krankheit des Königs gewußt. Um acht Uhr morgens erschien zwar ein Extrablatt mit der Mitteilung, daß der König plötzlich schwer erkrankt sei. Einige Neugierige eilten zur Residenz und erfuhren von den Lakaien und Torstehern, daß man jede Stunde mit dem allerhöchsten Ableben rechne.

Also muß auch der König schnell sterben? Und die Ärzte können ihm nicht helfen? Schon erzählte man sich im Hofbräuhaus, aber auch in den besseren Wein- und Kaffeehäusern, König Max sei von den in Ungnade gefallenen Nordlichtern vergiftet worden. Die Theorie hielt sich bis 1914. »An Max habns vergift, an Ludwig dertränkt, jetz dauerts nimmer lang, werd der Otto aufghängt«, sang ein anonymer patriotischer Haberer. Nichts Gewisses weiß man nicht. Der preußisch-dänische Krieg stand vor der Tür, und der König soll wirklich eine Blutvergiftung gehabt haben, eine Art Rotlauf. Die Leute sind sehr erschrocken.

In den dichtgedrängten Reihen der Menschen vor der Residenz, auf dem Max-Joseph-Platz, in der Residenzstraße, in den Höfen des Schlosses herrscht ein gespenstisches Schweigen. Nur wenn der Oberhofmeister oder der Adjutant Seiner Majestät vor dem Sterbezimmer erscheint und ein neues Bulletin verliest, erbebt die Menge und flüstert.

Endlich, kurz vor elf Uhr, kommt der Oberstzermonienmeister und spricht mit tränenerstickter Stimme: »Unser allergnädigster König, Seine Majestät Maximilian II., sind soeben im Alter von 53 Jahren verschieden!« Die Leute schlagen das Kreuzzeichen und fangen zu beten an. Die Glocken der Stadt und bald darauf des ganzen Königreiches läuten. Langsam verschwinden die Leute. Still und lautlos gehen sie auseinander. Sie sind erschüttert. Als letzter verläßt der Erzbischof das Sterbezimmer. Es ist der ehemalige Benediktinerabt von Metten, Gregor von Scherr. Er lächelt verklärt, denn er hat gesehen, wie gottergeben ein bayerischer König stirbt.

Der Märchenkönig
(*1845 †1886)

Der junge Ludwig II.

Er hätte ein noch größerer Bayernkönig werden können als sein Großvater, König Ludwig I., unser viellieber Ludwig II. Die Anlagen, das Genie dazu waren in ihm vorhanden – wenn er nicht so menschenscheu und schwermütig geworden wäre. So bleibt er unser Märchenkönig. Nur ein Märchenkönig?

»Auf den Bergen wohnt die Freiheit, auf den Bergen ist es schön, wo zu König Ludwigs Zeiten seine stolzen Schlösser stehn!« Allzu gut ist er gewesen, der König! Zu gut für die grausige Welt! Und das Herz hat es ihm erdrückt, weil die Preußen immer größer und mehr geworden sind. O Majestät, seid froh, daß Ihr anno 1886 im schönen See ertrunken seid! Da hat sich die Majestät viel erspart!

Der Aufschwung der Künste ist mit dem Regierungsantritt Ludwig II. unverkennbar. Maximilian II. hat nicht allzuviel gebaut, er war mehr Historiker und Professor gewesen. Schloß Hohenschwangau hat er zwar zu einem ritterlichen und romantisch verträumten Sommersitz ausbauen lassen, aber ansonsten können die Kunsthistoriker die Ära Maximilian überspringen, obschon die Maximilianstraße mit dem Maximilianeum schon etwas vorstellt! Die Bauten des Großvaters waren noch nicht alle abgeschlossen, als der Enkel Ludwig, blutjung mit seinen achtzehn Jahren, den Bayernthron besteigen mußte. Und wie unerwartet und großartig nahmen nun die, schon dem Niedergange geweiht geglaubten Künste, einen neuen Aufschwung. Es waren freilich neue Namen, denn Ludwig II. knüpfte da an, wo die Vorfahren seines Großvaters aufgehört hatten.

Er kreierte einen neuen Barockstil, den »ludovizianischen Barock«. Der Architekt Georg von Dollmann, die Maler Frank und Boucher, Seitz, der Bildhauer und Kunsthandwerker Professor Philipp Perron, ein hervorragender Stukkateur, die Heckel, von Schwind, Kaulbach und Watten. Die Namen werden alle später erst richtig berühmt werden, wenn die offiziellen Kunsthistoriker die ludovizianischen Stile registriert und interpretiert haben werden. Anzeichen dazu sind vorhanden.

Allein als Mäzen der Künste und eines von nun an immer stärker aufblühenden Kunsthandwerks wäre König Ludwig II. schon unsterblich geworden. Welch anderer Monarch hat, am Ende des 19. Jahrhunderts, solche Riesenbauten wie die Schlösser Linderhof, Neuschwanstein und Herrenchiemsee aufzuführen gewagt?

Andere Monarchen haben die Gelder ihrer Privatschatulle anders verbraucht, haben Weltreisen unternommen, haben sich Maitressen, Rennpferde und zusätzliche Regimenter gehalten. König Ludwig II. hat Schlösser gebaut und Richard Wagner finanziert. Durch seine Schlösserbauten ist das Geld im Land geblieben und die Leute haben einen Respekt gehabt vor ihrem König, besonders die Maurer und Zimmerleute, die Schreiner und Maler, die Glaser und Schmiede, die Gipser und Posamentierer, die Vergolder und Schnitzer. Und die Fuhrleute natürlich nicht zu vergessen.

Und erst die Handlanger! Wie ist es damals zugegangen in Stock und Prien und um den ganzen Chiemsee herum am Ende der siebziger, Anfang der achtziger Jahre! Fast schon so wie heute in der Saison.

Angefangen hat König Ludwig mit seinem Mäzenatentum gleich nach seinem Regierungsantritt. Er ließ sich den Eckpavillon im Nordwesten der Residenz ausbauen und einrichten. Der Korridor zu der Wohnung des jungen Königs wurde von Hofmaler Echter mit Fresken aus der Nibelungensage geschmückt. Hier empfing Ludwig dann alsbald Richard Wagner, den er schon in den ersten Wochen nach seiner Krönung eifrig suchen ließ. Wagner war damals völlig verzweifelt und verschuldet in Stuttgart untergetaucht, ständig auf der Flucht vor seinen Gläubigern. Der königlich-bayerische Kabinettssekretär von Pfistermeister fand den Schöpfer des »Lohengrin« und übergab ihm zum Zeichen der Freundschaft und Verehrung des Bayernkönigs einen sehr wertvollen Brillant, den Richard Wagner sofort verkaufen ließ. Dann eilte der Meister nach München, und König Ludwig II. honorierte ihn von nun an fürstlich und war ihm obendrein ein treuer Freund. Als Dirigent wird Hans von Bülow berufen, und 1865 schon kommt es im Bayerischen Nationaltheater zur Welturaufführung von »Tristan und Isolde«.

König Ludwig II. mit seiner Braut, Prinzessin Sophie von Bayern
(Bildarchiv Preussischer Kulturbesitz, Berlin)

Diese Premiere war mehr wert als der ganze 66er Krieg. Auch wenn wir diesen Krieg gewonnen hätten. Aber wir haben ihn nicht gewonnen, wir haben eine Wagneroper finanziert.

Natürlich, wenn Ludwig II. für das Geld, das er dem großen Maestro gegeben, Hinterlader gekauft hätte und noch etliche dreißigtausend Uniformen, damit die bayerischen Reservisten wenigstens allesamt hätten ausrücken können und nicht vier Wochen lang in den Wirts- und Bräuhäusern der Garnisonstädte auf ihre Montur vergeblich hätten warten müssen, dann wäre es den Preußen bei Würzburg anders ergangen. – Doch die Oper »Tristan und Isolde« ist wichtiger gewesen. Den Tristan kann man heute noch hören. Von einem gewonnenen 66er Krieg hätten wir schon lange nichts mehr. Die Preußen wären auch so gekommen. Der König hat es recht gemacht.

König Ludwig II. *(1864–1886)*

Er war kein Soldatenkönig, unser viellieber Ludwig II., kein Despot, sondern ein Monarch, der eher nach der Gralsheiligkeit eines christlichen Königtums strebte. Ein König, der über seinem Bayernthron stets Christus, den segnenden König des Himmels, sah. Er wäre eigentlich ein König einer noch unbekannten kommenden Gesellschaft gewesen, ein weißblauer Monarch mit der Berufung zur Erneuerung der Würde eines heiligen Königtums aus dem Geiste des heiligen Grals, zum Segen der Armen, für die Gerechtigkeit aller und zum Schutze der Unterdrückten!

Ein herzensguter Ritter Parzifal! Seine Majestät hat keine Gemeinheit und keine Schufterei beflecken können, auch nicht der Hochverrat seiner eigenen Regierung und nicht die Käuflichkeit seiner christlichen Minister. Und heute noch kann das Andenken unseres Märchenkönigs niemand schädigen, er mag die verlogenen Aussagen undankbarer Lakaien und dienstbeflissener Psychiater und Irrenwärter noch so kritiklos glauben. König Ludwig II. bleibt das Urbild eines geheiligten Königs. Schwermütig gewiß – und seltsam leutscheu mit der Zeit, aber doch der große Souverän, der einzige König seines Jahrhunderts. Er allein der Hüter des heiligen Grals.

Das hohe Königsideal Ludwig II. fand sich angeblich in der Wirklichkeit nicht zurecht. Der Satz stimmt nur mit Einschränkung, denn die aufstrebende Kaufmannschaft, die Bourgeoisie in der zweiten Hälfte des 19. Jahrhunderts, fand sich mit diesem jugendlichen Traumkönig nicht zurecht. Gottlob hatte Bayern beim Regierungsantritt König Ludwigs im März 1864 noch eine gesunde Agrarstruktur. Der einstmals vom Großvater ins Leben gerufene Deutsche Zollverein, dem Österreich nicht angehörte, genügte vollauf. Preußen hatte eigenmächtig, im Namen dieses Deutschen Zollvereins, mit Frankreich einen Freihandelsvertrag abgeschlossen. Das hatte Österreich noch mehr von den übrigen deutschen Staaten entfernt. Dazu kam der Dänische Krieg, der beim Regierungsantritt Ludwig II. schon im Gange war. Der 18jährige König fand sich in diesem Kräftespiel nach den Regeln des Anstandes und der Wahrhaftigkeit sehr wohl zurecht. Er unterstützte die gerechte Sache der deutschen Südstaaten und Österreichs gegen die mutwilligen Herausforderungen Preußens. Man konnte eine Freude haben an dem jungen Ludwig. Der Großvater, der alte König Ludwig I., der immer noch Baupläne im Kopf hatte, war mit dem Kgl. Enkel durchaus zufrieden. Er schrieb ihm zum Beispiel noch während der Kämpfe um Würzburg anno 1866, man möge doch ja die erbeuteten preußischen Kanonen ihm überlassen, »daraus ein ehernes Monumentum des Friedens zu gießen«. Aber leider wurde die Schlacht ja nicht gewonnen, sondern verloren.

Der Krieg anno 1866 hat den jungen Ludwig arg mitgenommen. Daß damals nicht seine tapferen Bayern, sondern die Preußen gesiegt haben, das hat er nie überwunden. Dadurch hat am Ende im Herzen unseres Königs der Wurm angefangen zu bohren. Als zwanzigjähriger König zusehen zu müssen, wie die Preußen einrücken, wie sie Würzburg und Bamberg besetzen, ja bis auf Nürnberg marschieren, das ist erschütternd. Er hat dagegen nichts tun können, weil die Preußen bereits Hinterlader gehabt haben und seine bayerischen Soldaten nur alte Vorderladerbüchsen noch aus der Zeit Napoleons I. – Was bedeutet danach noch ein Königtum? Es regieren nur noch solche Minister, die auch in Berlin für gut befunden werden. Das bayerische Königtum hatte seine Souveränität verloren. Ludwig hätte zurücktreten können. Er hat oft mit diesem Gedanken gespielt, aber er tat es dann doch nicht. Er fand eine Art der Opposition gegen den militanten deutschen Nationalismus, der obendrein gegen den »Erbfeind Frankreich« so erfolgreich gewesen war. Er verherrlichte in großem Kgl. Zorn Ludwig XIV. den Sonnenkönig, den Höhepunkt der monarchischen Idee in Europa.

Im Frieden von Berlin – im August 1866 – hat Bayern zwei Bezirksämter in Unterfranken abtreten und dazu noch 30 Millionen Gulden Kriegsentschädigung an das Königreich Preußen zahlen müssen. Das alles wäre für die bayerische Souveränität noch tragbar gewesen – obschon des Königs Schlösser, alle zusammen, nicht mehr gekostet haben und Ludwig die obendrein aus seiner Privatkasse bezahlt hat. Daß Bayern aber ein Schutz- und Trutzbündnis mit Preußen eingehen mußte, und noch dazu in jedem Kriegsfalle Preußen unter dem Oberbefehl von Berlin beistehen mußte, das degradierte Bayern zu einem preußischen Soldatenreservat. Eine deutschnationale Einheitsbewegung wurde auch in Bayern immer bedeutender, beeinflußte sogar die Umgebung des Königs. König Ludwig II. hat die Folgen vorausgesehen und hat sich noch stärker den Früchten des Friedens hingegeben, den Künsten, dem erhabenen Reich seiner kgl. Phantasie. – Es gibt eine Notiz Ludwig II. von anno 1870, wo er dem Grafen Bray schreibt: »Frieden in Deutschland für ewige Zeiten hat 66 Bismarck versprochen. Nun marschieren sie wieder. Man möchte der Krone entsagen, Bayerns König sein nur noch im Reich der Phantasie.«

Er war friedliebend und gerecht wie selten ein anderer Wittelsbacher. Er war nicht geisteskrank. Das waren schon eher seine großdeutschen Gegner, Bismarck, Moltke, Eulenburg und der preußische Kronprinz. – »Denn auf den Bergen, da wohnt die Freiheit, auf den Bergen ist es schön! Wo des Königs Ludwig Zweiten alle seine Schlösser stehn.«

Der Roßober

Die Souveränität Bayerns, ist das ein Traum, der nie Wirklichkeit werden wird? Oder ist es nicht weit eher eine Wirklichkeit, die nie zu einem bloßen Traum werden darf? Bayern als selbständiger europäischer Staat, Bayern wieder als ein Königreich?

Eines, wie es bis 1871 gewesen ist! Ehe es Bismarck mit seiner, an Macht und an politischer Rücksichtslosigkeit überlegenen Diplomatie in einen deutschen Nationalstaat hineingepreßt hatte. Das alte Heilige Römische Reich war ja kein solch unitaristischer Nationalstaat gewesen, sondern mehr ein mitteleuropäischer Völkerbund und eine geistig-geistliche Institution. Diese souveränen Würden beließ auch der Deutsche Bund seinen

Mitgliedern. Und als unser König Ludwig II. seine Armee 1870 widerwillig in den von Bismarck vom Zaune gebrochenen Preußisch-Französischen Krieg ziehen ließ, da brauste ein von einer mittlerweile ganz und gar national-liberalen Presse angeheizter, deutscher Nationalismus durch die Völker, die sich doch nur gemeinsam der deutschen Schriftsprache bedienten.

Der preußische Kanzler hat viel Geld für diese kleindeutsche Propaganda ausgeben lassen, und er fand schließlich auch in Bayern zahlreiche willige national-liberale Kreaturen und »bayerische Vaterlandsverräter«. Besonders unter den bayerischen Adeligen und auch unter den engeren Vertrauten des Königs. Und da der König von Bayern sehr gern ins Gebirge reiste, war eine der wichtigsten Personen in seiner Umgebung der Oberstallmeister Graf Holnstein, ein Mann, den Bismarck sich zu seinem Hauptagenten in Bayern ausgewählt hatte. »O nein, wenn das mehr bekannt wäre, dann ließen sich unsere bayerischen Politiker in Bonn heut noch nix gefallen!« Und unsere gekauften Zeitungen könnten anders schreiben über die bayerische Souveränität!

Graf Holnstein hat mit Bismarck in Versailles – er beschreibt das stolz in seinen Memoiren – eine ganze Nacht durchgetrunken, und ihm sei dann eingefallen, daß Bismarck selber den Kaiserbrief schreiben möge, den der bayerische König Ludwig an den König von Preußen richten solle, damit dieser dann deutscher Kaiser werden könne und müsse. Holnstein ist von Versailles auf einer preußischen Schnellzuglokomotive nach München gerast und weiter nach Linderhof, wo der junge König gerade mit Zahnweh im Bett gelegen hat.

Er hat Ludwig II. die ganze Nacht traktiert, er solle den Kaiserbrief, das Bismarckkonzept, wörtlich abschreiben. Er selber, Holnstein, würde seinen Brief dann auf der bereitstehenden Schnellzuglokomotive schnurstracks nach Versailles zurückbefördern! – Ludwig hat sich lange gesträubt, aber der Roßober, wie der Oberstallmeister in Bayern auch genannt worden ist, hat den jungen Monarchen direkt und buchstäblich erpreßt. Nachdem er zuvor schon ungehörig ins königliche Schlafzimmer eingedrungen war.

Diese Darstellung ist richtig, und man darf sie heute getrost veröffentlichen. Graf Holnstein eilte mit dem vom König Ludwig in Linderhof abgeschriebenen Kaiserbrief nach Versailles zurück und händigte das berühmte Dokument Bismarck aus.

Dadurch wurden die Verhandlungen, die dieser mit der offiziellen bayerischen Regierungsdelegation im Hauptquartier zu Versailles schon seit Wochen ohne Aussicht auf eine Einigung geführt hatte, hinfällig, und er konnte sofort im Spiegelsaal das neue preußendeutsche Kaiserreich ausrufen.

Jenes eiserne deutsche Reich, das in den Katastrophen von 1914/1918 und schließlich auch von 1933/1945 so vollständig und fürchterlich enden mußte. – König Ludwig hat den von Holnstein in der Nacht erpreßten Kaiserbrief sofort widerrufen, hat am nächsten Tag dem Grafen Holnstein eigene Eilkuriere nachgeschickt, mit der Anweisung, man solle den Brief unbedingt zuerst der königlich-bayerischen Regierung, d. h. dem Ministerpräsidenten und Außenminister Graf Bray-Steinburg und den Ministern von Plackh und Lutz, zur Beratung und Entscheidung übergeben. Aber Holnstein und Bismarck stellten diese Herren nur brüsk vor vollendete Tatsachen und schritten zur Ausrufung des Kaiserreiches.

Daß König Ludwig den Brief überhaupt abgeschrieben hat, in jener besagten Nacht zu Linderhof, das war eben ein erpresserisches Bubenstück Holnsteins, hinter dem freilich der preußische Ministerpräsident Bismarck und eine national-liberale deutsche Presse standen. Der Roßober bedrohte den jungen König nämlich, »falls Bayern weiterhin irgendwelche Schwierigkeiten mache«, werde er, Bismarck, in Frankreich eben erbeutete Briefe veröffentlichen, welche die bayerische Regierung und den bayerischen König vor der deutschgesinnten Öffentlichkeit brüskieren würden, da sie den Beweis erbrächten, daß die Bayern noch 1870, vor Ausbruch des Krieges, mit Paris Neutralitätsverhandlungen geführt hätten.

Und da hat sich der junge König Ludwig von seinem Stallmeister und Bismarckknecht erpressen lassen! Als ob diese Verhandlungen in Paris im Mai/Juni 1870 dem souveränen Königreich Bayern nicht rechtmäßig zugestanden hätten? Durchaus stellten solche Verhandlungen keine Sünde und keine Schande dar. Im Gegenteil! Wäre doch Bayern anno 1870 neutral geblieben! – Hat sich Preußen 1866 nicht gemeiner benommen? Und schon 1859 Österreich gegenüber? Als es mit Italien eine Koalition gegen Österreich und Bayern eingegangen war? – Die Instruktionen der bayerischen Delegation in Versailles 1870/1871 sahen die völlige Wiederherstellung der bayerischen Souveränität vor und die Rückgabe der 1866 an Preußen abgetretenen

Landkreise, sowie die Wiedereingliederung der kurbayerischen Pfalz um Heidelberg, also Nordbadens, und die Verbindung der Rheinpfalz mit Bayern. Und Vorbehalte in der Frage eines Eintrittes Bayerns in den Norddeutschen Zollverein. Bismarck hat diese Delegation nicht einmal empfangen.

Da hat er traurig werden müssen, unser großer Märchenkönig Ludwig! Da hat er seine einzigen großen bayerischen Königstaten, die ihm jetzt noch geblieben sind, ausführen müssen: Schlösser bauen in seinen Bergen und mitten hinein in den Chiemsee, ins bayerische Meer! – »Denn auf den Bergen wohnt die Freiheit, in den Bergen ist es schön, wo des König Ludwigs Zweiten seine stolzen Schlösser stehn!«

Königliche Tafelmusik

Bei Hofbällen soll die letzte bayerische Königin, die gute und brave Maria Therese, in ihrem Thronstuhl gelegentlich leicht eingenickt sein. Getanzt haben Ihre Majestät nicht mehr. Viele Verpflichtungen übernahm bereits der Kronprinz Rupprecht, der ein sehr kunstsinniger Monarch zu werden versprach, eine Art König Ludwig I. Rupprecht war freilich auch ein großer bayerischer Militär, und man sieht es seinen Tagebuchaufzeichnungen während des Ersten Weltkrieges an, welche Bescheidung und Friedenssehnsucht, aber auch welch klaren Generalstabsblick der bayerische Kronprinz und Kommandeur der 6. Armee besessen hatte.

Ein entzückendes allerletztes Frühjahrsparadebild zeigt König Ludwig III. zu Pferd, begleitet von Generalleutnant von Stetten und Kronprinz Rupprecht. Davor stehen stramm in Uniform der Erbprinz Luitpold, der kurz darauf an Kinderlähmung sterben mußte, und als ganz kleiner Bub der heutige Erbprinz eines bayerischen Königreiches, Herzog Albrecht von Bayern.

Der bayerische Militarismus war immer sehr musikalisch. Nicht selten durften die glänzendsten Militärkapellen deshalb dem Könige in der Residenz vorspielen. Es gab sogar militärische Tafelkonzerte. Zahlreiche in- und ausländische Militärkapellen rissen sich um diese Ehre. Dem Oberhofmarschallstab lagen eine Menge Gesuche vor. Diese Gesuche wurden meist von den Kommandeuren der sich bewerbenden Militärkapellen eingereicht. Es waren dies überwiegend Regimentskommandeure.

König Ludwig II. als Hubertusritter
(Bay. Staatsgemäldesammlung, München)

Preußische Kapellen lehnte der Prinzregent immer sehr höflich ab. So mußte der Obersthofmeister Graf Seinsheim auch der Kapelle des Infanterieregimentes Kaiser Wilhelm, König von Preußen, abschreiben. Er tut das sehr geschickt, aber auch sehr lakonisch. »Ich beehre mich ergebenst mitzuteilen, daß Seine Kgl. Hoheit der Prinzregent bis Ende September von München abwesend sind und daher von dem freundlichen Angebot Ihres Infanterieregimentes Kaiser Wilhelm Musikkorps keinen Gebrauch machen können. Graf Seinsheim.«

Der Prinzregent tat sich sehr leicht, von München abwesend zu sein, denn er konnte nach Nymphenburg ziehen. Der Kgl. Bay. Hof zieht sowieso häufig zwischen der Kgl. Residenz und Nymphenburg hin und her. Viele Prinzen wachsen in Nymphenburg auf, durchstreifen die dortigen Parks, gehen auf die Entenjagd, speisen in der Amalienburg, baden in der Badenburg. Das Residieren wird in Nymphenburg zu einer Lust. Eine zukünftige Kgl. Bay. Hofhaltung müßte vielleicht zu einer gewissen Uhrzeit täglich einmal die Ankunft irgendeines Mitgliedes der Kgl. Familie in der Residenz festlich zelebrieren mit Kgl. Reitern, Kutschen und Musikkapellen, mit Wachparade vor dem Hauptportal der Residenz und so weiter. Desgleichen müßte dann am Abend die Abfahrt nach Nymphenburg ähnlich festlich gehalten werden. So daß die Fremden und Schaulustigen diese prunkende Zeremonie in München viermal erleben können: um neun Uhr die Abfahrt von Nymphenburg, um halb zehn die Ankunft in der Residenz, um sechs Uhr die Abfahrt von der Residenz und um halb sieben die Ankunft in Nymphenburg. Bei besonderen Anlässen, Galaopern, Hoftafeln et cetera könnte ja die Ankunft in der Residenz zweimal statthaben, am Vormittag und am Nachmittag.

Der wöchentliche Samstags-Rosenkranz vor der Mariensäule am Marienplatze müßte auch militärisch und höfisch verbrämt werden.

Und die Musik dürfte niemals fehlen in München. Die Tafelmusiken hatten am bayerischen Hofe ja immer schon eine außergewöhnliche Vollkommenheit. Man denke nur an Orlando di Lasso im 16. Jahrhundert. Bei den künftigen Hoftafelkonzerten könnte sich gelegentlich der Rundfunk einschalten und solche Konzerte auch live übertragen. »Hier ist der Kgl. Bay. Rundfunk. Wir übertragen nun aus der Kgl. Residenz in München die heutige Tafelmusik. Es musiziert über Tisch das Musikkorps des

4. Artillerieregimentes von Augsburg unter der Leitung des Musikdirektors Ludwig Högg. Man bringt auf allerhöchsten Wunsch Melodien Richard Wagners zu Gehör.«

Anno 1879 regierte in Bayern Ludwig II. Er befand sich in dieser Zeit nur noch selten in München. Der Kgl. Eisenbahngalazug, ein sehr prunkvoller Zug, dessen Waggons mit Königskronen geschmückt waren und eine entsprechende ludovizianische Innenarchitektur besaßen, Kgl. Speisesalons geradeso wie ein Kgl. Ruhezimmer oder einen Empfangssalon. Dieser Kgl. Hofzug durchratterte ganze Nächte die bayerischen Regierungsbezirke, fuhr mit dem Monarchen nach Bayreuth oder nach Passau, nach Würzburg, nach Prien am Chiemsee oder nach Füssen. Überwiegend hielt sich um diese Zeit der König bereits in Neuschwanstein und in Linderhof auf. Die Repräsentationspflichten übernahm meistens der Onkel Luitpold, der spätere Prinzregent. Auf einer Frühjahrsparade hatten sich Seine Majestät schon länger nicht mehr sehen lassen. Die Generalität zeigte sich leicht verschnupft. Man trat immer wieder an den König heran mit dem Wunsche, doch die Frühjahrsparade auf dem Münchener Marsfeld wieder persönlich abnehmen zu wollen. Nach etlichen Verschiebungen fand diese Parade denn auch im März 1879 statt. Seine Majestät der König befand sich martialisch zu Pferd und verweilte einige Minuten im Kreise der Militärs. Anschließend war Hoftafel, und die Musikkapelle des vierten Artillerieregimentes König in Augsburg musizierte über die Kgl. Hoftafel. Man spielte selbstredend auch Wagner. Man hatte jahrelang geübt. Ludwig II. zeigte sich nun plötzlich hingerissen von dieser Militärkapelle, und er diktierte eine mehrere Seiten lange Belobigung. Dieses Kgl. Wohlgefallen an militärischen Einrichtungen mußte, einem Tagesbefehle gleich, über alle Truppenteile des Königreiches an alle Regimentskommandeure geleitet werden. Und es mußte dort auch verlesen werden. Zahlreiche Abschriften dieses Kgl. Lobliedes auf eine Augsburger Militärkapelle existieren noch. Die hohen Militärs werden gestutzt haben. »Was? Um das Trompeterkorps kümmert er sich? Aber von unseren neuen Feldhaubitzen sagt er koa Wörterl?«

Das Kgl. Lobschreiben an die Regimenter der Armee lautet: »Allerhöchstes Schreiben an das Kgl. IV. Feldartillerie-Regiment König in Augsburg. Dem Trompeter-Corps des Kgl. IV. Artillerie-Regiments König ward die Allerhöchste Gnade zu Theil, bei der Kgl. Hoftafel am 31. März 1879 die Tafelmusik ausführen zu dürfen.

Schloß Linderhof im Allgäu
(roebild, Frankfurt)

Man ist in der angenehmen Lage, dem genannten Musik-Corps bezüglich seinen Leistungen folgendes allerhöchst angeregtes Zeugnis ausstellen zu können, welches, was besondere Betonung verdient, sich in voller Übereinstimmung befindet mit Kunstverständigen, welche als Gäste der Kgl. Tafel Gelegenheit hatten, diese Produktion zu vernehmen.

Das bezeichnete Trompeter-Corps hat sich allerhöchstes Lob verdient. Es hat einige Stücke, wie z. B. die Richard Wagnerschen Compositionen und die Ouverture zu ›Die lustigen Weiber‹, welche für eine Blechmusik sehr gewagt und mit bedeutenden technischen Schwierigkeiten verbunden sind, vortrefflich ausgeführt. Als Hauptvorzüge des Trompeter-Corps sind (außer gewiegten Solisten, besonders am Flügelhorn) zu bezeichnen, und das auf Allerhöchsten Befehl, die reine präzise Stimmung, die vollendete Rundung im Ensemble, der weiche, nur durch sorgfältiges Studium zu erreichende Klang; jede Harmonie tritt stets wie aus einem Gusse voll, rund und weich ans Ohr. Auch in den höheren Lagen wurde nie ein scharfer schriller oder schneidender Ton hörbar. Das sehr heikle piano wurde ebenso zart wie rein geblasen. Die dynamischen Verhältnisse des Musik-Corps dieses Kgl. Artillerie-Regimentes sind günstig ausgeglichen; kein vorlautes Heraustreten eines einzelnen im mehrstimmigen Satze oder vollem Orchester.

Die Satzweise des Stabstrompeters Carl muß musterhaft genannt werden. Ihr verdankt das Corps die wohltönende Rundung, wie auch demselben Dirigenten das Verdienst einer gleichmäßigen Schulung und Correktur, gewissenhaftester Interpretation der Componisten gebührt.«

Dem Rundschreiben ist von einer anderen Hand hinzugefügt: »Hierbei sieht man sich veranlaßt, ausdrücklich die Pflege und Liebe rühmlich anzuerkennen, welche der Herr Commandeur und das gesamte Offiziers-Corps des Kgl. IV. Feldartillerie-Regimentes der Ausbildung und Erhaltung des Trompeter-Corps zuwenden – ein Umstand, welcher um so mehr hervorzuheben ist, als derselbe gewiß mit vielen und schweren Opfern verbunden sein wird. München, den 1. April 1879 (v. Walther?)«

Es ist ein wahrhaft Kgl. Bay. Militärdokument. Die Musik war wichtiger als die Kanone. Wie ja auch bei den Kgl. Bay. Manövern das Bierzelt wichtiger war als das Feldherrnzelt. Diese Manöverbierausschankzelte konnten von den Brauereien immer schon Tage vor Manöverbeginn auf dem wechselnden Manövergelände aufgestellt werden. Und das trotz der strikten militärischen Geheimhaltung des Manövergebietes. Vom Regimentskommandeur abwärts wußte kein Mensch über den Manöverplatz Bescheid. War es das Lager Lechfeld oder das Dachauer Moos? Würde man heuer im Isartal oder gar im entfernten Donaumoos manövrieren? Bei Freising oder Ingolstadt? Am Starnberger See oder in der Holledau? Im Königreich Bayern wurde das Manövergebiet zur geheimen Reichssache erklärt. Lediglich die zuständigen Bierbrauer kannten sich aus. Sie errichteten ihre Zelte, und auch gewisse Damen und Würstelverkäufer zogen schon Tage vor Manöverbeginn ins Feld. Und die Kgl. Bay. Truppen folgten ihnen.

Die Privatschatulle des Königs

Das alte Königreich Bayern hatte unwahrscheinlich gute und feste Finanzen. Kein anderes Land Europas hatte jährlich solch erhebliche Überschüsse im Haushalt. Die Staatseinnahmen überstiegen die Staatsausgaben um fast das Doppelte, über 300 Millionen sind zum Beispiel 1886 – im Sterbejahr König Ludwigs II. – eingegangen, und diesen 304 Millionen standen nur knappe 140 Millionen Staatsausgaben gegenüber. Davon gab beispielsmäßig das Kultusministerium 23 Millionen aus, das Innenministerium 21, das Justizministerium 13; aber die Aufwendungen für das Militär mußten seit dem Versailler Vertrag von 1870 über 42 Millionen betragen! Zur Zeit König Ludwigs I. gab Bayern nur 6 Millionen für seine Soldaten aus. Bei einem Staatsüberschuß von 160 Millionen jährlich betrug die Kgl. Zivilliste, einschließlich der Apanagen für die Nebenhaushalte der Kgl. Familienmitglieder nur 5402000 Mark! Das Bayerische Ministerium des Äußeren kostete ohnehin nur 600000 Mark.

Fünfeinhalb Millionen rund also standen dem Königshaus jährlich zur Verfügung. Aber was mußte der König aus dieser Zivilliste nicht alles bezahlen! Sogar die Lakaien, die als Aufseher in den Kgl. Gemäldegalerien, in den Glypto- und Pinakotheken und in den anderen Museen und Galerien Dienst taten! Die Kgl. Zivilliste oder Privatschatulle bestritt sämtliche Ausgaben für den Hof, bezahlte die vielen Angestellten des Hoffourieramtes, ließ die Orden prägen und bestritt alle mäzenatischen Großtaten, kaufte neue Bilder ein, zahlte so manchen Ehrensold an arme

Künstler, Maler, Dichter, Forscher, spendete Almosen, stiftete Zuschüsse an Vereine im ganzen Königreich. Und natürlich bezahlte der König auch alle seine Bauten aus dieser anscheinend unerschöpflichen Privatschatulle. König Ludwig I. finanzierte daraus die Walhalla, das Siegestor, die Feldherrnhalle, den Königsbau, die Allerheiligenhofkirche und St. Bonifaz, die wiedererrichteten Benediktinerklöster und noch andere Bauten. Und Ludwig II. finanzierte aus dieser Privatschatulle den Richard Wagner und seine heute so rentablen Märchenschlösser Linderhof, Neuschwanstein und Herrenchiemsee. Und gerade er scheiterte an den Schulden seiner Privatschatulle. Auch ein König kann eben nicht unbeschränkt Geld ausgeben! Aber hätte er deswegen gleich abdanken und sterben müssen – unser lieber, guter König Ludwig II., die vielgeliebte bayerische Majestät?

Natürlich nicht. Die bayerischen Staatsfinanzen waren sehr gesund. Und der König hatte keinen Pfennig Staatsgelder verbaut. Er hat – in der Relation – weniger Geld ausgegeben als ein heutiger bayerischer Ministerpräsident. Mit seinem Gehalt ist er nicht zurechtgekommen, mit seiner Privatschatulle oder »Zivilliste« wie die Preußen sagen. Die fünfeinhalb Millionen jährlich haben nicht mehr ausgereicht. Also hat der König, um sein Lieblingsschloß Herrenchiemsee weiterbauen zu können, Schulden gemacht. Und das mangels Vertrauen zu den deutschnationalen Ministern oft bei sündteuren Bankiers. Zuletzt wollte er gar noch ein Schloß Falkenstein auf allerhöchstem Bergesgipfel bauen. Das wäre noch teurer gekommen als Herrenchiemsee, das noch nicht einmal fertig war. Aber jetzt haben die Herren Bankiers nicht mehr ohne weiteres Kredit gewährt. Die Kgl. Privatschatulle war nicht mehr kreditwürdig. Gezielte Meldungen in allen Zeitungen Europas berichteten: Der König von Bayern sei total verschuldet und könne seine Phantasie-Schlösser nicht mehr fertigstellen, seine Zivilliste sei so gut wie bankrott. So haben schon 1885 amerikanische, englische und französische Zeitungen geschrieben. Und der bayerische Finanzminister Riedel würde der Kgl. Privatschatulle keine Mark mehr kreditieren. So hat der König sich an das Bankhaus Rothschild gewandt. Und Rothschild hätte dem König anno 86 tatsächlich einen 6-Millionen-Kredit eingeräumt, wenn der bayerische Staat eine Bürgschaft geleistet hätte. Das aber hat das Ministerium Lutz von einer Bewilligung des Landtages abhängig gemacht, und der Landtag hat natürlich Nein gesagt. Die Abgeordneten waren zu verständnislos geschäftstüchtig und deutsch, ja einige auch bereits willig, dem kommenden deutschen Kaiser die Mediatisierung aller deutschen Fürsten zu bewilligen.

König Ludwig II., die vornehme Majestät, hätte sich der Prozedur einer Parlamentsdebatte über seine Zivilliste unterworfen. Aber soweit hat man es gar nicht mehr kommen lassen, denn nun hat es in Bayern plötzlich eine Königsfrage gegeben – im Sommer 1886 – wo es dazu noch recht heiß gewesen ist.

Der Schuldschein nach Paris zum Herrn Rothschild ist in München von der Kgl. Regierung zurückgehalten worden! Das war bereits Hochverrat und zudem eine freche Gaunerei, denn der bayerische Staat hätte gar nicht mehr einstehen müssen, weil das Haus Orléans für den bayerischen König Bürgschaft geleistet hätte und diese Bürgschaft dem Baron auch genützt hätte. Aber der deutsche Geheimdienst hatte die Königsbeseitigung bereits anrollen lassen.

Wie hoch waren die Schulden des Königs? Bei einem Jahreseinkommen von fünf Millionen und einer schon vorhandenen Schuldenlast von siebeneinhalb Millionen sollten noch mal ungefähr sechs Millionen geborgt werden. Das wäre doch bei den so über die Maßen goldenen Finanzen des bayerischen Staatswesens eine Kleinigkeit gewesen! Hätte man diese Summe doch nur dem Märchenkönig bewilligt! Herrenchiemsee wäre ganz zu Ende gebaut worden und die neue stolze Feste Frankenstein auf allerhöchster Schneid wäre noch eine zusätzliche Attraktion geworden! Und ganz besonders hätte Seine Majestät nicht im Starnberger See den Tod finden müssen.

Bei 160 Millionen Staatsüberschuß! Hätten sie die sechs Millionen halt von dem Militärbudget hergenommen, das uns die Preußen 1866–1871 noch höher aufgezwungen hatten! Auf 60 Millionen gleich. Der Schönheit unserer Heimat hätte die Bürgschaft für die Privatschatulle mehr genützt als die Ausgaben für die immer größer werdenden Heeresrüstungen. Denn ein Regiment kostet in sieben Jahren mehr als Schloß Herrenchiemsee in seiner siebenjährigen Bauzeit verschlungen hatte.

Auf einmal war es so weit, daß wir in Bayern einen Prinzregenten gebraucht haben, denn der König war schwermütig. Das Bier war zwar noch dunkel, die Burschen schneidig, die Dirndl sittsam und die Honoratioren ein bißerl vornehm und ein bißerl leger. Das half aber alles nichts, denn der König sei schwermütig, hieß es landauf, landab. – Ein Hauch von tiefer Traurigkeit lag über dem ganzen Königreich rechts und links des Rheines. Unser so schöner, braver, hochbegabter, lieber und seelenguter König Ludwig II. war auf einmal schwermütig geworden. Niemals darf man sagen, er, der König, Seine liebe bayerische Majestät, sei etwa geisteskrank geworden. Nein, bei einem König sagt man das nicht, nicht einmal für die Herren Irrenärzte darf es so heißen! Ein bayerischer König ist höchstens schwermütig. Außerdem ist dieses »schwermütig« in Bayern sowieso seit Jahrhunderten der genügend ehrfürchtige Ausdruck für die Verdunkelung einer menschlichen Seele.

Also: König Ludwig war schwermütig, nicht etwa echt geisteskrank. Und tatsächlich, hätten seine Minister und Höflinge, seine Lakaien und Hofmeister es besser verstanden, sein verdüstertes Herz aufzuheitern, er wäre bestimmt weiterhin regierungsfähig geblieben.

Was heißt da regierungsfähig? Ludwig II. hätte auch als schwermütiger Monarch noch besser regiert, wie so manch anderer in deutschen Landen. Einen Krieg hätte er jedenfalls nie angefangen. Vielleicht hätte er noch zwei, drei Schlösser mehr gebaut in Bayern. Und auch diese wären gewiß keine Schandflecken gewesen! Schöner jedenfalls als Kasernen, als Betonbaracken und riesige Fabrikhallen, die die Menschheit auch nicht nur glücklich machen. – Ich sage es aufrichtig: Für mich... hat König Ludwig II. nicht gesponnen. Was besagt schon die Ferndiagnose »Paranoia« des Dr. Gudden? Beim Stand der damaligen Psychiatrie war jeder Träumer paranoid, jeder Künstler. Die heutigen Psychiater lachen über die Diagnose von 1886. Noch dazu haben die Herren den hohen Patienten nicht einmal untersucht.

Sie haben dieses Urteil fällen müssen auf Grund der Aussagen regierungshöriger Lakaien und Kammerdiener, Kutscher, und ehemaliger Sekretäre. Graf Holnstein und andere Agenten aus Berlin zogen die Drähte. Zum Beispiel auch der Chef des deutschen Geheimdienstes, der Sohn Bismarcks und Fürst Philipp zu Eulenburg.

Der »Roßober« und Bismarckfreund Holnstein ist nämlich jahrelang in der preußischen Gesandtschaft in München beim Herrn von Werthern und bei der grauen Eminenz Preußens in Bayern, beim Herrn Legationsrat Eulenberg, aus- und eingegangen wie ein Sohn. Hier, im Hause der preußischen Vertretung in Bayern, liefen alle Fäden der Entmündigung König Ludwig II. zusammen. Hier waren auch die Gründe klar für diese Entmündigung – bereitet die Wege des Herrn, des deutschen Kronprinzen Friedrich! Hier verkehrten die königlich-bayerischen Minister und empfingen ihre Verwaltungsbefehle aus Berlin.

Der Ministerpräsident Lutz und auch die bayerischen Kriegs-, Innen- und Justizminister erschienen in den achtziger Jahren regelmäßig und über die Maßen häufig in dieser preußischen Gesandtschaft. Man fragte bei Bismarck wegen jeder Kleinigkeit an. Wann und wo man die Manöver des doch noch selbständigen bayerischen Heeres stattfinden lassen solle, wo Bismarck in Bayern eine Kur pflegen wolle, wann der preußische Kronprinz zur Inspektion des bayerischen Heeres kommen werde, ob dieses oder jenes neue Schnupftabaksgesetz in München vielleicht in Berlin übel interpretiert werden könnte usw.

König Ludwig fühlte es überdeutlich, und er hat es auch wiederholt formuliert: »Ich bin von Preußen längst mediatisiert. Was bleibt mir als bayerischer König zu tun noch übrig?« – Er konnte nur noch Schlösser bauen und Herrenchiemsee dem Erbfeind dieses militanten Preußen-Deutschlands, dem Sonnenkönig Ludwig XIV. von Frankreich weihen.

Oft hat sich Bismarck in Bayern aufgehalten und hat von unserem König eine Audienz begehrt. Aber nie eine erhalten. Sooft der Fürst Bismarck beim Hofmarschall – oder beim Roßober – hat anfragen lassen, ob er »untertänigst« um eine Audienz bitten dürfe, hat ihm der König raffiniert-besorgt antworten lassen: Na, na, das hätte gar keinen Sinn jetzt, hat da Ludwig zum Beispiel schreiben lassen, er, der bayerische König tät jetzt die Zeit im Hochgebirge jagen und da tät sich der Bismarck nur verkälten und könnt leicht krank werden, und das deutsche Reichsschiff stünde ohne Steuermann da. Und die Schuld träfe dann diese Audienz. Ein andermal vielleicht.

Zwölfmal hat es Bismarck probiert, und nie hat ihn König Ludwig II. empfangen. Nie. Auch das wird verschwiegen. Dieser einzige Triumph des königlich bayerischen Zeremoniells über den eisernen Kanzler. Da soll noch ein Mensch sagen, unser König sei geisteskrank gewesen! Hellwach ist er gewesen. Und das deutsche Elend hat er kommen sehen, den wirklichen deutschen Größenwahn! Er hat ihn nicht verhindern können. So ist er schwermütig geworden.

Ein Hauch von Schwermut legt sich aufs liebe Bayernland. Aber verdunkeln kann diese Schwermut den weißblauen Föhnhimmel nicht. Denn die Schwermut eines bayerischen Königs ist etwas Geistiges und Unsichtbares, etwas Friedfertiges und Schönes und sie trübt den klaren Himmel nicht einen Deut.

Ludwig war ein Allelujasänger. An seiner Seite stand der Schutzengel des Königreiches und verkündete den Frieden.

Der Tod Ludwigs II.: Öffnet den Sarg!

Wie ist König Ludwig II. wirklich gestorben? Zu viele Theorien sind in Umlauf. Der Historiker will Gewißheit haben. Aus den Archiven wird auch 1986 – zum hundertsten Todestag – nichts Neues zu erwarten sein. Eben heute [am 30. Januar 1980] schickt mir das Stadtmuseum von Schwabach ein Foto des Taschentuches König Ludwig II. Der Umschlag, in dem sich das Taschentuch befand, hat diese handschriftliche Notiz: »Meinem unvergeßlichen König Ludwig II. sein Taschentuch, welches er in der Tasche hatte, als ich ihn nachts 11½ Uhr am 13. Juni 1886 im Starnberger See aufgefunden habe und ans Land brachte. Ebenso die Leiche Guddens. Berg im Monat des großen Ereignisses 1886, Bernhard Huber, königlicher Schloßverwalter.«

Von diesem Bernhard Huber ist zum Beispiel in den historischen Berichten nirgends die Rede. Der wahre Atem der bayerischen Geheimgeschichte weht einem entgegen. Warum wird kein Obduktionsprotokoll veröffentlicht, das ungefähr so lauten müßte: »Zwei preußische Gewehrkugeln aus dem Leichnam Seiner Majestät König Ludwig II., entnommen sechs Stunden nach der Auffindung des königlichen Leichnams von dem königlichen Einbalsamierer, im Beisein des Generalarztes der Königlichen Bayerischen Armee.«

Denn das Institut für bayerische Geheimgeschichte gibt es leider nicht. Es wäre aber allein wegen der Öffnung des Sarkophages Ludwig II. notwendig. Die Obduktion des einbalsamierten

Kgl. Leichnams würde uns endlich die historische Gewißheit über den 13. Juni 1886 bringen. Wurde der vielgeliebte König von Bayern erschossen, erwürgt oder ertränkt? Hat man ihn vergiftet oder starb der 41jährige Monarch an einem Herzversagen? Heutige Pathologen könnten das noch mit Sicherheit am einbalsamierten Kgl. Leichnam feststellen. Eine Genehmigung dazu ist nicht zu bekommen. Namens der König-Ludwig-II.-Vereine habe ich wegen dieser Obduktionserlaubnis schon vergeblich Schritte unternommen. Eine heimliche Untersuchung aus historischem Forscherdrang und drängendem Interesse wäre der einzige Ausweg. Es besteht nämlich der begründete Verdacht, daß der König auf der Flucht von Agenten oder Geheimgendarmen der preußisch-deutschen Abwehr erschossen worden ist.

Als nämlich im Winter 1885/1886 der greise Kaiser Wilhelm I. eine schwere Erkältung durchstehen mußte, glaubten Bismarck und der Kronprinz Friedrich schon an den bevorstehenden Thronwechsel und begannen ihren Plan, die Mediatisierung der deutschen Fürsten allmählich in die Tat umzusetzen.

Spezialisten wurden im Frühjahr 1886 an die preußische Gesandtschaft nach München geschickt, Philipp zu Eulenburg und Bismarcks Sohn Oskar. Dazu brachten in- und ausländische Zeitungen immer zahlreichere und ausführlichere Berichte über ein seltsames Verhalten des Bayernkönigs, über dessen verrückten Bruder Otto und über seine angeblich hoffnungslose Verschuldung der Königlich Bayerischen Privatkasse. Ganze Artikelserien erschienen in den deutschen Zeitungen, bald auch in den bayerischen!

Die bayerische Königsfrage sollte also zuerst gelöst werden. Die übrigen deutschen Monarchen machten dann keine Schwierigkeiten mehr. Die bayerischen Minister gingen in den Wochen vor der Entmündigung König Ludwigs, im Mai und Anfang Juni 1886, in der preußischen Gesandtschaft aus und ein. Hatte sich das Ministerium Lutz nicht zu einem willfährigen Instrument der liberalen Deutschnationalen entwickelt? In Berlin wurde befohlen, in München längst nur noch gehorcht!

Die deutsche Einigung hat sogar dem Fürsten Bismarck immer auch als eine demokratische, deutschnationale, den deutschen Dynastien feindliche und revolutionäre Bewegung gegolten. Und diesen Deutschnationalen mußte in einer dynastischen Reichsgründung das revolutionäre Wasser erst abgegraben werden. Deswegen durften die deutschen Fürsten 1871 nicht sofort mediatisiert werden. Dazu müsse man erst eine neue deutsche patriotische Generation heranziehen. Und es bedürfe sorgfältiger Vorbereitungen. Hierüber schreibt Bismarck in »Gedanken und Erinnerungen«, in dem Kapitel »Dynastien und Stämme«: »Deutscher Patriotismus bedarf der Vermittlung dynastischer Anhänglichkeit [...] Die deutsche Vaterlandsliebe bedarf eines Fürsten, auf den sich ihre Anhänglichkeit konzentriert. Wenn man jetzt schon den Zustand fingierte, daß sämtliche deutschen Dynastien plötzlich beseitigt wären, so wäre nicht wahrscheinlich, daß das deutsche Nationalgefühl alle Deutschen in den Friktionen europäischer Politik völkerrechtlich zusammenhalten würde, auch nicht in Form föderierter Hansestädte und Reichsdörfer. Die Deutschen würden fester geschmiedeten Nationen zur Beute fallen, wenn ihnen das Bindemittel verlorenginge, welches in dem gemeinsamen Standesgefühl der Fürsten liegt.«

Die Ereignisse sind bekannt. Die erste Entmündigungskommission scheiterte auf Neuschwanstein kläglich. Den Herren der Enthebungskommission blieb der ausgestandene Schrecken noch Tage in den Gliedern stecken. Ihr zweiter Hieb war gründlicher und erst jetzt merkte der gefangene und am Pfingstsamstag nach Schloß Berg gebrachte König, wie es um ihn wirklich stand. In den Offiziellen Berichten entdeckt man zu viele Widersprüche, als daß man auch nur ein Fünftel glauben könnte. Besonders jenes amtliche Regierungsbulletin, das von den letzten Minuten des Königs im Schloßpark zu Berg berichtet, strotzt von solchen Widersprüchen. Noch Tage nach dem »Unglück« hätte man unter Wasser die Spuren im Ufersand gesehen, die von dem dortigen Ringen zwischen dem König, der sich im See ertränken wollte, und dem Irrenarzt Dr. Gudden hergerührt haben sollen. Am Seeufer bei Schloß Berg gibt es aber keinen Sand, sondern nur grobe Steine. Der Bericht wurde also wahrscheinlich von der preußischen Geheimpolizei in Berlin am Grünen Tisch abgefaßt. Auch fällt in diesem Bericht auf, wie Dr. Gudden während des Spazierganges fortwährend den Wächtern durch Zeichen ihr Fernbleiben deutlich macht. Davon ist auffallend oft, viermal, die Rede! Auch noch in dem posthumen Rechtfertigungstraktat Dr. Müllers aus dem Jahre 1928. Und dann erst die verräterischen Fehler jenes Regierungsberichtes! Weil nämlich ein so vortrefflicher Schwimmer wie Ludwig sich gar nicht hätte ertränken können.

Die gewagte und geplante Flucht des Königs über den See, an dessen jenseitigem Ufer zahlreiche bespannte Kaleschen bereitgestanden haben sollen, dürfte allmählich eine Gewißheit sein. Dort wartete die Kaiserin Elisabeth.

Der König floh nicht auf einem Spaziergang. Er wurde von Dr. Gudden in strengstem Gewahrsam gehalten und konnte sein abgeriegeltes Zimmer im Schloß nicht verlassen. Ein paar wackere Patrioten sind in das Schloß eingedrungen, haben dem König zur Freiheit verholfen und sind mit ihm dann in einen Kahn gestiegen. Erst jetzt wurde die Entführung von Dr. Gudden und seinen Helfern entdeckt. Es wurde Alarm gegeben und die etwa vierzig anwesenden deutschen Geheimpolizisten, die für den Fall eines Eindringens »königstreuer Elemente« in den Schloßpark Schußbefehl hatten, erschossen die Männer um den König, die wackeren Patrioten, den Dr. Gudden und einen Irrenwärter – und den König selbst. Niemals hätten die gedrillten Geheimgendarmen dieses Sonderkommandos – in dem aus Sicherheitsgründen kein einziger Bayer gewesen war, sondern nur zuverlässige Preußen – niemals hätten diese Gendarmen befehlswidrig einen Schuß getan. Plötzliche Eindringlinge in das Schloß, die erst auf ihrem Rückzug, nach geglückter Königsbefreiung, entdeckt werden konnten, lösten den Feuerbefehl aus. Nun allerdings bemächtigte sich ihrer eine gewisse Aufregung, und sie glaubten plötzlich mehrere Boote auf dem See ausmachen zu können. Ja, auf das Bootshaus selber wurden mehrere Schüsse abgegeben. Stand man etwa der Befreiungsaktion in der Stärke einer Freiwilligen Feuerwehrmannschaft gegenüber? Wie viele Tote es wirklich gegeben hat, weiß niemand mehr. Die Schweigepflicht von preußischen Geheimgendarmen ist kategorisch streng. Und die einheimischen Burschen? Haben nicht etliche Familien Schweigegelder bekommen, haben ihre Anliegen verkauft und sind weggezogen? Hat es nur sechs oder acht Tote gegeben? Der Bezirksamtmann von Starnberg hat in derselben Nacht noch andere Totenscheine ausstellen lassen.

Daß Bismarck zur Aktion »Bayernkönig« großzügig preußische Geheimpolizisten zur Verfügung stellte, darum hatte das bayerische Kabinett – auf Vorschlag der preußischen Gesandtschaft in München – den Eisernen Kanzler und Reichsschmied ersuchen müssen.

Für die geplanten und nun folgenden Unternehmungen verließ jedoch die Preußen plötzlich das Glück. Kaiser Wilhelm I.

wurde wieder gesund und starb erst nach zwei Jahren. Dafür aber erkrankte Kronprinz Friedrich an Kehlkopfkrebs. Und als er zwei Jahre später den deutschen Kaiserthron bestieg, konnte er kaum noch flüstern. Auch hatte man sich in der schrulligen Persönlichkeit des alten Jägeronkels Luitpold von Bayern etwas verrechnet. Die Mediatisierung wurde verschoben. Wilhelm II., der junge Kaiser, verwarf sich mit Bismarck. Er hatte andere Pläne. Ihm bedeuteten die entmachteten deutschen Fürsten eine glänzende Steigerung der Prunkentfaltung der Zeremonien des deutschen Kaisertums. Er ernannte sie obendrein zu preußischen Generalen. Für ihn war die Mediatisierung der deutschen Fürsten faktisch genug.

»Warum hat das Ministerium Lutz jenes berühmte Bootshaus im Schloßpark zu Berg bereits am Pfingstmontag abzubrechen und die Bretter desselben unverzüglich zu verbrennen befohlen?« Doch nur, weil es die Spuren der turbulenten Ermordung des Königs am Pfingstsonntag 1886 abends verwischen wollte. In jenem Bootshaus nämlich – dieser Schluß drängt sich auf – waren die tapferen königstreuen Patrioten mit dem befreiten König aufgebracht worden, wie sie gerade die Kähne besteigen wollten, und die zahlreichen Geheimgendarmen haben dann wütend das Feuer auf diese Bretterhütte eröffnet. Die Patrioten ihrerseits haben aus dem Bootshaus ebenfalls Schüsse abgegeben. Jedenfalls haben zahlreiche Bretter mehrere Durchschüsse gehabt. Die Wahrheit kann nur noch durch eine Autopsie an den Tag gebracht werden, die möglicherweise ein Verbrechen, an dem auch bayerische Minister beteiligt waren, aufdeckt.

Der tote König ist damals gründlich seziert worden und die Ergebnisse der Sektion sind sogar der Presse nicht vorenthalten worden.

Aber jene Autopsieberichte sind nichtssagend und auf die angebliche Geisteskrankheit des Monarchen beschränkt gewesen. Ministerpräsident Lutz wollte von den Pathologen den Entmündigungsgrund bestätigt bekommen.

»Hochgradige Veränderungen degenerativer Natur am Schädel sowie am Gehirn und an seinen Häuten. Dieselben sind teils durch chronische Entzündungen hervorgerufen, teils älteren und jüngeren Datums, teils auf abnorme Entwicklungen zurückzuführen...« Ein auch für den Stand der damaligen Psychiatrie unmöglicher Befund.

Die Autopsie war sofort nach Ankunft der Königsleiche in der

Münchner Residenz durchgeführt worden. Von Spuren der Gewalt am königlichen Körper ist nirgends die Rede, obschon das Ministerium den Obduktionsbefund höchst pietätvoll bereits am Dienstag nachmittag der Presse mitteilen läßt!

Man erinnert sich an jenen Blitz- und Donnerschlag, der am Samstag, dem 19. Juni 1886, um 15 Uhr und 10 Minuten auf die Michaelhofkirche niedersauste, justament in dem Augenblick, als der königliche Leichnam in die Königsgruft hinuntergetragen wurde. Es war, als ob Sankt Michael sein Flammenschwert gezückt hätte, um den Königsmördern Rache und Vernichtung anzudrohen.

Das bayerische Volk bedarf eines weiteren Beweises nicht mehr, es erkennt nun den Willen seines Königs. Es will wieder eine Monarchie werden. Nicht weil wir einen König brauchen, sondern weil's schöner wär.

Also, öffnet den Sarg des Königs, denn auch die bayerische Geschichte ist eine Wissenschaft. Und eine Wissenschaft will Gewißheit haben. Auf geheimnisvollen Abgründen ist kein föderalistisches, gesamtdeutsches Gebäude zu errichten.

Luitpold, des Königreichs Bayern Verweser
(1886-1912)

Man muß sich immer wieder helfen können, auch wenn der Ärger noch so groß ist. Und groß war der Ärger im Königreich Bayern nach der Königskatastrophe im Starnberger See. Es hat für Augenblicke sogar nach einer Revolution ausgesehen. Die Bevölkerung war tagelang tief bedrückt und wie gelähmt. Damals schon wurde in Bayern die Revolution von 1918 vorausempfunden.

Aber das Leben geht weiter; für den kranken Otto regierte der nächste Agnat, der Onkel Luitpold. Prinz Luitpold hatte ja den einsamen König Ludwig ohnehin schon jahrelang vertreten und das Königtum in Bayern repräsentiert. Und doch war man ihm jetzt mit Mißtrauen begegnet. Hat er die Hand im Spiel gehabt? – Arbeitet er nicht ganz besonders reibungslos mit den Preußen zusammen? – Das waren alles Fragen, die nie beantwortet wurden, ja die offiziell überhaupt nie gestellt wurden, es sei denn am Biertisch. Das Leben ging weiter, man verlor allmählich das Interesse. Das Wichtige geschieht ohnehin in Berlin. Die Münchner Ereignisse wurden zweitrangig, ja bedeutungslos. Das Hofleben funktionierte zwar noch in den gewohnten Zeremonien wie seit Generationen. Jahr für Jahr wusch der Prinzregent am Gründonnerstag zwölf ausgesucht armen Greisen der Stadt in der Allerheiligenhofkirche die Füße in aller Demut und schenkte einem jeden dann einen Beutel voller Taler.

In der Fronleichnamsprozession schritt der allmählich alternde Prinzregent hinter dem Allerheiligsten als frommer Beter mit einer brennenden Kerze einher, begleitet von Hartschieren und gefolgt vom Hofstaat, von der Regierung, von den Ministern, allen voran vom Königlich-Bayerischen Minister des Äußeren und des Königlichen Hauses. – Es gab die bayerischen Reservatrechte, die Selbständigkeit der Eisenbahn und der Post und den Oberbefehl über das bayerische Heer im Frieden. Freiherr von Lutz blieb zunächst Ministerpräsident. Dr. von Fäustle Justizminister, Dr. Riedl Finanz-, Freiherr von Crailsheim für Äu-

Prinzregent Luitpold von Bayern
(Bildarchiv Preussischer Kulturbesitz, Berlin)

ßeres und Königliches-Haus-Minister. Der Prinzregent hat ihre Demission nicht angenommen. So blieb etliche Jahre alles beim alten und allmählich beruhigten sich die Gemüter. Die revolutionäre Stimmung gegenüber dieser Regierung und gegenüber dem Prinzregenten legte sich mit der Zeit. Aber zurück blieb im Volk eine merkwürdige Erregung der Gemüter; bis in den ersten Weltkrieg hinein, als man längst auch den alten Prinzregenten ins Herz geschlossen hatte. Die Ereignisse des Jahres 1886 sind heute noch nicht geklärt. Auch in jenen Kreisen, die den Thron stützen sollten und wollten, herrschte Mißtrauen und Erbitterung. Die bayerische Königsfrage war zu einem Mythos geworden. Und die Regierung des Prinzregenten hatte jahrzehntelang, eigentlich immer mit untergründigen Gerüchten und Verunglimpfungen zu kämpfen. Vor allem waren die vielen Ludwig-II.-Lieder streng verboten. Und doch wurden sie im Volk gesungen: »Auf den Bergen wohnt die Freiheit...«

Nicht nur einer ist deswegen verhaftet worden. Einige sind sogar eingesperrt worden. Aber doch selten, weil früher die Gendarmerie kaum jemanden erwischt hat beim Singen. Und angezeigt hat man so einen Volkssänger selten. Nur das eine Schnaderhüpfl haben die Behörden nicht ausstehen können; da hat es zwei Jahre Zuchthaus gegeben. Und verboten ist das Verserl heute noch. Es heißt:

Und an Max habns vergift,
An Ludwig dertränkt,
Jetz stehts nimmer lang o,
Wird der Otto aufghängt!

Die Extrablätter des freien Landboten und auch andere bayerisch freigestimmte Zeitungen wurden beschlagnahmt, die Redakteure verfolgt. Es ist ja bekannt, daß der berühmte Journalist Dr. Sigl, der Herausgeber und Chefredakteur des mutigen bayerischen Blattes »Das Vaterland«, wiederholt im Gefängnis einsaß. Manchmal auch nur wegen deutschfeindlicher Artikel.

Also, gar so schön war die gute alte Zeit in Bayern damals doch nicht gewesen. Man hat nämlich auf einmal nicht mehr über die Preußen und über Deutschland schimpfen dürfen. – Es war behördlich verboten. In Viechtach zum Beispiel hat ein angesehener Mann, ein aufrechter Waitler, auf dem Stadtplatz vor den Kgl. Bay. Gendarmen laut ausgerufen: »Der Bismarck is a

Lump!« – Daraufhin ist er sofort verhaftet worden. Der Prinzregent hat die ersten Jahre auch einen schlechten Ruf gehabt, weil er besonders gegen die Haberergerichte, diesen uralten Brauch einer sittenpredigenden Volksjustiz, strenges Vorgehen befohlen hatte. Spottverse hat er nicht leiden können. Ganz im Gegensatz hatte sein Vater, König Ludwig I., die Haberer durch eigenhändiges Reskript vor den Landrichtern in Schutz genommen.

Zu den ersten Regierungshandlungen des Prinzen Luitpold gehörte seine Verteidigung vor den Kammern und den Reichsräten, den Prinzen und der Regierung im Thronsaal der Residenz. Der erste Präsident dieser bayerischen Reichsratskammer, Excellenz Freiherr von Reitzenstein, sagte dabei nach dem Treueeid des neuen Regenten auf die Verfassung: »Seine Königliche Hoheit haben ebenso versprochen, daß Sie unverbrüchlich festhalten werden an den Verträgen, welche seit 16 Jahren die deutschen Stämme verbinden!«

Gerührt dankt der Prinzregent und zitiert die alte bayerische Königstreue, die sich wieder einmal in einer gefährlichen Stunde bewährt habe. Und er spricht vom Abend seines Lebens. Er ist 65 Jahre alt, und doch wird er dieses Bayern noch 26 Jahre lang regieren. Je länger er die Regentschaft ausgeübt hat, desto mehr wurde er dann doch geschätzt. Er selbst hat die bayerische Souveränität gegen Berlin geschickt verteidigt, soweit das überhaupt noch möglich war. – Es lebe der Prinzregent!

Bayerns erster Kanonier!

Bayern war niemals ein Militärstaat gewesen. Auch in der Prinzregentenzeit, in der unter Preußens Führung der bayerische Militäretat verzehnfacht worden war und es auch bei uns die allgemeine Wehrpflicht gab, hatte das bayerische Militär noch den Ruf, »verhältnismäßig« gemütlich zu sein. Eine Symbolfigur des friedlichen Oberbefehls über das bayerische Heer war wieder Prinz Luitpold. Man nannte ihn oft Bayerns ersten Kanonier, weil er der Inhaber des berühmten Fußartillerieregiments Nr. 7 gewesen ist.

Von Sentner gibt es ein vortreffliches Porträt des jungen Prinzen Luitpold, das ihn als etwa zwanzigjährigen, eleganten Artilleriehauptmann zeigt. Die entschlossenen Züge verraten gleich den Jäger und Kavalier, der ja gerade eine ausgedehnte Kavalierstour hinter sich gebracht hat. Eine Länderbereisung noch nach altem Chevaliers-Muster, die ihn über die Schweiz, Mailand, Venedig, Florenz, Rom, Neapel, Sizilien bis nach Kairo und über Gibraltar und Spanien nach Portugal gebracht hat.

Begleitet wurde der junge Bayernprinz damals von seinem Kämmerer und Adjutanten, Heinrich von La Roche, dem Kammerjunker Baron Leonrod und dem Leibarzt Dr. Zink. – Nach allen sind später Münchner Straßen benannt worden.

Eine noble Reisegesellschaft! Und die Herren haben sich nicht nur Kunstdenkmäler angeschaut, sie haben auch nach hübschen Mädchen Ausschau gehalten. Besonders in Florenz und Neapel. In Rom hat der Großvater, König Ludwig I., seinen Sohn in der Villa Malta, seinem römischen Landhaus, wohnen lassen. Das waren halt noch christkatholische Zeiten gewesen, wo der bayerische König in Rom, ganz in der Nähe des Heiligen Vaters, eine ständige Villa gehabt hat! Da sind die Künstler aus- und eingegangen und der königliche Geschmack wurde verfeinert.

In Florenz hat Prinz Luitpold sein Herz an die große, schöne Toskaner-Prinzessin Auguste verloren, wie der allzeit schwärmerische Vater es ausdrückt: »Meine Schwiegertochter ist nicht nur groß und schön schlank der Gestalt nach, sondern auch überaus schön im Profile, daß ich überrascht!« schreibt der Schönheitsgaleriemäzen.

Auguste ist die Tochter des Großherzogs Leopold II. von Toskana aus dem Hause Habsburg. Das Paar wird in München begeistert empfangen, als ob die Münchner damals schon unbewußt gespürt hätten, daß dieses Paar einst die bayerische Krone weitervererben würde! Sogar die sehr originelle Begrüßungsansprache des damaligen Münchner Bürgermeisters, Dr. Bauer, die er beim Einzug der Neuvermählten in München gehalten hat, ist überliefert. Trotz der Etikette ist darin nichts vom Despotismus der Bürger in der Monarchie zu spüren. Im Gegenteil: Die Zuneigung des Bürgertums zum bayerischen Königshaus war 1844 noch leger und herzinnig zugleich – und selbstredend ein bißchen bayerisch vornehm-chevaleresk!

Ganz München war seit dem frühen Morgen auf den Beinen. Ehrenpforten überzogen die Straßen und Plätze von Sendling bis zur Residenz. Und am Marienplatz sprach der Bürgermeister zu dem glücklich in der Prunkequipage sitzenden Paar, zur Toskanerin Auguste und zum Prinzen Luitpold:

»Durchlauchtigste Frau, Kaiserlich und Königliche Hoheit! – Lieber Königlicher Prinz Luitpold! –

Sie haben Ihr schönes und blühendes Land verlassen, wo bekanntermaßen die Sonne durch den klarsten Äther ihr mildes Licht auf Eurer Kaiserlichen Hoheit engelreines Mädchenantlitz niedergießt! – Sie haben das reizende Florenz verlassen, Italiens zierlichste Stadt! – So was Herrliches vermag unsere Münchner Stadt nicht zu bieten. – Aber allein ein Bayerisch Herz, voll des Biedersinns, warm und rein, geradeso wie die Sonne, und voll der treuesten Anhänglichkeit an das Regentenhaus, zu welchem wir Ihre Kaiserliche Hoheit also jetzt auch zählen dürfen, das alles schlägt Ihnen aus unserer Münchner Bürgerbrust entgegen, Prinzessin, und es spricht freudetrunken aus jedem Auge!«

So Bürgermeister Dr. Bauer. Die Vivatrufe des Publikums waren herzlich, es wurde viel geklatscht. Und die Kapelle intonierte den Raglovich-Marsch. Dann ging es in die Residenz, wo der große Kortege, der gesamte Königliche Hof auf den Treppen zum Empfange bereitstand, in großer Hofgala mit den Paladinen des Reiches. Dort schlossen die Königlichen Eltern das junge Paar in die Arme.

Und der Königliche Vater Ludwig schreibt am Abend glücklich in sein Dichtertagebuch:

»Nie, mein Luitpold, habe auf dich ich jemals gedichtet. Und gedichtet ist nicht, heiße vortrefflich ich dich. Zweiundzwanzig Jahre sind dir schon geworden, doch niemals hast du die Eltern gekränkt, Freude bereitet allein!«

Ein braver Bub, der Luitpold, ein großer Jäger und Bayerns erster Kanonier!

Reservatrechte

Das waren noch Zeiten, als das Zentrum im bayerischen Parlament die stärkste Partei gewesen war! Anfangs der Prinzregentenzeit hieß der Chef des hohen Hauses Kammerpräsident und es war damals kein geringerer als der gewichtige Freiherr von Ow. Er verabschiedete die Legislaturperiode von 1888 mit einem Gedicht, das er selber zusammengereimt hatte. Unmittelbar davor wurde ein Gesetz über die »Vereinheitlichung der Branntweinsteuer im Deutschen Reich« mit einer Siebenachtelmehrheit angenommen. Die Sitzung dauerte kaum eine Stunde, und zum Abschluß also las der Kammerpräsident sein selbstgestricktes Poem vor. Umständlich »grüabig« heißt es darin:

»Hohes Haus, wir sind die Abgeordneten, die vom Volk gewählten,
Und die Tugenden, die von je als bayerisch zählten,
Auch heute noch kräftig in unserm Volke leben,
Dafür können wir ein gültiges Zeugnis geben.
Und ein jeder von uns in Freuden daran denkt,
Daß der Prinzregent sein Herz uns schenkt.«

Und die Zeitungen haben das ganze Gedicht abgedruckt, und die Leut haben Freude gehabt an der bayerischen Politik, in der es anscheinend um nichts Ernsthaftes mehr gegangen ist. Denn um die großen Dinge, um Krieg oder Frieden, haben sich Kaiser und Kanzler in Berlin gekümmert. Der Prinzregent hatte den Oberbefehl über seine Kgl. Bayerische Armee nur im Frieden. Dieser friedliche Oberbefehl war wenigstens noch eines der bayerischen Reservatrechte geblieben. Wie auch die Post- und Eisenbahnhoheit. Und darauf war man am meisten stolz: Auf die Kgl. Bay. Post und Eisenbahn.

Ein eigenes Ministerium hatte es damals für Post und Eisenbahn noch nicht gegeben, nur einen Generaldirektor, den Herrn Schnorr von Carolsfeld. Das war ein gemütlicher Mensch gewesen. Er hat zwei Direktoren zur Seite gehabt, sieben Räte, davon drei Oberräte, und einige Amtmänner und Inspektoren. Rechts- und linksrheinisch in Bayern insgesamt 42 Inspektoren. Und haben doch die Leute auch damals schon gerne geschimpft über die sündteuere Bürokratie!

Der Prinzregent selbst hatte sich über die »Einheit der deutschen Branntweinsteuer« in seiner ersten Thronrede bereits geäußert. Und zwar in allerfeierlichster Form im großen Thronsaal der Residenz. Er sagte: »Meine Herren Reichsräte und Abgeordnete, ich glaube, daß sich Bayern in den Eintritt der norddeutschen Branntweinsteuergemeinschaft auf die Dauer nicht mehr wird entziehen können, so sehr mir auch – bei aller Vertragstreue für dieses ganz Deutschland umfassende Reich – der Fortbestand unserer Reservatrechte am Herzen liegt und so wenig ich dem Aufgeben eines solchen zugeneigt bin. Denn dieser Eintritt Bayerns in die norddeutsche Branntweinsteuergemeinschaft wird die Aufbesserung der Gehalte der bayerischen Geistlichen und Lehrer sowie der instabilen Bediensteten ermöglichen.«

Es ist mit der bayerischen Selbstherrlichkeit allerweil schneller dahingegangen. Seit dem Tode Ludwig II. noch schneller. Die Biersteuer ist freilich noch souverän kgl. bayerisch geblieben. Aber wie lange noch, haben damals die bayerischen Patrioten sich ängstlich gefragt? Und sie haben sich nicht umsonst gesorgt. Am 9. März 1888 ist in Berlin der preußische König und deutsche Kaiser Wilhelm I. gestorben. Und am 11. März wäre auf dem Nockherberg der Salvator ausgeschenkt worden wie jedes Jahr. Aber nein, heuer nicht. Der Prinzregent hat nämlich Hoftrauer für das ganze Königreich Bayern anordnen müssen. Dadurch hat eine Woche lang keine Musik spielen dürfen. Die Münchner haben damals fürchterlich geschimpft: »Iatz habn ma's schon! Wenn z' Berlin oaner stirbt, müaßn mir unser Fastnbier ohne Musi trinka! Dös mögn ma! San mir denn Preißn?! Und zwengs was hättn mir unserne Reservatrechte?!«

Aber nachgegeben hat der Prinzregent Luitpold nicht. Und als auf dem Nockherberg, trotz der Hoftrauer, am Sonntag, den 11. März 1888 nachmittags eine Musikkapelle – eine kleine nur – zu spielen angefangen hat, ist sofort die Polizei gekommen und hat die Instrumente beschlagnahmt. Freilich nur dem C-Trompeter und dem Bombardon sein Instrument. Aber das hat genügt. Ohne Baß und Melodie gibt es keine Blasmusik. Ausgeschenkt wurden aber auch ohne Musik am 11. März 1888 über 60 Hektoliter. Und im Juni war's wieder soweit. Der neue deutsche Kaiser Friedrich ist nach nur 99tägiger Regierung an Kehlkopfkrebs gestorben. In den Biergärten durfte abermals keine Musik spielen. Und der Prinzregent Luitpold hat sogar nach Berlin fahren müssen!

Da haben es alle Bayern gespürt! »Jetz' weht ein anderer Wind, jetz' werd d'Welt jeden Tag deutscher. Ab jetz werd' nix mehr hergebn, net amal die kleinste boarische Briefmarkn! Auf unsere Reservatrechte müaßn mir jetz' aufpassn!«

König Otto
(1886–1912)

Das Leben kann lustig sein, auch wenn es in der Geschichte dann einmal heißen wird: Das war eine traurige Zeit für das Königreich: Der unglückliche König Ludwig II. war tot, und sein Bruder, der noch unglücklichere Otto, hoffnungsloser Patient der Psychiater, war der neue König der Bayern. So will es das bayerische Legitimitätsprinzip, das jede Palastrevolution von vornherein ausschaltet: Der nächste Agnat des Hauses erbt die Krone, auch wenn er regierungsunfähig sein sollte, er muß wenigstens dem Namen nach König sein. – Die Regentschaft übt dann der nächste Agnat aus. Für Otto war der Onkel Luitpold des Königreiches Bayern Verweser, der Prinzregent. Und die Prinzregentenzeit ging als eine sehr friedliche, ja glückliche und heitere Zeit in die Erinnerung ein, als »die gute alte Zeit von 1886 bis 1912«. »München leuchtet«, schrieb damals ein hier ansässiger deutscher Dichter. Die Künste blühten, die Kunstbauten König Ludwigs I. waren endgültig alle fertig, die Wissenschaften brachten sensationelle Ergebnisse hervor, die Technik überraschte mit Neuigkeiten.

Oskar von Miller baute die erste Überlandleitung von Miesbach nach München, und 1895 fand Professor Röntgen an der Universität Würzburg die Röntgenstrahlen. Das Eisenbahnnetz war bald ausgebaut, die letzten Vizinalbahnen erreichten Märkte und abgelegene Bauerndörfer.

Auch die Mediziner vollbrachten Wunder, immer mehr Leute ließen sich operieren. Das Bier war noch dunkel und die meisten Menschen – auch die bayerischen Arbeiter und Handwerker und Bauern – waren exemplarisch. Die Welt war in Ordnung – von Kleinigkeiten abgesehen, die für die Betroffenen natürlich immer entsetzlich schmerzlich erlitten werden mußten. »In Bayern ist noch nie jemand verhungert«, heißt ein alter Spruch. Die Leute waren halt noch zufriedener.

Weiter hätte es die Menschheit in Bayern gar nicht bringen sollen bis zum Ende der Regierung König Otto I. von Bayern. Und doch war dieser König Otto selber der Unglücklichste seines Volkes. Er war verwirrt, war geisteskrank und seinen muskelstarken Privatwärtern ausgeliefert, die ihn bei jedem Anzeichen eines Tobsuchtsanfalles sofort in eine Zwangsjacke steckten. Das alte Jagdschlößl Fürstenried war ihm zu einem Königlichen Irrenhaus umgebaut worden. Welch armer Mensch, dieser König! Bei jedem Aufbegehren wurde er sofort in eine Zwangsjacke gesteckt oder ans Bett gebunden. – Wer kann bei solch einer Behandlung genesen? Als er 24 Jahre alt war, hat diese Tortur angefangen. Und wenn er zuerst wirklich einmal verwirrt gewesen sein sollte, dann ist er mit der Zeit natürlich verrückt geworden, tobsüchtig.

Weiß der Teufel, wer den Prinzen Otto für geisteskrank erklärt hat! Er hat sich etwas auffällig benommen. Es ist bekannt, daß er einmal, beim Festgottesdienst im Dom, das Confiteor laut mitgesungen haben soll. Aber damals ist das bei besonders feierlichen Anlässen Brauch gewesen, daß der Diakon das Confiteor, das öffentliche Sündenbekenntnis, laut gesungen hat. Stellvertretend für die ganze Gemeinde. Einmal hat das also der junge Prinz Otto mit seinen 23 Jahren getan! Er war manchmal besonders fromm und begeisterungsfähig. Als er mit seinem Bruder, dem Kronprinzen Ludwig, beim Förster in Obermenzing das Schießen auf Hasen lernen sollte, kam er in Trauerkleidung, den Tod der Hasen schon im voraus betrauernd. Der Kronprinz aber schoß in die Luft.

Da sagte der Förster zum späteren Märchenkönig: »Aber Hoheit, wo schießen's denn hin? Dort läuft der Has!« – Und Ludwig antwortete darauf: »Was hat mir der Hase getan, daß ich ihn erschießen soll?« – Die beiden Brüder waren gefährlich empfindsam, aber doch wohl kaum geisteskrank. In einer Zeit, die immer schießfreudiger werden sollte! Ab 1876 hat man in den Zeitungen öfter lesen können, daß der Bruder König Ludwig II. von Bayern, Prinz Otto, merkwürdig schwermütig sei – wahrscheinlich gar unheilbar geistesverwirrt. Das schrieben vor allem die norddeutschen Journale.

Diese Zeitungsmeldungen hatten nichts Gutes zu bedeuten, wie wir heute wissen. Denn schon damals wurden gewisse Unternehmungen von politischer Bedeutung in der deutsch-nationalliberalen Presse monate-, ja jahrelang vorher gründlich vorbereitet.

Das war in der Dänischen Frage geschehen, in der sogenannten Deutschen Frage anno 1866 und auch 1870.

Diese nationalliberalen deutschen Zeitungen – das steht sogar in den preußischen Geschichtsbüchern und in allen Bismarck-Biographien – waren für den Eisernen Kanzler ein wichtiges politisches Instrument. Dem Reichskanzler stand ein großer Pressefonds zur Verfügung, und die heute noch blühenden deutschen Tageszeitungen gehen zum großen Teil auf eine finanzielle Anregung Otto von Bismarcks zurück.

Schon bestehende Presseorgane konnten sich plötzlich aufwendig vergrößern und gaben sich deutschnationalliberal! Zum Vorbild war die reaktionäre preußische Kreuzzeitung der Junker geworden. Auch für die »Münchner Neuesten Nachrichten«? Und diese Zeitungen sangen nun alle in der gleichen deutschpreußischen Tonart. Und es ist interessant festzustellen, wie von den übrigen deutschen Fürstenhäusern nur selten die Rede ist. Wenn, dann werden die deutschen Fürsten als treue Vasallen der gewaltigen deutschen Reichssache dargestellt. Von einem Minimum der Souveränität und von Eigeninteressen der Fürstenhäuser ist nie die Rede. Auffallend häufig liest man von den Schwierigkeiten der bayerischen Wittelsbacher, von den einsamen Abseitigkeiten König Ludwig II. und von der zunehmenden Geisteskrankheit seines Bruders Otto. Die bayerischen Affären werden spöttisch und schadenfroh breitgetreten, während von den Hohenzollern nur mit der allergrößten Ehrerbietung berichtet wird.

Da steckte eine Regie dahinter. Man soll nicht glauben, daß Spionage und Geheimagenten erst nach dem Ersten Weltkrieg aufgekommen wären! Fürst Bismarck hat zahllose Spione und Agenten beschäftigt. Auch am bayerischen Hof. Sogar Bayerns Generalfeldmarschall von der Tann soll – wie neueste Dissertationen haben beweisen können – ein preußischer Agent gewesen sein. War am Ende König Otto gar nicht verrückt gewesen? Ist er von den nationalliberalen Zeitungen für geisteskrank und tobsüchtig erklärt worden, und ist das so raffiniert getarnt worden, daß sogar der eigene Bruder das geglaubt hat? Nichts Gewisses ist nicht zu erfahren. Die Geheimdienste hinterlassen keine Sachakten, nur Personalakten.

Das erklärte Ziel des preußischen Kronprinzen Friedrich, des späteren 99-Tage-Kaisers von 1888/1889, war ja die Mediatisierung der übrigen deutschen Fürsten, auf daß in dem starken und geeinten Reich nur noch ein Fürst das Zepter schwinge, der deutsche Kaiser!

Vom Hause Bayern war da der größte Widerstand zu erwarten gewesen. Friedrich und Bismarck wußten das. Für sie beide war der deutsche Partikularismus mit der Fürstentreue der Bayern zum angestammten Hause Wittelsbach identisch. Bismarck hat das wiederholt niedergeschrieben! Und sie gingen darum in übertriebener Angst ungemein vorsichtig zu Werke. Sie bedienten sich der allerheimlichsten Intrigen, ja sogar des bayerischen Humors. Das Haus Bayern mußte »allmählich regierungsunfähig« dargestellt werden. Das war das Ziel ihrer Taktik zur Beseitigung des deutschen Partikularismus. Ein schwieriges Unterfangen!

Prinz Otto hat am 18. Januar 1871 in Versailles aus seinem

Abscheu gegen das militante Preußen keinen Hehl gemacht; er hat ob der Ausrufung des Reiches unendliche Trauer bekundet, so daß der Kaiseronkel Wilhelm und Bismarck, vor allem aber der Kronprinz, sich verletzt gefühlt haben durch diesen sich jeder höheren deutsch-nationalen Regung bar zeigenden bayerischen Prinzen. Aus Versailles schreibt Otto seinem Bruder Ludwig über die Kaiserproklamation einen traurigen Brief: »Der deutsche Kaiser, das deutsche Reich, Bismarck, die laute preußische Begeisterung, die vielen Stiefel, das alles macht mich unendlich traurig.«

Damals wurde bereits die bittere Latrinenparole in Umlauf gesetzt, die unsere deutschnationalen bayerischen Großväter sich noch zuflüsterten: Prinz Otto hätte damals – während der Kaiserproklamation im Spiegelsaale zu Versailles – wegen plötzlicher Diarrhöe ein degoutantes Malheur gehabt. Als Otto endgültig in psychiatrischer Pflege war, schrieben die Zeitungen immer wieder von der unheilbaren Krankheit des Bayernprinzen – oft auch im Zusammenhang mit dem Bayernkönig Ludwig II. So heißt es in der Frankfurter Allgemeinen: »Seine Majestät der König von Bayern, Ludwig, hat seinen Architekten befohlen, Pläne für ein neues Märchenschloß, das in der entlegensten und wildromantischsten Bergeinsamkeit entstehen soll, vorzulegen. König Ludwig ist der Bruder des so unglücklichen Prinzen Otto von Bayern, der, wie die Psychiater mitteilen, unheilbar geisteskrank ist.«

Welch armer Mensch, dieser Prinz Otto! Und am End' hat er gar nicht gesponnen? Im geheimen Hausarchiv soll es Briefe geben von hohen Verwandten, die den kranken Otto in Fürstenried 1913/14 besucht haben und die sich stundenlang mit ihm über Kunst und Literatur unterhalten haben!

Wenn sie freilich auf seine Krankheit zu sprechen kamen, hat er gleich wieder einen Anfall bekommen. Und die Irrenwärter sind gekommen und haben den König wieder in die Zwangsjacke gebunden! – »Ja no, vierzig Jahre lang sich jeden Tag ins Bett reinbinden lassen müssen, ist eine Aufgabe – auch für einen bayerischen Prinzen und König!«

Es ist ein Trost, wenn man erfährt, daß es in der guten alten bayerischen Zeit auch manchmal Probleme gegeben hat. Zum Beispiel eine so hochpolitische Frage wie das Plazet! Ländliche Biertischpolitiker sagten auch »der Plazet«. Jahrelang war das Plazet eine Mordsgaudi gewesen, nicht nur in den bayerischen Kammern, auch in der Presse, und sogar das bayerische Volk hat über das Plazet disputiert. Am meisten aber haben die bayerischen Bischöfe und die Prediger auf ihren Kanzeln gegen das Plazet gewettert. Und Seiner Königlichen Hoheit, dem Prinzregenten, ist es arg zuwider gewesen, denn es war ja sein Plazet: Das Plazet des bayerischen Königs in kirchlichen Fragen. Der Paragraph 58 der Verfassung des Königreiches Bayern von 1818 hat dieses Plazet enthalten, wonach die kirchlichen Behörden in den bayerischen Landen keine Gesetze und Verordnungen, ja nicht einmal Anordnungen erlassen dürfen, ohne daß dieselben vorher nicht die Allerhöchste Einsicht und Genehmigung des Königs erfahren hätten, eben das Plazet.

Den katholischen Abgeordneten, vor allem den mit der bayerischen Patriotenpartei in das Parlament eingezogenen römisch-katholischen Priestern, fiel dieses Königliche Plazet bald sehr unangenehm auf, und sie versuchten es mit allen Mitteln zu beseitigen. Bei König Ludwig II. hatten sie es nicht mehr gewagt. Aber unter dem Regenten sollte das Ministerium Lutz dieses »von der Zeit längst überholte« absolutistische Plazet der Krone Bayerns aufgeben. Man schrieb die Jahre 1887/1888, und die päpstlichen und bayerischen Diplomaten schickten seitenlange Berichte nach Rom und nach München. Der Königlich-Bayerische Gesandte beim Heiligen Stuhl, Freiherr von Cetto, wurde wiederholt von Papst Leo XIII. in Audienz empfangen. Auf ein gewisses Drängen der kirchlichen Stellen hin schwieg die bayerische Regierung zunächst über Gebühr lange. Endlich antwortete der Regent ausweichend, aber dafür in einem italienisch geschriebenen Brief: Allmählich habe sich ein Kompromiß angebahnt, aber dann hätte im bayerischen Parlament der Freisinger Theologieprofessor Balthasar von Daller, zugleich Parteichef des Zentrums, das ein Jahr vorher noch bayerische Patriotenpartei hieß, eine gewaltig-zornige Rede gehalten. Natürlich über das Plazet. Durch diese Rede sei die Lage unnatürlich verschärft worden.

Ja, der Daller und der Pichler, der Orterer und der Schädler! Man kennt sie aus den Filserbriefen. Ludwig Thoma hat in den Briefen nichts übertrieben und nichts erlogen, es stimmt alles. Professor Daller, ein beleibter Prälat und gebürtiger Bauernsohn aus Gasteig, war ein gewaltig scharfer Redner gewesen, fast ein Barockprediger. Und dazu ein schlauer Fuchs, ein Taktiker. Als Professor für Kirchenrecht hatte er in jüngeren Jahren ein Buch geschrieben mit dem Titel: »Der Irrtum als Ehehindernis«. Also der Daller hat am 8. November 1889 im bayerischen Parlament eine Aufsehen erregende Rede gehalten. Er hat mit Enthüllungen gedroht, wenn es mit dem Plazet nicht bald ein Ende nähme. Dergleichen hatte das bayerische Parlament noch nie erlebt. Wörtlich hat er ausgerufen:

»Der Herr Minister besteht auf einer reinen Theorie! Meine Herrn, reizen Sie mich nicht! Sonst spreche ich vom Jahre 1886! Von den wahren Hintergründen des Todes von Ludwig II. Ich weiß darüber einiges!«

Weiter kam Prälat Balthasar von Daller nicht. Die Liberalen und die Herren Minister haben empörte Zwischenrufe, ja Schreie ausgestoßen. Die Glocke des Präsidenten war in dem Tumult nicht mehr zu hören. Einige Zentrumsabgeordnete sind blaß geworden. Was weiß er denn, der Daller, vom König Ludwig und vom Starnberger See? »Nur heraus mit der Sprache! Sagen Sie alles, was Sie wissen, wir haben nichts zu fürchten!« soll frech Minister Lutz geschrien haben. Und als Daller wieder weiterreden hat können, hat es gleich wieder Zwischenrufe gegeben. Er hat sich aber nichts gefallen lassen: »Was ich mit meiner Andeutung auf das Jahr 1886 sagen wollte? Daß wir 1866 – wir, das katholische Zentrum – damals die materielle Existenz des bayerischen Königshauses gerettet haben. Jawohl!«

An dieser Stelle heißt es im Landtagsstenogramm: »Sehr lebhafte und andauernde Entrüstung links und auch auf der Galerie.« Die Präsidentenglocke wurde wieder nicht gehört. Endlich darf Daller weiterreden: »Wir fühlen uns auf das schwerste gekränkt, und das haben wir nicht verdient. Wenn das mit dem Plazet so weitergeht, sind wir in Gefahr, daß wir in Bayern noch einmal ein Schisma erleben werden müssen!« Abermalige Unruhe. Am Schluß sagt Daller drohend: »Solange das Plazet nicht verschwindet aus der Bayerischen Verfassung, solange wird das Zentrum dem Etat des Kultusministers feindlich gegenüberstehen.« – Er wußte, daß er damit den Prinzregenten am schwersten treffen konnte, denn in diesem Etat war auch Geld für den Ankauf von Kunstwerken für die bayerischen Galerien enthalten.

Als erstes nach dieser Drohung Dallers sollte ein Meridiankreis für die Sternwarte angeschafft werden. Daller hat diesen Ankauf abgelehnt und das Zentrum stimmte, gemäß dem Willen seines Vorsitzenden, geschlossen gegen den Ankauf. Aber dann kam die Blamage des Zentrums, die Begründung für die Verweigerung von Geldmitteln zum Kauf von Gemälden. Nämlich: »Schon wegen der Unkeuschheit dieser Bilder« wollte das Zentrum die Mittel verweigern. Das Echo läßt sich denken. Spott in ganz Deutschland. Daller war blamiert. Und um das Plazet wurde es ruhig.

Josef Filser meinte: »Ja mein, in den Kunstsachen müssen wir künftighin aufpassen! Was über dem Nabel ist, ist Kunst, was darunter ist, ist unkeusch!«

Des Königreichs Bayern Parlament um 1905

Das Andenken an den alten Herrn Balthasar von Daller, Regens und Professor in Freising, war in den dreißiger und vierziger Jahren dieses Jahrhunderts noch lebendig. Er war jahrzehntelang Parteichef der bayerischen Patrioten, seit 1887 der Zentrumspartei, gewesen. Seinen Ruhm konnten in Freising, ja in ganz Bayern selbst die Weltereignisse nicht hinwegfegen. Daller war einer der ersten demokratischen Parteiführer, der neben Jörg, Pichler, von Vollmar und Orterer in der Geschichte des bayerischen Parlamentarismus übergroße Popularität erlangt hat. Der alte Balthasar von Daller war so etwas, was ein erzbayerischer Parteichef heute nicht einmal mehr im Traum sein könnte: Ein stets auf die Unantastbarkeit der souveränen bayerischen Reservatrechte achtender Wächter.

Präsident Orterer hat nicht so viel zu reden gehabt. Prälat Pichler von Passau und Prälat Schädler von Eichstätt waren die großen Kämpfer, wenn sie Balthasar von Daller vorgeschickt hat. Vor dem Bauerndoktor Georg Heim hat man überwiegend nur Respekt gehabt.

Ja sogar den Vorsitzenden der »Königlich-bayerischen Sozialdemokraten«, den Herrn Georg von Vollmar, hat man noch mögen.

Einen Teil ihrer nun historisch gewordenen Popularität verdanken Daller, Pichler, Orterer und Genossen dem Dichter Ludwig Thoma, der den Herren in seinen Filserbriefen ein unsterbliches Denkmal gesetzt hat. Und eine dem literarischen Vorbild kongeniale Karikatur verdanken wir einem im ersten Weltkrieg gefallenen jungen Künstler, Raimund Jäger mit Namen, der 1905/06 eine Terrakottaplastik geformt hat mit dem Titel: »Das Barlament«. Alle Herren in diesem parlamentarischen Gruppenbild sind historisch – bis auf den oberen linken Flügelmann, den finster dreinblickenden Josef Filser. Neben Filser der bärtige Lutz, darunter der Königlich-bayerische Sozialdemokrat Georg von Vollmar und der liberale, dicke Casselmann, dessen bayerische Liberalität sichtbar gut lebt und gut leben läßt. Es folgen in der mittleren Reihe von links nach rechts das klerikal-heftige Brillengesicht des hochwürdigen Herrn Schädler, das kleine, energische Präsidentenmännchen Orterer mit dem strengen Rektorengesicht und dann das derb-fröhliche Kooperatoren-Antlitz des Prälaten Pichler von Passau.

Unten sitzen der redliche schwarz-rote bayerische Bauernführer, der Dr. Georg Heim aus Regensburg, ein gebürtiger Aschaffenburger. Überlegen hat er ein Bein über das andere geschlagen. Er denkt genossenschaftlich seiner Zeit voraus. Und ganz unten, dieses rechte Fundamentum mit der Gewichtigkeit eines mächtigen bayerischen Granitblockes, trägt und hält alles: Msgr. Professor Balthasar von Daller. So viel kräftige Gelassenheit muß selbst den Preußen imponieren. Der ganze Freisinger Domberg, das bayerische Kirchenrecht und das Generalvikariat der Erzdiözese zusammen erscheinen da in der Gestalt eines dreihundert Tagewerk samt eigener Metzgerei und Posthalterei besitzenden Dorfgastwirtes:

»Wir sind wir und schreiben uns uns. Punktum. Die bayerischen Briefmarken werden weiter gedruckt. Und die königlich-bayerische Eisenbahn hat mehr Geld wie die preußische. Und wenn euch das nicht paßt, meine lieben deutschen Brüder, dann könnts uns!« Grad so schaut er aus. Und so lang er gelebt hat, ist die bayerische Politik noch durch und durch bayerisch gewesen, und unser Landl hat seine Freiheit gehabt, auch wenn es sie nicht gehabt hat. Man hat im Königreich wenigstens noch souverän agieren können!

Die Gestalt des Msgr. Balthasar von Daller ist trotz der Karikatur von einer unerhörten Eindringlichkeit. Sie verkörpert den allzeit hellwachen bayerischen Föderalismus. Sie ist geradezu die

Inkarnation des föderalistischen Subsidiaritätsprinzips der Demokratie von unten. Denn die Äuglein in diesem gelehrten theologischen Posthaltergesicht, auch wenn sie arg chargiert und nur markiert sind, blinzeln in hellster Wachsamkeit. Es sind die Augen eines zwar gerne und aus Neigung, aber oft auch nur zum Scheine schlummernden bayerischen Löwen, der jederzeit grimmigst aufwachen kann, ja der einen sehr explosiven Charakter hat. Und daß Sie ja seine Tatkraft nicht unterschätzen, werfen Sie einen Blick auf seine großen Hände! Wo die hinlangen, da fleckt es! Es sind die Hände eines bayerischen Patrioten und Parteiführers – und es sind auch noch Priesterhände.

1911, bereits ein Jahr vor dem Prinzregenten, ist Daller gestorben. Im Alter von 76 Jahren. Und im bayerischen Parlament ist keiner mehr aufgestanden, der auf unsere bayerischen Reservatrechte so aufgepaßt hätte wie er. Auf die eigenen Briefmarken, die eigene Post und Eisenbahn, auf den Oberbefehl übers bayerische Heer in Friedenszeiten, auf die eigenen Manöver, zu denen kein preußischer General Zutritt haben sollte und auf die bayerischen Farben, die für alle Anlässe ausgereicht haben. Wurde vor dem Manöverzelt des bayerischen Generalstabes auch eine deutsche Reichsflagge aufgezogen, wie es in den anderen deutschen Bundesländern üblich geworden war, da über deren Armeen der deutsche Kaiser auch in Friedenszeiten den Oberbefehl hatte, dann entfachte Daller eine stürmische Anfrage im Plenum. Ja, des Königreichs Bayern Verweser durfte nicht einmal eine preußische Militärmusik hören, wenigstens nicht als Oberbefehlshaber seiner Armee. Msgr. Daller hat die Prinzregentenzeit wesentlich mitgeprägt.

Die Monumentalbaukommission

Jahrhunderte über ist in Bayern schön gebaut worden. Die Adeligen, die Prälaten und die Bürger haben auf den »Stilum und Effekt« ihrer Häuser, Stadel und Kästen, ihrer Kirchen, Refektorien und Klosterökonomien, Burgfriede und Paläste, Prälaturen und Schlösser mit geschmacklicher Gewissenhaftigkeit und finanzieller Großzügigkeit streng geachtet. Und die Baumeister waren immer schon ehrgeizig. »Zum Bauen braucht man drei Ding, viel Geld, viel Geist und noch mehr Zeit.« So hat es einmal ein schwäbischer Reichsprälat formuliert. Sogar die armseligsten

Bauernhütten waren Generationen kunstbegabter Handwerker wohl geraten und nicht ohne Schönheit. Die Heustadel noch verzierte man mit aufwendigem Bundwerk! Erst das Ende des vorigen Jahrhunderts brachte mit der Kreierung immer neuer Stile der strengen und strengsten Zweckmäßigkeit eine nun allerweil spürbarer werdende Monotonie in die Architektur, brachte schließlich den Betonbarackengroßstil.

Der Prinzregent Luitpold hat das bereits um die Jahrhundertwende gemerkt und hat im Ministerium die Einsetzung einer Behörde angeregt, »welche die Baubedürfnisse des Staates – vornehmlich in München – in künstlerischem Sinne zu beeinflussen im Stande wäre«. Diese Behörde wurde 1901 gegründet und erhielt den Namen »Monumentalbaukommission«.

Daß das gewaltige 20. Jahrhundert sich nicht schon in den ersten Jahren austoben konnte und noch mehr schöne alte Gebäude abgerissen wurden, verdanken wir vor allem dieser Monumentalbaukommission des weitblickenden Regenten. Auch die Zweckbauten der Prinzregentenzeit sind noch schön und stehen am richtigen Platz: der Justizpalast etwa Friedrich Thierschs; die großzügigen und gar nicht plumpen Hauptpostgebäude an der Arnulf- und Seidlstraße. Überhaupt sind die beiden Brüder Gabriel und Emanuel von Seidl die Hauptbaumeister der Prinzregentenära. Das Nationalmuseum in der Prinzregentenstraße, die Lenbachvilla und das Künstlerhaus gelten als die Hauptwerke Gabriel von Seidls. Emanuel schuf die Pläne für das Deutsche Museum und für den Ausstellungspark.

Es wären noch zahlreiche andere Bauten zu nennen: Erweiterungsbauten, Kliniken, Ministerien, Bahnhöfe. Im ganzen Königreich spürt man einen letzten hohen Willen zur Schönheit. Selbst die Fassaden der Bürgerhäuser und Mietskasernen verzichten nicht auf eine aufwendige Gliederung und Stukkierung. Und sogar in den ärmeren Vierteln finden sich hellaufleuchtende, freundliche Häuserfronten. Schön hat er gebaut, der Herr Prinzregent, aber auch teuer. Weil halt die Schönheit allerweil schon Geld gekostet hat.

Am Michaelitag anno 1900 ist das neue Bayerische Nationalmuseum feierlich eröffnet worden. Das war eine bezaubernde Festlichkeit! Tausende von Münchnern sind Spalier gestanden und haben die Auffahrt des Hofes angeschaut. Punkt elf Uhr ist der Prinzregent vorgefahren, vierspännig und im offenen Hofwagen. Die Musikkapellen haben gespielt, und der Oberstzeremonienmeister Graf Moy ist dem Regenten vorausgeschritten, hinein in das neue, schöne Bayerische Nationalmuseum.

Der Regent hat sich auf einen Thronsessel gesetzt, und der Herr Kultusminister, ein gewisser Dr. von Landmann, hat mit seiner Rede angefangen. Vier Millionen und siebenhundertachtzigtausend Mark hätte das Museum gekostet, um keine Mark mehr als geplant, eher um 2300 Mark weniger. »Und, Königliche Hoheit«, sagte der Minister, »das Museum ist sein Geld wert.«

Im Sommer 1895 weihte der Regent den schönsten Brunnen ein, der München schmückt, den Wittelsbacher Brunnen am Maximiliansplatz. Der berühmte Bildhauer Adolf von Hildebrand hat ihn geschaffen. Dem weit in die Zukunft weisenden Werk der Wasserversorgung der Stadt München aus den Quellen des Mangfalltals wurde damit ein rühmliches, ja großartiges Denkmal gesetzt. Der Prinzregent fand bei der Brunneneinweihung anerkennende Worte für den Bürgermeister und die Stadträte. Und als er dann wünschte, »daß die Wasser des Brunnens fließen«, begann es zu rieseln und zu fließen, zu strömen und zu plätschern, ja zu spritzen und zu plantschen. Während Meister Hildebrand mit dem Regenten um den Brunnen herumging, intonierten die Musikkapellen den Marsch aus den »Ruinen von Athen« von Ludwig van Beethoven.

Je schöner die Brunnen, desto großartiger die Einweihungsfestlichkeiten. Großartig, aber doch nicht maßlos und sündteuer und zu stramm. Im Gegenteil! Liest man die alten Zeitungen, so spürt man überall das Zivile und Saloppe, halt das »leicht Grüabige und Gemütlich-Festliche« solch Königlich-bayerischer Zeremonien heraus.

Sein eigenes Standbild wollte der Prinzregent Luitpold erst nach seinem Tode aufgestellt wissen. Sein liebstes Bauwerk aber war der Friedensengel. Die Feier zur Grundsteinlegung im Mai 1896 war ein großes Volksfest. Alle Schüler Münchens waren vertreten, von den ABC-Schützen bis zu den Universitäts-Studenten. Die Veteranen fehlten nicht, und die Kinder verstorbener Veteranen aus dem 66er und 70er Krieg stiegen mit dem Regenten hinab in die Baugrube und bekränzten den Grundstein des Friedensengels mit Blumen. Der Regent hämmerte die drei üblichen Schläge auf diesen Grundstein und sagte dabei die schlichten Worte: »Möge der lieben, treuen Haupt- und Residenzstadt München noch lange der Friede bewahrt werden! Wichtiger als ein Kriegerdenkmal ist ein Friedensmonument.«

Schön! Einfacher gehts nimmer. Und halt noch durch und durch bayerisch! Was heißt da bayerisch? Friedensengel gereichten jeder Hauptstadt zur Zierde.

Das Kriegerdenkmal

So patriotisch-bayerisch war die Stimmung schon lang nicht mehr wie heute! Den vielen jährlichen Bavarica-Erscheinungen nach müßte der einheimische Geist bereits dem vaterländischen Temperament des Schmied von Kochel ebenbürtig sein. Auch wenn sich immer mehr landfremde Siedler niederlassen und die bayerische Heimat von Tag zu Tag international-eintöniger wird. Aber das tut uns nichts, denn der Geist ist stärker als die Wirklichkeit.

Wieviel schlichter und geistiger und zugleich auch wirklicher gab sich da die patriotische Gesinnung weiland Seiner Königlichen Hoheit, des Prinzregenten Luitpold. Bayern hatte noch ein paar Reservatrechte: die Hoheit über Post und Eisenbahn, den Oberbefehl im Frieden, ein eigenes Außenministerium und ein paar ausländische Missionen. In der Hauptsache aber war das Landl ein kleindeutsches Fürstentum unter der Hegemonie Preußens. Die großen Gedanken aller Deutschen richteten sich um 1900 nach Berlin.

Über das eigene Land dachten selbst die Münchner immer kleiner. Der Prinzregent war da keine Ausnahme. Auch er war ein deutscher Fürst, dessen Souveränität beschränkt war. Aber er ist darüber nicht verzweifelt wie sein hochherziger Neffe König Ludwig II. In weit bescheidenerem Maße als im Bau von Schlössern opponierte der Regent aber dennoch hin und wieder gegen den deutschen Nationalismus.

Zum Beispiel hat er in der Münchner Residenz den Kaisergeburtstag gern auf einen Freitag gelegt, auf daß der preußische Gesandte am katholischen Hof hat Fisch und Mehlspeisen essen müssen. So viel Souveränität wäre aber doch auch wieder übel vermerkt worden. Darum hat er sich zu dieser offiziellen Hoftafel zu Ehren des Deutschen Kaisers vom Erzbischof eine Abstinenzdispens geben lassen. Und diese Dispens ist nach dem Tischgebet feierlich vorgelesen worden. So hat man doch noch einen winzig-kleinen bayerischen Stachel spüren können im preußischen militanten Weltimperium. Wenn eine preußische

Militärkapelle um die Gunst eines Hofkonzertes nachgesucht hat, ist der Regent leider gerade auf der Jagd gewesen – in Nymphenburg. Und die Kapelle konnte taktvoll abgewiesen werden.

Aber die schönste all der königlich-bayerischen Harmlosigkeiten gegen das mächtige, große kleindeutsche Kaiserreich der Sedanfeiern und Kriegerdenkmale, die steht in der Münchner Feldherrnhalle. Man schrieb 1895 schon das silberne Sedanjubiläum und die Wellen der nationalen deutschen Begeisterung leckten sogar an den Mauern der Residenz. Die Generäle, die Bayerische Kammer, die Reichsräte und vor allem die Münchner Stadtväter wünschten ein repräsentatives Kriegerdenkmal für die Gefallenen der Bayerischen Armee im Siebziger Krieg. Und der Prinzregent mag kein Kriegerdenkmal und hat sich lange dagegen gesträubt. »Werden eh überall solche traurigen Denkmäler gebaut, wo dran erinnern, daß die Bayerische Armee am End den Falschen geholfen hat!«, soll er sich einmal zu seinem Freund Ferdinand von Miller geäußert haben. »Aber nun, daß halt eine Ruh wird, hängen wir in die Feldherrnhalle auch so eine Tafel hinein!«

Der Erzgießer Miller hat gleich einen Entwurf vorgelegt: Die Bavaria hält einen sterbenden Krieger auf ihrem Schoß. Fast eine Pietà.

»Na«, sagte der Regent, »gefällt mir überhaupt nicht. Soldaten sind nicht zum Sterben da. Ich mag doch kein Kriegerdenkmal! Wissen 'S, Miller, wir setzen ein Denkmal für die Bayerische Armee in die Feldherrnhalle, damit sind die Generäle vielleicht auch zufrieden. Machen 'S einen guten Entwurf!«

Ferdinand von Miller brachte ein Werk zustande, das der Königlichen Hoheit im Entwurf schon Freude gemacht haben soll. Als Bavaria schuf er ein schlankes, rankes Bauerndirndl, das in den Armen eines Soldaten liegt, eines lebfrischen, bayerischen Fähnrichs, der mit der anderen, noch freien Hand, die Fahne hoch empor hält. Eine militärische Einmaligkeit! Und zu Füßen des schneidig-lieben Paares kuschelt sich der bayerische Löwe in gemütlicher Zutraulichkeit. So ein Kriegerdenkmal dürfte eine Seltenheit sein auf der ganzen Welt. Das gibt es nur in München – in der Feldherrnhalle. »Das Denkmal hat einen starken Ausdruck«, hat Prinz Luitpold lobend gesagt. »Sein Mensch und seine Fahne läßt ein bayerischer Soldat niemals im Stich.«

Ein Vivat der Königlich-Bayerischen Armee und ein »Vergelts Gott!« dem Prinzregenten. Präsentiert das Gewehr!

Bayern hat viele Traditionen, sogar rote, kommunistische aus der kgl. bay. Zeit. Das HB auf den Hofbräuhauskrügen haben einmal Sowjetfunktionäre der allerersten Generation in gemütlicher Stammtischrunde in der Schwemme als »Narodnaja Wolja«, den Namen eines politischen Geheimbundes, gedeutet. Unser H ist auf russisch ein N und unser B, wie Bräuhaus, auf russisch ein W wie Wolja. Lenin gehörte selbst zu dieser Runde im August 1913. Er war damals zusammen mit seiner Frau, der Krupskaja, zum letztenmal in Isarathen bei alten Bekannten, auf einer Reise von der Schweiz nach Krakau. »Und Lenin lobte mit Kennermiene das Münchner Bier«, schrieb anläßlich dieses HB-Besuches von 1913 später die Krupskaja. Er konnte es leicht loben, er hat es ja gut gekannt von seinem Münchner Aufenthalt anno 1900 bis 1902, mitten in der allerschönsten Prinzregentenzeit.

Lenin und der Prinzregent, eine historische Kuriosität. Wladimir Iljitsch Lenin hatte ehedem Uljanow geheißen, und sein Vater war Gymnasialdirektor in Simbirsk gewesen, wo er 1870 geboren wurde. Sein älterer Bruder Alexander war als Student in St. Petersburg Mitglied der zarenfeindlichen Gruppe geworden, die sich die »Volkstümlichen« (Narodnaja Wolja) nannte und nach einem Attentat auf den Zaren hingerichtet worden. Dieses Erlebnis machte Wladimir zum Revolutionär. Auch er geriet in Haft und Verbannung nach Sibirien und wurde schließlich des Landes verwiesen. So ist er 1900 nach München gekommen. In der Kgl. Bay. Residenzstadt lebten damals schon viele Exilrussen, und es hat ihnen in München gut gefallen, besonders den Herren Parvus und Marchlewski, Sobitsch u. a. Auch Trotzki hat sich in jenen Tagen in München aufgehalten. Lenin hat zunächst in der Kaiserstraße gewohnt unter dem Namen »Meyer« und später dann in der Siegfriedstraße Nr. 14 als »Dr. Jurdanoff«. Auch Rosa Luxemburg war damals in Schwabing und mit Lenin bekannt.

In Schwabing sind die russischen Emigranten besonders aufgefallen. Die Münchner, die von den Künstlern schon nicht zu sehr begeistert waren, nannten die Schwabinger Russen die »Schlawen von Schwabing« und scherzhafterweise bald »Schlawiner«. »A Schwabinger Schlawiner«, das war ein spintisierender anarchistischer Russe oder ein roter Literat. Aber damals haben die Bayern für die russischen Aufständischen sehr geschwärmt, und man hat im Königreich den Zar in München nicht gemocht. Weder Ludwig I. noch König Ludwig II. haben eine Zarentochter heiraten mögen. Und der Prinzregent hat die russische Verwandtschaft dick gehabt. Natürlich ist man verwandt gewesen – durch die Fürstin von Leuchtenberg. Der Sohn Eugen Beauharnais' und der Bay.-Prinzessin Auguste hatte eine russische Großfürstin geheiratet.

Beim Aufstand in Petersburg anno 1905 haben deshalb die Münchner für die verwundeten Aufständischen und deren Hinterbliebenen viel Geld spendiert. Dr. Ludwig Thoma und Professor Lujo von Brentano haben solidarische Schriften verfaßt und Reden zugunsten der Revolutionäre und gegen das Zarenregime gehalten. Die Münchner haben mittlerweile die russischen Revoluzzer gern gesehen und haben ihnen Sympathien entgegengebracht! Wahrscheinlich hatte sogar der Prinzregent sie gern gehabt. Denn in Berlin wurden die russischen Emigranten eher ausgewiesen. Aber in Bayern ausdrücklich nicht.

Das Wichtigste während des Aufenthalts Lenins in München ist die Gründung und Herausgabe der illegalen russischen Revolutionszeitung »Iskra«, die auf mancherlei Kanälen – zum Beispiel in Koffern mit doppelten Böden – ins Innere Rußlands hineingeschmuggelt worden ist. Und deshalb wurde sie in München auf dünnem Zigarettenpapier gedruckt, bei einem Drucker in der Senefelderstraße. – Und Lenin, der tagelang im Lesesaal der Staatsbibliothek gesessen hat, hat hier in der bayerischen Landeshauptstadt sein wichtigstes Buch geschrieben, das seine Revolutionstaktik enthält und den Titel trägt: »Was tun?« – Auch hat Herr Uljanow, alias Meyer, alias Dr. Jurdanoff, in München den Namen Lenin angenommen. Alles in allem also spielt München in der Geschichte des Leninismus eine nicht geringe Rolle. Lenin selbst ist begeistert gewesen von seinen Münchner Jahren.

Im Fasching 1901 schreibt er seiner Mutter: »Die Münchner verstehen das Leben, sie können sich besonders im Fasching ausgezeichnet amüsieren! In der Neuhauser Straße herrschte heute ein ausgelassenes Treiben, und die Leute bewarfen sich mit Konfetti.«

Und auch etliche Ausflüge hat er gemacht in die nähere Umgebung Münchens. Nur der Winter hat ihm, dem gebürtigen Simbirsker, überhaupt nicht gefallen. »Das ist kein Winter, Mama«, schreibt er, »es ist nicht kälter als bei uns im Herbst!« Geradezu Sehnsucht hat er nach Schnee und nach der sibirischen Kälte bekommen. »Ich brauche nicht einmal einen Wintermantel in München«, schrieb er seiner Mutter.

Auf die Krupskaja, die ja eine ausgebildete Lehrerin gewesen ist, haben die Münchner Kinder und Schulen einen außergewöhnlich guten und nachahmenswerten Eindruck gemacht: »Hier in München ist so etwas wie ein Reich der Kinder«, schreibt sie wortwörtlich. »Alle sind ihnen gegenüber so aufmerksam und es sind so prächtige und gesunde Kinder! Die Kinder haben es hier weit besser, und ich habe mir vorgenommen, daß die Kinder es bei uns auch einmal so haben sollen.«

Und das hat die Krupskaja anno 1901 in München nach Rußland geschrieben! Also, meine Herrn Kulturminister und Schulrevolutionäre! Die Frau Lenin hat damals schon die Münchner Schulen für mustergültig befunden! Woraus man wieder sehen kann, daß die bayerischen Schulen allerweil auf der Höhe der Zeit gewesen sind! Das hätte ja auch der Prinzregent nicht anders geduldet, der den Lehrern die Gehälter aufgebessert hat. Und seine Vorfahren haben in deutschen Landen immer vorab die vorbildlichsten Schulreformen durchgeführt. Übrigens ist dem Lenin der Titel seines Buches »Was tun?« im Münchner Hofbräuhaus eingefallen. Als die Kellnerinnen die Stühle auf die Tische stellten und kein Bier mehr ausschenkten, beobachtete er Münchner Bekannte, die sagten: »Was tean ma jetz'?« – »Jetz' gehn ma zum Donisl«, war die Antwort. Und als dort auch Polizeistunde war, hörte er wieder: »Was tean ma jetz'?« – »Jetz' gehn ma zum Ewigen Liacht«, hat es geheißen. Es ging immer weiter. »Was heißt: ›Was tean ma jetz'‹?«, fragte Lenin, und die Münchner übersetzten es ihm: »Was tun...«

Die Krupskaja schreibt in ihren Erinnerungen an Lenin: »Die Münchner Zeit bleibt uns stets in angenehmer Erinnerung. Die darauf folgenden Jahre der Emigration in England und in der Schweiz waren für uns härter.« Der Krupskaja hat es in München so gut gefallen wie dem Lenin. Ein friedlicher Traum ist dieses Kapitel, ein Traum von einer weißblauen Solidarität!

»Schad is, daß' selbigsmal net da bliebn san! Der Prinzregent hätt gewiß nix dagegn ghabt.«

»Ich fühle mich täglich wohler in Berlin«, schreibt anno 1901 Dr. Ludwig Thoma an seine Haushälterin Viktor nach Allershausen. Und er lobt die Berliner Küche, deren superbe europäische Restauration »mit dem Münchner Schlangenfraß« nicht verglichen werden könne.

Dr. Ludwig Thoma hat das geschrieben? Es ist kaum zu glauben. Aber vor 1914 haben viele Bayern für Berlin geschwärmt. Berlin war die Hauptstadt des deutschen Kaiserreiches. München daneben eine glänzende deutsche Provinzstadt.

Die Glorie des deutschen Kaiserreiches hat übermächtig auch nach Bayern gestrahlt. Selbst die bayerischen Zentrumsabgeordneten empfanden jetzt plötzlich so deutschnational wie die Deutschnationalen. Die neue Generation der jungen Deutschen war herangewachsen. Wer über die weißblauen Grenzpfähle nicht bis Berlin sehen wollte, und über Berlin nicht bis nach Deutschsüdwestafrika, Deutschostafrika, bis nach Kamerun und Togo, nach Neuguinea und zum Bismarck-Archipel im fernen Ozeanien, der war ein hoffnungslos engstirniger Bajuware. Ein Mann von gestern. Deutschland war ein Weltbegriff geworden. »Mit Volldampf voraus«, hieß die Parole. Die Zukunft lag in Berlin. Und von dem Stolz eines wackeren Bayern, in der Welthauptstadt angesehen zu sein, sich auch dort durchgesetzt zu haben, können wir uns in der Bundesrepublik heute keinen Begriff mehr machen.

Nicht nur Ludwig Thoma hat sich wohl gefühlt in Berlin. Auch der junge Oskar Maria Graf von Berg am Starnberger See, der sein Leben lang die Lederhose getragen hat, schreibt gar, daß er in Berlin größere Räusche sich angetrunken habe als in München.

Und unsere berühmten Volksschauspieler haben erst von Berlin geschwärmt! Konrad Dreher, der sogar dem Kaiser Wilhelm und dem Bismarck hat Separatvorstellungen geben dürfen. Auch Xaver Teroval behauptet das. Und noch seine Tochter hat einen ganzen Stoß kaiserlicher Handschreiben und Telegramme aufbewahrt.

Wäre der erste Weltkrieg nicht gekommen, die Mediatisierung der deutschen Stammesfürsten wäre nur noch eine Frage von etlichen Jahren gewesen. Ja, die deutschen Fürsten wären jetzt selbst zurückgetreten, und zu einem Königsdrama wäre es nicht mehr gekommen. Der Prozeß der Vermischung der deutschen Stämme hat jedenfalls bereits im deutschen Kaiserreich seinen Anfang genommen und wurde dann durch die beiden Weltkriege ungemein gefördert. Ein Zurück zu den bayerischen Zeiten des 19. Jahrhunderts ist unmöglich geworden, ist schon unter Kaiser Wilhelm kaum mehr vorstellbar gewesen.

Aber die Preußen haben jetzt eine Schwäche fürs Bayerische bekommen. Nicht nur in Berlin. Fast in jeder norddeutschen Großstadt wurden bayerische Gaststätten eröffnet, »original bayerische Volkssänger-Lokale«, mit Trachtenkapellen, mit »original bayerischen Schuahplattlern«, mit Bauerntheatern und mit bayerischem Bier. Sogar Reichskanzler Bülow hat sich mit dem Reichskabinett in der Lederhose fotografieren lassen. Die Herren Reichsminister in der kurzen Wichs! Das Bild ging durch die deutsche Presse.

Die Sachsen haben unsere Komödien am meisten gemocht; sooft Michl Dengg als Filser in Berlin und Dresden aufgetreten ist, so oft hat er in München nicht spielen dürfen. – Die Theaterkritiker in Berlin und Breslau, in Königsberg und Chemnitz haben unsere Volksschauspieler auch mehr gelobt als die Herrn von der Neuesten in der Sendlinger Straße. Kaiser Wilhelm II. hat für sein Leben gern Schuhplattler gesehen und bayerische Volksmusik gehört. Das läßt sich nicht verschweigen, auch wenn das für einen bayerischen Patrioten eine ungelegene Nachricht ist.

Schwieriger gestaltete sich die Arbeit des Gesandten des Königreiches Bayern in Berlin. Wie heute der Freistaat Bayern in Bonn hatte damals das Königreich Bayern einen ständigen Gesandten in Berlin. Und nur mit Geschick und Entschlossenheit – oft auch München gegenüber – gelang es dem wackeren Grafen Lerchenfeld, die aufkommenden Unstimmigkeiten zwischen Seiner Majestät dem Kaiser und Seiner Königlichen Hoheit dem Prinzregenten jeweils gleich im Keime zu ersticken. Obschon es meist nur noch um Nichtigkeiten ging, etwa um die Frage, ob bei den Manövern im Donaumoos, zu denen auch Seine Majestät der deutsche Kaiser kommen wollte, ob da nur bayerische Fahnen zu sehen sein sollten oder natürlich auch kaiserliche, reichsdeutsche und preußische Banner? Und wie viele? Und auch über dem Empfangszelt? – Gefährlicher war schon die Frage, ob man preußische Gelder annehmen dürfe zum Ankauf von Bildern für die Münchner Pinakothek, auch wenn der Kaiser diese Gelder dem Prinzregenten spendiert hatte!

Viele Perlen schmückten damals die souveräne bayerische Krone nicht mehr. Nur noch mit Vorsicht konnte man damals eine mäßige bayerische Politik betreiben, in den Jahren der preußisch-deutschen Allgewalt zwischen 1870 und 1918. Und ein bayerischer König hätte gewiß keine prunkvollen Schlösser mehr bauen dürfen im deutschen Bundesstaat Bayern.

Nur unser bayerischer Sozialdemokrat Georg von Vollmar hat sich noch zu opponieren getraut. Er hat sich nämlich mit seinem deutschen Parteichef August Bebel öfter verkracht: »Es kann nicht jeder Sozialdemokrat ein Preuße sein, Herr Bebel!«, hat er im Reichstag einmal ausgerufen. Und das mutige Wort hat Aufsehen erregt und sich erhalten bis auf den heutigen Tag.

Bauernbündler

Bayern ist ein Bauernland, hat es um die Jahrhundertwende noch recht selbstverständlich geheißen. Damals haben fast fünfzig Prozent der Gesamtbevölkerung Bayerns sich von Ackerbau und Viehzucht ernährt. Der Bauer war der erste unter den Ständen des Volkes. Sogar der letzte bayerische König, Ludwig III., war ein eifriger Landwirt. Er betrieb in Leutstetten ein Mustergut, dessen Spezialität ein besonders schöner und guter Kuhstall gewesen ist. Deshalb haben ihn die Städter und Journalisten auch respektlos den »Millibauern« genannt. Mit einem Wort: Vor dem ersten Weltkrieg waren die bayerischen Bauern dominierend in der Gesamtwirtschaft und der Kultur. Und politisch hatten sie jetzt, in den neunziger Jahren, eine eigene Partei: Den Bayerischen Bauernbund, mit drei oder fünf Abgeordneten im Parlament und manchmal sogar mit zwei Reichstagsabgeordneten in Berlin.

Von 160 Abgeordnetensitzen hat der Bauernbund nur drei, später einmal fünf Mandate erobern können! Wenn man bedenkt, daß doch der Bauernstand fast fünfzig Prozent der Gesamtbevölkerung ausgemacht hat, hätten achtzig Bauernbündler im Parlament sitzen müssen!

Der Bauer Franz Wieland aus Hierlbach in Niederbayern war der erste Vorsitzende des Bauernbundes gewesen. Ihm folgte der Ökonom Georg Eisenberger aus Ruhpolding an die Parteispitze. Er blieb Bayerischer-Bauernbund-Vorsitzender bis 1930. Und er hat immer brav mitregiert im Landtag und im Reichstag. Aber halt allerweil in der Opposition. Man kann geradezu sagen: Die Bayerischen Bauernbündler opponierten gegen das herrschende System des schwarzen Zentrums auf dem Lande. Aber sie waren nur sehr wenige, denn die Landbevölkerung war dem frommen Zentrum ergeben.

Daß die Bauernbündler da oft einen schweren Stand gehabt haben, läßt sich denken. Im ganzen Bezirksamt war einer verschrien, wenn er sich offen als Bauernbündler bekannt hat. Und manch lustige Pfarrhaushälterin zitierte den Spruch: »Troad hat er koans, Küah gehn eahm menz, zwoa Töchter habn ledige Kinder, 's Weib an offan Fuaß und er is a Bauernbündler!« Und Hochwürden, der Herr Pfarrer, hat so einen Bauernbündler im Beichtstuhl nicht absolviert. Sogar einfache Abonnenten der Volkszeitung sind hier und da nicht von ihren Sünden losgesprochen worden.

In einer damaligen Satire heißt es von den Bauernbündlern: »Von denen liberalen Saubärn, die wo einwendig drin schon bereits rosarot sind oder mindestens violettrot-weiß-blau, könnten wir einiges erzählen. Aber Gott sei Dank gibt es die Bauernbündler in unserer Pfarrei jetzt nimmer, dafür aber nur noch den christlichen Bauernverein, den wo das Zentrum in Tuntenhausen gegründet hat.«

Warum war es eigentlich zur Gründung des Bayerischen Bauernbundes gekommen? Im Jahr 1891 hatte der Reichskanzler Caprivi Handelsverträge mit den USA abgeschlossen. Und der Amerikaweizen drückte den Preis des deutschen Weizens unter das Existenzminimum unserer Bauern. Dagegen half natürlich kein Verein, der obendrein noch dem deutschnationalen Zentrum hörig war, denn dieses Zentrum hatte ja in Berlin den Reichskanzler Caprivi unterstützt. Die Gründer des Bauernbundes, kleine Ökonomen, sprachen Anfang der neunziger Jahre in den Dorfwirtshäusern und hatten einen enormen Zulauf. Man mußte mit den kräftigsten Höllenpredigten dagegen wettern, mit Kirchenstrafen und wachsamer Agitation, daß die Bauernbündler nicht in Scharen in den Bayerischen Landtag gewählt wurden. Denn dieser Bauernbund wollte kein christlicher Bauernverein sein, sondern er wollte eine aktive Politik betreiben und im Parlament einziehen.

»O mein, die Welt, die is a lumpiges Haus!«, seufzte damals ein wackerer Bauernpfarrer und wetterte fast jeden Sonntag auf der Kanzel gegen die Bauernbündler: »Wer den Bauernbund wählt, der wählt den Antichrist!« Und darauf hat er den Huzenauer verspottet. Wie dieser Landwirt nicht einmal wisse, wie er sich zu benehmen hätte und dabei ganz Bayern lächerlich mache, wenn er sein Gselchtes auswickelt und mitten unter den Herren Junkern und Baronen auf seiner Abgeordnetenbank im Reichstag Brotzeit mache. Siebzigtausend bayerische Bauern haben den Bauernbund gewählt, heimlich und oft nur zum Trotz gegen die Geistlichen.

Aber einen Priester hat es doch gegeben, der selber Mitglied des Bayerischen Bauernbundes gewesen ist: Der niederbayerische Bauernpfarrer von Günzelhofen, der Hochwürdige Herr Pfarrer Georg Ratzinger. Ein hochgebildeter Mann und Historiker, der mehrere Bücher geschrieben hat. Und keine schlechten! – Pfarrer Dr. Georg Ratzinger war sogar Abgeordneter seiner verketzerten Partei, seit 1893 im Landtag und ab 1898 im Reichstag. Seine Hauptthemen waren: »Die Erhaltung des bayerischen Bauernstandes schlechthin« und »Die sittlichen Grundlagen der Volkswirtschaft«. Seine Standesgenossen haben ihm ziemlich zugesetzt, aber er hat sich nichts gefallen lassen, bei all seiner niederbayerischen Freundlichkeit nicht. Leider ist er schon anno 1899 mit 54 Jahren plötzlich verstorben. Vergessen sollen wir ihn nicht, den Ratzinger Schorsch, den Bauernbündler. »Leut bleibts gsund, wählts an Bauernbund oder mir gehn z'grund!«

Das Bürgerliche Gesetzbuch

Im Jahre 1897 hat die Biersteuer noch zehn Prozent des gesamten bayerischen Staatshaushaltes ausgemacht, nämlich 36 Millionen. Und es hat damals noch 6364 Brauereien im weißblauen Vaterland gegeben. Im viel größeren Königreich Preußen existierten zur gleichen Zeit über tausend Brauereien weniger. Im bayerischen Parlament wurde am 28. September 1899 der neue Landtag vom Prinzregenten feierlich mit einer Thronrede eröffnet. Der Regent bedauerte ausführlich die verheerenden Donauüberschwemmungen und überhaupt das schlechte Wetter des Sommers 1899. So weit war es gekommen, daß über das Wetter geredet werden mußte! – Dann lobte er den Aufschwung der Industrie und des Handels, sprach von glücklich gemachten Rücklagen und vom weiteren Ausbau des Eisenbahnnetzes.

Eine ruhige Session stand bevor. Von den 159 Abgeordneten

konnte sich das Zentrum auf 83 Mandate verbessern. Die Liberalen hatten 15 Sitze verloren, weil sie sich mit den Bauernbündlern vielenorts vereinigt hatten und weil nun tatsächlich zehn Bauernbündler gewählt worden sind. Und in den Städten fiel das liberal-soziale Wahlbündnis zugunsten der Sozialdemokraten aus. Immerhin zogen noch 48 Liberale ins schwarze bayerische Parlament und nur elf Sozialdemokraten. Präsident wurde wieder der Zentrumsabgeordnete Orterer und Vizepräsident der Liberale von Keller.

Da haben natürlich die Minister des Prinzregenten brav christlich, am besten katholisch-christlich, regieren müssen. Da hat der »Simplizissimus« noch soviel spotten können.

Und jetzt sollte es plötzlich in ganz Deutschland, also auch in Bayern, nur noch ein einziges Gesetzbuch geben? Die Bayern sollten die gleichen Paragraphen bekommen wie die Preußen? Ein Föhnwind der Entrüstung ging durchs ganze Land.

»Da waar iatz nachand a jede Fotzn a Körperverletzung? So weit kaams no! Und ein Meineid wuret a net billiger? Und was alls für neimodische Paragraphen daherbrachten, die norddeutschen Juristen! Verbrechen, von denen wir noch nie was gehört haben! So gewisse Paragraphen hat das alte bayerische Landrecht gar nicht gekannt, z. B. diesen 175er etc.«

Noch keine von den 32 vorausgegangenen Bayerischen Landtags-Sessionen hat so viel Sitzungen abhalten müssen. 500 Sitzungen waren es, und nur wegen der neuen »preußischen Gsetzer«!

Die Annahme des Deutschen Bürgerlichen Gesetzbuches wurde vom bayerischen Parlament sehr verzögert. Die Zentrumsabgeordneten haben immer wieder Haare in der Paragraphen-Suppe gefunden. Ganz zuletzt noch machten sie die Annahme davon abhängig, daß die vorgesehene staatliche Genehmigung der Annahme von Erbschaften durch Klöster von fünftausend Mark auf zehntausend Mark heraufgesetzt wurde, was auch im bayerischen Ausführungsgesetz geschehen ist. »Ja no, Recht muß Recht bleibn! – Und alls brauch ma uns aa net gfalln laßn!«

Manch Angeklagter hat damals den Richter nach der Verhandlung noch gefragt: »Sie, Herr Richter, a Frag hätt i no, was hätt i jetz für die Beleidigung nachm altn Gsetz kriagt? Waar i da it frei ganga?« Oder man denke an die bekannte Geschichte Ludwig Thomas: Der Hofbauer konsultiert seinen Advokaten und fragt: »Sie, Herr Doktar, is dös wahr, daß nachm neia Gsetz billiger werd?« – Merkwürdige Geschichten sind passiert, als in Bayern das Bürgerliche Gesetzbuch eingeführt worden ist. Eine deutsche Reichsstrafprozeßordnung hat es ja schon seit 1877 gegeben. Aber das BGB gilt erst seit 1900. Nicht, daß in Bayern vordem keine Paragraphen gegolten hätten. Jedoch bei weitem nicht so viele.

Am 7. November 1899 ist es bereits zu größeren Auseinandersetzungen gekommen. Man diskutierte über den Etat des bayerischen Ministeriums des Äußeren. Der Fraktionssprecher des Zentrums, der Regens des erzbischöflich-freisingischen Klerikalseminars, Prälat Balthasar von Daller führte wieder das große Wort und scheute mit seinem Angriff nicht einmal vor der allerhöchsten Person des Prinzregenten zurück: »Wozu«, rief er aus, »wozu braucht das Königreich Bayern noch ein Ministerium des Äußeren, wenn Seine Kgl. Hoheit, des Königreichs Bayern Verweser, ein Huldigungstelegramm des evangelischen deutschen Bundes dankend angenommen haben, der in diesem Sommer in Nürnberg getagt hat, und unter dem Schirm des preußischen Königs steht? – Hat man denn Seine Kgl. Hoheit, den Prinzregenten, seitens der Kgl. Regierung so wenig informiert? Wußte man denn nicht, daß auf jener Tagung zu Nürnberg gegen Seine Heiligkeit den Papst gehässige Äußerungen gefallen sind?«

Ein anderer Zentrumsabgeordneter tadelte die Bevorzugung der Protestanten in der Besetzung der höheren Staatsämter. Und wieder ein anderer bezichtigte die bayerische Regierung der Preisgabe der Reservatrechte und der Verminderung des bayerischen Einflusses im Bundesrat. Darauf verteidigte sich Ministerpräsident von Crailsheim sehr erfolgreich, indem er bekanntgab, daß seine Regierung den Versuch der Einführung von Reichsbriefmarken energisch zurückgewiesen habe. Bayern werde weiterhin eigene Briefmarken drucken, und zwar jetzt mit dem bayerischen Löwen darauf. Und bei Hofe würde keine preußische Militärkapelle spielen dürfen.

Die gute alte Zeit? Und ausgerechnet in Bayern gleich gar? Lassen Sie sich's nicht verdrießen, ein bisserl besser war sie doch gewesen, diese gute alte Zeit. Besonders, was die Höhe der Einkommensteuer anbelangt hat. In den letzten Jahrzehnten des vorigen Jahrhunderts, und auch noch in den ersten Jahren unseres Säkulums, hat man viel weniger Steuern bezahlt. Nicht nur den Summen nach, nein, auch im Verhältnis zu den damaligen Einkommen, also prozentual. Dabei war im preußischen Staat die Lohn- und Einkommensteuergesetzgebung schon weit entwickelt und einheitlich progressiv gestaltet. Damals zahlte zum Beispiel ein Oberregierungsrat mit einem jährlichen Einkommen von fast 4000 Mark etwa 80 Mark Steuern im Jahr. Ein Handwerksmeister mit einem Jahreseinkommen von 6000 Mark hat schon 142 Mark an den Fiskus abführen müssen. Ein reicher Mann mit einem Jahresgewinn von ungefähr 100 000 Mark zahlte ganze vier Prozent oder 4000 Mark Steuern. Und das in Preußen!

Im Königreich Bayern hat man noch kein so modernes Einkommensteuergesetz gehabt. Da hat man noch viel komplizierter gerechnet und hat viel mehr Ausnahmen gekannt, viel mehr Extrawürste. Bei uns hat nämlich bis 1909 das Steuergesetz von anno 1856 seine Geltung gehabt. Anno 1881 und 1899 hat man dieses Gesetz zwar ein wenig geändert, aber die fiskalische Milde des kgl. bay. Zepters ist wohltuend und untertanenfreundlich erhalten geblieben. Man hat eigentlich nur die Kapital- und Rentensteuern, die Grund-, Haus- und Gewerbesteuern etwas angehoben.

Das alte königlich-bayerische Einkommensteuergesetz von 1856 ist ein gutes, ein freundliches Steuergesetz gewesen. Es hat ganze Seiten von Ausnahmen und Steuerbefreiung gekannt. Man hat zum Beispiel damals in Bayern noch für gewisse Verdienste eine Zeitlang völlige Steuerfreiheit allerhöchst gewährt bekommen. Das war eine Auszeichnung! Da hat sich ein Orden noch gelohnt.

Und natürlich sind im bayerischen Königreich die persönlichen »Diridari-Verhältnisse« genau berücksichtigt worden. Ein krankes Kind, ein krankes Weib, Unglück im Stall, Hagelwetter, erfrorene Obstbäume, auffällig schlechter Geschäftsgang, Aussteuer der Töchter etc., das alles hat die Leistungsfähigkeit eines königlichen Untertanen schwer heruntergedrückt und nicht selten seine Steuerbefreiung zur Folge gehabt.

Und dann hat man in Bayern seine Steuerkategorien gehabt und gekannt. Die Progression ist in klar abgegrenzten Klassen für jedermann deutlich sichtbar gewesen. In der ersten Steuerklasse für die königlichen Untertanen sind nur Leute mit Jahreseinkommen bis zu 500 Goldmark inskribiert gewesen. Der adäquate Steuersatz in dieser ersten Klasse war jährlich 50 Pfennig. Die zweite Steuerklasse in den Listen umfaßte die Jahreseinkommen zwischen 500 Mark und 750 Mark. Und die Jahrestaxe dafür war bereits eine Mark. Wer jährlich 1000 Mark verdient hat, der mußte bereits 1,75 Mark bezahlen. In der vierten Klasse bis 1500 Mark hat man dann schon zwei Mark bezahlen müssen. Bei den Einkommen über 10000 Mark änderten sich die Kategorien bei jedem Tausender. Ab 50000 Mark Jahreseinkommen hebt sich dann die Steuer bis zu einer Progression von drei Prozent. Die Kategorie Nummer 43 zum Beispiel mit einem Jahreseinkommen von 24000 bis 25000 Mark hat den Steuertarif von 720 Mark. Die Kategorie Nummer 118 aber mit 99000 bis 100000 zahlt 3942 Mark jährlich. Das sind dann allerdings auch fast vier Prozent. War das nicht doch eine gute Zeit gewesen?

Wenigstens steuerlich? Erst anno 1909/1910 haben sie die Steuern auch in Bayern hinaufsetzen müssen, wegen der Verbeamtung der allermeisten Staatsdiener. Aber der bayerische Reichsrat hat der Zweiten Kammer lange nicht zugestimmt. In Frankreich sind damals die Steuererhöhungen im Senat wirklich durchgefallen. Und dieses französische Vorbild wurde in München gern zitiert. In Preußen freilich sind schon durch die Steuerneuordnungsnovelle von 1906 alle Steuern drastisch erhöht worden. Auch bei den kleinen Lohnsteuern! Von 1000 bis 3000 Mark Jahreseinkommen hat man generell fünf Prozent Steuern zahlen müssen. Darüber zehn Prozent, über 10000 dann 15 Prozent, 20 Prozent über 20000 und über 30000 bereits 25 Prozent. – Gott sei Dank hat der Prinzregent die Vereinheitlichung der Steuergesetze aller deutschen Staaten noch fünf Jahre hinauszögern können! Ab 1911 ist es dann nicht mehr möglich gewesen. Die großen Reichsparteien haben energisch durchgreifen lassen. Zum erstenmal mußte der Regent der Partei genehme Minister ernennen, was eigentlich wider die Verfassung gewesen ist. Um eine Nuance besser ist es in Bayern aber doch noch geblieben. Bis zum Weltkrieg wenigstens, wo man die Steuerschraube wieder gedreht hat.

Und ganz schlimm ist es dann nach dem ersten Weltkrieg geworden. Die Revolutionäre hatten eigene Steuervorstellungen, die dann von den folgenden bürgerlichen, republikanischen Regierungen beibehalten wurden. Gerade die unerhörte Steuerprogression der jungen Weimarer Republik ist auffällig und wird von den heutigen Steuergesetzen nur noch gering übertroffen. Das Reichseinkommensteuergesetz vom März 1920, ein Jahr später noch ergänzt, sieht zum Beispiel bei einem Jahreseinkommen von 80000 Mark bereits 50 Prozent Steuern vor, die sich dann bei 200000 Mark bis zu über 60 Prozent steigern können. Aber auch die geringeren Einkommen sind deutlich höher besteuert als in der alten Zeit. Hat man früher für 24000 Mark Jahreseinkommen nur 720 Mark Einkommensteuer bezahlt, so verlangte die neue deutsche Republik nun für das nämliche Einkommen 2400 Mark, also 10 Prozent!

Ein alter Münchner Hoflieferant und Sattlermeister hat damals den Ausspruch getan: »Nach jeder Revolution werden d'Steuern höher. Mirks enk dös, ös blöden Revoluzzer!«

Die Kategorie

Jedes Jahr hat umwälzende Neuerungen gebracht, damals am Anfang des 20. Jahrhunderts. 1900 wurden das Bürgerliche Gesetzbuch und das Grundbuch eingeführt. Und diesem neuen Recht genügten die alten bayerischen Gerichtsgebäude nicht mehr. In Würzburg und Nürnberg, in Augsburg und München wurden Justizpaläste gebaut. Auch die alten Zuchthäuser sind zu klein geworden mit der neuen Zeit: In Straubing, Landsberg und Aichach wurden große und sehr moderne Gefangenenanstalten errichtet. 1906 kam dann das neue Landtagswahlgesetz. Für je 38000 Einwohner wurde in direkter Wahl mittels Stimmzettel je ein Abgeordneter gewählt, im ganzen 163 Abgeordnete. Das bayerische Heer wurde immer größer und neben der bayerischen Kokarde mußte es jetzt auf einmal »freiwillig« auch die deutschen Farben tragen.

Denn von der Begeisterung aller, auch der Bayern, für die Größe des heiligen Deutschen Kaiserreiches, wurde damals täglich in den Zeitungen geschrieben. Viele waren tatsächlich zu »dreihundertprozentigen Deutschnationalen« geworden.

Und laufend ist man »gleichgeschaltet« worden, trotz der bayerischen Reservatrechte! Den preußischen General Moltke und den Fürsten Bismarck, auch Kaiser Wilhelm I., die Büsten dieser drei Männer, alle aus Berlin gebürtig, hat unser Prinzregent in die Walhalla aufnehmen müssen. Und noch etwas ganz Antibayerisches: Der bayerischen Armee hat man das bayerische Pulver verboten und dafür das raucharme preußische Pulver eingeführt. Mit diesem Preußenpulver hat unseren Soldaten das Schießen anfangs gar keine Freude mehr gemacht. Das bayerische Pulver hatte fürchterlich geraucht, und es ist »graub aufgegangen«, wenn es gekracht hat. Sogar die Münchner Maler haben protestiert. Es hat aber nichts geholfen. Von jetzt an hat man rauchlos schießen müssen.

Der bayerische Kronprinz wurde auf Vorschlag des Kaisers zum »Präsidenten des deutschen Flottenvereins im Süden des Reiches« ernannt. Später ist er sogar zum preußischen Generalfeldmarschall befördert worden. Und immer öfter haben unsere Generale nach Berlin reisen müssen. Manchmal sogar der Prinzregent! Aber der ist ungern gefahren und hat sich in den 26 Jahren seiner Regierungszeit dreimal entschuldigen lassen.

Nach preußischem Vorbild sollten auch in Bayern die Herren Bürgermeister der größten Städte den Titel »Oberbürgermeister« erhalten. Also hat im Juni 1908 des Königreichs Bayern Verweser zehn Oberbürgermeistertitel verliehen: Dem Geheimen Hofrat Dr. Wilhelm Borscht von München, dem Hofrat Wolfram von Augsburg, dem Geheimen Hofrat Ritter von Schuh in Nürnberg und auch noch den Herren Bürgermeistern von Würzburg, Landshut, Regensburg, Ludwigshafen, Bayreuth, Fürth und Hof.

Die Zeitungen haben diese Einführung des Oberbürgermeistertitels als einen »historischen Akt« gefeiert, der den Ruhm der deutschen Städte mehre und festige.

Und immer mehr Schulhäuser wurden gebaut. Auch die Lehrer wurden aufgebessert und die Zahl der Studenten hat sich verdoppelt. Am Gymnasium wurde Physik als Pflichtfach eingeführt. Und 1907 sind allein neun Oberrealschulen gegründet worden. Neue Krankenhäuser wurden gebaut, neue Versicherungen, neue Ministerien. Nichts mehr war gut genug. Das Alte war schlecht und rückständig.

Auch die Beamten haben sich gewaltig vermehrt, besonders seit dem 16. August 1908. An diesem Tag ist in Bayern das neue Beamtengesetz verabschiedet worden. Dadurch wurden die Beamten erst richtig aufgewertet und das Beamtentum für Hunderttausende ungemein erstrebenswert. Früher hat es in Bayern nur eine akademische Beamtenschaft gegeben. Alle anderen Angestellten des Staates waren nur »Staats-Bedienstete«, deren Stellung nicht gesichert war. Sie konnten kurzfristig entlassen werden und bekamen auch keine Pensionen. Am 16. August 1908 wurden diese Unterschiede aufgehoben und nun gab es neben der Akademikerklasse noch die »Einjährigen« und die mit dem Volksschulzeugnis. Diese drei Hauptkategorien der Beamten wurden 1908 in insgesamt dreißig verschiedene Besoldungsklassen eingeteilt. In der Gehaltsordnung eins bis zwölf waren die Akademiker, in Kategorie dreizehn bis siebzehn konnten die Herren mit der Einjährigenberechtigung avancieren und in der Kategorie achtzehn bis dreißig die Herren mit Fachschul- oder Volksschulbildung.

»Der Mensch muß seine Kategorie kennen!« sagte damals der Gefängnisaufseher in Laufen. Die Bauern, die Geschäftsleute, die Arbeiter und die Ärzte, die Künstler und Privatiers, haben geschimpft, weil die Beamten so viel Geld kosten, nämlich jetzt zwanzig Millionen mehr. Und befördert muß seit dem 16. August 1908 auch ein jeder werden, ganz unabhängig von seiner Tüchtigkeit, alle drei Jahre. Jawohl, alle drei Jahre kommt der Mensch, wenn er ein Beamter ist, in eine höhere Kategorie.

So was hat man früher in Bayern nicht gekannt. Da ist nur der Tüchtige vorwärtsgekommen oder einer mit sehr guten Beziehungen. Aber jetzt waren die Beziehungen plötzlich unwichtig geworden.

Durch dieses Beamtengesetz vermehrte sich die Zahl der Beamten ungeheuer. Die Dienststellen wuchsen, neue Ämter wurden geschaffen, wie zum Beispiel die Wasserwirtschaftsämter, die Grundbuchämter, die Flußbauämter, Gesundheitsämter usw. Und das Dienstalter regelte die Gehaltshöhe. Gerade das soll »Ansehen und Gesamtlage der Beamtenschaft wesentlich gehoben haben«, wie zeitgenössische Kommentare es ausdrükken. Denn nun waren sie alle gleich vor dem Gesetze, gerecht und gleich, wenn auch in 30 verschiedene Klassen aufgegliedert.

Konservativ sein heißt nicht altmodisch, nicht reaktionär sein. Die erste deutsche Eisenbahn hat im Königreich Bayern gepfiffen. Und auch verwaltungsmäßig sind wir mit dem Fortschritt gegangen. Schon zum Jahresende von 1903 hat sich in Bayern ein Ereignis von eminentester politischer Wichtigkeit vollzogen: Die Errichtung eines siebten Ministeriums, eines Verkehrsministeriums. Und auf den wichtigen Posten des Ministers wurde der Ministerialrat Heinrich von Frauendorfer berufen. Er war ein Oberpfälzer Lehrersohn aus Höll bei Waldmünchen, hat in Landshut die Schule absolviert und in München die Rechte studiert und ist dann gleich in die Verkehrsabteilung des Staatsministeriums des Königlichen Hauses und des Äußeren eingetreten, wo er es von der Post- und Telegraphenverwaltung über die Tarifordnung bis zum Personalchef und schließlich 1899 bereits zum Ministerialdirektor der ganzen Verkehrsverwaltung gebracht hatte.

Eine ehrliche Fachkarriere für einen königlichen Minister, das muß ihm der Neid lassen, diesem ersten Eisenbahnminister! Und die Postler haben ihn zugleich Postminister genannt. Unter dem Wort »Verkehr« hat man nämlich damals in Bayern noch nichts Ministeriales verstanden. In jenen Tagen ist ja die Verwaltung der Post und Eisenbahn noch klein gewesen. Es hat keine vierzig Inspektoren gegeben, kaum zwanzig Oberinspektoren und nicht einmal ein Dutzend Regierungsräte. Erst jetzt, 1903, mit dem neuen Eisenbahn-Minister hat die Bürokratie Fortschritte gemacht, und man ist bei Post und Bahn befördert worden.

Im vorigen Jahrhundert war ein Post- oder Eisenbahninspektor eine sehr hohe Respektsperson gewesen. Königlich-Bayerische Inspektoren hatten nicht nur ein Gymnasium mit Auszeichnung absolviert, sie hatten auch ein Universitätsstudium abgeschlossen, waren Diplomingenieure oder Volljuristen. Und mancher hat es nur bis zum Oberinspektor gebracht. Regierungsräte oder gar Ministerialräte konnte man an den Fingern abzählen. Eine Ahnung von der Härte einer Karriere und von dem zähen und mühsamen Vorrücken bekommt man aus den biographischen Daten von Minister Frauendorfers engsten Mitarbeitern, seinen vier Direktoren. Zum Generaldirektor der Königlich Bayerischen Posten und Telegraphen wurde im neuen Eisenbahnministerium Lorenz von Ringer berufen. Er hatte die

Generaldirektorsposition schon seit 1901 inne und hat sich also nicht verändert. Er blieb der Chef der Kgl. Bay. Post.

Der gebürtige Bamberger legte 1866 in Würzburg das juristische Staatsexamen ab – mit 21 Jahren. Zugleich hatte er bereits anno 1866 mit Auszeichnung gegen die Preußen gekämpft und war »Leutnant auf Kriegsdauer« in einem Königlich Bayerischen Infanterieregiment geworden. Anschließend verbrachte er vier Jahre als Rechtspraktikant in seiner Vaterstadt. Im Krieg 1870/71 diente er bei den Jägern, wurde schwer krank und ging dann zur Post. Von 1871 bis 1875 als Postoffizial, ab 1880 als Sekretär, ab 1882 als Assessor. Endlich 1886 – nach 16 Dienstjahren in verschiedenen Betriebsämtern – wurde er Postinspektor und dann auch noch Königlich-Bayerischer Oberinspektor. Anno 1888 kam Ringer gar als Oberpostrat in die Generaldirektion nach München, wurde 1897 Oberregierungsrat und geadelt und 1901 also dann, im Range eines Regierungsdirektors, der Generaldirektor der Königlich Bayerischen Posten und Telegraphen im Ministerium des Königlichen Hauses und des Äußeren. Und er war zugleich ein Hofkavalier der zweiten Hofrangklasse.

Und was ist heute ein Regierungsdirektor? Kaum mehr als im alten bayerischen Königreich ein Sekretär. Dazu hat man im Königreich Bayern bereits als Regierungsrat in den Adelsstand erhoben werden können! Und später ist man dann gar in die Hofrangklasse aufgerückt. Zunächst in die vierte Hofrangklasse. Dann routinemäßig in die dritte. Auserwählte brachten es als Oberregierungsräte schon bis zur zweiten Hofrangklasse und einige wenige bis zur ersten mit dem Titel Excellenz.

Höher hat niemand mehr steigen können, denn darüber standen nur die Prinzen und Prinzessinnen. »Seine Excellenz der Herr Staatsrat Ritter von Ebermayer, Generaldirektor von der Königlich Bayerischen Eisenbahn«, hat da der diensttuende Zeremonienmeister den zweithöchsten Eisenbahner im Königreich Bayern Seiner Majestät bzw. Seiner Kgl. Hoheit dem Prinzregenten zur Audienz gemeldet.

Da sieht man den Unterschied zwischen den Kgl. Postlern und den Eisenbahnern! – Der Herr Ringer, der Postdirektor, hat die Excellenz-Titulatur nicht gehabt, aber der Ebermayer schon. Die Excellenz Ebermayer haben in Ansbach absolviert und haben dann Technik studiert und sind 1862 zur Eisenbahn gegangen. Damals hat man noch mehr Bauzüge gehabt als Personenzüge. So hat Ebermayer von Anfang an Strecken geplant und gebaut.

1883 hat ihn König Ludwig II. nach Amerika geschickt, damit er – als Königlich Bayerischer Eisenbahner – die amerikanischen Eisenbahnen studieren möge. Über das amerikanische Eisenbahnsystem hat er dann sogar ein Buch geschrieben. Und auch den Minister Westinghouser hat er noch kennengelernt. Nach Bayern zurückgekehrt ist er 1890 zum Chef der Bauabteilung ernannt worden, immer noch als Regierungsrat. Erst 1893 ist er zum Direktor aufgerückt und wurde dann der Nachfolger des eben verstorbenen ersten Eisenbahngeneraldirektors Schnorr von Carolsfeld. Später hat er auch noch den Rang eines Regierungspräsidenten bekommen und wurde Hofkavalier der ersten Hofrangklasse mit dem Titel Excellenz.

Jetzt ging es aufwärts. Die technischen Direktoren bekamen im neuen bayerischen Verkehrsministerium den Rang eines Ministerialrates. Welch eine vornehme Position. Eugen Freiherr von Schacky dirigierte den Eisenbahnbetrieb und Ministerialrat Adolf Geith die Bayerischen Posten und Telegraphen. Ohne Übertreibung läßt sich sagen, daß vergleichsweise das Ansehen eines damaligen Kgl. Bay. Ministerialrates mindestens dem eines heutigen Ministers entspricht.

Interessant ist, daß bei der Postverwaltung weniger adelige Titel anzutreffen sind, während wir bei der Eisenbahn in unteren Rängen, selbst unter den Expeditoren, zahlreiche Freiherren antreffen. Weil halt die Eisenbahnen technisch interessanter waren, fortschrittlicher, modischer und spektakulärer, als die Bayerischen Posten und Telegraphen. Über beide aber herrschte Seine Excellenz Heinrich von Frauendorfer, der neue Minister für den gesamten Verkehr im Königreich, rechts und links des Rheins.

»Zurücktreten! Türen schließen! Fertig!« Der Kondukteur pfeift, die Lokomotive schnauft und auf geht's ins Zeitalter der Bürokratie und der Technik.

Der Prinzregent stirbt am 12. 12. 1912

Mit dem Prinzregenten Luitpold, der am 12. 12. 1912 als 92jähriger, rüstiger Greis gestorben ist, verbindet sich die ökonomische Geborgenheit eines Bauernlandes mit dem soliden technischen Fortschritt eines aufstrebenden, fleißigen Kleinstaates; verbindet sich reiche Kunstpflege mit einer untadeligen liberalen Gesinnung, die gelassen über den Parteien steht. Aber das hat sich kurz vor des Regenten Tod geändert. Im Februar 1912 ergab der Ausgang der Wahlen eine unerwartete Zunahme der sozialdemokratischen Stimmen, so daß die katholische Zentrumspartei nur noch eine knappe Zweidrittelmehrheit hatte. Daß die SPD im Februar 1912 alle zwölf Münchner Wahlkreise hat erobern können, das hat die »Ultramontanen«, wie man damals die Schwarzen genannt hat, so sehr erzürnt, daß sie den Prinzregenten überredet, ja fast gezwungen haben, sein liberales Ministerium des Grafen Podewils zu entlassen. Er ernannte ein durch und durch zentrumtreues Parteiministerium, jenes Ministerium des katholischen Philosophieprofessors an der Münchner Universität und rührigen Zentrumsabgeordneten des Reichstages, des Herrn Professor Dr. Georg von Hertling. Dieses Hertling-Ministerium war das erste Ministerium von Parteifunktionären in Bayern. Vordem hat es immer nur Fachminister gegeben, die der König, nicht selten im Einverständnis mit dem Parlament, nach der Verfassung der konstitutionellen Monarchie gewissenhaft ausgesucht hat.

Aus Angst vor den paar Sozialdemokraten haben sie also den 92jährigen Prinzregenten gezwungen, seine liberalen Minister davonzujagen. Gerade ihr Liberalismus sei daran schuld, daß die Wahlen in der Münchner Stadt und in Nürnberg fürs Zentrum so schlecht ausgegangen sind, und daß man jetzt statt 147 Mandaten nur noch 132 hätte! Kleinlicher Ehrgeiz und aufgestachelte Eifersucht verbittern das private Leben. Überzogener Parteieifer bedroht die Gemütlichkeit eines Volkes. Wie schön wär's in einer Demokratie, wenn die Politiker auch würdig, ja mit Genuß, eine Wahl einmal verlieren könnten! Ohne daraus scharfe und schärfste Konsequenzen zu ziehen. Wenn sie vielmehr ihrer untergehenden Idee treu blieben, zum Beispiel mit den Worten: »Unsere Zeit ist vorbei. Macht auch nichts. In fünfzig oder hundert Jahr kommen unsere Ideale vielleicht wieder!« Von den königlichen Fachministern abzugehen und Parteipolitiker mit Kabinettsämtern zu betrauen, war ein Verhängnis! Einstweilen war ja das Ministerium des Grafen Podewils schon recht brav und zahm gewesen und hat das Zentrum fast nie erzürnt. Aber »Wehret den Anfängen!« war Professor Hertlings Spruch. Sogar der Kgl. Bay. Eisenbahnminister von Frauendorfer hat zurücktreten müssen und der getreue Zentrumsmann von Seidlein hat an seiner Stelle jetzt die Kgl. Bay. Eisenbahn fahren lassen. Erst unter dem Revolutionär Kurt Eisner ist Frauendorfer wieder bayerischer Eisenbahnminister geworden. Da hatte man ja dann deutlich bewiesen bekommen, was die alten Kgl. Bay. Minister des Herrn Prinzregenten für liberale Loder gewesen sind.

Die Parteien eroberten allmählich den gesamten Staatsapparat. Und angefangen hat das in Bayern im Februar 1912. Kurz darauf, im März, erschien der Prinzregent nicht mehr zur Eröffnung der großen Gewerbeausstellung. Er schickte seinen Sohn, den Prinzen Ludwig, den späteren Prinzregenten und König Ludwig III. Gerade der bayerische Kronprinz galt als Mitschöpfer des Ministeriums Hertling. Die reaktionären Zentrumsherren haben den frommen Prinzen Ludwig ganz in ihre Gewalt bekommen. Er war jetzt als Parteimann abgestempelt, als ein Parteimann des ultramontanen schwarzen Zentrums. Seinem Vater, dem Prinzregenten, war das nie passiert, ihm waren alle Parteien gleich. Darum haben um ihn auch die Sozialdemokraten getrauert. Denn das war ja ein Grundsatz unserer bayerischen Könige gewesen: »Hoch steht Wittelsbach über allen Parteien!«, so hat es schon einmal in den Zeiten König Ludwig I. geheißen. Und dieses »über den Parteien stehen« hat man damals »liberal« geheißen.

Der alte Grandseigneur war jetzt verbittert und gab langsam die Zügel aus der Hand. Nicht einmal bei der Fronleichnamsprozession ließ er sich noch sehen. Er hatte angeblich kurz vorher einen »kleinen Jagdunfall« gehabt, ist mit seinen genagelten Schuhen im dunklen Bergwald hängengeblieben und hatte ein geschwollenes Knie. So konnte man es in den Zeitungen lesen. Verschwiegen wurde, daß der Greis noch im Juli den Pferdemarkt mit Interesse besucht hat, daß er noch alle Unterschriften eigenhändig vornahm, daß er noch Audienzen gab, auch in Berchtesgaden.

Gewiß, die Hand ist ihm langsam belzig geworden. Er hat jetzt nur noch mit »Luitpold« unterschrieben, was er früher nie getan hätte, denn mit dem Personennamen allein zeichnen nur Könige. Jedes Leutnantspatent hat er ausführlich signiert mit »Luitpold, Prinzregent von Bayern«. Auch gegessen hat er nur noch wenig. Aber geraucht hat er noch gern, natürlich seine langen Prinzregentenzigarren, von denen eine jede zwei Stunden geglüht hat. Diese Zigarren sind ihm nicht ausgegangen. Meistens hat er im Lehnstuhl gesessen, der steinalte Mann, in dem Steinzimmer der Residenz. Und am 12. 12. 1912 ist er dann ruhig verschieden, der Prinzregent Luitpold, des Königreichs Bayern Verweser.

Ein braver Mann, der nicht alt werden mochte. – »Wia gehts denn allerweil, Herr Expeditor?«, hat er einmal einen bekannten Eisenbahner gefragt. Und der auch schon siebzigjährige Bahnhofsvorstand von Buchloe hat geantwortet: »Ja no, Kgl. Hoheit, alt werdn ma halt!« – Das mochte Luitpold nicht hören und er hat darauf kurz gesagt: »So? Da spann i nix.« Und der kgl. bay. Expeditor hat dazugesetzt: »Mir spannens net, Kgl. Hoheit, aber die andern!«

Eine glückliche Zeit, diese Prinzregentenzeit! Und weiter hätte es die Menschheit nicht bringen sollen. Die Kgl. Bay. Post hatte zum Beispiel neun Millionen Jahreseinkommen, und es wurden jährlich 130 Millionen Telephongespräche geführt. Die Kgl. Bay. Eisenbahn zählte zu den fortschrittlichsten der Welt und erzielte ungeheuere Jahresgewinne. Die kgl. bay. Lokomotiven stellten Geschwindigkeitsrekorde auf. Tierzucht und Milchleistung sind gestiegen. Und die Maurer haben am Montag blau gemacht und die Handlanger dazu. Eine Portion Leberkäs hat fast ein halbes Pfund gewogen, und die Bratwürste haben zwei Finger breit über den Teller hängen müssen. Eine beinahe schon gute Zeit, ein bisserl menschlich und ein bisserl liberal, damals, vor 1912, als die Kgl. Minister noch keine Parteipolitiker gewesen sind.

Ludwig III.
(1912/13-1918)

War's wirklich eine so liebe Zeit, die »gute alte Zeit« vor 1914? Behäbiger, ruhiger, umweltfreundlicher, voll der gesunden Luft und des sauberen Wassers war sie bestimmt. Und die Architekten des Jugendstils konnten auch noch prächtige Fassaden bauen, Häuser der Zuflucht und der Geborgenheit, ja der Festlichkeit.

Im Dezember 1912 war der greise Prinzregent verstorben, des Königreichs Bayern Verweser. König war immer noch der unglückliche Otto, den die Psychiater schon vor 30 Jahren für geisteskrank erklärt hatten und nachts einfach ans Bett fesseln ließen. Er residierte im Jagdschlößl Fürstenried, in seinem königlichen Privatsanatorium. Und weil nach dem bayerischen Legitimitätsprinzip kein König abgesetzt werden kann – wohl aber bei andauernder Krankheit und Regierungsunfähigkeit durch eine Regentschaft von seinen Pflichten entbunden werden kann –, ging jetzt die Regentschaft Bayerns auf den nächsten Agnaten des Hauses Wittelsbach über, auf den bereits 67jährigen Prinzen Ludwig. Der neue Prinzregent Ludwig war der älteste Sohn Luitpolds, ein Vetter König Ottos und natürlich auch ein Vetter von Ottos älterem Bruder, von König Ludwig II.

Man kannte ihn, diesen Prinzen Ludwig. Er war ein bescheidener, ruhiger und braver Familienvater. Seine Gemahlin Maria Theresia, die Tochter des Erzherzogs Ferdinand von Österreich-Este, hatte ihm dreizehn Kinder geboren. Im Dezember 1912 war der neue Prinzregent von Bayern schon vielfacher Großvater. Er kannte keine anderen Passionen als die Landwirtschaft, die Rinder- und Pferdezucht, verstand auch einiges von Geschäften und viele sahen in ihm einen idealen bayerischen König. Denn Bayern war ja überwiegend noch ein Agrarstaat.

Etwas spottlustig haben die Münchner ihren Monarchen den »Millibauern« genannt. Wegen seines landwirtschaftlichen Musterbetriebes in Leutstetten bei Starnberg. Und die Königin Maria Theresia, die letzte aus dem Hause Este, dem Gedächtnis nach auch eine Nachfahrin der Schottenkönigin Maria Stuart, nannten

König Ludwig III. von Bayern
(Historia-Photo, Hamburg)

sie die »Butter-Resl«. Einen zweiten Spitznamen bekam der König wegen seiner faltenreichen Ziehharmonikahose: »Ludwig der Vielfältige«. Dazu hatte er einen schwerfälligen Gang. Eine preußische Kugel steckte seit 1866 in seinem linken Bein. Das hat dem Bayernvolk imponiert. »Leut, lachts net über den Millibauern. Anno 66e hätten ihn die Preußen eh bald erschossen!«

Die Bayern hätten nach der langen Prinzregentenschaft Luitpolds lieber einen jungen, frischen und elegant-königlichen Herrn gehabt. Aber sie schmunzelten dann doch über die ehrliche, schwerfällige Greisengestalt des neuen Prinzregenten Ludwig, der ohne Begleitung durch die Straßen Münchens humpelte, jeden Prunk ablehnte und ungemein schlicht auftrat. Gern suchte er entlegene Antiquitätenläden auf, um wertvolle Kleinigkeiten zu erwerben. Manchmal kam es zu peinlichen Verwechslungen. Irgendein behäbiger alter Münchner wurde für den Prinzregenten gehalten – manchmal freilich auch umgekehrt. So soll Ludwig III. einmal allein vor dem Hofbräuhaus vorbeigegangen sein, wie sie gerade einen Betrunkenen herausgeworfen haben und dabei eine kleine Rauferei entstanden ist. Seine Majestät werden angerempelt und stürzen aufs Pflaster. Ein junger Volksschullehrer aus Fürstenfeldbruck erkennt den König von Bayern, hebt ihn auf und will ihn weiterbegleiten. Ludwig III. aber sagt nur: »Lassen'S mich nur gehen, lieber Herr, es fehlt nichts. Und sagen Sie es niemandem, sonst gibt es Komplikationen!«

Ähnlich war es mit seiner Verwundung, die er am 25. Juli 1866 in der Nähe des Dorfes Mädelhofen bei Helmstadt erlitten hat. Die Preußen hatten das bayerische Vorgehen des sechsten Infanterieregiments nicht nur gestoppt, sondern die Bayern zum raschen Rückzug gezwungen. Der zwanzigjährige Prinz Ludwig, berittener Oberleutnant des zweiten Infanterieregiments, wurde getroffen, stieg vom Pferd und humpelte noch ein paar Meter auf einen Baum zu, hinter dem schon zwei bayerische Gefreite Dekkung genommen hatten. Der Prinz blutet stark und kann nicht mehr gehen. Er wird schließlich ohnmächtig auf einem Gewehr von den beiden Gefreiten zurückgetragen und später dann auch notdürftig verbunden. Erst auf dem Verwundeten-Leiterwagen erkennt man ihn. Trotz seines starken Blutverlustes wird Ludwig wieder gesund. Er heiratet zwei Jahre später seine Maria Theresia, wird Prinzregent von Bayern und besteigt schließlich im Oktober 1913, mit der ausdrücklichen Zustimmung, ja mit den Wünschen der bayerischen Sozialdemokratie, den Thron seiner Väter.

»Den Fortschritt kann kein Mensch mehr abbremsen, nicht einmal der Herr Prinzregent«, so seufzt der diensthabende Generaladjutant Hubertus von Haag, als er anläßlich seines 50. Dienstjubiläums im September 1911 ein Automobil besteigen soll. Dabei fallen einem in jeder Tageszeitung gleich mehrere Automobilanzeigen auf, in denen »hundertfach erprobte Tourenwagen« angepriesen werden. Amtlich zugelassene Kraftfahrzeuglehrer bieten das Erlernen des Steuerns, Schaltens und Hupens von Automobilen in wenigen Stunden an. Die Austro-Americana, die größte Triester Passagier-Reederei, lädt zu preisgünstigen Vergnügungsfahrten mit großen Doppelschraubendampfern auf dem Mittelmeer ein. Ihre 32 Schiffe dampfen außerdem wöchentlich einmal nach Nord- und Südamerika. Und auf jedem dieser Dampfschiffe sind Marconis drahtlose Telegraphenapparate installiert. Ein in München damals schon existierendes amtliches Reisebüro wirbt für Reisen in die Mitternachtssonne nach Norwegen in nur 34 Stunden.

Das alles gab es schon um 1911. Vitamintabletten und Yohimbin gegen schlechte Nerven. Man braucht bloß die alten Inserate studieren, dann kann man da über den sogenannten Fortschritt nur lächeln! Wahrscheinlich ist 1913 das Mittel gegen den Haarausfall um kein Haar schlechter gewesen als das heutige. Und die Zigarren von damals oder der »Champagner« aus der guten alten Zeit brauchten heute nicht mehr angepriesen werden, sie würden ob ihrer besseren Qualität gekauft werden. Die Mittel gegen Fußschweiß, Magenschmerzen, Blutarmut und abstehende Ohren werden sich auch nicht viel gebessert haben. – Nur daß halt die Inserate damals billiger waren und von den Leuten noch lieber gelesen wurden. Das Neueste, »das Modernste«, »das soeben patentierte Spezialpräparat«, hat man auch damals schon für das Beste gehalten.

Die Jahre vor dem ersten Weltkrieg brachten unglaubliche Neuerungen. – In Nürnberg zum Beispiel führte der Physiklehrer Christoph Wirt im Sommer 1911 auf dem Dutzendteich sein ferngelenktes Elektroboot vor. Das Boot war zehn Meter lang und wurde von einem 4½-PS-Motor angetrieben. Es erreichte eine Geschwindigkeit von 15 Stundenkilometern, und kein Mensch befand sich an Bord. Gespenstisch aber führte es alle gewünschten Manöver aus. Die gerade in Nürnberg tagenden Vorstände des Deutschen Flottenvereins – darunter Admirale des Reiches – gaben vom Uferpavillon aus ihre Befehle: »Mehr steuerbord! Backbord! Oder mittschiff!«, und das ferngelenkte Boot führte in Sekundenschnelle alle diese Befehle aus. Man war verwundert, daß die an Bord befindliche Kanone auch ferngelenkt feuern konnte. Wirth nannte seinen Kurzwellenschalter einen »elektrischen Wellenfernschalter«.

Anno 1911 hat es also das alles in Bayern gegeben. Der Tierpark wurde 1911 eröffnet. Das war eine »Viecherei«, besonders für die Komiker. Die Leute sind ganz verrückt gewesen auf die Löwen und Tiger und Affen. Und die Zeitungen haben sich über die Münchner wieder aufregen müssen, weil sie »den rechten Ton im Umgang mit den exotischen Tieren« noch nicht gefunden hätten. Sie sollten einen Affen oder Seelöwen nicht unbedingt beleidigen, weil die Tiere sich in München ohnehin erst eingewöhnen müssen.

Die Münchner Sportvereine werden aktiver. Die Presse veröffentlicht immer häufiger die Namen und Adressen der Match-Kämpfer bei den größeren Spielen. Es gibt eine gute Rugby-Mannschaft. Das Clubheim ist im vornehmen Hotel Vier Jahreszeiten. Und die jeweiligen Fußballmeisterschafts-Spiele werden sogar in Kulturzeitungen eingehend geschildert, selbst in der berühmten vaterländischen Zeitschrift »Das Bayerland«. Es gibt eine Skisportabteilung für Damen, eine Tennis- und eine Hockey-Mannschaft. Auch Königliche Prinzen und Prinzessinnen beehren manche Spiele durch ihre Anwesenheit.

Aber der 90jährige Prinzregent hat die neue Zeit nicht gemocht. Er hat das Elektrische aus seinem Schlafzimmer wieder entfernen lassen und ist lieber mit Kerzenlicht ins Bett gegangen. In ein Auto wollte er durchaus niemals einsteigen. Die größte Feierlichkeit war sein 90. Geburtstag. Der hat acht Tage lang gedauert. Und das gesamte Königreich Bayern ist sogar vom Papst dispensiert worden und hat am Freitag Fleisch essen dürfen zu Ehren des Geburtstages seines Regenten. Viele Denkmale sind 1911 aufgestellt worden, auch jenes für den Schmied von Kochel an der alten Sendlinger Kirche.

Und die Münchner Künstler haben große Kunstausstellungen abgehalten: die Juryfreien sowohl wie die Sezessionisten. – Es war doch noch schön gewesen damals, gemütlich, obwohl die Welt bereits ziemlich modern geworden war. 1914 ist sogar der Tango populär geworden, auch in Bayern. Zunächst freilich nur für die Gewappelten. Das Volk hat noch lieber den Schieber getanzt, der von der politisch-aktiven Geistlichkeit freilich für unkeusch erklärt wurde.

1914

In Bayern lebt man immer noch ein bißchen anders als im übrigen Deutschen Kaiserreich. Auch noch anno 1914. Trotz der Begeisterung der Massen für den großen vaterländischen Krieg am ersten Mobilmachungstag, dem 1. August 1914. Um einhalb sechs Uhr nachmittags befahl der Deutsche Kaiser in Berlin die Mobilmachung. Der König von Bayern, Ludwig III., der nach der Verfassung der Oberbefehlshaber der Königlich Bayerischen Armee in Friedenszeiten war, mußte als einziger deutscher Fürst seine Armee selber mobil machen. Erst nach der bayerischen Mobilmachung ging der Oberbefehl über diese Bayerische Armee an die Oberste Deutsche Heeresleitung über. Und König Ludwig zögerte mit seiner Mobilmachung einen Augenblick. Allerdings nur etwa zwei Stunden. Gegen sieben Uhr unterzeichnete er das kriegerische Dokument und gegen dreiviertel acht Uhr trat er auf den Balkon des Wittelsbacher Palais und verkündete dem schon begeistert wartenden deutschnationalen Bayernvolk den Kriegsbeginn seiner Armee.

Hätte er die Mobilmachung der Königlich Bayerischen Armee verweigert, hätte dann der Friede gerettet werden können? Diese Frage stellte sich sogar der Bayerische Oberstkommandierende, Kronprinz Rupprecht, in seinen Tagebuchaufzeichnungen. Und er muß die rhetorische Frage verneinen. »Auch ein Friedenswort des Bayernkönigs, selbst wenn es von Rechts wegen oder durch die Kraft der Persönlichkeit geltend gemacht worden wäre, hätte die Gewalt der Dämonen nicht mehr zu bannen vermocht.«

Aber etwas gespannt war man doch gewesen, am 1. August 1914 gegen Abend. Überall haben die Leute es bereits gewußt, daß der deutsche Kaiser mobil gemacht hat. Auch in München, Augsburg und Nürnberg sind Telegramme und Extrablätter verteilt worden. »Deutschland eilt zu den Waffen!« – »Der Kaiser kennt keine Parteien mehr, nur noch Deutsche!« Der deutschnationale Jubel kannte keine Grenzen mehr. Nur der bayerische König läßt sich Zeit. Die bayerische Extrawurst will noch nicht einstimmen in die Begeisterung der Massen? Würde denn ohne

Mobilmachungsbefehl im Königreich Bayern kein Soldat ausrücken? Ein theoretische Frage.

Der Bündnisfall mit dem Deutschen Reich war eine verfassungsmäßige Pflicht. Und die Leute in München und Nürnberg, in Würzburg und Bamberg waren von der Mobilmachung begeistert. Jeder Deutsche wollte den Krieg. Und der König von Bayern wartet und wartet mit seiner Mobilmachung! Ein lächerliches, antiquiertes Überbleibsel.

Nur wenige überängstliche Personen empfanden in diesen aufregenden Minuten und Stunden das Warten auf den Vollzug des souveränen Willens Seiner Königlichen Bayerischen Majestät eine möglicherweise niemals eintretende Ungeheuerlichkeit. Der König soll noch etliche dreißig Minuten lang, einen Rosenkranz lang, gebetet und meditiert haben, bevor er die Mobilmachung unterschrieben hat und »wie jeder deutsche Soldat nun seine vaterländische Pflicht tat«, wie eine norddeutsche Stimme bemerkte.

Hätte der fromme Ludwig III. nicht irgendeine Marienerscheinung haben können? Hätte er nicht aus einem Fenster des Wittelsbacher Palais zu den kriegsbegeisterten Massen hinunterrufen können: »I mag net. Ich, von Gottes Gnaden König von Bayern mache meine Armee nicht mobil. Weil ich den Frieden will.« Was wäre schon passiert?

Zur Abdankung hätten sie ihn gezwungen, wie sie 1886 Ludwig II. für geisteskrank erklärt hatten. Und sein Haus wär möglicherweise bis auf weiteres mediatisiert worden. 1918 aber wäre den Bayern die Monarchie erhalten geblieben. Beziehungsweise unser König wär als einziger deutscher Fürst wieder auf den Thron seiner Väter gekommen. Und Bayern wäre 1918 ein selbständiger Staat geworden. Das sind Spekulationen, gewiß. Und dennoch ist es schön, zu wissen, daß der König mit seiner Mobilmachung zwei Stunden gezögert hat.

»Wie schlicht und einfach ist der Abschied unserer deutschen Landwehrmänner im bayerischen Oberland«, schreibt der nun plötzlich auch kriegsbegeisterte Ludwig Thoma. »Es freut mich zu sehen, wie bei diesen tapferen deutschen Männern gleich wieder die unverwüstliche Lustigkeit des Bayern durchbricht!« Die Dörfer sind still geworden. Frauen, Kinder, alte Leute bringen die Ernte ein. Mühsam geht die bayerische Ökonomie weiter.

Wie hat Dr. Thoma zum Beispiel im Mai–Juni 1914 noch gegen die Regierung angekämpft! Der »Simplizissimus« war eben wegen Majestätsbeleidigung angezeigt worden. Weil er einen Artikel gebracht hat, in dem geschildert wird, wie Ludwig III. seinem Kultusminister die Pinakothek für eine Million Mark verkauft. Wo doch die Pinakothek zum bayerischen Krongut gehört hat und sich Ludwig I. im Grabe umdrehen würde.

Seit dreißig Jahren war das der erste Majestätsbeleidigungsprozeß in Bayern. Man weiß das deswegen so genau, weil am 90. Geburtstag des Prinzregenten eine Generalamnestie für sämtliche wegen Majestätsbeleidigung einsitzenden Verurteilten erlassen wurde und in ganz Bayern keiner zu finden gewesen ist, auf den die Amnestie angewendet werden konnte. Dr. Thoma war 1914 der einzige. Die Mobilmachung hat den mutigen Satiriker umgewandelt. Jetzt hat er alle seine Artikel zurückgezogen und ist ein eifriger deutschnationaler Autor geworden, ja ein vaterländischer Lyriker.

Und doch hat es noch einige Bayern gegeben – auch in diesen erregten Augusttagen anno 1914 –, die das willfährige Marschieren Bayerns an der preußisch-deutschen Seite als ein Unglück angesehen haben! Nach der königlich bayerischen Mobilmachung nämlich stand in großen schwarzen Teerlettern an den Mauern der königlichen Residenz zu München der Vers: »Ludwig III., leg dich hin und krepier! Ludwig II., steh auf und regier!«

Zwei Tage lang hat die Polizei gebraucht, bis daß sie diese königlich bayerischen Spottverse wieder hat wegwischen können. Und einige alte Münchner haben dazu ihren Kopf nicht geschüttelt, sie haben sich eher gesagt: »Ebbas Wahres ist dran!«

Die sechste Armee

Blau der Himmel, blau die Uniformen – und mitten drin, auf einem stolzen Schimmel, Seine Majestät, König Ludwig III., der Oberbefehlshaber der Königlichen Bayerischen Armee im Frieden, das waren noch gemütlich-stolze Zeiten gewesen, stolz und gemütlich sogar die weißblaue Armee. Der Krieg hatte nun alles ernster gemacht.

Mit der Mobilmachung hat die ganze schöne königlich-Bayerische Armee – mit ihren drei stolzen Armeekorps – nur noch die »sechste deutsche Armee« geheißen. Und beinahe hätte diese sechste deutsche Armee zu ihrem neuen Namen auch noch einen preußischen Oberbefehlshaber bekommen. Dem Kronprinzen Rupprecht sollte nämlich ein preußischer General als Chef des Generalstabes der sechsten Armee beigegeben werden.

Der Chef des deutschen Feldheeres war Kaiser Wilhelm. Und der große Mann im kaiserlichen Hauptquartier war anno 1914 Generaloberst von Moltke gewesen. Er begründete dem bayerischen Kronprinzen gegenüber den Wunsch des Kaisers, die sechste deutsche Armee mit einem preußischen Generalstabschef veredeln zu müssen, mit der taktvollen Bemerkung: »Königliche Hoheit, für Preußen ist es von enormer Wichtigkeit zu siegen!« Das gleiche sei für Bayern auch der Fall, antwortete darauf unser Rupprecht. Und er konnte es durchsetzen, daß sein Generalstabschef bleiben durfte. Er hieß Krafft von Delmensingen.

Selbst im Krieg mußte man also als Wittelsbacher an zwei Fronten kämpfen. Nicht nur die Franzosen waren unsere Feinde, so man ein aufrechter bayerischer Föderalist und kein scheinheiliger deutscher Scheinföderalist war.

Die Begeisterung für den Krieg aber war 1914 auch in Bayern überschwenglich gewesen. Die Freiwilligen drängten sich an den Meldestellen, Landwehr- und Landsturmmänner sangen die »Wacht am Rhein«.

Die Lokomotiven der ins Feld abdampfenden, endlosen Züge waren mit Girlanden geschmückt. Überall wurden letzte Abschiedsküsse großzügig gewährt, sogar von den verschämtesten Bräuten der vornehmeren Bürgerhäuser. Kriegsanleihen wurden überzeichnet. Vermutliche Spione wurden gejagt, gestellt und sogar verhaftet. Bahnhöfe und Brücken bewacht. Das Freibier floß in den ersten Augusttagen in Strömen. Manchen Brauereien ging das Bier aus. – Nach 43 Friedensjahren war es endlich wieder Krieg geworden! Welch ein Glück für diese tapfere Generation! Ein unbestimmtes Abenteuer lockte und reizte die Männer und Frauen. Und sofort begannen die Feindseligkeiten.

In den ersten Augusttagen herrschte zwar überall eine fieberhafte Hektik, aber der Anfang der allerersten Kriegshandlungen beschränkte sich auf den Abmarsch der Armee und dann auf die immer lebhafter werdende Kundschaftertätigkeit. Das dritte bayerische Chevauxlegers-Regiment in Dieuze, dieses stolze Reiterregiment der bayerischen Bauernknechte im fernen Lothringen, bewegte sich mit eingelegter Lanze bis gen Wich und Kambrich, bedenklich nahe an die Reichsgrenze heran.

Und obwohl französische Streifen schon am 30. Juli 1914 einmal etliche Meter deutschen Boden betreten haben sollen, war den bayerischen Kavalleristen noch strengste Zurückhaltung auferlegt worden. Jede Grenzüberschreitung, ja Grenzberührung, war ihnen bei hoher Strafe untersagt! Das waren noch die letzten Befehle des souveränen bayerischen Königs gewesen.

Plötzlich waren diese Befehle aufgehoben: »Feindberührung« hieß das abenteuerliche Gebot der Stunde. Von diesen ersten Patrouillen sind viele bayerische Reiter nicht mehr zurückgekommen. Man schrieb den 5. und 6., den 7. und 8. August. Zwischen Metz und Lunéville gab es viele kleine Feindberührungen: Was hat da dem bayerischen Chevauxleger die Lanze genutzt? »Hinter den feindlichen Linien starb er während eines Aufklärungsrittes den einsamen Heldentod für König, Kaiser und Vaterland!«, so hat man es in den allerersten Todesanzeigen in den »Münchner Neuesten Nachrichten« lesen können. Die Begeisterung hat sich bald gelegt. Man hat jetzt gewußt, daß der Krieg ein gefährliches, todbringendes Unternehmen ist.

In den Bauerndörfern geht die Arbeit ohne die Männer weiter. In den Zeitungen und Zeitschriften erscheinen darüber große Artikel. »Die Bäuerinnen bringen die Ernte ohne ihre Männer ein!« – »Es ist stiller geworden im Dorf«, heißt es in einem anderen Blatt. Und doch konnten die unglaublichen Lasten, die bisher nur Männer hatten heben können, auch von Frauen getragen werden. Patriotische Gedichte werden dutzendweise geschrieben. Auch von unseren berühmten Dichtern. – Selbst die Herren Redakteure des »Simplizissimus« stürzen sich auf die Kriegspropaganda. Ludwig Ganghofer und Ludwig Thoma melden sich freiwillig, wollen eine Jägerkompagnie zusammenstellen, ein Wildschützenbataillon. Aus der Romantik wird Wirklichkeit. Im Winter werden in den Vogesen die ersten Gebirgsschützenkompagnien gebildet und sogar zwei Schneeschuhbataillone. Und dann kommt für die sechste Armee die erste große Schlacht, die Schlacht von Lothringen! Stolz ist der Sieg, groß sind aber auch die Verluste.

Damals waren die Bayern noch unter sich. In der ganzen sechsten Armee war fast kein einziger Preuße. Die Schlacht von Lothringen im August 1914 war eine rein bayerisch-französische Schlacht. Zum letzten Mal in der Geschichte haben Bayern und Franzosen gegeneinander kämpfen und miteinander sterben dürfen. Freilich nicht so sehr für das bayerische Vaterland, sondern mehr für das Deutsche Reich. »Ja, wahrscheinlich nur für das Deutsche Reich.«

Den Ausbund des Leidens und Sterbens haben unsere Väter 1943 in Stalingrad erlebt. Die Großväter können von der Hölle von Verdun erzählen. Innerhalb von Monaten sind vor den Festungen von Verdun, vor Malancourt und Haucourt, auf den Höhen 304 und 279, im Wald von Avocourt und vor Arras und auf den Vimyhöhen, bei St. Mihiel, vor den verschiedenen Forts der Festung, wie zum Beispiel vor dem berüchtigten Fort Douaumont oder in der Kiesgrube von Thiaumont, vor all diesen »für ewige Zeiten mit Entsetzen genannten« Örtlichkeiten, sind im Jahre 1916 innerhalb weniger Monate mehrere hunderttausend bayerische Krieger gefallen.

Ein alter bayerischer Chevauxleger erzählt: »Als Chevauxleger war ich bei Verdun bloß noch Munitionsfahrer. Bei der Nacht. Sechsmal habens mir meine Rösser weggeschossen. Mir ist aber nie etwas passiert. Nicht einmal verwundet bin ich geworden. Darum geh ich jedes Jahr zweimal zu Fuß nach Altötting. Einmal an meim Namenstag und einmal auf Michaeli. Mein Bruder, der Hans, is' schon im März 1916 im Wald von Avocourt geblieben. Sein ganzes Regiment, das dritte bayerische Infantrieregiment! O mein, da kann man Heldentaten verzählen, wenn man möcht! Aber die Geschichten sind so entsetzlich gräußlich, daß man es gar nimmer verzählen kann! Von einer Division von 18000 Mann z. B. sind innerhalb von acht Wochen 11000 Mann gefallen! Und wie ist's nachher dem 13. Infantrieregiment ergangen? Wie der 11. bayerischen Infantriedivision? Was hat der Termitenhügel Blut gekostet? Was hat das erste Infantrieregiment bei Arras geleistet? Und sein General, der Ritter von Schoch? Die Leutnants Lang und Rompf? Ach was, mit Namen darf man da gar nicht anfangen! Was is gewesen, wie die Franzosen Ende Mai Douaumont wieder zurückgestürmt haben? Da hat über Nacht die zweite Infantriedivision hermüssen. Nachdem schon drei Divisionen aufgearbeitet worden sind vor Douaumont! Mit Eisenbahn und Lastwägen habens damals die dritte Division vorgefahren! Freilich ist die Hälfte gleich gefallen, aber Douaumont ist wieder zurückerobert worden!«

In den Zeitungen erschienen Heldengedichte und große Zeichnungen auf die tapferen Männer in der Kiesgrube von Thiaumont. Die Kommandeure erhalten hohe und höchste Auszeichnungen, werden gar Ritter des Königlich-Bayerischen Militär-Max-Joseph-Ordens! Der Wahlspruch der Max-Joseph-Ritter lautet: *Virtuti pro Patria*: Tapferkeit fürs Vaterland! Auch der greise Kavalleriegeneral von Gebsattel ist wegen der Wegnahme des Forts Camp Romains unter den Ausgezeichneten. In der Schlacht vor Verdun werden jetzt immer kleinere Dienstgrade zu Max-Joseph-Rittern erhoben: Majore und Hauptleute, ja Leutnants und Unteroffiziere. Nicht wenige von ihnen werden freilich erst als gefallene Helden in den hohen Ritterstand aufgenommen!

Und die Heldenlieder werden grausamer: »Um dich krepieren die Granaten, zerfetzt liegst du im Grabendreck. Doch auf, marsch, marsch, hörst du sie schreien, sie stürmen weiter, über dich hinweg!«

Der ehemalige stolze Chevauxleger hat diese Lieder nie singen wollen. »Na, das Singen hätt gar nichts geholfen. Das ganze Verdun! Und man hat froh sein müssen, im Dezember 1916, daß wir die alten Stellungen haben halten können! Der bayerische Kronprinz Rupprecht, was unser Oberbefehlshaber gewesen ist, hat anno 16 vor Verdun schon gesagt: ›Entweder die Franzosen geben auf bis Mai, aber sie tuns nicht, infolgedessen sollte man jetzt keine Soldaten mehr einsetzen, sondern nur noch Diplomaten! Allerdings unter wesentlicher Zurückschraubung der deutschen Kriegsziele!‹

Aber unser Kronprinz war halt auch ein Soldat und hat dem preußischen Oberkommando folgen müssen, dem deutschen Kaiser. Dadurch hat der Krieg immer länger gedauert. Und immer mehr von uns haben sterben müssen! Lauter junge Burschen! In jeder Familie bald ist einer gefallen. Und an manchen Tagen haben daheim unsere Bauernpfarrer gleich drei Kriegsgottesdienste halten müssen!«

Verdun war nicht das einzige große Kriegsereignis im Jahre 1916. Rumänien hat den Krieg erklärt und zahlreiche bayerische Truppenverbände marschierten nach Galizien, Rumänien, nach Siebenbürgen. Vor allem die verschiedenen bayerischen Chevauxleger-Regimenter. Und die Festung Przemysl konnte schon im Juni wieder den Russen abgenommen werden. In Rumänien waren schwere Kämpfe zu bestehen, die Schlacht bei Hermannstadt oder die langdauernden Gebirgskämpfe unseres Alpenkorps, der Gruppe Krafft von Delmensingen, am Roten-Turm-Paß dürften in einer bayerischen Armeegeschichte leider nicht fehlen.

In der Heimat ist das Essen immer schlechter geworden. Im Winter 1916/17 hat man von einem »Dotschenwinter« gesprochen. Von Brathendln und Schweinshaxn haben nicht einmal mehr die Münchner etwas gehört.

Die Hamsterer sind zu den Bauern aufs Land gefahren. Aber die Bauern haben selber nichts mehr gehabt, weil die Lebensmittelkontrolleure sehr streng waren. Drum sind uns Bayern die Maßkrüge lieber als die Weltkriege!

Der Spruch ist im ersten Weltkrieg aufgekommen. Die Bayern sind niemals gern Soldaten gewesen, lieber Bauern und Gastwirte, Bräuer, Pfarrer, Musikanten und Künstler, Handwerker und friedliche Leute. Und doch haben unsere Großväter voller Stolz und Freudigkeit von ihrer Militärdienstzeit erzählt.

»Freilich, das ist meine schönste Zeit gewesen, als ich in München zwei Jahre aktiv Soldat gewesen bin, anno 1909 auf elfe! Noch unterm Prinzregenten Luitpold! Da warn wir lustig! Im Kindlkeller beim Bier oder mit dem Schatz im Englischen Garten! Ja freilich, und der Dienst ist auch zum Aushalten gewesen. Gar a so haben die bayerischen Offiziere nicht gezwirmt wie die preußischen. Na, na, das bayerische Militär ist um einen Deut gemütlicher gewesen! Auch in Nürnberg oder Bayreuth, in Würzburg oder Speyer!«

Und das war nicht zuletzt ein Verdienst der bayerischen Generalität. Überhaupt des Offiziersstandes im weißblauen Königreich. Die drei Armeekorps in Bayern waren nämlich streng landsmannschaftlich unterschieden. Zum ersten Korps in München gehörten die Altbayern und die Schwaben. Zum zweiten in Würzburg die Unterfranken und die Pfälzer. Zum dritten bayerischen Armeekorps in Nürnberg dann die Ober- und Mittelfranken und die Oberpfälzer. Selbstverständlich sind die Herren Offiziere öfters versetzt worden, aber man hat doch im wesentlichen den heimischen Armeekommandos auch die einheimischen Offiziere überlassen.

In der Königlich Bayerischen Armee hat jeder Bürger zum Offizier aufsteigen können. Er hat freilich viel lernen und studieren müssen, hat das Abitur gebraucht. Oder wenigstens das Einjährige. Und für dieses »Einjährige« hat es auch schon Privatkurse und »Aspirantenkurse« gegeben. Der Adel ist in Bayern nie so stark gewesen, daß er einen Bürgerlichen neben sich nicht geduldet hätte.

Nicht wenige Kaufmannssöhne, Handwerkersöhne und natürlich sehr viele Lehrer-, Wirts- und Bräumeisterkinder haben es bis zum Königlich Bayerischen Generalleutnant gebracht! Und sind dann vom König automatisch in den Ritterstand erhoben worden und haben sich »von« schreiben dürfen wie ein alter Graf. Zum Beispiel der Herr Generalleutnant Ritter von Höhn oder der General Ritter von Breitkopf, Ritter von Schoch oder der Lehrerssohn und General der Infanterie Ritter von Brug. Der Generalmajor Wening oder der General Jäger, der Ritter von Fischer usw. Fast drei Viertel der Königlich Bayerischen Generalität waren bürgerlicher Herkunft. Und es ist darauf geachtet worden, daß man keine Unterschiede gemacht hat zwischen einem Grafen und Fürsten und einem ehemaligen Lehrerbuben. Man hat zu jedem General einfach »Excellenz« gesagt, wie zu einem Bischof.

Sehr wohl aber hat man einen Unterschied zwischen den einzelnen bayerischen Soldaten machen müssen. Das war der allerhöchste Wunsch der bayerischen Könige immer schon gewesen. »Die Offiziere und Unteroffiziere sollen in der Ausbildung auf Herkunft, Charakter und Eigenart eines jeden einzelnen Soldaten eingehen und ihn allmählich zu verstehen versuchen«, heißt es da unter anderem in einem alten Königlich Bayerischen Militärerziehungsbüchlein!

Unter den Offizieren herrschte sowieso ein toleranter, liberaler süddeutscher Ton, und man hat niemals hochmütig auf den Bürger- und Bauernstand herabgesehen. Unter König Ludwig I., wo man ohnehin nur sehr schwer hat befördert werden können, waren die Herren Offiziere sehr bildungsbeflissen gewesen und sind fleißig in die Pinakotheken und Glyptotheken gegangen. Manchmal vielleicht sogar, um einmal dabei vom König gesehen zu werden. Mit einem Wort: In Bayern sind auch die Generale noble Herrn gewesen, gebildet und eher bescheiden als hochmütig. Und vor allem hat man auf eine sehr gediegene Ausbildung Wert gelegt.

Der Kriegsminister, der Generaloberst Freiherr Kreß von Kressenstein, war der unermüdliche Organisator und Umformierer des Bayerischen Heeres gewesen. Er ist im Königlich Bayerischen Kriegsministerium in der Ludwigstraße gesessen, und jedes Kind hat ihn gekannt. Generalfeldmarschall war Kronprinz Rupprecht. Seine beiden Onkel, die Brüder des Königs, waren die Prinzen Leopold und Arnulf. Leopold war ein geborener Soldat, Armeeinspekteur und oberster Erzieher des bayerischen Heeres. Nach ihm ist die Leopoldstraße in Schwabing benannt. Er war mit der Tochter des österreichischen Kaisers Franz Josef verheiratet, mit der eleganten Prinzessin Gisela. Vom Prinzen Arnulf weiß man es ohnehin, er hat nur für das Leibregiment gelebt und für sein erstes Armeekorps. Das waren die Spitzen der Königlich Bayerischen Armee. Und dann haben die Bayern noch viele sehr originelle Generale gehabt. »Kahlköpfige und Stiftlkopferte, ernste Gelehrtennaturen waren darunter, mit Zwicker und Augenglas, wie z. B. der Generalleutnant Huller, der seine zwölfte Infanteriedivision zum Küstenschutz hat aufstellen müssen. Oder der Generalleutnant Kiefhaber, einer der tapfersten bayerischen Heldengenerale, der in der Sommeschlacht nicht zurückgewichen ist.

Die Generale der bayerischen Armee, die in den unmenschlichen Kämpfen um Verdun das Kommando hatten, sehen auf den alten Fotografien merkwürdigerweise besonders altväterlich martialisch aus: die Generale Rauchenberger, Koch und Grüber zum Beispiel. Unter den fast 400 gefallenen Offizieren des ersten bayerischen Armeekorps vor Verdun waren auch dreizehn Oberste und Generale dabeigewesen. So viele Generale sind in anderen Armeen nicht gefallen.

»Ja und überhaupts ist sogar ein bayerischer Prinz gefallen!« Der Prinz Heinrich im Juni anno 1916 bei den Kämpfen am Roten-Turm-Paß in Rumänien. Insgesamt aber sind zweimal hunderttausend bayerische Soldaten im Feld geblieben und haben ihre schöne Heimat nicht mehr gesehen. Zweihunderttausend Mannschaften, Unteroffiziere und Offiziere, 37 Generale und ein Prinz.

Veteranen, senkt die Fahnen!

Der Dotschenwinter
(1916–1917)

»Vor Pest, Hunger und Krieg«, heißt es in der Allerheiligenlitanei, »verschone uns o Herr!« Laut und oft haben die Leute das früher gebetet, besonders noch während des ersten Weltkrieges. Damals hat man die Gleichschaltung des ganzen Deutschen Kaiserreiches in jedem Bauerndorf zu spüren bekommen, denn die Kriegswirtschaft wurde von Berlin aus sehr streng und zentralistisch dirigiert. Jedes Stück Vieh war gezählt, jedes Pfund Roggen mußte abgeliefert werden. Schon im Winter 1916 auf 1917 mußten sogar die Bayern im eigenen Land Hunger leiden. Und der alte Spruch, daß in Bayern noch nie jemand verhungert wäre, stimmte nicht mehr. Brot und Kartoffeln sind plötzlich rar geworden. Und viele Menschen mußten sich tageweise von gekochten Speiserüben ernähren, von den sogenannten Dotschen. Darum haben die Münchner diesen Kriegswinter auch den Dotschenwinter genannt.

Jawohl, alles ist von Berlin aus angeschafft worden! Auch der Hunger. Und allerweil mehr junge Soldaten sind gefallen. Ein nobles Kaiserreich, dieses Deutschland, der Inbegriff für Sterben und Hungern! Großartig waren die Durchhalteparolen und die überspannten Hoffnungen. Auch ein Theodor Heuss hat 1918 in der Zeitschrift »März« noch einen sieges- und opferfreudigen Durchhalteaufsatz veröffentlicht! Aber die kleinen Leute haben sich langsam ausgekannt, und die Augen sind ihnen aufgegangen.

»Nieder mit dem Krieg, es lebe der Friede!« So haben immer mehr gedacht und auch geredet. Und das Reden und Denken war damals, Gott sei Dank, noch nicht verboten gewesen. Besonders nicht in Bayern. Kurt Eisner hat lange agitieren dürfen. Seine Parole hieß: »Sozialistischer Friede!« Erst 1918 wurde er nach Stadelheim hinter Schloß und Riegel gebracht. »Weils von Berlin aus befohlen worden ist, indem daß der Streik hat unterdrückt werden müssen.«

Aber im September hat König Ludwig III. Kurt Eisner wieder die Freiheit geschenkt, weil ja ein Wahlkampf vor der Tür stand und man den Vorsitzenden der Unabhängigen Sozialdemokraten nicht von Stadelheim aus hat diesen Wahlkampf führen lassen können. Eisner wurde entlassen. Das Reichsgericht in Leipzig hat in letzter Minute noch einen jungen Staatsanwalt nach München geschickt, um den König umzustimmen und Eisner nicht in Freiheit zu setzen. König Ludwig III. hat diesen Herrn aber nicht empfangen. »Für den Wahlkampf muß er entlassen werden, das steht ihm zu, auch wenn er ein unabhängiger Sozi ist«, soll er geäußert haben.

Als Bayer steht man den Ereignissen von 1918 zwiespältig gegenüber. Die Friedensrevolution Kurt Eisners freut einen. Aber das Verschwinden der angestammten Monarchie schmerzt einen. Schön wäre es gewesen, wenn der alte König mit Kurt Eisner zusammengegangen wäre! Gar so weit hätte es da vielleicht gar nicht gefehlt!

Kurt Eisner war ein tapferer Preußenhasser und gegen Kriegsende hatte auch Ludwig III. vom deutschen Kaiserreich Berlins die Nase voll.

In der Schweiz ließ der König bereits, auf Betreiben des Kronprinzen zwar, durch einen Unterhändler mit dem amerikanischen Bevollmächtigten Mister Herron über die Abdankung Kaiser Wilhelms II. verhandeln. Als der geheime Schritt ruchbar wird, bekommt der Kronprinz Rupprecht von seinem Vater eine Zurechtweisung. So konnte König Ludwig III. auch noch bis zuletzt den Schein seiner deutschen Vasallentreue dem Kaiser gegenüber wahren.

Aber um die Zeit ist ohnehin schon alles viel zu spät. Am 4. November, vier Tage vor der Revolution, hält der letzte bayerische König vor dem Staatsrat noch eine kurze Rede, in der er sagt, daß die Preußen an dem ganzen Unglück schuld seien, sie allein. »Die Berliner«, sagt er, »die Oberste Heeresleitung und der Deutsche Kaiser!« Nur sein schwarzer Ministerpräsident von Dandl sieht noch nicht so schwarz, er meint in dieser Sicherheitssitzung: »Wir in Bayern brauchen eine Revolution nicht zu befürchten. Denn nichts ist dem Bayernvolk heiliger als sein angestammtes Königshaus. Außerdem mögen sogar unsere schärfsten Revolutionäre, wie z. B. dieser Literat Kurt Eisner, die Preußen nicht. Majestät, ich versichere Eurer Majestät, es besteht kein Anlaß zu irgendeiner Aufregung!« So sprach der Ministerpräsident von Dandl, und man ging beruhigt auseinander. Diese, besonders den Fragen der inneren Sicherheit in München gewidmete Sitzung war die letzte Zusammenkunft des Königlich Bayerischen Staatsrates.

Im Volk gärt es. Man hält den greisen Ludwig III. für einen zu getreuen Paladin des Deutschen Kaisers. Man beginnt ihn zu hassen, haßt in ihm den Deutschen Kaiser. Der Bayern-König hat von sich der deutschnationalen großen Presse auch immer widerspruchslos als einen besonders reichstreuen deutschen Fürsten feiern lassen. Längst vergessen war sein separates Auftreten bei der Zarenhochzeit in St. Petersburg, wo er sich geweigert hatte, im Gefolge Wilhelm II. von Preußen zu präsentieren und auf ein souveränes Auftreten den größten Wert gelegt hatte. Im Augenblick galt er nicht mehr als irgendein Großer des Deutschen Kaiserreiches, als der Vater eines preußischen Generalfeldmarschalls. Und die Revolutionäre nannten auch den Kronprinzen Rupprecht einen kaiserlichen Menschenschlächter.

»Der soll doch seine Kühe melken in Leutstetten!« Vergessen waren die tierzüchterischen Erfolge um die Erhöhung der Milchleistung. König Ludwig III. war einer der ersten Landwirte der Welt gewesen, der die Milch seiner Kühe hat regelmäßig messen lassen und daraus züchterische Konsequenzen gezogen hat. Und die Behauptung scheint nicht übertrieben: Wenn es heute in der Welt Kühe gibt mit fünf- und sechstausend kg Milch, dann verdanken die Bayern diesen Erfolg dem Königlichen Mustergut Leutstetten und dem »Millibauer« Ludwig III.

Niemand mehr hat den König gemocht. Hätte er doch nur ein Wort darüber verlauten lassen, daß auch er die deutschen Generale nicht ausstehen kann, und für einen sofortigen Verständigungsfrieden sei, er wäre nicht gestürzt worden, die Revoluzzer hätten ihn beschützt. Aber von einer sozialistischen Revolution und einer monarchistischen Tradition läßt sich leider nur träumen. »Jawohl, dös waar's gwen damals: Sozialistische Revolution und monarchistische Tradition! Dann hätte es keinen Hitler gegeben! Und der bayerische Fortschritt hätt uns gereicht. Aber no, die guten Gedanken und die hinketen Roß kommen zum Schluß, wenn's zu spät ist! Aber freilich, in der Weltgschicht is' nia zu spät – und in der bayerischen Gschicht zwoamal net!«

Bayerische Kriegsziele

»Lieber im Frieden der Rahm als im Krieg der Ruhm!« 188000 Tote hatte das Königlich Bayerische Heer im ersten Weltkrieg verloren. Und 400000 sind verwundet worden. Die meisten unter ihnen schwer. Bei knapp sieben Millionen Einwohnern gehörten gegen Kriegsende 1918 über 900000 Mann zur Armee. Also fast jeder achte Einwohner hat Soldat werden müssen. Und in der bayerischen Heimat hat es fast nichts mehr zu essen gegeben. Es war gar kein so großes Kunststück gewesen, damals eine Revolution zu machen. Selbst unter den Königlichen Beamten und unter den bravsten Bauernburschen hat es Revolutionswillige gegeben.

Was aber fast schon wieder lustig war: Noch im letzten Kriegsjahr haben die hohen Herrn von Annexionen geschwatzt und haben sich gegenseitig mit ganz großen Kriegszielen überboten. Die deutschen Fürsten haben sich bis zum Schluß untereinander gezankt, ob Bayern Elsaß-Lothringen bekommt und dafür Preußen Kurland, ganz Polen und das Baltikum. Oder ob Bayern nicht lieber ganz Belgien nehmen sollte und dafür Württemberg und Baden Elsaß-Lothringen? König Ludwig III. hat sich nicht mehr ausgekannt. Er hat sogar gemeint, wenn sie schon immer das Lied vom »deutschen Rhein« singen, dann sollten die Preußen die Rheinmündung auch noch deutsch machen. Auf dieses Königswort hin sind die Herren Diplomaten und deutschen Ministerpräsidenten wieder etwas verwirrt worden, und die eine Konferenz hat zwei andere zur Folge gehabt. Noch im Sommer 1918 traf man sich dreimal wegen der Belgienfrage!

Bis zum November 1917 war Graf Hertling, der ehemalige erzkatholische Philosophieprofessor, bayerischer Ministerpräsident gewesen. Und als es im Reich immer dunkler geworden war, hat es halt wieder geheißen: »Laßt die anderen Deutschen auch etwas werden, es müssen nicht immer nur Preußen Reichskanzler sein!«

So konnte man in verschiedenen Leitartikeln jetzt lesen: »Laßt die Bayern hin!« Sogar in jenen Blättern, die dem stolzen Kaiser Wilhelm am nächsten gestanden sind. Wilhelm II. gab dem Reichskanzler Bethmann Hollweg die Entlassung und ernannte den bayerischen Ministerpräsidenten – obzwar der schon ein 74jähriger Greis war und nicht mehr ganz gut bei Gesundheit – zum deutschen Reichskanzler, zum Nachfolger eines Bismarck!

In München war man fast stolz: Zum erstenmal in der Geschichte des Deutschen Kaiserreiches war ein Bayer Reichskanzler! Die Stunde war ernst und die militärische Lage wurde immer schwieriger. Der kaiserliche Generalstab gab sich zwar noch optimistisch, denn in Rußland gab es revolutionäre Vorgänge. Vielleicht hat sich selbst ein Ludendorff jetzt gesagt: »Lassen wir mal einen Bayern ran, es geht ohnehin nur noch darum, wie lange wir unsere Köpfe noch hocherhaben tragen können.« Professor Hertling hatte als bayerischer Ministerpräsident bereits 1916 ausgesprochen, daß der Krieg auf keinen Fall mehr zu gewinnen sei.

Und er hat gewisse, speziell bayerische, harmlose Friedensfühler ausgestreckt: Nach Rußland und nach Belgien, nach Italien und nach England. Und speziell natürlich nach Rom zum Papst!

Aber die Scharfmacher sind leider auch in München nicht zu umgehen gewesen. Einige Herren Professoren, Studienräte und auch Königliche Kommerzienräte waren darunter, Abgeordnete, Medizinal- und Justizräte haben, wenn sie auch nicht selber an die Front marschiert sind, einen höchst kriegerischen Verein gegründet: den berüchtigten Münchner intellektuellen »Volksausschuß für die rasche Niederwerfung Englands«. Und dieser Verein propagierte von München aus ausgerechnet den totalen U-Boot-Krieg. Die »Süddeutschen Monatshefte« wurden sein Sprachrohr, und die großen bayerischen Volksredner, die Bauernführer Dr. Georg Heim und Schlittenbauer, verdeutschten diesen totalen U-Boot-Krieg gegen England als die einzige Möglichkeit, so rasch wie möglich zu einem siegreichen Frieden zu kommen.

Das Unterseeboot wurde zu einem volkstümlichen Begriff in den entlegensten Bauerndörfern Frankens und Niederbayerns. Vielleicht ist es eine Kuriosität, daß ausgerechnet im deutschen Binnenstaat Bayern die größte Begeisterung für das Unterseeboot entflammt werden konnte. Der Volksausschuß der Intellektuellen erweiterte sich rasch zum »Landesverein Bayern der Deutschen Vaterlandspartei«. Und der Großadmiral von Tirpitz war das Idol dieses bayerischen Patriotenvereins anno 1917/1918. Einer der eifrigsten Agitatoren dieser Vaterlandspartei war kein geringerer als Ludwig Thoma gewesen! Wohin war der einst so aufsässige »Demokrat aus Bayern«, der unter dem Pseudonym Peter Schlemihl seine frechsten Gedichte geschrieben hatte, nur hingeraten?

»Ja no, was will man da sagen? – Ganz gfeit ist keiner. Und hätt er was anderes gesagt, die Herrn Politiker hätten auf ihn net aufgepaßt!«

Ein Gutes haben ja die bayerischen Friedensgesuche gehabt. Und da haben sie sich mit dem Vaterlands-U-Boot-Verein getroffen: Die Königlich Bayerische Diplomatie hat es fertiggebracht, daß 1917 der deutsche Reichskanzler den Papst in Rom gebeten hat, er möge den deutschen U-Boot-Krieg nicht ganz verdammen!

Man hat gewissermaßen in Bayern doch noch ein schlechtes katholisches Gewissen gehabt! Und daß die deutschen Unterseeboote natürlich geweiht werden müßten, das hat der neue bayerische Ministerpräsident Otto von Dandl bei dem neuen Reichskanzler, Professor von Hertling, auch noch durchsetzen können. Vorbei und vergessen. Aber Reste dieser reaktionären fromm-bayerischen konservativen Tapferkeit und Blamage hat man noch bis 1933 an der Gestörtheit der Konservativen bemerken können. Erst das Dritte Reich hat sie wieder sicherer gemacht und ihr 1917 Aufsehen erregendes Verlangen nach einem päpstlichen Segen für einen totalen U-Boot-Krieg vergessen lassen.

Ein erfolgreicher Ministerpräsident, dieser Otto von Dandl! Nach Ausbruch der Revolution hat er bei seiner letzten Audienz seinem Ex-König gesagt: »Mein, Majestät, ich verlier' ja auch meinen Posten!«

»Majestät, gehn S' heim!«

Das Schönste von Bayern sind nicht nur seine Berge; die bayerische Revolution von 1918 ist eine Fundgrube exemplarischer Menschlichkeiten. Man kann heute geradezu darauf stolz sein, denn die Bayern waren die ersten Deutschen, die Revolution gemacht haben. Und das allein hat es nur in Bayern gegeben: ein eigenes Wort »Revoluzzer« und »revoluzzern«. Man hat die Revolution nämlich zunächst als ein Gaudium, eine Wohltat empfunden. Und auf einmal ist sie ausgebrochen.

Man war kriegsmüde geworden, auch in Bayern. Und die Herren unserer Regierung haben nichts dagegen unternommen. Sie hätten ja auch nichts Legales für den Frieden unternehmen dürfen. Die deutschpreußische Reichsgewalt, das heißt die Oberste Heeresleitung, führte ein absolutes Regiment.

Um einen bayerischen Sonderfrieden nachzusuchen, wäre ja schon ein Verbrechen gewesen. Für ein Ausscheren Bayerns aus dem zentralistischen Bismarckreich war zwar schon seit mindestens Januar 1918 eine gewisse Volksstimmung zu spüren, aber wie anders hätte dies geschehen können als durch Treubruch oder Revolution? Es waren wenige, die diese Antikriegsstimmung in ihren Reden öffentlich auszusprechen wagten. Die Minister des Königs hatten diesen Mut nicht. Weder die katholischen Zentrumspolitiker hatten ihn, noch die Sozialdemokraten, die braven »Auerochsen« unter ihrem Vorsitzenden Erich Auer, und schon gar nicht die deutschnational gesinnten verschiedenen Liberalen. Es waren eigentlich nur etliche niederbayerische Bauernbündler und die zur Revolution seit langem entschlossenen linksradikalen unabhängigen Sozialdemokraten, also die Freunde des zugewanderten Schwabinger Schriftstellers Kurt Eisner. Kurioserweise zählte zu diesen Freunden auch einer der beliebtesten ehemaligen Königlich Bayerischen Fachminister, der edle Heinrich Ritter von Frauendorfer, den schon 1912 die Zentrumsmehrheit nicht mehr ins Kabinett von Hertling eintreten ließ wegen seiner gewerkschaftsfreundlichen Äußerungen. Ritter von Frauendorfer hat sich damals nämlich für das Streikrecht auch der beamteten Königlich Bayerischen Eisenbahner ausgesprochen. Er wurde durch einen zuverlässigen Zentrumsmann ersetzt. In den Wochen vor der Revolution konspirierte nun der ehemalige Königliche Minister mit dem radikalen Kurt Eisner.

»Ja no, wenn einem einmal stinkt in der Politik, dann fragt man nimmer nach dem Stall, nachher ist oft ein Gegner der ehemalige Freund. Das ist alles menschlich. Da sagt man allerweil, die Politik waar net menschlich? Aber daß man weiter verzähln: Der Eisner Kurti, wenn er auch ein Schwabinger Schreiberling gwen ist, 's Revoluzzern hat er könna. – Im Januar 1918 hat er z. B. zum Streik für den Frieden aufgerufen. Die Arbeiter, hat er gsagt, solln einfach keine Kugeln mehr gießen, dann können sie an der Front keine Menschen mehr erschießen.

Dös hat fein vuil Leut eingleicht. Bsonders dene Witwen und dene kleinen Leut. Und das war in München nicht nur lauter Gschwerl, das da 1918 grevoluzzert hat! Das waren keine Novemberverbrecher«! Da waren, wie neuere Untersuchungen ergeben haben, viele kleine Handwerker und Angestellte dabei, sogar Beamte. »Halt Leut, die nix zum Umtauschen und Hamstern gehabt haben. Aber dafür um so mehr Hunger.«

Natürlich wurde Kurt Eisner im Februar 1918 gleich festgenommen und gegen ihn Klage wegen Hochverrats erhoben. Aber in Bayern waren doch noch starke liberale, ja großzügige und menschenfreundliche Grundsätze vorhanden in der zivilen Verwaltung und in der Rechtsprechung. Oder war es nur eine bürokratische Umständlichkeit, daß sich die Vorbereitungen für den Eisner-Prozeß so sehr in die Länge gezogen haben? Eisner saß also im Gefängnis Stadelheim und bereitete sich auf seine Revolution vor. Da legte der große alte Mann der bayerischen Sozialdemokratie, Georg von Vollmar, gebeugt durch Krankheit und Alter, seine Ämter nieder. Auch sein Reichstagsmandat. Eine Ersatzwahl war notwendig. Die Unabhängigen stellten ihren Kurt Eisner als Kandidaten auf. Und ersuchten die Königliche Regierung um Freilassung des Kandidaten zum Wahlkampf.

»Dös derf nachher doch schon net sein, daß man einen Reichstagskandidaten einsperrt!« Die Zeitungen schreiben darüber, und alles redet von Kurt Eisner. Und daß er freigelassen werden muß. Und daß der Mann im Januar schon gar nicht so unrecht gehabt hat! – Mittlerweile war es ja Oktober geworden. Und am 4. Oktober schon hat der deutsche Kaiser mit seinem obersten General Ludendorff um Waffenstillstand nachgesucht. »Die Stimmung ist nimmer rar gwen jetzt.« Kurt Eisners Stunde war gekommen.

Der Nürnberger Oberbürgermeister, der Deutschliberale Dr. Otto Geßler, hat zwar energisch gegen die Freilassung Eisners protestiert. Und auch er ist eigens nach München gefahren, um dem König die Eisner-Amnestie ausreden zu können. Aber der bayerische Ministerpräsident hat dem furchtsamen Nürnberger Bürgermeister die Audienz verweigert. Ein Beauftragter der Reichsregierung, der auch wegen Eisners Freilassung nach München gereist war, erfuhr vom bayerischen Parlamentspräsidenten, Excellenz von Fuchs, »daß der Dandl schon recht hat, wenn er den Gschaftlhuber von Nürnberg, diesen Dr. Geßler, den König nicht beunruhigen läßt! Denn die Freilassung Eisners werde sich auf die Münchner Bevölkerung sehr beruhigend auswirken!« Eisner wurde freigelassen. Tage später brach die Revolution aus. Ludwig III. machte gerade seinen Spaziergang durch den Englischen Garten. Verwundert hat ihm ein Arbeiter nachgeschaut und hat ihm dann diese mittlerweile geflügelten Worte zugerufen: »Majestät gehn'S heim, Revolution is'!«

Donnerstag, den 7. November 1918, hat man sich noch königlich-bayerisch niederlegen können, und am Freitag, den 8., in der Früh ist man als Republikaner aufgewacht. Und man hat es sogar zum Frühstück schon in der Zeitung lesen können: »Bayern ist ein Freistaat, der provisorische Ministerpräsident heißt Kurt Eisner, und der Rat der Arbeiter, Soldaten und Bauern wird unverzüglich eine Volksregierung einsetzen.

König Ludwig III. aber ist in der Nacht geflohen. Die Dynastie Wittelsbach ist abgesetzt.«

Das waren Neuigkeiten! Ja, wie hat das nur so schnell gehen können? Der hergelaufene Schwabinger Literat getraut sich in München den König davonzujagen? Am Sonntag, den 3. November, hat Eisner die Revolution geprobt. Etwa 1000 Personen, Arbeiter, Matrosen, Schreibstubensoldaten mit ihren Freundinnen, auch einige Neugierige, Urlauber und Rentner haben sich auf der Theresienwiese versammelt, um Kurt Eisner sprechen zu hören. Jedermann war sehr aufgeregt, weil ja schon drei Tage davor, am Allerheiligentag, die Habsburger Monarchie in Wien gestürzt worden war. Eisner hat den Frieden und die sofortige Abdankung Kaiser Wilhelms II. verlangt. Der Beifall war überschwenglich. Nach der Versammlung hat der Unteroffizier Felix Fechenbach etliche hundert Demonstranten nach Stadelheim geführt, wo noch drei unabhängige Sozialdemokraten in Untersuchungshaft saßen.

Die Demonstranten verlangten deren sofortige Freilassung. Die Gefängnisdirektion telefonierte mit dem Innenminister von Brettreich, dieser mit dem Ministerpräsidenten des Königs, dieser mit dem Obersten Reichsrichter in Leipzig. Nach zwei Stunden durften die drei Untersuchungsgefangenen Stadelheim verlassen. In einem großen Triumphzug wurden sie durch die Stadt geführt. Man zog sogar vor die Wohnung des Königs, vor das Wittelsbacher Palais. Dort brachte man ein Hoch auf den Frieden aus und ein dreimaliges Hoch auf eine soziale Republik. Die königliche Familie war aber schon zwei Tage vorher aus dem Wittelsbacher Palais ausgezogen und hatte vorübergehend in der Königlichen Residenz Wohnung genommen. Nicht etwa aus irgendwelchen Vorsichts- oder Sicherheitsmaßnahmen. Nein, wegen Bauarbeiten im Wittelsbacher Palais. Das Elektrische wurde neu installiert.

Zwei Tage später, am Dienstag, hat Eisner abermals auf der Theresienwiese zu einer Revolutionsversammlung eingeladen. Ebenfalls wieder mit polizeilicher und königlich-ministerieller Genehmigung.

Es war ihm nur nicht gestattet worden, Soldaten zur Meuterei zu verleiten oder eine Republik auszurufen. Demonstrationen für den Frieden waren aber erlaubt, ja sogar erwünscht.

Bei dieser Versammlung am Dienstag, den 5. November, hätte Eisner bereits die Revolution ausrufen können. Die Leute hatten die richtige Stimmung. Aber der Kurt Eisner war noch nicht bereit, er hat die begeisterten Massen sogar zurückgehalten. »Heute ist es noch zu früh, Genossen, übermorgen treffen wir uns wieder.«

Und am Donnerstag, den 7. November 1918, strömten wieder etliche hundert, ja fast tausend Anhänger Kurt Eisners auf die Theresienwiese. Diese revolutionswilligen, unabhängigen Sozialdemokraten versammelten sich am oberen, stadtnahen Ende der Wiese, gleich unter den Bierkellern, von wo es auch nicht so weit zu den Kasernen der Münchner Garnison war. Am unteren Ende, am Fuße der Bavaria, versammelten sich zur gleichen Zeit – als ordentliche, friedliche und königstreue Gegenbewegung gedacht – die Münchner Sozialdemokraten unter Erhard Auer. Jedoch vergebens. Die disziplinierten Münchner Genossen, obschon sie in der Überzahl gewesen sind, konnten gegen die revolutionsbereiten Anhänger Eisners nichts ausrichten. Vielleicht haben sie auch »die spinnerten Schwabinger und ihr arbeitsscheues Geschwerl« nicht ernst genommen. Eisners Anhänger zogen nun zu den Kasernen.

Zur Infanteriekaserne, zur Türkenkaserne, zum Leibregiment und zu den Schweren Reitern. Und überall wurden die Revoluzzer eingelassen, überall waren schon etliche Soldatenräte bereit und haben mit ihnen konspiriert: »Ja, freilich, Kameraden, mach ma Frieden!«

Man hat sich verbrüdert, hat sich gegenseitig die Hände gedrückt, hat sich auch zugeprostet, hat sich jedenfalls versichert, daß man nichts gegeneinander unternehmen würde, wenn die königlichen Generale oder der Herr Kriegsminister persönlich Befehle zur Unterdrückung der Revolution erteilen sollten. Aber die hohen und höchsten königlichen Herrschaften haben keine Befehle erteilt.

Und Seine Majestät, der König von Bayern, hat allerweil noch nichts gewußt. Er hatte zwar seinen Nachmittagsspaziergang im Englichen Garten unterbrochen, weil ihm dazu ein Arbeiter geraten hatte, aber seine Minister haben nichts hören lassen. Sie waren nachmittags und gegen Abend für den König unauffindbar und unerreichbar. Die Dienerschaft war sogar schon auseinandergelaufen oder hatte sich geschwind frei genommen. Auch die meisten Hartschiere waren heimgegangen. Das spärliche Abendsouper – Ludwig III. lebte nach der Lebensmittelkarte – konnte nur noch der treue alte Diener Wilhelm servieren. Dünnbier, ein Stück Brot und etwas Käse. Die Königin lag obendrein schwerkrank zu Bette. Sie war von den Ärzten schon aufgegeben, man erwartete ihren Tod in den nächsten Tagen. Es war halb acht geworden.

Um diese Stunde hatten die Arbeiter- und Soldatenräte des Herrn Eisner schon alle Kasernen fraternisiert und auch bereits sämtliche bayerischen Ministerien besetzt. Die Hausmeister haben ihnen bereitwillig die Tore geöffnet, denn die Beamten hatten ja schon seit halb sechs Uhr Feierabend. Auch die Herren im

Kriegsministerium waren heimgegangen. Eisners Leute hatten den Hauptbahnhof und das Telegrafenamt besetzt, nur die Münchner Polizei wurde von den Revolutionären nicht entmachtet, vielleicht zunächst noch aus Furcht. Das Polizeipräsidium war also noch völlig intakt. Aber der Herr Polizeipräsident hatte keine Befehle erhalten. So verhielten sich die Gendarmen ruhig.

Erst jetzt gegen halb neun Uhr erschienen in der Residenz, sehr vorsichtig und heimlich, der Herr Minister des Inneren von Brettreich und der Herr Ministerpräsident von Dandl, um dem König zu berichten, daß nun alles verloren sei und daß den Monarchen nur noch eine rasche Flucht vor einer sogar möglichen Hinrichtung retten könne. – Ohne Gepäck floh der König mit der schwerkranken Königin in den Chiemgau, nach Schloß Wildenwart, mit einem Auto, das unterwegs mehrmals steckengeblieben ist. Die königlichen Minister haben dann noch feierlich ihre Ministerien an die Revolutionsminister übergeben dürfen und sind Beamte des Freistaates geworden.

Schad war's halt um die vielen königlichen Titulaturen! Titel sind noch keine Mittel, aber sie haben einen Klang. Und einem musikalischen Ohr tut so ein Klang wohl. »Königlich Bayerischer Hofrat« oder »Königlich Bayerischer Eisenbahn-Expeditor« – wenn man das gehört hat, dann war man gleich von einem heimischen Glanz berührt. Mit der Revolution Kurt Eisners vom 7. auf den 8. November anno 1918 sind mit dem Sturz der Monarchie, der ältesten und ehrwürdigsten im ganzen damaligen deutschen Kaiserreich, auch diese klingenden Hoftitulaturen alle verschwunden. Über Nacht war der Königliche Bayerische Ökonomieratstitel für abgeschafft erklärt.

Und wer im Oktober 1918 gerade noch seinen Königlich Bayerischen Kommerzienratstitel hat ergattern können, der war jetzt ein betrogener Mann. Noch kurz vor der Revolution sind viele in den Adelsstand erhoben worden, Königliche Abgeordnete und hohe und höchste Beamte, Stabsoffiziere und Wissenschaftler, Unternehmer und Künstler. Und nach der Rätezeit sind die Titel wieder in Ehren geführt worden, trotz der Republik.

Ein wirklicher Königlich Bayerischer Geheimrat und Professor hat damals gesagt: »Eine Republik kann schnell werden, aber ein Königreich muß ein Volk Jahrhunderte über wachsen lassen.« Und es ist heute noch eine himmelschreiende Ungerechtigkeit, daß nach dem Untergang der Räterepublik die weißen und weißblauen Sieger der Gegenrevolution nicht sofort wieder den Bayerischen König in München inthronisiert haben. Warum nicht? Sie, die Konservativen und vor kurzem noch so sehr ihre feste Treue betonenden Politiker schämten sich plötzlich nicht, sich ins gemachte republikanische Nest zu setzen. Wo doch diese Republik von angeblich verbrecherischen Kaffeehausliteraten ausgerufen worden war. Und auch den von Kurt Eisner erfundenen neuen republikanischen Namen führen sie stolz bis zum heutigen Tag: Freistaat Bayern! Sie hätten unbedingt wieder die Monarchie einführen müssen, die Excellenzen, die Herren »von« mit den Königlich Bayerischen Hof- und Geheimratstiteln, die sie in der von den Roten geschaffenen Republik jetzt stolz weiterführten.

»Ja no, der Mensch lebt von der Inkonsequenz. Und dös is aa wieder menschlich von den Herrn Politikern, daß sie so inkonsequent sein können!« Des Königs letzter Ministerpräsident, der brave und fromme Volksparteiler von Dandl, ist nach der Revolution – unter den neugebackenen Republikanern – sofort ein hoher Staatsbeamter geworden, nämlich Regierungspräsident von Unterfranken.

»Warum net?« Auch die Roten waren inkonsequent. Der revolutionäre Arbeiter- und Soldatenrat im Münchner Milchhof hat sich auf Plakaten und Aufrufen – in alter Gewohnheit – noch »Der Königlich Bayerische Revolutionäre Arbeiter- und Soldatenrat« genannt.

Merkwürdige Vorkommnisse hat es damals in ganz Bayern gegeben. In einer niederbayerischen Kleinstadt hat sich im November ein revolutionärer Arbeiter-, Soldaten- und Bauernrat konstituiert, und sein Vorsitzender oder Präsident hat sich fast gleichzeitig auch zum Schriftführer des ebenfalls neu gegründeten »Vereins zur Erhaltung der Monarchie in Bayern« wählen lassen. Überflüssig zu sagen, daß derselbe Mann später Ortsgruppenleiter der NSDAP geworden und dann noch später abermals Mitglied einer Partei hat werden können. Eine politische Begabung setzt sich halt immer durch.

Ja no, da sagt man als erfahrener Taktiker einfach: »Das ist Geschichte.« Oder: »So was ist menschlich!« Alles ist natürlich nicht menschlich, was sich als menschlich ausgibt. Bei den Politikern ist es oft nur taktisch. Besonders in Revolutionszeiten. Und was heißt »taktieren« anderes als lügen und heucheln, verleumden und schmeicheln?

Da spürt man gleich den Atem der neuen Welt, der nun, in der republikanischen Zeit, auch im ehemaligen Königreich Bayern geatmet wird. Die Versammlungen werden radikaler, die Interessenten zielstrebiger und die Interessen täglich materieller, auch die geistig und geistlich verbrämten. Es ist, als wäre mit dem Königlichen alles Ideale und Schöne verschwunden. Selbst die Themen der schönen Künste werden in unserer Republik jetzt aggressiv. Und hat man sich früher oft eine zu ideale und schöne Welt vorgemacht, so belügt man sich jetzt mit einer zu häßlichen. Die Heimat seufzt nach einem schönen König, der Bayerns Ruhm, der Bayerns Liebe mehrt, wie die Wittelsbacher das Ansehen Bayerns doch nicht selten gemehrt haben.

Seine Majestät der Herzog: Herzog Albrecht von Bayern

(*1905)

Der Sohn des bayerischen Kronprinzen Rupprecht, Erbprinz Albrecht, ist seit Juli 1955 der Chef des angestammten Königshauses. Da er nicht herrschender König ist, führt er den Titel eines Herzogs von Bayern. Für die Königstreuen in Bayern ist er im Herzen doch die Majestät. Er wurde am 3. Mai 1905 in München geboren. Und er ist ein hochkarätiger Wittelsbacher, denn nicht nur sein Vater, Kronprinz Rupprecht (1869–1955), war ein Bayernfürst, auch seine Mutter, die Prinzessin Marie Gabriele von Bayern, war eine Wittelsbacherin aus der herzoglichen Linie Birkenfeld-Gelnhausen, Tochter des Herzogs Karl Theodor, des Bruders der Kaiserin Elisabeth, der ein bekannter Augenarzt war. Sein älterer Bruder Luitpold verstarb 1914 als Dreizehnjähriger an Kinderlähmung. Aber schon 1912 hat Herzog Albrecht seine Mutter Marie Gabriele verloren. Mit 34 Jahren starb sie in Sorrent, wahrscheinlich an einem schweren Lungenleiden.

Während des ersten Weltkrieges durfte Prinz Albrecht in den Ferien seinen Vater öfter in dessen Hauptquartier an der Westfront besuchen. Nach dem Abitur an einem Münchner Gymnasium studierte Albrecht Forstwissenschaften, Zoologie und Botanik. Er schrieb ein bedeutsames Buch über die Jagd. Ein königlicher Waidmann, ein unverkennbarer Bayernfürst, halt ein echter Wittelsbacher! »A bißerl vornehm und a bißerl leger.« – Die vornehme Bescheidenheit, die an den meisten Wittelsbachern, auch des vorigen Jahrhunderts, oft gelobt und getadelt wird, da sie manchmal als schiere Menschenscheu aufgefaßt wird, diese hocharistokratische Eingezogenheit verleiht unserem angestammten Thronprätendenten eine durch und durch exemplarische Bayernwürde, ja sie repräsentiert auch für unsere Generation Menschenwürde und stille Gemütlichkeit. Das war von Haus aus einmal bayerische Art gewesen: Benediktinische Diskretion und *taciturnitas*, eine stille, verschwiegene, fröhliche Gewohnheit des täglichen Lebens.

Natürlich sind Könige auch Menschen. Aber zuallererst sind

sie die angestammten, die geborenen Repräsentanten ihres Volkes. Und wie könnte man die bayerische Art beschreiben – so es überhaupt eine gibt? Doch es gibt eine in den Nuancen. Auf die Nuancen kommt es an in der Kultur der Völker – wie könnte diese bayerische Spezifität würdiger repräsentiert werden als gerade durch die vornehme Bescheidenheit unseres angestammten königlichen Herzogs Albrecht von Bayern?

Nicht so sehr der Jäger und Forstmann ist an der Person Herzog Albrechts so typisch spürbar. Eine tiefe, erschütternd noble, bäuerische Menschlichkeit strahlt sein Gesicht aus; keine nur vitale, eher eine fromme, gottergebene – aber auch souveräne – urbäuerliche Würde. Fromm, wie es in Bayern der Brauch ist, *secundem consuetudinem*.

Anläßlich des Requiems für den Großvater seines Großvaters, für König Ludwig I., im Februar 1968 in der Abteikirche St. Bonifaz in München konnte ich Denkwürdiges beobachten.

Ich durfte für den Bayerischen Rundfunk eine Fernsehaufzeichnung dieses historischen Gottesdienstes leiten. Der Generalabt der Benediktiner in Rom, damals ein Amerikaner, zelebrierte das Requiem, und die Äbte all jener Klöster, die Ludwig I. gestiftet hatte, umstanden konzelebrierend den Altartisch. Nach dem Requiem ging es zu einem feierlichen Libera an das Hochgrab des Königs, das sich ja in St. Bonifaz befindet. Hier kam es zu einem peinlichen Gedränge, das aber zunächst nicht von den vielen Neugierigen verursacht worden ist. Die Benediktineräbte drückten den Herzog von Bayern an die Wand, übersahen ihn, als wäre er irgendein zufälliger Kirchenbesucher. Er, der Nachfahre Ludwig I., war am Sarge des kgl. Klostergründers in diesem Augenblick des Gedenkens völlig übergangen worden.

Die Kirche kennt keinen anderen Thron mehr als den Bischofsstuhl. Ihr sind möglicherweise Republiken ohnehin lieber als Königreiche? Oder warum entfernte man danach in den Domen gerade die Hochaltäre und setzte an deren Stelle die Throne der regierenden Bischöfe?

Hier ruht der bedeutende König und Klösterstifter – und die Äbte und Äbtissinnen Bayerns gedenken seiner zum Säkulum seines Todes – aber der Erbe der bayerischen Krone hat in diesem Augenblick kaum einen dürftigen Stehplatz in der Nähe der Hochgrabkapelle! Unter den neugierigen Kirchenbesuchern eingekeilt, an die Wand gedrückt, steht er in einiger Entfernung als ein Anonymus.

»Ja no, mir san halt koa Königreich nimmer!« Wären wir noch eines, für den König würde vor dem Grab seines Ahnen ein rotsamt gepolsterter Knieschemel bereitgestellt worden sein, und die Benediktineräbte hätten gewiß mehr der lebendigen Majestät zu Ehren benediziert als der toten. Geschweige denn des ärgerlichen Fernsehens halber.

So habe ich mir damals in meiner Heftigkeit gedacht. Aber Herzog Albrecht von Bayern blieb damals auch als Unbemerkter a bißerl vornehm und a bißerl leger, war trotzdem die Majestät, in seiner vornehmen Bescheidenheit ein idealer Bürger und schlichter Mensch.

Diese stille Bescheidenheit hatte auch schon sein Vater, der Kronprinz und Generalfeldmarschall. Der konnte sogar vor der verschlossenen Tür eines Malerateliers geduldig auf den zu spät kommenden Maler warten, der zum verabredeten Besuch des Kronprinzen nicht mit der Pünktlichkeit der Könige gerechnet hatte (diese Anekdote erzählt Professor Padua). Es ist unvorstellbar, daß Kronprinz Rupprecht 1923 mit dem Hitlerputsch etwas zu tun hatte. Und auch kaum mit den Spekulationen der Monarchisten um den damaligen Reichskommissar von Kahr. Obwohl während des Hochverratsprozesses gegen Hitler im März/April 1924 vor einem hohen bayerischen Sondergericht Feldmarschall Ludendorff als Zeuge wörtlich ungefähr diesen Unsinn ausgesagt hat: »Herr Präsident, nicht dieser Oberleutnant hat das Kommando zur Salve gegeben auf mich und Adolf Hitler an jenem 9. November 1923 vor der Feldherrnhalle, sondern der Kronprinz Rupprecht von Bayern. Ich habe ihn hinter einem Fenster der Residenz gesehen. Und an seiner Seite stand der Kardinal Faulhaber. Wie ja an der Seite der Wittelsbacher immer ein Pfaffe zu stehen pflegt.« Nachweislich ist Kronprinz Rupprecht am 9. November 1923 in Berchtesgaden gewesen.

Das wäre ein eigenes Kapitel: Die Wittelsbacher unter der Tyrannei Adolf Hitlers. Die Flucht des Kronprinzen nach Ungarn, der Prozeß gegen die bayerischen Monarchisten. Die Rückkehr des Kronprinzen, seine Vernehmung durch die Gestapo. Seine Flucht nach Italien. Die Gefangennahme seiner Gemahlin und seiner Kinder in Südtirol. Er selbst kann sich in Florenz versteckt halten, bis die Alliierten die Stadt erobert haben. Seine Familie aber wird in Sippenhaft genommen und kommt in die Konzentrationslager Oranienburg, Flossenbürg und Dachau.

Und wer sind die Agnaten der jüngsten Generation? Der Erbprinz Franz, geboren am 14. Juli 1933, der Sohn Herzog Albrechts und der Herzogin Maria, einer geborenen Gräfin Draskovich von Trakostjan und mütterlicherseits mit den Fürsten von Montenuovo verwandt, die sich von der zweiten Ehe der Franzosenkaiserin Luise von Österreich, die diese mit dem Grafen Neuperg-Montenuovo eingegangen, herleiten. Prinz Franz ist wieder ein sehr kunstsinniger Wittelsbacher und könnte eines Tages ein ebensolcher Monarch werden, ein exemplarischer Nachfahre König Ludwig I. Er ist Vorsitzender des Fördervereins für die Alte Pinakothek in München und zugleich Mitglied der Staatlichen Ankaufskommission der Bayerischen Staatsgemäldesammlung, ferner ist er Mitglied der Akademie der schönen Künste und der Freunde der Glyptothek, er gehört auch dem Vorstand des »International Councils of Modern Arts« in New York an. Unter anderem präsidiert er auch in dem Galerieverein zu München. Und natürlich ist er auch selber ein passionierter Sammler. Ein kunstsinniger Monarch!

Sein Bruder, Herzog Max in Bayern, dagegen ist mehr ein Forstmann und Ökonom. Während Erbprinz Franz noch unvermählt durchs Leben geht, schenkte die Gemahlin Elisabeth, eine geborene Gräfin Douglas, dem Prinzen und Herzog Max fünf Töchter. Aber noch keinen Sohn. Die Tochter des Kronprinzen Rupprecht, Irmingard, seit 1950 vermählt mit dem Prinzen Ludwig von Bayern, dem Sohne des Prinzen Franz, hat 1951 allerdings wieder einen »hochkarätigen« Bayernprinzen geboren, den Prinzen Luitpold von Bayern. Väterlicher- und mütterlicherseits war Bayerns letzter König Ludwig III. sein Urgroßvater. – Prinz Ludwigs Bruder, Prinz Rasso von Bayern, vermählt mit Erzherzogin Theresa von Österreich-Toskana, hat drei Söhne und vier Töchter. Eine dieser Prinzessinnen ist Krankenschwester geworden. Auch die Adalbertinische Linie blüht weiter, die Nachkommen des Prinzen Adalbert von Bayern, des großen historischen Schriftstellers und Wittelsbacher-Biographen; die Söhne seines Sohnes Prinz Konstantin, der Politiker geworden war und es bis zum Bundestagsabgeordneten gebracht hat, 1969 aber bei einem Flugzeugabsturz ums Leben gekommen ist, diese Söhne, Prinz Leopold und Prinz Adalbert, haben beide bürgerlich sich vermählt und Prinz Adalbert hat als Autorennfahrer Schlagzeilen gemacht. Aber immerhin auch schon ein Buch geschrieben. – Ein Vivat dem Hause Wittelsbach. Es ist der Bayern angestammtes Herrscherhaus.

Ob's wirklich schöner wär'?

Die Sehnsucht nach dem Schönen, nach dem Guten und Wahren, kann in unserer Gesellschaft halt doch kaum jemals erfüllt werden. Die Wiedergeburt der Monarchie in Bayern hängt von zu vielen eingebildeten Voraussetzungen ab und eine Verwirklichung dieses Herzenswunsches läßt sich in unserem Jahrhundert kaum mehr erhoffen.

Seit der fortschreitenden Rationalisierung auch der Kirche durch die glaubenslosen Theologen unseres Jahrhunderts braucht das Heilige nicht mehr schön zu sein und ist die Frömmigkeit ein unnütz Ding. Noch erbarmungsloser haben unsere Philosophen das Schöne zerstört. Seit sie sich selbst nämlich als Scharlatane entlarvt haben. Letzte romantische Ideen und ein Hauch von Poesie und Originalität können derzeit gerade noch von bayerischen Historikern und Volkskundlern vermarktet werden. Eine große, die Erneuerung bewegende Kraft geht aber von diesen Büchern, Ausstellungen und Vorträgen, von diesen Artikeln, Funk- und Fernsehsendungen nicht aus. Vor allem entfachen diese Aktivitäten nicht die große Sehnsucht nach der bayerischen Monarchie und leider auch nicht eine wachsende Zuneigung zur Familie unseres angestammten Königs. So ist die königstreue Begeisterung noch lange nicht groß genug, um etwa die Politiker mit der Bitte um ein Volksbegehren molestieren zu wollen.

Trotzdem, eine Begeisterung ist spürbar. Während ich diese Zeilen zu Papier bringe, ruft der Initiator einer eben einberufenen Gründerversammlung an und teilt die Existenz eines neuen König-Ludwig-II.-Vereines mit. Fast jede Woche wird jetzt in Bayern so ein Verein gegründet.

Wer würde unser König? Das ist die meistgestellte Frage. Ob unsere Wittelsbacher überhaupt noch mögen? Der nächste Agnat des angestammten Hauses besteigt den Thron, so verlangt es die Tradition. »Der nächste berufene Agnat«, formulieren wir jedes Jahr am 18. Januar in Gammelsdorf bei Moosburg. »Kronprinz Franz von Bayern«, der Sammler abstrakter Kunst, hat sich zum Wittelsbacher Jahr den bayerischen Fernsehern durch den böhmischen Grafen Ledebur vorstellen lassen. Modebewußt, betont nicht im Trachtenanzug, ein »moderner Mensch«. Auf die Frage nach der »Überparteilichkeit unseres Königshauses« angesprochen, antwortete der Prinz, man sei als Vertreter des Hauses Bayern selbstverständlich überparteilich. Aber die nonchalante Haltung des Prinzen verriet gerade an dieser Stelle seiner Antwort eine freundlich lächelnde Unverbindlichkeit. Eine siebzig Jahre alte und immer noch blutende Wunde wurde berührt. Seit 1912 der nachmalige König Ludwig III. – im Gegensatz zu seinen Vorgängern, vor allem auch zu König Ludwig II. – sich einseitig mit dem christlichen Zentrum verbunden hatte, stehen unsere Wittelsbacher eindeutig und aktiv auf der Parteiseite der Schwarzen. Die königliche Unparteilichkeit wird nicht mehr beobachtet. Prinz Franz erscheint zwar zu CSU-Einladungen, aber nicht bei der SPD. – Sein Bruder, Prinz Max von Bayern, hat einen der schönsten Königlich-Bayerischen Flecken, das Wildbad Kreuth bei Tegernsee, günstig an den CSU-Propagandaapparat der Hans-Seidl-Stiftung verpachtet. Ein Vetter unseres Kronprinzen, Prinz Konstantin von Bayern, war CSU-Bundestagsabgeordneter. Noch nie aber ist ein Wittelsbacher bei der SPD gewesen. Den Prinzen Franz selber habe ich schon wiederholt bei Strauß-Empfängen gesehen, bei den bayerischen Sozialdemokraten noch nie.

Der Stil der regierenden Monarchen in den europäischen Demokratien ist entschieden ausgeglichen, nicht nur in England und Schweden...

Noch eine Anmerkung sei mir gestattet; beschämend genug, wenn ich als Lustspieldichter es sagen muß: Nicht die Sozialdemokraten haben an der bayerischen Königsfamilie etwas gutzumachen, sondern die Familie der Wittelsbacher hätte eher den Sozialdemokraten Abbitte zu leisten. Abbitte für die vielen Ungerechtigkeiten, Benachteiligungen und Verfolgungen, die Mitglieder der SPD zwischen 1886 und 1914 in Bayern haben durch die Kgl. Bay. Polizeiminister erdulden müssen. – Ich sage seit 1886, weil unser Märchenkönig wiederholt mit Sozialdemokraten verhandelt hat und weil sogar Ferdinand Lassalle ihn, den kaum auf den Thron gekommenen, als einen deutschen König ins Auge gefaßt hatte. Und was haben Münchner Sozialdemokraten noch 1914 an die Residenz geschrieben? »König Ludwig II., steh auf und regier, König Ludwig III., leg dich hin und krepier!«

Es hat bedeutende königstreue bayerische Sozialdemokraten gegeben. Sogar einen königstreuen weißblauen Sozialisten kenne ich. Den deutschen Dichter Oskar Maria Graf. Der gebürtige Berger hat über seinem Schreibtisch in New York, den er mir vermacht hat, zwei Porträts hängen gehabt: König Ludwig II. von Bayern und Karl Marx.

Wenn wir schon beim Träumen sind: Die Erneuerung eines Bayerischen Königtums müßte auch in einer künftigen sozialen Massengesellschaft etwas Schönes vorstellen. Patriarch, Jäger und mäzenatischer Grandseigneur soll ein künftiger König von Bayern sein! Oder er wird gleich ein Märchenkönig, wie es Ludwig II. – und Ludwig I. – gewesen ist.

Anhang

Zeittafel

Bis 377 ist das heutige Bayern, trotz der Kriege, fester Bestand des Römischen Reiches in den Provinzen Raetien und Noricum nördlich der Alpen bis zum Limes. In Augusta Vindelicum, in Augsburg, residiert der Procurator Raetiens.

179/80 wird Castra Regina, Regensburg, angelegt und wird Garnisonsstadt für die dritte italienische Legion mit einem Legaten als Kommandeur. – 121 besucht Kaiser Hadrian die Provinz Raetien und verbessert Verwaltung und Heerwesen. Unter Antonius Pius liegen zehn Legionen an der Donau. Respektable römische Verwaltung, auch Municipalverwaltung. Die Stadt Salzburg zum Beispiel reicht bis zum Inn. Chefs dieser Municipalverwaltung sind die beiden Bürgermeister der Stadt Salzburg, die *duoviri Iuvavensium.* Ähnlich werden die anderen Städte und Märkte verwaltet, außer den Legionsterritorien, die nur quasimunicipal verwaltet werden.

Blühendes Gewerbe, Fabriken, ausgedehnter Handel.

Um 377 aber überschwemmten Ost- und Westgoten, Alanen und Hunnen in großen Massen die Donauprovinzen, und die *Pax Romana* kann nicht mehr wiederhergestellt werden. Die römische Bevölkerung – hier und da auch noch befestigte Städte mit etlichen Soldaten – kann sich mit wechselndem Glück noch bis zum Tode des Flavius Aetius um 454 halten. 451 und 453 durchzieht Attila die Provinz. Der Heilige Severin, vielleicht sogar ein ehemaliger römischer Consul, vollbringt in Noricum verschiedene Werke der Barmherzigkeit, gründet Klöster, betreut die letzten, noch ausharrenden Römer nördlich der Alpen und stirbt 482 in Favianis. Reste verschiedener germanischer Stämme bilden neue Heerhaufen, und räuberische Banden schließen sich zusammen. Aus diesem ungeheueren Durcheinander tauchen plötzlich die Bajuvaren auf. Die mächtigen Mauern der Festung Regensburg bieten den ersten bayerischen Herzogen Schutz. Im römischen Legatenpalast residieren sie, und noch Bischof Arbeo beschreibt um 770 in seiner Lebensbeschreibung des Hl. Emmeram Regensburg als eine »urbs inexpugnabilis«, als eine uneinnehmbare Stadt, »mit Türmen und Brunnen reichlich versehen«.

Um 530 erfahren wir den Namen des ersten Bayernherzogs: Garibald I. Einen Garibald II. finden wir erst um 620. 589 heiratet eine bayerische Prinzessin den Langobardenkönig Authari. Ihr Name ist Theodolinde. Schon ein Enkel Garibalds I. kommt mit den Franken in Konflikt, wird wahrscheinlich zur Bundesgenossenschaft gezwungen und bekriegt slawische Stämme in Kärnten. Sein Name ist Tassilo I. Man schreibt ungefähr das Jahr 591.

Um 700 erscheinen die Missionsbischöfe Rupert und Emmeram, Korbinian und Kilian im Land. Sie sind vornehme Franken und zugleich fränkische Patrioten.

Herzog Theodo nimmt seine Söhne Grimoald, Theodebert und Theodebald zu Mitregenten an und reist nach Rom, um für Bayern einen Erzbischof zu erbitten. – Auf dem Rückweg stirbt der Herzog Theodo aber um 718 und Karl Martell zieht 725 mit Heeresmacht gegen Bayern und demonstriert die fränkische Macht. Herzog Hugibert mehr Franke als Bayer.

737–748 Herzog Oatilo, ein Enkel Theodos, vermählt mit Hiltrud, Pipins Schwester. Die *Lex Baiuvariorum*, das bayerische Volksrecht wird aufgezeichnet. Der Hl. Willibald gründet das Bistum Eichstätt. Mehrere Klöster werden gegründet.

739 Bonifatius organisiert die Bistümer Salzburg, Passau, Freising und Regensburg.

743 Herzog Oatilo kämpft gegen die Franken, wird gefangen und, nachdem er einen Lehenseid geschworen hat, wieder als Bayernherzog eingesetzt.

748–788 Herzog Tassilo III. Bayern erreicht eine Blütezeit, man spricht von der tassilonischen Renaissance. Zahlreiche Stifte. Bischof Virgil in Salzburg. Aufzeichnung des Wessobrunner Gebetes.

757 schwört Tassilo in Compiègne den Lehenseid, 763 verläßt er das fränkische Heer und heiratet die langobardische Prinzessin Luitpirg, die »virga regalis«. 781 aber muß er den Eid vor Karl dem Großen, seinem Vetter, erneuern. 788 wird Tassilo abgesetzt und in einem Kloster gefangengehalten. Nach Unruhen in Regensburg wird ihm ein zweiter, noch strengerer Prozeß gemacht.

Unter zahlreichen Klostergründungen, die ihm zugeschrieben werden, sind die wichtigsten: 769 Innichen im Pustertal und 777 Kremsmünster, wo auch die Cimelien des agilolfingischen Hauses aufbewahrt werden: der Tassilokelch, der »Codex Millenarius« und das Zepter Tassilos. – Tassilo ließ verschiedene Landessynoden abhalten wie jene zu Dingolfing im Jahre 769.

817–876 Ludwig, »König der Bayern und der angrenzenden Gebiete«, von der neueren Geschichtsschreibung auch Ludwig der Deutsche genannt. Er regiert in Regensburg.

876–880 Karlmann, König der Bayern und Italiens, regiert in Regensburg.

887–899 Kaiser Arnulf von Kärnten, regiert in Regensburg.

895 Luitpold, der Markgraf der Ostmark, mütterlicherseits ein Neffe Kaiser Arnulfs, führt in Bayern ein herzogliches Regiment und

erwehrt sich der Ungarneinfälle. Er kann als Stammvater des Hauses Wittelsbach gelten. Im Jahre 907 fällt er – und mit ihm der ganze bayerische Heerbann – in der Schlacht bei Ennsburg (Preßburg?).

900–911 Ludwig das Kind, der letzte Karolinger.

907–937 Luitpolds Sohn, Herzog Arnulf der Böse. Erste Säkularisation von Kirchengütern in Bayern. Er besiegt die Ungarn 908 und 913, bei Ötting und Pocking. 919 wird er zum König gewählt.

937–938 Herzog Eberhard, wahrscheinlich von Otto dem Großen enthauptet.

938–947 Herzog Bertold, jüngerer Bruder Arnulfs des Bösen.

948–955 Herzog Heinrich I., Bruder des Sachsenkaisers Otto. 955 Sieg über die Ungarn bei Augsburg, das der Hl. Ullrich verteidigt.

955–976 Herzog Heinrich der Zänker; seine Mutter: Judith, ist eine Luitpoldingerin. 976–986 regiert Herzog Otto der Sachse Bayern und Schwaben in Personalunion. 976 Kärnten zum ersten Mal von Bayern abgetrennt. Luitpold der Babenberger, Markgraf der Ostmark. Damit wird das zu große Herzogtum zum ersten Mal verkleinert.

983–985 Herzog Heinrich III. Hezilo, wieder ein Luitpoldinger auf dem Herzogsstuhl. Von 976 bis 989 ist er Herzog in Kärnten. Und 989 wird die Provinz Kärnten wieder bayerisch.

985–995 wird Herzog Heinrich der Zänker zum zweiten Mal Bayernherzog. Er besiegt abermals die Ungarn, und Bayern reicht nun bis zum Wienerwald.

995–1017 Herzog Heinrich IV., seit 1002 Kaiser Heinrich II. der Heilige. Regiert als Kaiser bis 1024. Von 1004 bis 1009 läßt der Kaiser in Bayern den Grafen von Lützlburg regieren. 1002 wird Kärnten für immer von Bayern getrennt.

1007 wird das Bistum Bamberg gegründet. Um diese Zeit lebt in Tegernsee der Mönch Froumund, der niederschreibt, daß die übrigen deutschen Stämme von den Bayern die Sprache bekommen hätten! – Der Niederbayer Godehard oder Gotthart wird Bischof von Hildesheim. Der mächtige Kaiser Heinrich III. (1024–1056) ist zwischen 1027–1042 zugleich Herzog in Bayern. Kurze Regierungszeiten haben die Herzoge Heinrich VII. und Heinrich VIII.

1055–1061 übt die Kaiserinwitwe Agnes die Regentschaft aus, dann, von 1061 bis 1070, der Graf Otto von Nordheim. Um diese Zeit werden im Kloster Niederaltaich die wichtigen Annalen niedergeschrieben. Und in St. Emmeram in Regensburg schreibt der fleißige Mönch Otloh ein Buch nach dem andern.

1070–1077 Herzog Welf I.

1101–1120 Welf II.

Jener Zweig der Luitpoldinger, der sich im 10. Jahrhundert von Scheyern genannt hat, nennt sich jetzt von Wittelsbach.

1115 wird ein Otto von Wittelsbach mit der Pfalzgrafenwürde im Herzogtum Bayern betraut. Sein Urgroßvater Berthold ist noch ein Enkel Herzog Arnulf des Bösen.

1120–1126 Herzog Heinrich IX. der Schwarze. Der heilige Bischof Otto von Bamberg missioniert die Pommern.

1126–1138 Herzog Heinrich X. der Stolze. Von 1139–1141 regiert der Babenberger Markgraf Leopold. Dann König Konrad III. von Hohenstaufen und schließlich, von 1143–1156, Heinrich XI. »Jasomirgott«.

1155 erstürmt Otto von Wittelsbach die Veroneser Klause.

1156–1180 regiert als der letzte Welfe in Bayern Herzog Heinrich XII. der Löwe. 1158 Gründung Münchens. 1156 wird Österreich abgetrennt und 1180 auch die Steiermark. In Tegernsee Spiel vom Antichrist. Von 1138–1158 regiert in Freising Bischof Otto, der Geschichtsschreiber. Er lehnt die Übergriffe der weltlichen Vögte über die geistlichen Besitzungen ab und beschimpft die Vögte des Freisinger Bistums, die Grafen von Scheyern-Wittelsbach, die von den Luitpoldingern, von Arnulf dem Bösen, herstammen.

1180–1183 Herzog Otto I. (Markgraf Otto VI.) von Wittelsbach. Am 16. Sept. 1180 zu Altenburg belehnt. Gemahlin Agnes von Loon in Holland.

1183–1231 Ludwig I. der Kelheimer. Seine Gemahlin ist Ludmilla von Bogen. Baut an der Isar Burg und Stadt Landshut. Statt der Grafen setzt er Landrichter ein. Anfang einer Bürokratie in Bayern.

1231–1253 Otto II. der Erlauchte. Seine Gemahlin Agnes, die Tochter und Erbin des Pfalzgrafen bei Rhein, Heinrichs des Langen. Schon Ludwig I. nennt sich als Schwiegervater Herzog von Bayern und Pfalzgraf bei Rhein. Die Hochzeit war 1220. 1230 stirbt der Dichter Walther von der Vogelweide. 1248 fallen Teile der Andechser Lande an Bayern. In Bayern zahlreiche berühmte Dichter: Niedhart von Reuenthal, wahrscheinlich aus dem Isengäu gebürtig, Tannhäuser, in der Neumarkter Gegend gebürtig, also ein Oberpfälzer, und auch Wernher der Gärtner, vielleicht ein Burghauser oder Innviertler.

1253–1255 Ludwig II. und Heinrich XIII. regieren gemeinsam und teilen dann 1255 in der ersten Landesteilung das Land in Ober- und Niederbayern auf. Ludwig II. der Strenge, der seine Gemahlin Maria von Brabant wegen vermeintlichen Ehebruchs sofort hat hinrichten lassen, beerbt seinen unglücklichen Neffen Konradin von Hohenstaufen, fördert Rudolf von Habsburg und regiert bis 1294.

Sein Bruder Heinrich XIII. von Niederbayern heiratet Elisabeth, eine königliche Prinzessin von Ungarn, und regiert bis 1290.

1270 Albertus Magnus, Bischof in Regensburg. Um 1275 wird der Regensburger Dombau angefangen. Bertold von Regensburg ist ein großer Bußprediger.

1294 Rudolf I. Herzog von Oberbayern und Pfalzgraf bei Rhein, desgleichen sein Bruder Ludwig, später Kaiser Ludwig IV. »der Bayer«.

1290–1312 Otto III. Herzog von Niederbayern, seit 1305 König von Ungarn, erste Gemahlin Katharina von Habsburg, zweite Agnes von Glogau. 1282 wird Tirol selbständig. 1311 gibt Otto III. den niederbayerischen Landständen in der »Ottonischen Handfeste« die niedere Gerichtsbarkeit. Nach seinem Tod streiten sich Friedrich der Schöne von Österreich und Herzog Ludwig von Oberbayern um die Vormundschaft der minderjährigen Erben der niederbayerischen Herzoge. Es kommt 1313 zur Schlacht von Gammelsdorf. Ludwig siegt und wird berühmt.

1314 wählen die Kurfürsten Ludwig von Oberbayern zum König. Von einer Minderheit wird Friedrich der Schöne als Gegenkönig gewählt. Langjährige Kriege der beiden Gegenkönige.

1322 Sieg Ludwig des Bayern über Friedrich den Schönen bei Mühldorf. Ludwig praktisch Alleinherrscher in Bayern. Auseinandersetzungen mit dem Papst. 1323 belehnt er seinen Sohn Ludwig den Brandenburger mit der Mark Brandenburg. 1324 wird er vom Papst gebannt.

1328 Kaiserkrönung in Rom.

1329 Hausvertrag von Pavia: Die Pfalz geht an die Nachkommen seines Bruders Rudolf über. Zusätzlich Gebiete um Amberg und Sulzbach als »Obere Pfalz«. Über 430 Jahre lang herrschen nun zwei Linien des Hauses Wittelsbach in Deutschland: Die Pfälzer und die Bayern. Und beide lassen wieder verschiedene Zweige in reichlicher Nachkommenschaft erblühen.
Vor allem die Pfälzer kommen auf den Dänischen und Schwedischen Thron, stellen einmal auch den König von Böhmen, den Winterkönig, und in Ruprecht auch einen deutschen König.

1345 wird Ludwigs zweite Gemahlin, Margarete von Holland, mit ihren Erbländern belehnt, mit Holland, Seeland und Friesland.

1347–1361 Ludwig V. der Brandenburger. Die Mark übernimmt sein Bruder, Ludwig der Römer, und schließlich der jüngste Kaisersohn, Herzog Otto V. der Faule. Er veräußert sie 1373 an Kaiser Karl IV.

1329–1353 Rudolf II. Pfalzgraf bei Rhein.

1349 Zweite Teilung Bayerns.

1353–1390 Ruprecht der Rote in der Pfalz. Ihm wird durch die Goldene Bulle die Kurstimme zugesprochen.

1363 Durch den Tod Herzog Meinhards, des Sohnes Ludwig des Brandenburgers und der Margarete Maultasch, Gräfin von Tirol, wird Tirol wieder habsburgisch.

1375–1392 Die Herzöge Stephan der Kneißl, Friedrich und Johann, Söhne Stephan II. mit der Hafte und Enkel Ludwig des Bayern teilen das Land 1392 wieder unter sich auf. Der Kneißl regiert bis 1413 in Ingolstadt, Friedrich bis 1393 in Landshut und Johann II. bis 1397 in Bayern-München.

1410 Ruprecht III. Kaiser und Kurfürst von der Pfalz stirbt, und seine Nachkommen gründen die Linien Heidelberg, Neumarkt-Oberpfalz, Simmern, Zweibrücken und Mosbach. Die spätere bayerische Königslinie kommt aus dem Stamm Zweibrücken-Kleeburg-Birkenfeld. Der kinderlose Vorerbe Karl Theodor aber, der 1777 nach München kommt, hat seine Väter in gerader Linie im Stammbaum der Pfalzgrafen von Neuburg-Sulzbach. Er hat schon 1743 die kurfürstliche Hauptlinie der Pfälzer geerbt, die Linien Heidelberg und Neumarkt in der Oberpfalz. – 1386 hatten die Pfälzer Wittelsbacher die Universität Heidelberg gestiftet.

1433 Verlust der Niederlande.

1435 Agnes Bernauer, die erste Gemahlin Herzog Albrecht III., wird von ihrem Schwiegervater Herzog Ernst von Bayern-München in Straubing als Hexe in der Donau ertränkt. – In Frankreich stirbt Königin Isabeau, die Tochter Stephan des Kneißl.

1438–1460 Albrecht III., Andechs zum Benediktinerkloster erhoben.

1447 stirbt der letzte Ingolstädter Ludwig der Gebartete als Gefangener in Burghausen. Sein Sohn Ludwig der Bucklige starb schon zwei Jahre vorher, 1445. Die Ingolstädter Lande erben die Herzoge von Niederbayern, die »Reichen« genannt.

1425–1431 Heinrich der Reiche. Er erwirbt den bayerischen Teil des Herzogtums »Straubing-Holland«.

1450–1479 Ludwig der Reiche gründet 1472 die bayerische Landesuniversität Ingolstadt. 1475 Hochzeit seines Sohnes Georg mit der polnischen Prinzessin Hedwig. Er will die Juden mit Strenge zum Christentum bekehren.

1479–1503 Georg der Reiche. Er hat keine Söhne und verheiratet seine Tochter Elisabeth mit Ruprecht dem Tugendhaften, einem Sohn des Pfälzischen Kurfürsten Philipp des Aufrichtigen, was den Niederbayerischen Erbfolgekrieg zur Folge hatte. Für den Sohn dieser Ehe, Ottheinrich, wurde dann die Jungpfalz um Neuburg an der Donau gestiftet, Ottheinrich erbt aber 1556 die Kurpfalz und erbaut das berühmte Heidelberger Schloß.

1503–1505 Niederbayerischer Erbfolgekrieg. Reste Tirols mit Kufstein, St. Johann und Rattenberg gehen endgültig verloren. Aber Bayern wird wieder vereinigt und Herzog Albrecht IV. der Weise erläßt das Gesetz der Primogenitur. Der älteste Prinz wird jeweils alleiniger Erbe der Macht.

1525 Reformation in Nürnberg

1527 Reformation in den fränkischen Fürstentümern Ansbach und Bayreuth

1549 Jesuiten in Ingolstadt

1550–1579 Albrecht V.; Grundstock zur Münchener Staatsbibliothek gelegt. Philipp Apian, Wiguleus Hund. Hans Müelich, Christoph Schwarz, Peter Sandid. Orlando di Lasso. Dillingen (Bistum Augsburg) Universität.

1579–1597 Wilhelm V. der Fromme

1582 Universität Würzburg gegründet

1583–1761 Bayerische Prinzen im Besitz des Kurfürstentums Köln. Es sind dies die Bischöfe:
Ernst von Bayern (1583–1612). Mit ihm war das Erzstift an das katholische Haus Wittelsbach gekommen und der Kampf um die Erhaltung des katholischen Glaubens in Köln entschieden.
Ferdinand von Bayern (1612–1650). Er hat die strenge Durchführung des »Hexenhammers« gefordert!
Max Heinrich (1650–1688)
Joseph Clemens (1688–1723)
Clemens August (1723–1761), Bauherr des Lust-Schlosses Augustusburg bei Brühl

1597–1651 Maximilian I.

1608–1609 Union und Liga

1610–1632 Friedrich V. von der Pfalz, »der Winterkönig«. Die Pfälzer sind mittlerweile evangelisch geworden.

1620 Schlacht am Weißen Berge

1623 Maximilian I. Kurfürst

1628 Oberpfalz von Bayern besetzt

1632 Tilly gestorben. Gustav Adolf, König von Schweden, in München.

1648 Kurwürde Bayerns wird erblich. Ende des Dreißigjährigen Krieges: Friede von Münster und Osnabrück.

1648–1680 Karl Ludwig von der Pfalz (8. Kurwürde)

1651–1679 Ferdinand Maria

1654–1718 Karl X., Karl XI., Karl XII., Pfalzgrafen von Zweibrücken, Könige von Schweden

1679–1726 Maximilian II. Emanuel

1688 Eroberung Belgrads

1691 Max Emanuel Statthalter in den Niederlanden

1699 stirbt in Brüssel der kleine Kurprinz und Erbe Spaniens

1704 Schlacht bei Höchstädt

1705–1706 Sendling und Aidenbach. Landesdefensoren sterben bei Sendling und Aidenbach (Mordweihnacht).

1706 Die Kurfürsten von Bayern und Köln werden geächtet.

1724 Wittelsbacher schließen den Familienvertrag. Bau der bischöflichen Residenz in Würzburg durch die Baumeister Balthasar Neumann, Tiepolo.
Mannheim: Bau der Residenz der Kurfürsten von der Pfalz. Die Baumeister Joseph Effner und François Cuvilliés am kurfürstlichen Hofe zu München.

1726–1745 Karl Albrecht

1742 Kaiser Karl VII.
1745 Österreichischer Erbfolgekrieg
In Prag Karl Albrechts Krönung zum deutschen Kaiser (Karl VII.)
1743–1799 Karl Theodor, Kurfürst von der Pfalz (Linie Sulzbach), ab 1777 zugleich Kurfürst von Bayern
1745–1777 Maximilian III. Joseph. Friede zu Füssen
1756–1791 Wolfgang Amadeus Mozart
1759 Stiftung der Bayerischen Akademie der Wissenschaften in München
1779 Verlust des Innviertels durch den Frieden von Teschen
1797 Im Frieden zu Campoformio Verlust der linksrheinischen Pfalz
1799–1825 Maximilian IV. Joseph aus der Linie Zweibrücken-Birkenfeld, Kurfürst von Pfalz-Bayern
1800 Schlacht bei Hohenlinden
1801 Universität von Ingolstadt nach Landshut verlegt
1803 Reichsdeputationshauptschluß: Die Bistümer Augsburg, Freising, Würzburg, Bamberg usw. an Bayern. Säkularisation
1805 Bündnis mit Frankreich; Krieg gegen Österreich. Friede zu Preßburg; Tirol, Burgau usw. an Bayern. (Würzburg an den Kurfürsten von Salzburg, Salzburg an Österreich.)
1806 1. Januar: Bayern Königreich. Ansbach, Nürnberg an Bayern. Auflösung des Reiches. Gründung des Rheinbundes
1809 Schlacht bei Abensberg, Landshut, Eggmühl, Regensburg, Wagram, Berg Isel
1809 Friede zu Schönbrunn: Salzburg und das Innviertel kommen an Bayern.
1810 Bayreuth, Regensburg an Bayern
1812 34000 Bayern mit Napoleon nach Rußland; Schlacht bei Polozk
1813 8. Oktober Vertrag zu Ried
30. und 31. Oktober: Schlacht bei Hanau
1814 Bayern erhält gegen Tirol und Salzburg die linksrheinische Pfalz, Würzburg und damit seine heutige Gestalt.
1815 Der Deutsche Bund wird auf dem Wiener Kongress geschaffen.
1817 Rücktritt des Ministers Montgelas, er stirbt 1838.
1818 Bayern erhält eine Verfassung.
1825–1848 König Ludwig I. Zahlreiche Künstler in München, vor allem die Baumeister Klenze, Gärtner und Ziebland.
1826 Universität von Landshut nach München verlegt
1828 Zolleinigung zwischen Bayern und Württemberg
1832–1862 Prinz Otto König von Griechenland
1832 Das Hambacher Fest in der Pfalz beunruhigt die Monarchien.
1833 Der Deutsche Zollverein nimmt Gestalt an.
1835 Eisenbahn Nürnberg–Fürth.
Elektrische Telegraphie (Steinheil).
Neue Kreiseinteilung des Königreiches.

1839	Die Bahnlinie München–Augsburg gebaut und 1844 vom Staat erworben
1842	Walhalla vollendet; Befreiungshalle begonnen
1843	Gründung Ludwigshafens
1844	Die erste Staatsbahnlinie Nürnberg–Bamberg vollendet
1847	Rücktritt des Ministers Abel
1848	Lola Montez muß München verlassen, Ludwig I. verzichtet auf den Thron.
1848–1864	König Maximilian II.
1858	Allgemeine Kunstausstellung in München. Gründung der Historischen Kommission bei der Akademie der Wissenschaften.
1862	Trennung der Justiz von der Verwaltung
1863	Feierliche Einweihung der Befreiungshalle
1864–1886	König Ludwig II. Er wird sogleich der Mäzen Richard Wagners.
1864	Schleswig-Holsteinischer Krieg
1866	Krieg Preußens gegen den Deutschen Bund und Zerstörung dieses Bundes durch die preußische Hegemoniepolitik
1870/71	Krieg Preußens mit Frankreich. Bayern wird mehr oder minder genötigt, den Bundesfall anzuerkennen und mitzukämpfen. Ludwig wird von Bismarck gezwungen, den »Deutschen Kaiserbrief« zu schreiben, abzuschreiben. Beginn der Resignation Ludwigs.
1873	Reichsmünzgesetz, Ende der bayerischen Guldenwährung
1876	Erste Bayreuther Festspiele, »Ring der Nibelungen«
1882	»Parzifal« in Bayreuth uraufgeführt. – Erste Telephonanlage
1883	Tod Richard Wagners in Venedig
1886	Der König stirbt in Berg am Starnberger See.
1886–1913	König Otto. Er ist schwermütig und für ihn übt die Regentschaft aus Prinz Luitpold von Bayern, ein Sohn König Ludwig I.
1897	Bayerische Soldaten müssen die deutsche Kokarde tragen –, ein Verstoß gegen die Reservatrechte.
1900	Eröffnung des Nationalmuseums. Aber auch Einführung des einheitlich für ganz Deutschland geltenden Bürgerlichen Gesetzbuches und des Grundbuches.
1907	Ein 7. Ministerium wird gebildet, das Ministerium für Verkehr
1906	Grundsteinlegung zum Deutschen Museum in München durch Kaiser Wilhelm II. Auch der Prinzregent ist zugegen.
1911	Neunzigster Geburtstag des Prinzregenten. Der Papst dispensiert dazu alle Katholiken des Königreiches von dem Verbote des Fleischgenusses am Freitag.
1912	Das Ministerium des Professors von Hertling, Fraktionsvorsitzender des christlichen Zentrums, wird das erste politische Ministerium Bayerns.
1912	Am 12. 12. 12 stirbt der Prinzregent.
1913–1918	König Ludwig III.
1913	feiert der deutsche Kaiser Wilhelm II. in Anwesenheit aller Für-

sten seines Reiches vor der Befreiungshalle in Kelheim das hundertjährige Jubiläum der Leipziger Völkerschlacht gegen Napoleon, den Franzosenkaiser, den Erbfeind Deutschlands.

1914 Ausbruch des 1. Weltkrieges, der Millionen den Tod bringt. Ludwig III. macht seine Armee um gut zwei Stunden später mobil als das übrige deutsche Kaiserreich.

1916 Exkönig Otto stirbt als permanenter Patient in Fürstenried.

1918 Am 9. November erklärt der Revolutionär und unabhängige Sozialist Kurt Eisner die Dynastie Wittelsbach für abgesetzt und Bayern zur Republik mit dem Titel eines »Freistaates«. – Die einst so über die Maßen königstreuen rechten Politiker Bayerns werden stillschweigend zu Republikanern und entwinden den Roten die Herrschaft. Viele Bayern aber empfinden in ihrem Herzen nach wie vor königstreu.

»Die Heimat seufzt nach einem schönen König!«

Genealogie der Herrscher Bayerns

Das sächsische Königshaus und die Luitpoldinger in Bayern

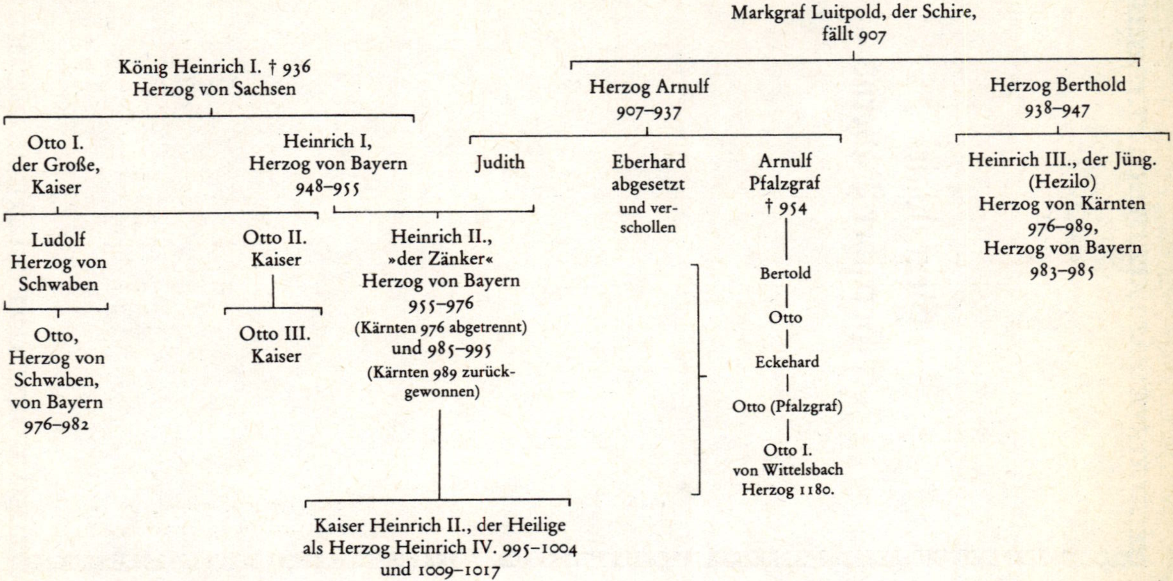

Das welfische und das staufische Haus

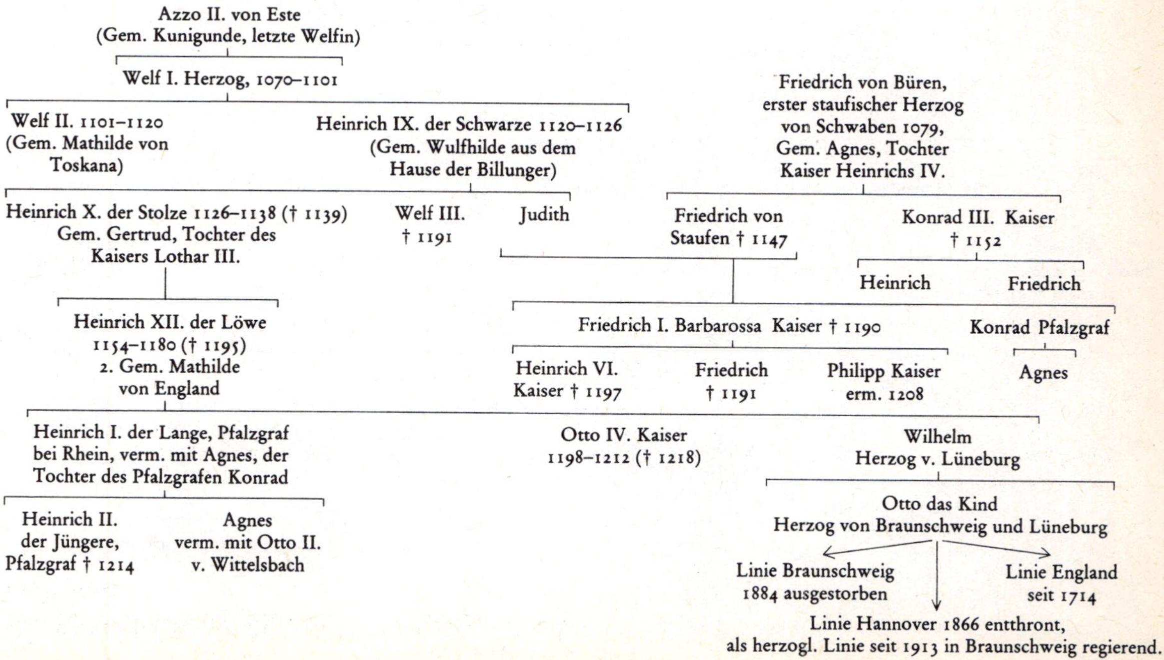

Die Wittelsbacher in Bayern

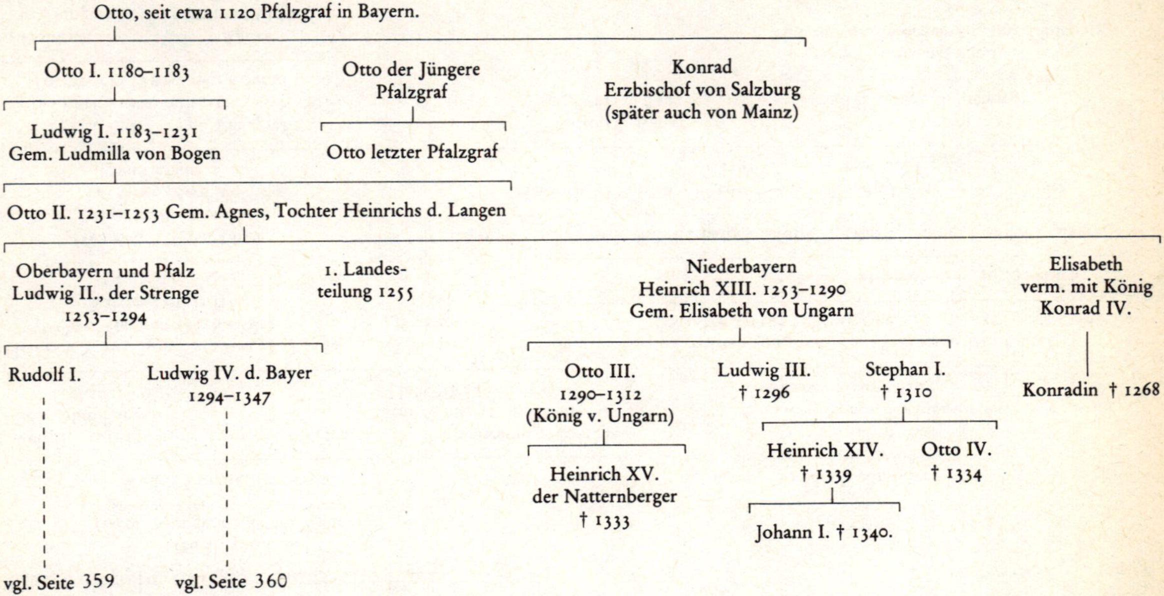

Die ältere Kurlinie und die Heidelberger Linie

- Rudolf I. † 1319
  - Adolf † 1327
    - Ruprecht II. der Harte 1390–1398
      - Ruprecht III. der Milde 1398–1410 (Deutscher König)
        - Pfälzische Teilung 1410.
          - Heidelberg-Amberg: Ludwig III. der Bärtige
            - Ludwig IV. der Sanftmütige 1436–1449
              - Philipp der Aufrichtige 1476–1508
                - Ludwig V. d. Friedfertige 1508–1544
                - Ruprecht † 1504, Gem. Elisabeth v. Landshut
                  - Otto Heinrich wird 1556 Kurfürst in Heidelberg, besitzt seit 1505 die Jungpfalz Neuburg-Sulzbach. † 1559
                - Friedrich II. 1544–1556
            - Friedrich I. der Siegreiche (1449) 1452–1476
          - Neumarkt: Johann
            - Christoph † 1448, König v. Skandinavien seit 1440
          - Simmern u. Zweibrücken: Stephan
            - Simmern: Friedrich
              - Johann I.
                - Johann II.
                  - Friedrich III. (1559 Erbe der Kurpfalz Heidelberg)
            - Zweibrücken: Ludwig
              - Alexander
                - Ludwig
                  - Wolfgang (1556 Erbe d. Pfalzgrafschaft Neuburg-Sulzbach)
          - Mosbach: Otto I.
            - Otto II. † 1499
  - Rudolf II. 1329–1353
  - Ruprecht I. der Rote 1353–1390

Die Linie Ludwigs des Bayern.

Ludwig IV. der Bayer 1294–1347, Kaiser seit 1314.
1. Gem. Beatrix von Glogau
2. Gem. Margareta von Holland

2. Landesteilung 1349.

- Oberbayern-Tirol: Ludwig V. der Brandenburger † 1361, Gem. Marg. Maultasch
  - Meinhard † 1363
- Niederbayern-Landshut: Stephan II. mit der Hafte † 1375
  - 3. Landesteilung 1392.
  - (Ingolstadt) Stephan III. d. Kneißel † 1413
    - Isabella, Gem. Karl VI. von Frankreich
    - Ludwig VII. im Bart 1413–1447
      - Ludwig VIII. der Höckerige † 1445
  - (Landshut) Friedrich † 1393
    - Heinrich d. R. 1393–1450
      - Ludwig IX. d. R. 1450–1479
        - Georg d. R. 1479–1503
  - (München) Johann II. † 1397
    - Ernst 1397–1438
      - Albrecht III. der Fromme 1438–1460
        - Johann 1460–1463
        - Sigmund 1460–67
        - Albrecht IV. d. Weise 1465–1508, Gem. Kunigunde, Tochter Kaiser Friedrichs III.
        - Christoph † 1493
        - Wolfgang † 1514
    - Wilhelm III. 1397–1435
- Brandenburg (Kurfürstentum):
  - Ludwig VI. der Römer † 1365
  - Otto V. † 1379
- Niederbayern-Straubing und Holland:
  - Wilhelm I. † 1377
  - Albrecht I. † 1404
    - Wilh. II.
      - Jakobäa † 1436
    - Albr. II.
    - Joh. III. † 1425

Elisabeth verm. m.
Ruprecht v. d. Pfalz

Sibylle
Gem. Ludwig V.
Kf. v. d. Pfalz

Sabina
Gem. Ulrich I.
Herz. v. Württemberg

Christoph
Herzog v. W.

Wilhelm IV.
1508–1550

Albrecht V.
d. Großmütige 1550–1579
Gem. Anna, Tochter Kaiser Ferdinands I.

Ludwig X.
1514–1545

Ernst
Administr.
v. Passau

Susanne
1. Gem. Mkgrf. v. Brandenburg,
2. Gem. Ottheinrich v. d. Pfalz

Wilhelm V. der Fromme
1579–1597 († 1626)
Gem. Renata v. Lothringen

Ferdinand
(Wartenberger Linie)
(erloschen 1736)

Ernst,
Erzbischof v. Köln
1583–1612

Maximilian I. 1597–1651
1. Gem. Elisabeth Renata v. Lothringen
2. Gem. Marianne, Tochter Kaiser Ferdinands II.

Philipp
Kardinal

Ferdinand
Erzbisch. v. Köln
1612–1650

Ferdinand Maria 1651–1679, Gem. Adelheid v. Savoyen

Max II. Emanuel 1679–1726
1. Gem. Maria Antonia, Tochter Kaiser Leopolds I.
2. Gem. Theresia Kunigunde v. Polen

Joseph Klemens
Erzbisch. v. Köln
1688–1723

Jos. Ferdinand
Prinz von Asturien
† 1699

Karl VII. Albrecht 1726–1745
Kaiser seit 1742
Gem. Amalie, T. Kais. Josephs I.

Maximillian III. Joseph
1745–1777

Ferd. Maria

Klemens
Gem. Maria Anna
v. Pfalz-Sulzbach

Klemens August
Erzbisch. v. Köln

Die jüngeren pfälzischen Kurlinien und das Königshaus der Wittelsbacher.

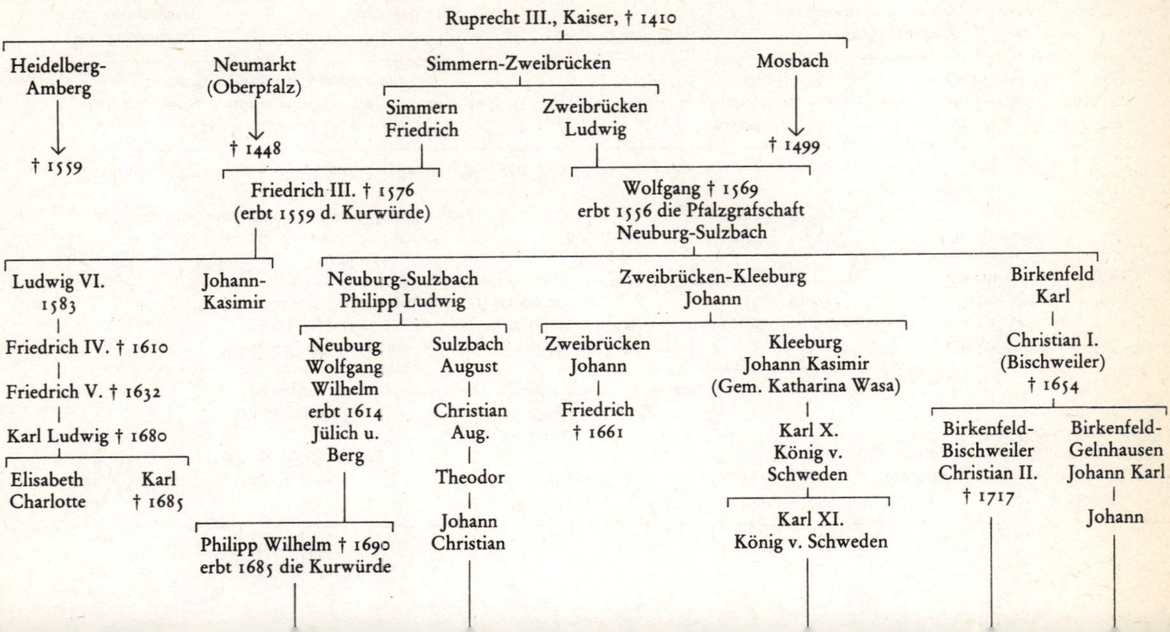

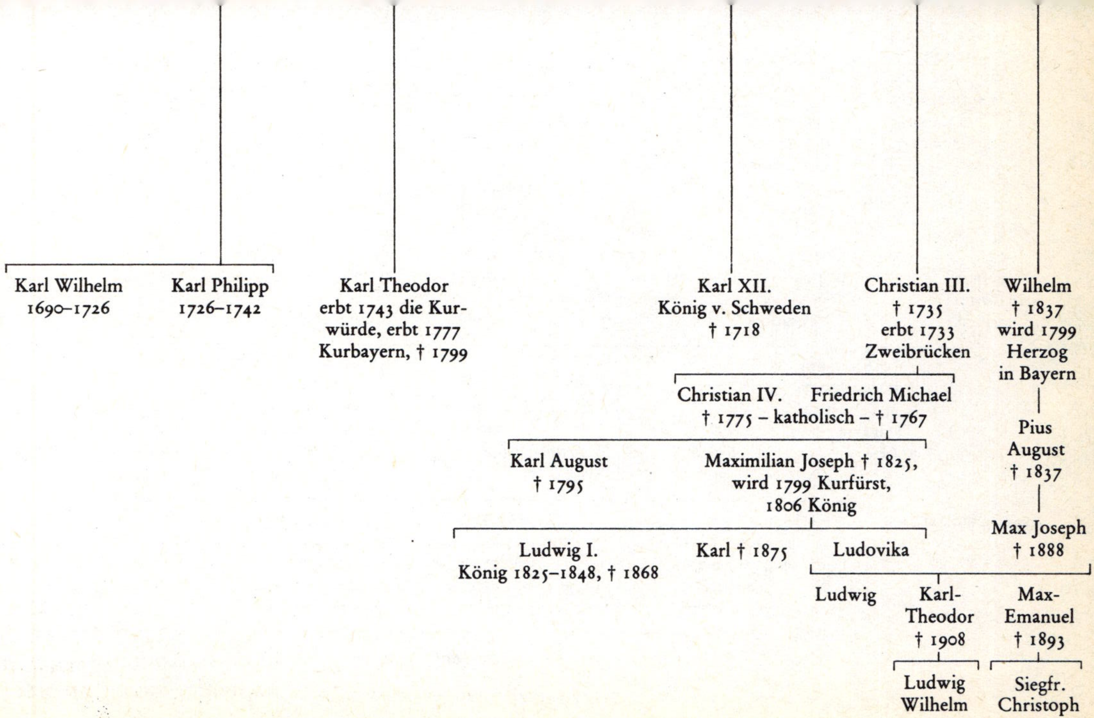

Karl Wilhelm 1690–1726
Karl Philipp 1726–1742
Karl Theodor erbt 1743 die Kurwürde, erbt 1777 Kurbayern, † 1799
Karl XII. König v. Schweden † 1718
Christian III. † 1735 erbt 1733 Zweibrücken
Wilhelm † 1837 wird 1799 Herzog in Bayern
Christian IV. † 1775 – katholisch – † 1767 Friedrich Michael
Pius August † 1837
Karl August † 1795
Maximilian Joseph † 1825, wird 1799 Kurfürst, 1806 König
Max Joseph † 1888
Ludwig I. König 1825–1848, † 1868
Karl † 1875
Ludovika
Ludwig
Karl-Theodor † 1908
Max-Emanuel † 1893
Ludwig Wilhelm
Siegfr. Christoph

Genealogie der heute lebenden Wittelsbacher (Stand 1. 1. 1978)

- Max I. (1756–1825)
  - Ludwig I. (1786–1868)
    - Max II. (1811–1864) ⚭ Marie Prn. v. Preussen (1825–1889)
      - Ludwig II. (1845–1886) entmündigt 1886
      - Otto (1848–1916)
    - Otto (1815–1867) Kg. v. Griechenland ⚭ Amalie Prn. v. Oldenburg (1818–1875)
    - Luitpold (1821–1912), Regent seit 1886 ⚭ Auguste Prn. v. Toskana (1825–1864)
      - Ludwig III. (1845–1921) ⚭ Marie Therese Erzhn. v. Österreich – Este (1849–1919) — Fortsetzung S. 365
      - Leopold (1846–1930) Gen.-Feldmarschall ⚭ Gisela, Erzhn. v. Österreich (1856–1932)
        - Elisabeth (1874–1957) ⚭ Otto Gf. Seefried auf Buttenheim (1870–1951)
        - Auguste (1875–1964) ⚭ Joseph Ehz. v. Österreich, K. u. K. Feldmarschall (1872–1962)
        - Georg (1880–1943) ⚭ 1912 Isabella Ehzn. v. Österreich * 1888 gesch. u. annull. 1913 Domherr v. St. Peter in Rom
        - Konrad (1883–1969) ⚭ Bona Prn. v. Savoyen-Genua (1896–1971)
          - Amalie * 1921 ⚭ Umberto Poletti * 1921
          - Eugen * 1925 ⚭ Helene, Witwe Pr. Konstantins v. Bay. geb. Gfn. v. Khevenhüller * 1921
      - Therese (1850–1925)
      - Arnulf (1852–1907) ⚭ Therese Prn. v. Liechtenstein (1850–1938)
        - Heinrich (1884–1916) gefallen
    - Adalbert (1828–1875) ⚭ Amalie Infantin v. Spanien (1834–1905) — Fortsetzung S. 366

Fortsetzung von S. 365

Rupprecht (1869–1955)
⚭ 1. Marie Gabriele Hzn. in Bayern (1878–1912)
2. Antonie Prn. v. Luxemburg (1899–1954)

- [1]Luitpold (1901–1914)
- [1]Irmingard (1902–1903)
- [1]Albrecht Hz. v. Bayern * 1905 ⚭ 1. Maria (Marita) Gfn. Draskovich v. Trakostjan (1904–1969) 2. Marie Jenke (Eugenie) Gfn. Keglevich v. Buzin * 1921
  - Marie Gabriele * 1931 ⚭ Georg Fürst v. Waldburg zu Zeil u. Trauchburg * 1928
  - Marie Charlotte * 1931 ⚭ Paul Fürst Quadt zu Wykradt u. Isny * 1930
  - Franz * 1933
  - Max Emanuel, seit 1965 auch Hz. in Bayern * 1937 ⚭ Elizabeth Gfn. Douglas * 1940
    - Sophie * 1967
    - Marie * 1969
    - Helene * 1972
    - Elizabeth Charlotte * 1973
    - Anna * 1975
- [1]Rudolf (1909–1912)
- [2]Heinrich (1922–1958) ⚭ Anne de Lustrac * 1927
- [2]Irmingard * 1923 ⚭ Ludwig Pr. v. Bayern * 1913
- [2]Editha * 1924 ⚭ 1. Dipl.-Ing Tito Brunetti (1905–1954) 2. Prof. Dr. Gustav Schimmert * 1910
- [2]Hilda * 1926 ⚭ Juan Locket de Loayza * 1912
- [2]Gabriele * 1927 ⚭ Karl Erbpn. v. Croy * 1914
- [2]Sophie * 1935 ⚭ Jean Engelbert Hz. v. Arenberg * 1921

Maria Christina
* 1935

Fernando
* 1937

Maria Teresia Mesia
* 1941
⚭ Alphonso Marquez y Patino Castillejo y Losada

Louis
(1942–1966)

[1]Leopold
* 1943
⚭ Ursula Möhlenkamp
* 1947

Manuel
* 1972

Maria del Pilar * 1978

[1]Adalbert
* 1944
⚭ Marion Malkowsky gesch. v. Biela
* 1945

[2]Isabella
* 1954
⚭ Alfred Gf. Hoyos
* 1951

Adalbert (1828–1875)
⚭ Amalie Infantin von Spanien (1834–1905)

Ludwig Ferdinand (1859–1949) ⚭ Maria de la Paz Infantin v. Spanien (1862–1946)

Alfons (1862–1933) ⚭ Louise Prn. v. Orléans (1869–1952)

Isabella (1863–1924) ⚭ Thomas Hz. v. Genua (1854–1931)

Elvira (1868–1943) ⚭ Rudolf Gf. v. Wrbna (1864–1927)

Clara (1874–1941) Äbtissin d. Anna-Stiftes in Würzburg

Children of Ludwig Ferdinand:

Ferdinand Maria (1884–1958) 1905 als Infant v. Spanien naturalisiert, verzichtet 1914 für seine Person als bayerischer Agnat, behält aber den bay. Prinzentitel ⚭ 1. Maria Teresa Infantin v. Spanien (1882–1912) 2. Maria Luisa de Silva y Fernàndez de Henestrosa, Duquesa de Talavera de la Reina (1880–1955)

Adalbert (1886–1970) ⚭ Auguste Gfn. v. Seefried auf Buttenheim * 1899–1978

Maria del Pilar * 1891

Children of Alfons:

Joseph Clemens * 1902

Elisabeth * 1913 ⚭ 1. Franz Josef Gf. v. Kageneck (1915–1941) gefallen 2. Ernst Küstner * 1920

Children of Ferdinand Maria:

Ludwig Alfons * 1906

Joseph Eugen (1909–1966) ⚭ Maria Solange de Mesia y de Lesseps Condesa d'Odiel * 1911

Maria d. l. Mercedes (1911–1953) ⚭ Fst. Heraklius Bagration * 1909

Maria del Pilar (1912–1918)

Children of Adalbert:

Konstantin (1920–1969) ⚭ 1. Maria Adelgunde Prn. v. Hohenzollern * 1921 gesch. 1948, annull. 1950 2. Helene Gfn. v. Khevenhüller * 1921, 2. Ehe 1970 m. Pr. Eugen v. Bayern

Alexander * 1923

Ludwig III. (1845–1921)
⚭ Marie Therese Erzhn.
v. Österreich-Este (1849–1919)

- Rupprecht (1869–1955) Gen.Feldmarschall ⚭ 1. Marie Gabriele Hzn. in Bayern (1878–1912) 2. Antonie Prn. v. Luxemburg (1899–1954)
  - Fortsetzung S. 368
- Adelgunde (1870–1958) ⚭ Wilhelm Fürst v. Hohenzollern (1864–1927)
- Maria (1872–1954) ⚭ Ferdinand Hz. v. Calabrien (1869–1960)
- Karl (1874–1927)
- Franz (1875–1957) ⚭ Isabella Prn. Croy * 1890
  - Ludwig * 1913 ⚭ Irmingard Prn. v. Bayern * 1923
    - Luitpold * 1951 ⚭ Beatrix Wiegand * 1951
  - Maria * 1914 ⚭ Peter Heinrich Pr. v. Orléans u. Braganza (Brasilien) * 1909
  - Adelgunde * 1917 ⚭ Zdenko Frh. v. Hoenning O'Caroll * 1906
  - Eleonore * 1918 ⚭ Konstantin Gf. v. Waldburg-Zeil (1909–1972)
  - Dorothea * 1920 ⚭ Gottfried Ehz. v. Österreich-Toskana * 1902
  - Rasso * 1926 ⚭ Theresa, Ehzn. v. Österreich-Toskana * 1931
    - Maria Theresia * 1956 ⚭ Thomas Gf. Kornis v. Göncz-Ruszka * 1949
    - Franz Joseph * 1957
    - Elisabeth * 1959
    - Wolfgang * 1960
    - Benedikta * 1961
    - Christoph * 1962
    - Gisela * 1964
- Mathilde (1877–1906) ⚭ Ludwig Pr. v. Sachsen-Coburg-Gotha (1870–1942)
- Wolfgang (1879–1895)
- Hildegard (1881–1948)
- Notburga (1883–1883)
- Wiltrud (1884–1975) ⚭ Wilhelm Hz. v. Urach (1864–1928)
- Helmtrud (1886–1977)
- Dietlinde (1888–1889)
- Gundelinde * 1891 ⚭ Joh. Georg Gf. v. Preysing (1887–1924)

Register

I

J

K

L

T

U

V

W

Z

Leseprobe

Oskar Maria Graf – der Boccaccio der Bayern

Band 26503

Das fröhlichste und erfrischendste Buch, das der bayerische Dichter Oskar Maria Graf schrieb, ist sein »Bayrisches Dekameron«: einunddreißig handfeste Erzählungen aus bayerischen Betten und Heuböden, Schwänke und Schnurren von gehörnten Ehemännern, willigen Mägden und Weibsteufeln, vom Kammerfensterln und von der Brautschau, von Liebschaften und Hochzeiten – so kraftstrotzend und urfidel, wie die Bayern halt sind.

Der Dirnreiter

Der Hengerspacher von Pfahlersdorf ist seit Jahr und Tag Wittiber. Gutding an die fünfzehn Jahr' wird es schon her sein, daß seine Alte gestorben ist. Selbiger Zeit hat sich der tieftrauernd Hinterbliebene geschworen, heiraten tut er nimmer. Nicht um viel Geld.

Einem Toten soll man seine Ruhe lassen, heißt es. Gut und recht so was. Aber ganz umsonst wird der Hengerspacher nach dem Ableben seiner Alten schon nicht zu seinem Schwur gekommen sein. Alles hat seinen Grund auf der Welt, sogar das Zölibat vom Herrn Pfarrer, sagt man bei uns daheim.

Wie der Hengerspacherin ihre Leich gewesen ist, war der Hengerspacher fünfundvierzig, heute ist er sechzig Jahr' alt und immer noch Wittiber. Man sieht also, daß er keinen Schmus gemacht hat mit seinem damaligen Schwur. Basta.

Das Hengerspacher-Sachl steht weit außerhalb Pfahlersdorf auf einem kleinen, grasgrünen Buckel, kein Zaun ist drumherum, bloß vor der Haustür steht ein großer Nußbaum und um den ist eine Bank gezimmert. Eine einzige Kuh steht im Stall, und jedes Jahr füttert er sich eine Sau fett, der Häusler. Die verkauft er aber nicht. Der Weichselberger-Toni schlachtet sie ihm jedesmal, die größten Trümmer werden geselcht, und von dem anderen gibt's wochenlang Schweinernes mit Kraut, Leber- und Blutwürst, Sulzen, Schweinsbraten, Preßsack und so weiter. Essen mag er, trinken mag er, dem bißl Arbeit, dem geht er auch nicht auf die Seiten, gemütlich mag er's, der Hengerspacher – und junge Dirn' mag er auch. Schlecht hat es bei ihm keine, aber weiß der Teufel, wie das kommt, länger als zwei Jahr' ist noch keine bei ihm geblieben. Die meisten davon sind schon am ersten Lichtmeßtag nach ihrem Einstand gegangen.

Es wird allerhand herumgeredet, wie so was kommt und immer wieder kommt. Sagen hat es noch keiner nicht können, wenngleich die davongeloffenen Dirnen allerhand vom Hengerspacher erzählt haben. Auf Weibertratsch gibt man nichts bei uns.

Aber weil, wenn nichts Gewisses nie nicht herauskommt, die Leute neugierig werden, hat der Lechl-Beni zu seinem Spezi, dem Bachlberger-Xaverl einmal gesagt: »Paß auf, den oit'n Bazi kimm i scho hinters Liacht.«

Auch dieser Entschluß seitens des Beni hat natürlicherweise einen triftigen Grund gehabt. Nämlich damaligerzeit ist die Gfellersberger-Resl, die wo der Beni gern gesehen hat, beim Hengerspacher Dirn gewesen. Der Xaverl und der Beni haben sich also beredet.

»I derf toa, wos i mog mit der Resl, sie gibt mir net o«, klagte der Beni: »I hob ihra scho drei Briaf g'schrieb'n und sie hot si net g'rüahrt ... I ho ihra noch der Kirch' Aug'n zuag'schmissn und sie hot's net g'spannt ... Alloa derwisch i s' net ... I woaß nimma, wia i's o'packa sollt.«

»Dös kriag'n mir scho ... Dös muaß geh!« sagte auf das hin der Xaverl, und in bezug auf den alten Hengerspacher meinte er: »Wart nu, den Hundling reib'n mir scho ei!« Alsdann fingen sie das Nachdenken an und schließlich hatten sie ihren Plan beieinander. –

Sommer war's und jeden Tag hellicht klar. Heiß war's für und für, kaum zum Aushalten. Auf seiner einschichtigen Wiese heute der Hengerspacher mit seiner Dirn. Sie brachten alles strohtrocken unter Dach und Fach. Überall rundherum war es das gleiche Bild. Beim Bachlberger, beim Lechl, beim Neuhierl, beim Riemstinger und beim Much waren die Leute auf den Feldern, beim Bürgermeister Lochner und beim Bäcker Wimsler.

Nach so einem Hitztag hockte feierabends der Hengerspacher gern unter seinem Nußbaum und rauchte seine Weichselpfeife. Nach der Stallarbeit kam auch die Dirn daher und hockte sich genauso hin, nahm mitunter ihr Strickzeug mit und strickte gemächlich. Weit und breit konnte man von diesem Platz aus sehen, drüben rechter Hand aufs Dorf, linker Hand, weit hinten, auf den Staatsforst, und wenn man sich umdrehte und beim Hauseck vorüberschaute, waren nichts wie Wiesen und Äcker da.

Jeden Tag und jeden Tag hockte der Wittiber mit der Dirn unterm Nußbaum, und die vom Feld heimgehenden Bauern, drüben auf der Straße, schmunzelten, wenn sie die zwei sahen, und brummten mitunter: »Schaug 'n o, an Hengerspacher! Der woaß's, wia ma si 's Leben schö macht! ... Der toalt si's richti' ei': Beim Tog a bißl arbatn und kaam is's Feirabmd, fangt er mit seiner Dirn 's Speanzln o! Mei Liaba, dös is a ganz a Hella!«

Und jedesmal gab es, wenn er so was hörte, dem Beni einen Stich.

»I hoit's nimma aus! Jetz pack ma's!« sagte er an einem Feierabend zu seinem Spezi Xaverl, und weil er gar keine Ruhe mehr gab, ging man also ans Werk.

In derselbigen Nacht war's dem Hengerspacher, wie wenn wer vor seinem Haus am Nußbaum herummache, aber er schlief gleich wieder ein. Am anderen Tag sah man den Xaverl und den Beni nicht auf dem Feld. In Rosenheim sei eine Zusammenkunft der ehemaligen »Zweier«, hatten sie gesagt und waren beide mit dem Radl noch in derer Nacht losgefahren, wenngleich Bachlberger und Lechl brummten, jetzt wegfahren, mitten in der Heuarbeit, das sei schandmäßig. Aber mach einer was gegen so militärnarrische Mannsbilder. Sie fuhren, und damit aus. Beim Brucknerwirt in Rieming machten sie halt, gingen zum Postillon Belzer in den Stall und stellten ihre Räder ein. Nach zwei Halbe Bier gingen sie – es war schon ziemlich dunkel – querfeldein, grad auf das gelbe Licht zu, das aus der Hengerspacherstube vom Buckel herab in die Gegend hinausleuchtete. Ungefähr eine Viertelstunde vor ihrem Ziel trennten sie sich, der Xaverl ging »hott« und der Beni »wüst«, jeder vorsichtig und zuletzt direkt auf dem Grasboden dahinkriechend wie die Indianer.

»Und daß d' fei fest schreist, daß i's här!« wies der Beni seinen Spezi beim Auseinandergehen an, und der brummte, schon im Weitergehen: »Feit si nix!« Das war alles.

*

Ewig unschuldig hockt einer nicht unterm Nußbaum neben einem saftigen Weiberts, mag er jetzt jung oder alt sein.

Feierabend war's wieder. Der Hengerspacher zog an seiner Weichselpfeife und die Dirn neben ihm strickte. Kein Sterbenswort redeten die zwei. Nach und nach wurde es trüb auf den Wiesen rundherum, trüb und dann dunkel. Die Sterne und der Mond tauchten am Himmel droben auf.

Hie und da schaute der Hengerspacher auf die Resl. Ganz seltsam. Alsdann grinste er ein wenig. Die Dirn lugte auch mitunter auf ihn, genauso sonderbar.

»Hm«, räusperte sich der Hengerspacher, grinste wiederum und rückte ein bißl näher an sie heran.

»Hm«, machte die Resl und kicherte dasig. Die Bank knarzte. Der Wittiber fing schon wieder das Rücken an.

»Jetz tua nu amoi dein' Strumpf weg!« brummte er eilsam und verzog schon wieder sein breites Maul.

»Hm-hm, oita Plaana!« sagte die Resl, und alle zwei schauten sich an.

»Ha – hja – hm«, machte der Hengerspacher lustig und legte seine Pfeife weg. Einen Augenblick lang schaute er in den Nachthimmel, grad so, als wenn er sich was ausrechnen wollte, lugte hinum und herum und drückte sich ganz an die Resl: »Geh weita, Resi!«

Die Dirn fing zu schnaufen an, ihr strammer Herzkasten hob und senkte sich, der Hengerspacher legte seinen Arm um ihr Genick, und mit der anderen Hand fing er zu greifen an.

»It, Baur, it, sog i!« stöhnte die Resl halblaut und schnaufte noch ärger. Sie ließ ihr Strickzeug fallen.

»It, it, Baur, it!« kam es wieder aus ihr, aber schon viel matter. Die Bank knarzte noch ärger. Der Hengerspacher drückte die Dirn nieder, fest. Man hörte bloß noch ein Schnaufen der zwei, und da auf einmal schrie der Bachlberger-Xaverl mordialisch laut aus der Nußbaumkrone herab: »Hundsbazi, schlächta, härst net auf! Saustier, bremsiga! Loßt ös it steh, d'Resl!« Direkt die Luft zitterte, so plärrte er.

Wump – ruck, hörte er drunten auf der Bank, die Resl schrie auf wie am Messer und – ßt – rannten Dirn und Wittiber ins Haus. Die Tür flog krachend zu. Der Xaverl sprang vom Nußbaum aufs Gras und lief wieseneinwärts, auf und davon.

Der Hengerspacher, außer Rand und Band vor Wut, holte aus seiner Stube seinen Zimmerstutzen und die Resl rumpelte die Stiege hinauf, in ihre dunkle Kammer. Die Tür schlug sie zu und riegelte ab. Sie zündete kein Licht an und riß ihren Gspenser und Rock bloß so herunter. Sie luste etliche Schnaufer lang herzklopfend und hörte den Wittiber vorne draußen beim Nußbaum schimpfen, lief ans niedere Fenster und schlug beide Flügel zu. »Heilige Muatta Gottes!« stöhnte sie und schwang sich eilsam ins Bett, das heißt, sie hat's tun wollen. Grad in dem Augenblick nämlich griff der Beni fest nach ihr und wisperte: »Resei, sei stad, i bins!« Aber die Dirn plärrte wie eine Narrenhäuslerin um Hilfe.

»Da – da Beni! ... I ... I! Resei!« wollte der Beni ewig aufklären, aber ein ums andere Mal schlug die Resl auf ihn ein und machte einen Heidenlärm, bis der Hengerspacher daherkam und an die verschlossene Tür pumperte wie ein Gendarm.

»Saukerl, bremsiga! An Ruah! Aufhärn!« hörte er drinnen die Resl poltern und schimpfen.

»Aufg'macht! Auf do oda i schiaß durch!« schrie er draußen.

Aber der Beni ließ die Resl nicht um alles in der Welt aus. Grad war's als spürte er das Kratzen, Beißen und Schlagen nicht.

»Auf do! Auf, sog i!« brüllte der Wittiber draußen noch ärger und schlug mit dem Zimmerstutzenkolben gottsmächtig an die Tür: »Wer is's 'n? Auf do! Auf!«

»An Dreck mach i auf, Huarnkerl, verreckta!« wurde da der Beni grimmig und fing trotz der Resl ihrem Weinen und Jammern zu schimpfen an: »Du Sauhammi, du windiga! Wos du derfst, derf i no lang, du oita Türkl, du!«

»I schiaß!« schrie der Hengerspacher vollauf wütig.

»Net! Net!« jammerte die Resl.

»Schiaß nu! Schiaß sovui oist mogst!« gab ihm der Beni

hinaus, und schon krachte es, aber so ein windiges Zimmerstutzenkügerl, was das schon ausrichtet. Gar nichts war's, nicht einmal den Schreck wert. Still blieb's etliche Sekunden und – ja, wer's nicht glauben will, soll's bleiben lassen – gleich darauf schrie die Resl: »Geh as Bett, Baur, daß a Ruah is! Jetz is oiwai scho, wia's is!«

Wiederum setzte für etliche Augenblicke alles aus, es war ganz still.

»Guat, Saumensch! Aba morgn gehst mir!« sagte der Hengerspacher auf einmal und tappte in seine Kammer.

»Mei g'härt s'!« hörte er den Beni voller Freud' schreien, und was in selbiger Nacht geschehen ist, läßt sich leicht denken. In der Früh' um zwei Uhr ist der Beni durch das Fenster, geschmatzt und gebusselt haben sie sich noch, die zwei, er und die Resl, einen Bumbser hat's getan und – wie heißt es? – »fort war der kühne Liebesheld«.

Aber jetzt kommt das Allerseltsamste von der ganzen Geschichte. Lieblingsdichter meines teuren Stammvolkes würden den Schluß sicher so gedreht haben, daß Beni und Resl ein Paar geworden wären.

Ich muß leider bei der Wahrheit bleiben. Nämlich mitnichten, der Beni hat grad mit Fleiß nichts wissen wollen von der Resl, heute noch zahlt er die Alimente.

Saugrob hat er zu der Dirn gesagt: »Glaabst i bin dappi und löfflt an oitn Hengerspacher sei Suppn aus! An Dreck!«

Der Hengerspacher, der die ganze Geschichte lange nicht verwunden hat, versuchte es eine Zeitlang, die Resl aufzuhetzen, sie sollt' eine Anzeige wegen »Notzüchtigung« erstatten, aber es ist doch nichts daraus geworden. So sind die Weiber, der Teufel kennt sich aus mit ihnen.

Zu vermelden ist bloß noch, daß die Resl voriges Jahr einen Taglöhner in Wasserburg geheiratet hat. Und den alten Hengerspacher heißt man seitdem »Dirnreiter«.